맥주의 모든 것

The Complete Beer Course

by Joshua M. Bernstein

Copyright © 2013 by Joshua M. Bernstein
All rights reserved.

This Korean edition was published by Prunsoop Publishing Co. in 2015
by arrangement with Sterling Publishing Co., Inc.
through KCC(Korea Copyright Center Inc.), Seoul.

이 책은 (주)한국저작권센터(KCC)를 통한 저작권자와의 독점계약으로
(주)도서출판 푸른숲에서 출간되었습니다.
저작권법에 의해 한국 내에서 보호를 받는 저작물이므로 무단전재와 복제를 금합니다.

맥주의 모든 것

맥주의 탄생부터 크래프트 맥주의 세계까지

조슈아 M. 번스타인 지음 | 정지호 옮김

푸른숲

맥주 애호가부터 숙련된 양조가까지 모두를 아우르는

맥주 수업

차례

가볍고 청량한 맥주를 넘어

술에 절어 살던 젊은 시절, 나는 질보다는 양을 우선시하는 전형적인 애주가였고, 저렴하고 시원한 것이 판매 포인트인 맥주를 동전까지 싹싹 긁어모아 구입했다. 시원할 필요 없이 미지근하기만 해도 됐다. 까다로움과는 거리가 멀었다.

낮 1시나 저녁 7시, 심지어는 오전 11시, 임의로 정한 음주 시간이 되면 나는 부시 라이트Busch Light, 내추럴 라이트Natural Light, 슐리츠Schlitz 캔을 수도 없이 비웠다. 이런 저렴한 라거Lager 맥주나 가끔 마시는 40온스들이 맥아음료를 사실 제대로 음미하면서 마셨던 기억은 없다. 나에게 맥주는 맥주였으니까. 맥주는 대개 숙취 가득한 결말을 위한, 풍미를 걷어낸 수단에 지나지 않았다.

대학 시절이 떨떠름한 성년기에 자리를 내주고 물러가자 나는 점차 광명을 보게 되었다. 무엇보다 쿠어스 라이트Coors Light 그 이상 가는 맥주가 많다는 걸 알았다. 약한 도수의 거품 많고 톡 쏘는 99센트짜리 캔맥주 대신 몇 푼 더 보태서 칠흑 같은 스타우트stout 맥주나 쓴맛의 인디아 페일 에일India pale ales, 2월의 이글거리는 벽난로 옆 안락의자처럼 몸을 덥혀주는 발리와인Barley Wine을 맛보았다. 새로운 맥주는 하나하나가 신의 계시였고 이는 곧 깨달음으로 이어졌다. 맥주 가문이 도심 마천루를 이루는 고급 아파트에 살았다면, 나는 낡고 비좁은 지하실 구석에 자신을 감금해놓은 것이나 다름없었음을 말이다.

이제 모든 문을 열고 맥주의 구석구석을 탐험하기로 했다. 맥주에 점점 더 집착하게 되면서 나는 밤을 괜찮은 맥줏집에서 곤드레만드레 취한 채로 보냈다. 예전에 레코드 가게에 쏟았던 그 열정으로 매일매일 맥주 매장에서 맥주를 연구하는가 하면, 열정적인 양조가, 진취적인 술집 주인을 비롯해 위대한 음식은 위대한 맥주와 함께여야 한다고 믿는 레스토랑 사장들을 인터뷰했다. 이런 정열적인 현장학습과 배에 때려 넣고 보자 식의 연구를 하면서 나는 한 가지 중요한 의문에 빠졌다.

'도대체 무엇 때문에 각각의 맥주가 저마다 맛이 다른 것일까?'

시원한
목넘김을 너머

이는 참 간단히 답하기 어려운 질문이다. 지난 10년간 미국의 맥주 양조는 금주령 이후 그 어느 때보다 급격한 변화를 겪었다. 1980년 미국의 양조업체는 50개 미만이었고, 대부분의 업체는 슈퍼볼Super Bowl 기간에 광고하는 전형적인 청량한 라거 맥주를 제조했다. 2013년을 기준으로 미국에만 2,500개 이상의 양조업체가 있으며, 수천까지는 아니라도 수백 곳 이상이 현재 개업을 준비 중이다. 지역에 뿌리내린 브루펍Brewpub(자가 양조 맥주를 제공하는 술집)에서부터 오리건 주의 닌카시Ninkasi, 미시건 주의 벨스Bell's, 뉴햄프셔 지방의 스머티노즈Smuttynose 같은 지역 대표 주류업체와 로그Rogue, 스톤Stone 같은 신종 브랜드까지 미국의 크래프트 맥주 양조 산업은 최고의 전성기를 맞고 있다.

금주령에 의해 전통의 고리가 끊어진 상태에서 미국 양조업체는 창조의 나래를 자유롭게 펼치고 맥주의 개념 자체를 다시 정립하고 있으며, 이에 자극받아 거의 모든 대륙에서 세계적인 맥주 양조 혁명이 활발하게 일어나고 있다(단, 남극대륙에는 아직도 브루펍이 없다). 개성 강한 맛의 인디아 페일 에일만 해도 레드·화이트·블랙 에일과, 도수가 높고 향이 아주 강한 더블 IPA가 전 세계에 널리 펴져 있다. 알코올 함량은 와인과 대등하게 10퍼센트를 넘어섰고 높은 도수의 맥주가 리즐링 화이트와인과 카베르네 쇼비뇽만큼이나 저녁식사 자리에서 환영받는다. 저알코올 맥주는 이제 풍미를 강조한다. 레모네이드같이 시큼한 맛의 시골풍 맥주를 만드는 데는 야생 효모와 박테리아를 사용한다(좋은 일이다). 뿐만 아니라 브루마스터(양조 기술자)들은 맥주를 숙성시킬 때 버번위스키나 브랜디, 샤르도네 화이트와인 또는 럼주를 한 번 담았던 목제 맥주통을 사용하기 시작했다.

복된 시대,
애주가들의 더 나은
선택을 위하여

맥주를 마시는 사람에게는 지금이 황금기이자 최대 혼란기이기도 하다. 크래프트 맥줏집이나 맥주 매장에 가면 수백 가지는 아니라도 수십 가지의 현란한 맥주 진열 코너를 일일이 살펴봐야 한다. 압도적인 선택의 가짓수를 갖춘 시장은 오히려 소비자의 판단력을 마비시켜 '옛날 그것, 똑같은 그것'에 정착하게 만든다. 반복이 속 편할 수는 있다. 내가 백화점에서 항상 똑같은 청바지를 사는 것도 이런 이유에서다.

하지만 크래프트 맥주를 대할 땐 이런 실수를 하면 안 된다. 크래프트 맥주 세계에서는 호기심이 용감무쌍한 애주가에게 보상을 해주니까. 이 책에서 나는 맥주라는 음료에 대해 설명하면서 곡물과 효모, 홉 그리고 맥주의 수천 가지 고유의 풍미를 만드는 양조 기술을 하나하나 다루었다. 여러분은 맥주를 음미하고 향을 맡고 평가하는 도구를 다 구비하고 나면, 풍미의 길을 따라 가장 중요한 스타일의 맥주를 둘러보게 될 것이다. 이 책은 따라가기 쉽게 수업 단위별로 구성되어 있어, 라거와 필스너Pilsner부터 탁한 밀맥주, 향이 강한 페일 에일, 씁쌀한 맛의 IPA, 벨기에 스타일의 수도원 에일과 트라피스트 에일Trappist ale, 로스팅 풍미의 스타우트, 통 숙성 맥주, 몸을 덥혀주는 발리와인, 표정이 절로 일그러지는 사우어 에일sour ale까지 신나게 만나볼 수 있다. 추천하는 대표 맥주를 차례로 맛보다 보면, 이제 어떤 풍미가 나에게 맞고 어떤 것은 하수구에 부어버려야 하는지 감이 올 것이다.

모든 맥주를 다 마셔볼 필요는 없다. 수년간의 경험과 시음을 통해 나는 어떤 맥주를 무시하고 또 어떤 맥주를 개가 뼈다귀 보고 달려들듯 미친 듯이 맛봐야 하는지를 분별하는 자신감을 얻었다. 자신감의 열쇠는 필요한 지식으로 무장하는 것이다. 원리를 터득하고, 입의 긴장을 풀고 맥주를 하나하나 차례로 맛보라는 뜻이다. 독자들이 이 책의 수업을 즐기리라는 예감이 든다. 한 교시 한 교시 수업을 듣는 일이 그 무엇보다 즐거웠다고 맥주 한 잔을 놓고 뿌듯해하는 모습이 그려진다.

그럼 다음 맥주 이야기가 나올 때까지 안녕.

WE SUPPORT

THE SESSION BEER PROJECT

GOLDEN ROAD
BREWING

GYO ✓ GYO ✓ GYO ✓ GYO ✓

CHATOE
ROGUE
GROW THE REVOLUTION

First Growth
Roguenbier Rye A

Dream Rye, Independent Hops, Dare & Risk

POINT
POINT THE WAY III INDIA PALE ALE III BREWED

AT GOLDEN ROAD BREWING, WE LOVE THE HOPPY GOODNESS
THAT CAPTURED THOSE FLAVORS WITH A 5.2% ALCOHOL CONT

16 FL OZ ONE PINT 5.2% ALC./ OL

맥주의 필수 원료

세계 최고의 음료 이해하고 음미하기

사사건건 알은체하는 친구가 '레드불Red Bull'이라는 에너지 음료에 숨겨진 비밀을 알려주면서 내가 이 음료에 대해 가졌던 환상을 여지없이 깨주던 그날을 생생히 기억한다. "이건 황소 담즙에 있는 타우린이라는 유기산이야." 친구는 원통형 캔을 마치 몇 주를 묵힌 쓰레기 보듯 가리키며 말했다. "그래서 레드불이란 이름이 붙은 거야."

"아니, 황소 담즙을 어떻게 구하는데?" 나는 궁금해졌다. 보수는 적게 받아도 용감한 남자들이 농장 가득한 성난 황소들을 뾰족한 꼬챙이로 찔러대는 장면이 떠올랐다.

"타우린은 합성해서 만들지." 친구가 설명하는 순간, 내 상상의 나래는 땅바닥으로 곤두박질쳤다.

우리 대화는 이렇게 끝이 났다. 실험실에서 제조되는 '레드불'과 '세븐일레븐' 음료로 버티는 야밤의 댄스가 끝나듯이. 그나마 맥주는 실험실에서 제조되지 않는다는 게 나에겐 정말 다행이었다.

맥주의 4대 필수 원료를 이해하는 데는 대단한 지식이 필요하지 않다. 홉, 곡물, 효모, 물이 전부이고, 이따금 다른 첨가물이 들어가 맥주의 맛을 더해준다. 이런 원재료는 양조업자의 손과 머리를 거쳐 끝도 없이 다양한 풍미로 변신한다. 신맛, 쓴맛, 단맛, 짠맛, 초콜릿 맛, 커피 맛. 꿈꾸고, 만들고, 마시면 된다. 양조업자에게 아로마 강한 홉과 곡물, 효모의 적절한 배합이란 하나의 예술이고 신중하게 고려하는 일련의 선택 과정인데, 수세기 동안 거의 변하지 않은 공정을 거치면 완벽하게 고유한 음료가 탄생한다. 그런데 어떻게 이런 원료로 맛과 향이 전혀 다른 맥주들을 만들어낼 수 있는 것일까? 이제부터 나를 따라 맥주 양조의 풍미 가득한 길로 들어서면, 곡물이 양조업자의 손을 거쳐 어떻게 한 잔의 맥주로 탄생하는지 알게 될 것이다.

곡물과
함께하는
양조 여행

보리는 맥주를 만드는 주춧돌 중 하나로, 뜨거운 물에 담가놓으면 양조 가능한 맥아로 변신한다. 보리가 맥아로 변하면서 효소가 생성되는데 이 효소 덕분에 단백질과 전분은 발효 가능한 당으로 변하고 효모가 나중에 이를 양분 삼아 알코올을 생성한다.

보리 맥아가 맥주 양조에 가장 많이 사용되는 곡물이 된 이유는 변화 과정의 이점 때문이다. 보리에는 겉껍질이 있어 매시mash(끓는 물과 보리 맥아 혼합물)를 느슨하게 풀어주고, 맥주가 되는 죽 형태의 워트wort(맥아즙)가 잘 배출되게 해준다. 풍미를 위해 양조업자는 종종 주 곡물인 보리에다 (호밀과 밀 등의) 다른 발효 보조 곡물을 혼합하기도 한다.

보리, 보리, 보리

현재 수백 가지의 보리 품종을 분류하는 표준 체계는 없지만, 맥주를 만드는 데 필요한 보리는 크게 다음의 몇 가지 범주로 나눠볼 수 있다.

베이스 맥아Base Malts 곡물 구입 예산의 상당 부분을 차지한다. 전형적인 엷은 색깔로, 가장 중요한 역할을 하며 맥주를 만드는 데 필요한 단백질과 발효성 당, 미네랄의 대부분을 제공한다.

특수 맥아Specialty Malts 보조 곡물로, 맥주의 바디감body(입에 머금었을 때의 무게감-옮긴이)을 증가시키고 거품이 보다 오래 지속되게 해주며 맥주의 색과 아로마, 또 커피, 초콜릿, 비스킷, 캐러멜 같은 풍미를 더해준다. 특수 맥아를 혼합하면 독특한 풍미와 특성을 얻을 수 있다. 특수 맥아의 종류는 다음과 같다.

- 크리스털(또는 캐러멜) 맥아Crystal malts: 뭉근하게 끓이면 맥아 겉껍질 안에 크리스털 같은 당 구조가 만들어진다.
- 로스티드 맥아Roasted malts: 가마에 넣어 굽거나 고온에 볶으면 특정한 풍미가 형성된다. 커피 원두의 로스팅 과정과 비슷하다.
- 다크 맥아Dark malts: 많이 볶으면 스타우트와 슈바르츠비어Schwarzbier(독일에서 생산되는 라거 타입의 흑맥주-옮긴이), 보크Bock, 블랙 IPA와 같은 묵직한 풍미가 생성된다.

비맥아 보리Unmalted Barley 양조에서 보리 맥아와 보리는 전혀 다른 것이다. 비맥아 보리는 맥주에 풍부하고 거친 성질을 부여하는데, 이는 드라이 스타우트 같은 스타일의 핵심 특성이다. 비맥아 보리는 거품이 지속되는 데 도움을 주지만, 로스앤젤레스의 스모그보다 더 탁한 맥주를 만들어낸다.

그 밖의 곡물들

옥수수 옥수수를 맥주에 사용하면 부드러우면서 다소 중성적인 달콤한 맛이 만들어진다. 맥주의 바디감을 가볍게 하고 덜 탁하게 하고 풍미를 안정시키는 데도 활용된다.

귀리 보리와 함께 사용하면 새틴만큼 부드러운, 크리미한 풀바디감의 맥주가 만들어진다. 스타우트 양조에 알맞다.

쌀 특별한 맛을 전혀 내지 않거나 맛을 내더라도 미미하다. 맥주의 바디감을 가볍게 하고 산뜻한 풍미와 드라이한 면모를 만들어낸다.

호밀 보리와 함께 넣으면 풍미가 강렬하면서도 드라이할 뿐 아니라, 복합적이고 상쾌하면서도 미묘한 매운맛을 더해준다. 가마에 구우면 초콜릿이나 캐러멜의 풍미를 얻을 수 있다. 단점이 있다면, 겉껍질이 없기 때문에 많이 넣으면 맥주가 덩어리지거나 응고된다.

밀 단백질이 풍부해서 바디감을 가득 채워주며 식감을 좋게 하고 쿨휩Cool Whip만큼 풍성하고 오래가는 거품을 만들어준다. 밀의 함량이 많아지면 헤페바이젠이나 화이트비어 같은 부드럽고 탁한 맥주가 나올 수 있다.

수수 수수(사실 곡물이 아니라 아프리카 토종 풀이다)는 보리나 다른 곡류의 대체 곡물로, 글루텐이 없다. 무(無)글루텐 맥주를 만들 때 사용되며 신맛을 첨가할 때도 쓰인다. 대부분의 양조업체는 미리 만들어놓은 수수 시럽을 사용하는데, 이 시럽은 고농축 맥아즙이다.

무글루텐 맥주,
곡물이 없어도 문제 없다

'보리가 빠진 맥주가 과연 맥주일까?' '더 중요한 문제로, 좋은 맛이 나긴 할까?'

실존주의적인 질문처럼 들린다. 미국 전역에서 이 두 가지 질문에 대해 "예스"라고 답하는 사람들이 점점 늘고 있다. 자가면역 질환인 만성 소화장애증 때문에 글루텐을 잘 소화하지 못하는 300만 가까이 되는 인구에게는 대단한 희소식이다. 이런 소화장애증 환자들은 호밀, 밀, 스펠트밀, 보리 같은 곡물의 여러 가지 단백질 중 하나인 글루텐이 함유된 음식이나 음료를 섭취하면 소화기관이 손상되어 무시무시한 위통을 겪게 된다. 이 때문에 피자도 사절, 갓 구운 빵도 사절, 스파게티, 맥주까지 사절이다. 만성 소화장애증 환자가 500밀리리터 맥주를 한 잔 마실 경우 버번위스키 한 병을 거의 다 마신 사람보다 속이 더 부대낄 수 있다.

10년 전만 해도 '맛 좋은 무글루텐 맥주'란 말은 어불성설이었다. 버드와이저Budweiser와 밀러 라이트Miller Lite 같은 대규모 라거 회사와 마찬가지로, 보리 무첨가 맥주를 제조하던 양조업체는 소비자층을 최대한 넓히기 위해 무난한 맥주 개발을 목표로 삼았다. 안호이저-부시 인베브Anheuser-Busch InBev 사의 수수 맥주인 레드브리지Redbridge 같은 평이한 제품이라면 그런대

로 마실 만했다. 물론 이런 음료는 맥주와 비슷하지만, 생기 넘치는 크래프트 맥주에 익숙한 사람들이 맥주 대체 음료로 마시기에는 부족했다.

만성 소화장애증 문제가 점차 대두되어 건강에 민감한 소비자들이 글루텐 섭취를 제한하게 되면서, 맥주 양조업체들은 크래프트 맥주 코너에 진열된 맥주만큼이나 풍미 좋고 독창적인 무글루텐 맥주의 수요에 부응하기 위해 힘쓰고 있다. 이런 맥주를 만들어낸다는 건 단순히 양조 솥에서 보리나 밀을 빼내는 것처럼 쉽지가 않다. 그건 다리 없는 테이블을 만드는 것과 다름없다. 곡물은 효모가 발효에 시동을 걸 때 필요로 하는 당을 공급하기 때문이다.

그래서 시장에서 통할 만한 무글루텐 맥주를 만들기 위해 양조업자들은 기장, 메밀, 쌀, 아마를 비롯해 당 함량이 높은 수수 같은 대체 곡물에 의존하고 있다. 브

알케미스트Alchemist를 운영하던 잔 키미히는 아내 제니퍼가 만성 소화장애증 진단을 받은 후부터 무글루텐 맥주를 양조하기 시작했다. 버몬트주 워터베리에 위치한 이들 부부의 브루펍은 2011년 허리케인 아이린이 휩쓸고 갔지만, 아무런 피해도 입지 않았다. 알케미스트는 현재 세계 정상의 맥주를 제공하는 레스토랑인 프로히비션 피그Prohibition Pig에 납품하고 있다.

아무것도 버리지 마

맥주 양조 공정은 상당히 많은 양의 곡물 찌꺼기를 남긴다. 양조업체는 이것을 매립지로 보내는 대신 다른 용도로 사용하기 시작했다. 현재 많은 양조장에서 이 곡물 찌꺼기를 동물 사료로 활용하도록 농부들에게 제공하고 있고, 제과점에서도 사용하기도 한다. 양조에 쓰이고 난 곡물은 맛있는 식빵이나 피자 도우, 와플, 심지어 아래 사진과 같이 개 비스킷으로도 만들 수 있다.

리스 몰트 앤드 인그리디언츠 사Briess Malt & Ingredients Co.의 백색 수수 시럽 같은 수수 가공 추출물은 본질적으로 양조가 가능한 맥아즙이다. 수수 시럽은 맥주를 탁하게 하고 시큼한 맛을 낸다는 단점이 있지만, 기본적인 맥아 추출물과 비슷하다.

일부 양조업자는 수수의 자연 풍미를 없애지 않고 이를 오히려 장점으로 살린다. 버몬트 주의 디 알키미스트The Alchemist 사에서는 셀리아 세종Celia Saison 제품 안에 수수와 함께 오렌지 껍질, 셀리아 홉, 벨기에 효모를 넣어 스파이시(향신료와 같은 강한 풍미가 난다는 뜻-옮긴이)하고 다소 시큼한 맛이 나는 무글루텐 맥주를 내놓았다. 콜로라도 주의 뉴 플래닛 비어New Planet Beer는 과일 맛이 나는 3R 라즈베리 에일3R Raspberry Ale과 홉이 다량으로 들어간 오프 그리드 페일 에일Off Grid Pale Ale로 한 건 했네고, 영국의 그린즈 글루텐프리 비어즈Green's Gluten-Free Beers는 일종의 벨기에식 에일을 제조한다. 유타 주의 에픽 양조장Epic Brewing은 수수 대신 현미, 기장, 당밀, 고구마, 다량의 홉을 사용해 글루터네이터Glutenator를 만들었다. (위드머 브라더스Widmer Brothers가 글루텐을 제거한 보리로 오미션 라거Omission Larger와 오미션 페일 에일Omission Pale Ale을 만들기 때문에, 에픽 양조장은 정부 규제로 자사 맥주에 '무글루텐'이라는 라벨을 붙이지 못한다.)

무글루텐 맥주가 상승세를 타고 있다는 가장 확실한 신호는 오리건 주 포틀랜드의 하비스터 양조장Harvester Brewing에서 나온다. 이곳에서 생산되는 모든 맥주는 만성 소화장애증 환자도 마음 놓고 마실 수 있는데, 이 양조장은 글루텐프리 귀리와 순 사탕수수 설탕, 수수,

태평양 연안 북서부 지역의 홉과 오리건 주 내에서 수급한 구운 밤을 주원료로 해서 페일, 레드, 다크 에일과 교대로 출시되는 실험용 시리즈 상품에 색과 풍미를 낸다. 이제 무글루텐 맥주는 더이상 맛없는 맥주가 아니다.

꽃의 힘: 홉

홉은 삼과(一科)의 덩굴식물인 후물루스루풀루스Humulus lupulus의 암꽃이 구과(毬果)의 열매가 된 것으로 양조할 때는 이를 말려서 쓴다(이 식물은 덩굴손 대신 홉 덩굴 자체가 지지대를 감고 올라간다). 홉은 양조업자에게 만능 잭나이프나 다름없다. 맥주에 풍미와 쓴맛을 내주고, 거품을 오래가게 하고, 박테리아를 억제하는 방부제 역할도 한다. 홉의 나뭇진에는 알파와 베타의 두 가지 기본 산이 함유되어 있다. 베타산은 맥주의 부케bouquet(향취)에 관여한다. 알파산은 방부제 역할을 하며, 끓기 시작할 때는 쓴맛을, 한창 끓고 나서는 풍미를, 그리고 마지막 몇 분간은 아로마를 더해준다.

수확 기간인 8월 말과 9월 초, 촉촉하고 끈적끈적한 홉의 꽃은 부패 방지를 위해 보통 들에서 가마로 바로 옮겨 건조시킨다. 홉의 꽃은 베어낸 풀과 마찬가지로 처음에는 향이 강하지만 이내 썩어버리기 때문이다.

마리화나 맛 맥주

맥주의 취향에 관한 한 내 아내 혁의 미뢰는 불법 약물 복용자의 미뢰와 비슷하다. "난 마리화나 냄새가 나는 맥주가 좋다니까." 아내는 필스너와 스타우트를 조롱하며 이렇게 말한다. 대마초로 만든 맥주를 찾아 나서는 대신, 아내는 눅눅하면서도 톡 쏘는 듯한 IPA와 더블 IPA에 눈을 돌린다. 홉과 대마초는 유전적으로 둘 다 삼과에 속하기 때문이다. 행여 '홉 담배'를 기대하진 말 것. 홉에는 기분을 전환해주는 THC(마리화나에 함유된 향정신성 물질-옮긴이)가 전혀 없다.

홉 재배 지역

중량으로 볼 때 홉의 최대 생산지는 독일이다. 미국의 경우, 캘리포니아와 오리건, 워싱턴, 아이다호 주에 홉 재배 밀집 지역이 있다. 홉은 1850년대에 태평양 연안 북서부에 처음 뿌리를 내렸는데, 이후 50년 동안 이곳은 맥주의 쓴맛을 내는 주재료의 생산 지역이었다. 이곳 농장들은 금주령이 선포된 이후에는 홉을 해외로

수출해 살아남았고, 1933년 국가적 재앙과 다름없던 금주령이 폐지되었을 땐 홉 재배 지역이 급속도로 확대되었다. 현재 워싱턴 주의 야키마 밸리는 미국 내 홉 생산의 약 75퍼센트를 차지한다(19세기 후반에는 뉴욕 주가 미국 홉의 주요 생산지로 미국 내 공급의 90퍼센트를 담당할 만큼 성장했지만 백분병, 노균병 같은 질병에 이어 산업화, 금주령으로 인해 큰 타격을 받았다. 그러나 현재 뉴욕 주 농민들은 서서히, 꾸준히 홉 재배의 재활성화를 시도하고 있다).

그 외에 주요한 홉 재배 국가로는 뉴질랜드가 있다. 자연 해충이 적고 홉에 생기는 병충해도 없기 때문에 키위 나라의 홉은 대체로 살충제 없이 재배할 수 있다는 게 장점이다. 영국은 숲속 토양을 떠올리게 하는 과일맛과 향이 나는 홉으로 유명하다. 체코와 독일은 절제된 쓴맛과 어우러지는 강한 아로마의 섬세한 유럽대륙산(영국, 아일랜드를 제외한) 품종인 노블홉Noble Hop으로 명성이 높다. 네 가지 대표 노블홉인 할러타우Hallertau, 테트낭어Tettnanger, 슈팔트Spalt, 사츠Saaz는 독일, 체코의 지역명 또는 이들 품종이 처음 재배된 도시명을 따서 지은 이름이다.

특별히 작은 꽃

홉 품종은 저마다 맥주에 독특한 풍미를 내주는 고유의 특성이 있다. 어떤 것은 톡 쏘는 쓴맛을 내는 데 좀 더 적합하고, 어떤 것은 시트러스 또는 열대 과일, 솔의 향을 내는 데 활용된다. 홉은 다음의 두 가지 용도로 크게 나뉜다.

아로마 아로마 홉은 쓴맛이 아닌 부케와 풍미를 더해준다. 이들 홉은 베타산의 함량이 높다. 아로마 홉은 섬세하고 향기로운 정유(精油)가 증발되지 않도록, 끓이는 공정에서 맨 마지막에 첨가한다.

쓴맛 아로마가 아니라 쓴맛을 더해주는 홉이다. 알파산의 함량이 높다. 쓴맛 홉은 쓴맛을 극대화하기 위해 끓이는 공정 초기 단계에 넣어서 홉의 섬세한 정유를 증발시킨다.

남아 있는 문헌에 따르면, 최초의 홉 재배는 736년, 지금의 독일 할러타우 지역에서 이루어졌다. 프랑스어로 홉은 우블롱houblon이다.

★ ★ ★

야구의 스위치 타자처럼 어떤 홉은 풍미, 아로마, 쓴맛을 두루 내는 전천후 역할을 한다. 이들을 '이중 기능 홉'이라고 부른다.

맥주 테러리스트?
맥주 테루아-리스트!

'테루아terroir'라는 말은 지역의 토양과 기후로 인해 농작물이 갖는 고유한 특성을 말한다. 이것은 커피, 차, 특히 와인 관련 용어로 사용해왔다. 그런데 맥주 양조업자들이 지역에서 공급받는 보리와 홉을 사용하고, 맥주에 지역 토착 효모를 주입하며, 지역에서 재배한 과일과 야채로 풍미를 내면서 맥주 시장에서도 이 용어를 사용하기 시작했다. 캘리포니아의 시에라 네바다Sierra Nevada와 오리건의 로그 에일즈Rogue Ales 같은 일부 양조장은 농작물을 자체적으로 생산하는데, 이런 관행은 일반적인 테루아의 형태와는 다르다. 대개 맥주의 테루아는 양조업체가 지역색을 띠는 원료를 투입하면서 발현된다. 미국 북동부 지역에는 메이플 시럽으로 만든 맥주가 있고, 가문비나무 새눈은 알래스카 에일의 인기 재료다. 고구마와 귤, 복숭아는 남부 크래프트 맥주에 주로 쓰인다. 오하이오 주 남동부의 많은 양조업체는 미국에서 가장 큰 나무 열매인 포포를 추가한다. 테루아를 맛보려면 시에라 네바다의 에스테이트 홈그로운 에일Estate Homegrown Ale과 샌프란시스코의 철저한 지역 맥주로 '농장에서 제품으로'가 모토인 알마닉 비어Almanac Beer의 엄선 제품, 또는 로그의 샤토 로그Chatoe Rogue 맥주 계열 중 GYO(Grow Your Own, 우리 것을 기르자) 제품을 시음해볼 것.

너의 홉을 알라

다음은 맥주에 사용되는 가장 인기 있는 홉 품종과 그 풍미 및 특성,
그리고 양조 공정에서의 기본 용도에 대한 설명이다.

아타넘Ahtanum
자몽 향과 꽃향이 매우 강하며 솔향과 흙 내음
도 어우러져 있다. 쓴맛은 비교적 약하다.
용도 | 아로마, 풍미

아마릴로Amarillo
그리 달지 않으며 오렌지 같은 맛과 향이 매우
강하다. 캐스케이드 품종과 흡사하다.
용도 | 풍미, 아로마

아폴로Apollo
강한 맛과 향을 가진 품종으로, 주로 오렌지의
맛과 향을 낸다.
용도 | 쓴맛

브라보Bravo
강한 IPA에 어울리는 흙 내음과 허브 향, 약간
스파이시한 아로마를 더해준다.
용도 | 쓴맛

브루어즈 골드Brewer's Gold
블랙커런트의 과일 느낌뿐 아니라 스파이시한
아로마와 풍미를 지닌 복합적이면서 톡 쏘는
맛을 내는 품종이다.
용도 | 쓴맛

칼립소Calypso
이 새로운 품종의 과일 향을 맡으면 배와 사과
가 떠오른다.
용도 | 아로마, 쓴맛

캐스케이드Cascade
아메리칸 페일 에일과 IPA에 많이 쓰이는 품
종. 이 꽃홉은 시트러스 향이 강하고 이따금
자몽 향도 난다.
용도 | 풍미, 아로마, 쓴맛

센터니얼Centennial
시트러스의 풍미와 아로마가 아주 강하며 꽃
향은 비교적 절제되어 있다.
용도 | 풍미, 아로마, 쓴맛

챌린저Challenger
묵직한 아로마가 과일 향에 가까운 정제된 스
파이시 향과 맛을 제공한다. 쓴맛이 깔끔하다.
용도 | 풍미, 아로마, 쓴맛

치누크Chinook
허브 향과 흙 내음, 훈제 향과 솔향을 내며, 조
금 섞인 듯한 시트러스 향이 이채롭다.
용도 | 아로마, 쓴맛

시트라Citra
리치, 망고, 파파야, 파인애플의 묵직한 열대
과일 아로마를 더해준다. 과일의 자리를 넘보
는 품종.
용도 | 아로마

클러스터Cluster
순수하고 부드러운 꽃향이 섞인 쓴맛 덕분에
여러 다양한 맥주를 만드는 데 적합하다.
용도 | 아로마, 쓴맛

콜럼버스Columbus
흙 내음과 함께 부드럽고도 스파이시한 미묘
한 시트러스의 풍미가 어루러진 품종.
제우스 홉과 흡사하다. 상품명을 따서 '토마호
크Tomahawk 홉'이라고도 부른다.
용도 | 아로마, 쓴맛

크리스털Crystal
꽃향과 스파이시한 향이 감과 후추를 연상시
킨다.
용도 | 풍미, 아로마

델타Delta
과일과 흙, 풀이 섞인 향이 나는데, 풍미 차원
에서 보면 허브의 끝맛에 은은한 시트러스 향
과 맛이 난다.
용도 | 풍미, 아로마

골딩스 Goldings

전통적인 영국 홉으로 풍미가 부드럽고 약간 달콤하다. 이스트 켄트 지역에서 자란 것은 이스트 켄트 East Kent 품종이라고 부른다.
용도 | 풍미, 아로마, 쓴맛

할러타우어 Hallertauer

스파이시한 과일 향이 느껴지는 꽃향과 흙 내음의 순하고 기분 좋은 향을 선사한다. 유명한 독일 노블홉의 한 품종. 할러타우어에는 여러 가지 품종이 있는데, '할러타우 Hallertau'는 흔히 미국에서 재배되는 홉을 뜻한다.
용도 | 풍미, 아로마

헤르스브루커 Hersbrucker

기분 좋고 상쾌한 향이 풀과 건초를 연상케 한다. 노블홉의 일종이다.
용도 | 아로마

허라이즌 Horizon

깔끔하고 똑 떨어지는 느낌을 선사하며 시트러스 향과 꽃향이 동등하게 어우러진다. 쓴맛이 부드러워 거슬리지 않는다.
용도 | 풍미, 쓴맛

리버티 Liberty

허브 향과 흙 내음의 순하고 기품 있는 아로마를 선사한다.
용도 | 풍미, 아로마

매그넘 Magnum

매우 자극적인 아로마가 후추와 너트맥을 연상시킨다. 시트러스의 풍미도 있다.
용도 | 쓴맛

너깃 Nugget

쓴맛이 강하고 허브의 향취가 짙다.
용도 | 쓴맛

토파즈 Topaz

흙 내음이 나고 리치를 연상케 하는 과일 맛을 선사한다.
용도 | 아로마, 쓴맛

엘도라도 El Dorado

2010년 가을에 등장한 새로운 품종. 배, 수박 사탕, 열대 과일의 향을 선사한다.
용도 | 풍미, 아로마, 쓴맛

팰코너스 플라이트 Falconer's Flight

꽃향의 블렌딩 전문 홉. 자몽, 레몬, 시트러스, 열대 과일의 맛을 풍부하게 내준다. IPA에 적합하다.
용도 | 아로마, 쓴맛

푸글스 Fuggles

전통적으로 영국 스타일 에일에 사용된다. 투박한 흙 내음과 과일 향이 난다.
용도 | 풍미, 아로마, 쓴맛

갤럭시 Galaxy

새로운 오스트레일리아 품종. 패션프루트(시계꽃 열매)와 교배한 시트러스의 특성이 다른 홉과 차별화된다.
용도 | 풍미, 아로마

갈레나 Galena

깨끗하면서 톡 쏘는 쓴맛을 내며, 다른 홉 품종과 잘 어울린다. 슈퍼갈레나 Super Galena 품종도 있다.
용도 | 쓴맛

글레이셔 Glacier

순한 시트러스 향과 흙 내음 중간 정도의 기분 좋은 향을 내는 달콤한 품종이다.
용도 | 아로마

모자이크Mosaic
2012년 출시된 미국 신품종. 자연 그대로의 흙 내음과 약간의 시트러스 풍미도 있는 스파이시한 열대의 향을 낸다.
용도 | 아로마

모투에카Motueka
생동감 있는 사츠 홉과 비슷한 뉴질랜드 품종. 레몬, 라임, 열대 과일의 풍미가 있다.
용도 | 아로마, 쓴맛

마운틴 후드MT. HOOD
신선한 흙 내음이 난다. 노블홉을 연상시키는 절제된 스파이시 향을 선사한다.
용도 | 아로마

마운틴 레이니어MT. Rainier
검은감초 향이 시트러스의 입맞춤에 사라지는 듯한 신비로운 느낌을 준다.
용도 | 아로마, 쓴맛

넬슨 쇼빈 Nelson Sauvin
쇼비뇽 블랑 포도의 이름을 일부 딴 뉴질랜드산 품종. 밝은 느낌에 즙이 많으며 패션프루트의 풍미로 가득하다.
용도 | 풍미, 쓴맛, 아로마

노던 브루어 Northern Brewer
이 다음도 홉의 향기로운 아로마는 흙과 나무가 있는 전원의 향기에 가깝다. 민트 향도 조금 감지된다.
용도 | 아로마, 쓴맛

퍼시픽 겜 Pacific Gem
상쾌하고 깔끔한 쓴맛과 블랙베리의 미묘한 향이 감도는 나무 향의 품종이다.
용도 | 쓴맛

팰리세이드Palisade
살구 향이 살짝 도는 사랑스러운 풀 내음과 꽃향을 기대할 것.
용도 | 아로마

펄Perle
이 전천후 홉은 민트 향에 가까운, 깔끔하면서도 덜 익은 쓴맛이 난다. 다소 스파이시한 꽃향도 난다.
용도 | 풍미, 아로마, 쓴맛

프라이드 오브 링우드 Pride of Ringwood
투박한 흙 내음과 맛 그 자체로, 허브 향과 나무 향도 선사한다. 오스트레일리아 맥주에 많이 사용된다.
용도 | 쓴맛

리와카Riwaka
보석과 같은 뉴질랜드 홉으로, 자몽 향이 강하다.
용도 | 아로마

사츠Saaz
깔끔한 맛과 계피의 스파이시한 향취를 선사하는 노블홉. 보통 필스너 맥주에 사용된다.
용도 | 풍미, 아로마

샌티엄Santiam
허브 향과 꽃향이 노블홉을 연상시킨다.
용도 | 아로마

심코Simcoe
솔, 나무, 시트러스의 향이 이 쌉쌀한 홉의 주된 특징이다.
용도 | 아로마, 쓴맛

소라치 에이스 Sorachi Ace
일본산 홉으로, 레몬의 아로마가 강하며 버터맛이 나기도 한다.
용도 | 아로마

슈팔트Spalt
독일산 노블홉으로, 스파이시하고 섬세한 향이 특징이다.
용도 | 아로마

스털링Sterling
유러피언 홉 대용으로 사용되는 이 홉은 스파이시하고 세련된 향과 강한 풍미를 낸다.
용도 | 아로마, 쓴맛

스티리언 골딩스 Styrian Goldings
슬로베니아 푸글스 품종의 하나로, 생생한 꽃향이 약간 감돌면서 달콤하고 송진 향이 나며, 기분 좋게 스파이시한 아로마를 풍긴다.
용도 | 풍미, 아로마, 쓴맛

서밋Summit
오렌지와 감귤의 첫 향을 선사한다.
용도 | 쓴맛

타깃Target
강한 풀 내음과 허브 향이 나고, 미네랄 같은 성질이 있다. 꽃향은 웨스트 코스트 산보다는 영국산에서 두드러진다.
용도 | 쓴맛

티메이커Teamaker
본래 항균 작용을 위해 개발된 품종이다. 녹차와 비슷한 아로마를 제공하며 쓴맛은 전혀 없다.
용도 | 아로마

테트낭어Tettnanger
풍부한 풍미에 허브 향에 가까운 스파이시한 꽃향이 섞인 노블홉.
용도 | 풍미, 아로마

워리어Warrior
홉의 풍미를 높인 에일에 걸맞은 깔끔하고 부드러운 쓴맛을 제공한다.
용도 | 아로마, 쓴맛

윌래밋Willamette
허브 향과 흙 내음, 나무 향이 두드러지며, 여기에 꽃향과 과일 향이 약간 난다.
용도 | 풍미, 아로마

맥주 양조 공정

1. 분쇄
보리 맥아를 분쇄기에서 곱게 빻는다.

2. 당화
맥아즙 통(mash tun)에 분쇄한 보리 맥아를 넣고 뜨거운 물을 부으면 전분이 발효 가능한 당분으로 변한다.

3. 맥아즙 여과
맥아즙 여과기(lauter tun(맥아즙을 구멍 난 바닥으로 흘려보낼 수 있게 만든 용기)에서 고형의 엿기름은 맥아즙과 분리된다. 다시 엿기름 찌꺼기에 뜨거운 물을 흘려보내면 남아 있는 당분이 마저 추출되는데 이 공정을 '스파징sparging'이라고 한다.

4. 끓이기
맥아즙을 솥에 옮겨 끓이고 쓴맛과 아로마를 내기 위해 단계별로 홉을 첨가한다.

5. 침전
홉을 첨가한 맥아즙을 침전조에 넣고 돌린다. 이렇게 하면 앞서 넣었던 홉과 응고된 단백질이 제거된다.

6. 맥아즙 냉각
효모를 첨가하려면 우선 맥아즙을 적당한 발효 온도까지 냉각해야 한다. 이를 위해 맥아즙을 열교환기에 넣고 돌린다.

7. 발효

맥아즙을 발효 탱크로 옮긴 다음 효모를 첨가한다. 효모가 들어가면 맥아즙은 맥주로의 변신을 시작한다.

8. 숙성

효모가 더이상 당분을 빨아들이지 않아 발효가 둔화되면 발효 탱크 바닥에 가라앉기 시작한다. 이런 침전 작용을 촉진하려면 맥주를 거의 얼 때까지 냉각한 다음 숙성 탱크, 즉 압력 탱크(Bright Beer Tank: BBT 맥주를 맑게 하기 위해 최종 숙성하는 탱크)로 옮겨 풍미 숙성, 여과 지속, 또는 탄산화 과정을 진행한다(일부 양조장은 숙성 탱크에서 냉각만 한다).

9. 여과와 포장

마지막 공정으로 어떤 맥주는 최적의 투명도를 위해 여과 과정을 거치고, 어떤 맥주는 그대로 캔, 병, 케그keg에 담겨 소비자를 맞을 준비를 한다.

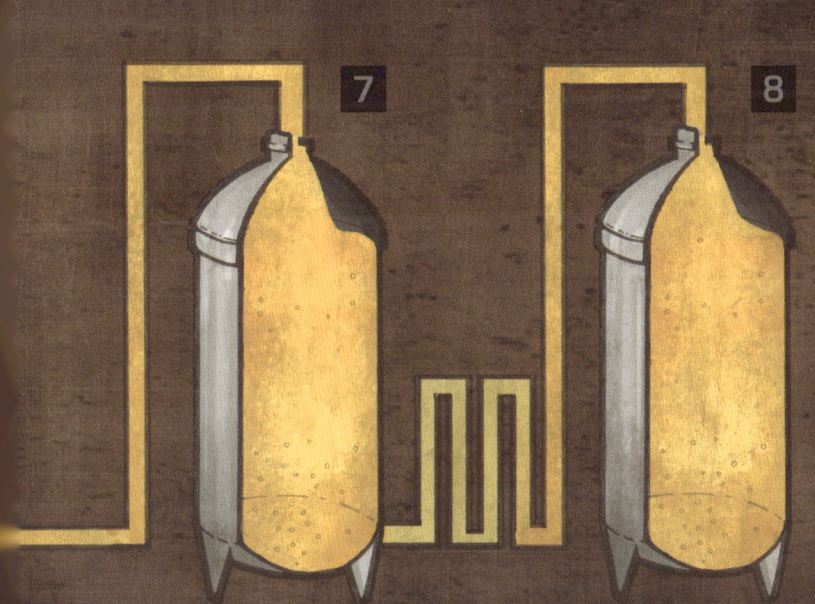

에덴에서 온 효모

맥주의 풍미와 아로마, 마우스필(입 안에서 느껴지는 질감-옮긴이), 끝맛은 홉과 곡물, 효모, 그리고 사용된 물까지 네 가지 요소가 죽처럼 섞여 복합적으로 만들어진 결과이며 이들 재료의 특성과 미네랄 함량이 양조 과정에서 중요한 역할을 한다. 이 중에서 효모는 아로마와 풍미를 책임지는 견인차 역할을 한다. 효모는 맥주에 있어서 박동하는 심장과 같다. 이런 이유로 헤페바이젠 하면 클로브(정향)나 바나나가 떠오르고(헤페바이젠은 효모를 여과하지 않은 탁한 밀맥주로, 바나나 향이 난다-옮긴이), 일부 시큼한 맥주의 풍미는 곰팡내 나는 치즈와 비슷한 것이다.

효모는 크게 두 가지로 나뉜다. 에일 효모Ale Yeast는 따뜻한 온도를 좋아하고 발효 탱크 상부에서 작용해 약간의 에스테르 향(서양배나 바나나의 향-옮긴이), 즉 과일의 풍미와 아로마를 생성한다. 에일은 골든 IPA부터 칠흑 같은 스타우트까지 모든 스타일의 맥주를 아우르며, 제2대 가문인 라거보다 달콤하고 바디감이 더 묵직한 경우가 많다. 탱크 하부에서 하면발효를 하는 라거 효모Lager Yeast는 북극곰처럼 시원한 온도를 좋아한다. 라거는 전형적으로 청량한 느낌이 들고 섬세하며, 뜨거운 여름날 풀에서 수영하는 것처럼 상쾌하다.

효모는 적당한 온도로 냉각한 맥아즙에 투입한다. 효모는 종류에 따라 최적의 증식 온도가 다르다. 맥아즙이 너무 뜨거우면 효모가 죽거나 제대로 증식하지 못해 원치 않는 풍미가 날 수 있다. 반면 맥아즙이 너무 차가우면 효모가 둔해져 발효 시간이 길어지고 이에 따라 불청객 박테리아가 맥아즙에 침투할 가능성이 있다(벨기에의 센Senne 지역은 람빅Lambic으로 잘 알려진 자연발효 맥주를 수세기 동안 전문적으로 생산해왔다. 이곳 양조장에서는 맥아즙이 식으면 자연 효모가 자연스럽게 맥주에 가라앉게 한다.).

많은 양조장에서는 발효가 끝나면 맥주의 효모를 거둬들여 보관해놓고 새로 생산할 때 다시 사용한다. 효모 공급 업체인 '위스트 연구소Wyeast Laboratories'에 따르면, 양조에 쓰는 효모는 일곱 번 내지 열 번까지 안전하게 재사용한 후 폐기할 수 있다(시간이 지나면서 효모가 변질되거나 오염될 수 있다).

라거는 독일과 체코산 맥주의 대명사라고 할 수 있지만, 최근 연구가들은 라거 효모가 남미의 파타고니아에서 처음 생겨났다는 사실을 알아냈다. 아마 이 효모가 대양으로 가는 선박을 얻어 탔다가 독일 바이에른 지방에 터를 잡은 모양이다. 그곳에서 라거 효모는 상면발효 품종인 사카로미세스 세레비시아Saccharomyces Cerevisiae 효모와 융합해 S 우바룸S. uvarum 효모를 생산해내면서 15세기 라거 맥주 성장의 탄탄대로를 마련했다.

피렌체 대학의 연구진은 사카로미세스 세레비시아 효모가 겨울 동안 말벌의 내장 속에서 안전하고 따뜻하게 은신한다는 사실을 알아냈다.

효모가 없으면 빈껍데기

1949년 뉴욕에서 양조장들이 파업으로 81일 동안 문을 닫았다. 피해를 많이 본 것 중 하나가 브루클린의 인기 양조장, 트로머스 에버그린 브루어리Trommer's Evergreen Brewery의 효모였다. 맥주 생산을 다시 시작했을 때 이 양조장은 새로운 효모를 사용할 수밖에 없었는데, 맥주에서 전혀 다른 맛이 났고, 인기가 추락했다. 1951년경에 이 양조장은 매각되었다.

발효

맥주에 취한 사람들이 머리에 전등갓을 뒤집어쓰는 이상한 짓을 하고 이튿날 아침에는 아스피린을 찾아다니는 이유는 대개 발효 때문이다.

과학적으로 설명하면, 발효란 효모에 의해 당분이 이산화탄소와 알코올로 변하는 과정이다. 역사적으로 알코올은 콜레라와 이질을 비롯한 치명적인 기타 수인성 질병에 서구 문명이 급사하지 않도록 막아주는 중요한 역할을 했다. 요즘 미국에 사는 사람치고 콸콸 나오는 수돗물에 킬러 미생물이 있을 거라고 생각하는 사람은 없을 것이다. 하지만 최근까지만 해도 물은 종종 오염되어 마시기에 위험했다. 그러나 맥주는 다르다. 생산 공정에서 물을 끓이기 때문에 그 속에 잠복해 있던 많은 미생물이 죽는다. 이때 알코올이 방부제 역할을 맡아 사악한 병균이 맥주 안에 진을 치는 것을 막고 안전하게 마실 수 있게 해준다. 단, 명심할 점은 적당히 마셔야 한다는 것.

효모에 의해 맥아즙이 병맥주로 완성되려면 얼마나 오랜 시간이 필요할까? 맥주의 종류에 따라 답은 달라질 수 있다. 에일 맥주는 단 2~3주 만에 마실 수 있는 반면, 라거 맥주는 최대 6주 이상 걸린다. 독일어의 '라건 lagern'은 '쉬다'라는 뜻이다(냉장고가 등장하기 전 라거는 동굴이나 석조 지하 저장고에서 발효되었다). 자연발효된 맥주는 이런 엄격한 시간이 적용되지 않는다. 자연적으로 야생 효모와 박테리아에 감염된, 이런 시큼하고 쉰내 나는 펑키한 맥주는 원하는 풍미를 온전히 얻기까지 수년이 걸리는 경우도 있다.

알코올

맥주의 도수는 ABV(Alcohol by Volume, 부피당 알코올 량)를 '%'로 표시하는데, 이는 전체 액체 중 알코올의 함량을 나타낸다.

ABV를 계산하려면 액체 비중계가 필요하다. 이 기계는 부력을 사용해 순수한 물과 당분이 함유된 물 사이의 비중, 즉 밀도의 차이를 측정한다. 화씨 60도(섭씨 15도)에서 액체 비중계는 순수한 물을 1,000으로 표시한다. 액체의 밀도가 높을수록 눈금의 숫자가 커진다. 양조업자는 곡물을 끓여 맥아즙을 만든 후 당분으로 가득한 맥아즙을 냉각시켜 '원비중original gravity'을 처음으로 측정한다. 그다음으로 맥주에 투입된 효모가 당분 가득한 맥아즙을 한 무리의 굶주린 고등학생처럼 게걸스럽게 공격하면, 이산화탄소와 축복과도 같은 알

양조장이 없으니, 문제도 없네

보스턴의 미스틱 브루어리Mystic Brewery는 운영 방식이 흥미롭다. 이 양조장의 소유주인 브라이언 그린하겐과 에밀리 그린하겐 부부는 맥주를 양조하지 않는다(브라이언은 상용 효모 품종 개발 분야에서 일했고 그의 부인은 농업 폐기물을 에탄올로 바꾸는 데 전념하고 있다). 대신 MIT 졸업생들과 과학자들이 지역 과일을 사용해 자기들만의 효모 품종을 분리하고 키우고 배포해서 미스틱 맥주Mystic Beer를 생산한다. 이들 부부에겐 사실 양조장이 없다. 이들은 맥아즙을 다른 곳에서 가져와 발효시키는 데 집중한다. 이들의 세종과 수도원 에일은 미 북동부 지역을 여행할 때 한번 시음해볼 만하다.

코올이 생성된다.

발효가 끝나면 알코올이 생성된 맥주를 액체 비중계로 다시 측정한다. 최종 비중 수치가 나오면 원비중에서 이 값을 빼고 131을 곱한다. 그 결과가 ABV다. ABV는 크래프트 맥주 양조의 관례적인 표준 측정치이지만 일부 양조업자는 아직도 ABW(Alcohol By Weight, 중량당 알코올 량)를 사용한다. 그렇다고 당황할 필요는 없다. ABW를 ABV로 재빨리 바꾸는 방법이 있으니까. ABW에 1.25를 곱하면 된다. 알코올은 물 중량의 약 80퍼센트이므로, 예를 들어 ABV가 6퍼센트라면 ABW는 4.8퍼센트다.

ABV와 풍미

일반적으로 ABV가 높을수록 더 달콤하고 바디감 가득한 맛이 나는데 이는 도수를 높이는 것이 맥아이기 때문이다. 사용되는 맥아가 많을수록 효모가 빨아들일 수 있는 당분이 더 많이 생성되어 알코올 도수를 높인다. 과도한 단맛과 균형을 맞추기 위해 양조업자들은 씁쌀한 홉을 사용한다.

도수가 낮다고 맥주에 풍미가 부족한 건 아니다. 맥아

어테뉴에이션Attenuation은 효모가 소모하는 맥아즙의 당분을 '%'로 나타낸 것으로, 보통 65~85퍼센트다. 퍼센트가 낮아질수록 맥아 향 짙은 풀바디감의 맥주가 만들어지고, 퍼센트가 높을수록 드라이하고 당도가 낮은 맥주가 나온다.

맥주는 늘 목마르다

샌디에이고의 효모 공급 업체, 화이트 랩스White Labs는 반은 교실이고 반은 펍인 즐거운 곳으로, 시음실을 운영해서 효모와 발효 기술이 맥주에 어떤 영향을 끼치는지 알려주는 한편, 동일한 맥주를 여러 가지 버전으로 양조하기 위해 다양한 효모를 투입하기도 한다(whitelabs.com).

'화이트 랩스'의 공동 창업자 크리스 화이트. (위)

를 과다 사용하는 대신 양조업자들은 효모와 홉, 특수 곡물을 사용해 아주 낮은 도수의 풍미 있는 맥주를 만들어낸다. 이런 맥주를 '세션 맥주Session Beer'라고 하는데, 음주 모임 때 여러 잔을 마셔도 취하지 않기 때문에 붙은 이름이다. 세션 맥주 위주로 생산하는 매사추세츠의 노치 양조장Notch Brewing의 창업자, 크리스 로링은 이렇게 말한다. "크래프트 맥주는 함께하는 시간의 흥을 돋워주고 세션 맥주는 그 시간을 연장시켜 줍니다. 즐거운 시간을 오래 누리고 싶지 않은 사람이 어디 있겠습니까?"

영국의 세션 맥주는 보통 ABV가 4퍼센트 미만이며, 이 나라에서 생산되는 마일드 앤드 비터 맥주(쓴맛과 단맛이 반반 섞인 맥주)의 대부분을 차지한다(저알코올 맥주는 유쾌한 분위기의 펍 문화와 관세 정책 때문에 생겨난 부산물이다. 영국에서는 알코올 도수에 따라 맥주에 세금이 부과된다). 미국의 경우 양조업자협회 지침에 따르면, 세션 맥주의 ABV

는 4퍼센트에서 5.1퍼센트 사이여야 한다. 내 입맛에 이 도수는 좀 높다. 나는 필라델피아에서 활동하는 맥주 기고가 루 브라이슨의 철학이 맘에 든다. 그는 자신의 온라인 블로그 '세션 비어 프로젝트sessionbeerproject. blogspot.com'에서 도수는 낮지만 맛은 떨어지지 않는 맥주의 매력을 찬양한다. 브라이슨에 따르면 세션 비어는 "ABV 4.5 이하로, 심심하지 않을 정도의 풍미가

맥주의 일반적인 알코올 도수 범위	
라거와 필스너	4~5.5%
헤페바이젠	4~6%
화이트비어	4~6%
페일 에일	4~6%
포터와 스타우트	4~7%
아메리칸 인디아 페일 에일	5.5~7.5%
더블/임페리얼 페일 에일	7.5~12%
임페리얼 스타우트	8~12%
발리와인	8~15%

있고 여러 잔을 마셔도 끄떡없어 대화를 부드럽게 이끌 수 있어야 하며 가격도 적당해야 한다." 세션 비어란 드라이한 아이리시 스타우트 맥주부터 홉의 성질이 강한 페일 에일까지, 또 그 사이에 있는 모든 스타일의 맥주에 적용되는 포괄적인 말이다. 브라이슨은 ABV 기준이 사람마다 다를 순 있어도 선은 그어놓아야 한다는 걸 인정한 선구자인데, 나는 4.5퍼센트 깃발을 흔들면서 자랑스럽게 그에게 동참하련다.

치열한 경쟁

알코올 함량이 너무 높으면 효모가 그것에 물려 알코올 생산을 중단할 수 있다. 효모는 품종마다 알코올 내성이 다른데, 알코올 내성이란 아무리 많은 맥아즙을 공급해도 미생물이 더이상 알코올을 생산하지 않는 한도를 뜻한다(알코올이 증가한 상태에서는 탄산화 작용이 저하되거나 심지어 탄산이 사라진다). 이 때문에 맥주의 도수는 자연적으로 어느 한도 이상으로 올라가지 않는다. 물론 오늘날의 양조업체에게 이런 알코올 장벽은 도수를 높일 다른 수단을 찾기 위한 구실에 지나지 않는다. 풍부한 로스팅 풍미의 월드 와이드 스타우트World Wide Stout(ABV 15~20퍼센트)를 생산하기 위해 도그피시 헤드 Dogfish Head 사는 7개월의 발효 기간 동안 여섯 가지의

다른 효모를 사용한다. 샘 애덤스는 에일 효모와 샴페인에 사용되는 특별한 효모를 이용해 포터Porter보다 센 ABV 29퍼센트의 통 숙성 블렌드 맥주인 유토피아Utopias 2012년 버전을 생산했다(유토피아는 격년으로 생산된다). 현재로서는 자연발효 맥주의 최고 기록이다. 다음은 지금까지 양조된, 도수가 가장 센 맥주다(이들 대부분의 맥주는 한 번 제조된 후 단종되었다).

• 29% | 데이브Dave
– 헤어 오브 더 도그 양조회사Hair of the Dog Brewing Co.
영국 스타일의 발리와인으로, 세 차례의 동결 과정을 거쳐 농축된 즙으로 탄생했다. 1994년 처음 출시됐지만 소유주인 앨런 스프린츠가 가끔씩만 한정된 물량으로 내놓는다.

• 39% | 블랙 댐네이션 VI-메시Black Damnation VI-Messy
– 드 스트뤼즈 브라우어스De Struise Brouwers
단 한 번의 생산을 위해 이 벨기에 양조업체는 임페리얼 스타우트Imperial Stout에 더블 아이스보크Double Icebock 공정을 추가해 기적적으로 탄산을 유지했다.

• 40% | 쇼르슈보크Schorschbock
– 쇼르슈브로이Schorschbräu
도수 높은 맥주로 유명세를 탄 이 독일 양조업체는 쇼르슈보크로 알코올 군비 경쟁에 돌입했다.

• 41% | 싱크 더 비스마르크Sink the Bismarck!
– 브루도그Brewdog
이 넉살스러운 스코틀랜드 양조업체는 마케팅 전략으로 명성을 얻었다.

• 43% | 쇼르슈보크
– 쇼르슈브로이
남에게 뒤질세라 독일의 이 시럽 같은 맥주는 잠시나마 브루도그로부터 세계 최고 도수 맥주 타이틀을 빼앗아왔다.

• 55% | 디 앤드 오브 히스토리The End of History
– 브루도그
10여 개의 박제 담비와 박제 다람쥐 몸속에 담긴 이 맥주는 무시무시한데다 도수도 무시무시하게 높다.

• 57.5% | 피니스 코로나트 오푸스Finis Coronat Opus
– 쇼르슈브로이
제품명의 뜻은 '일의 결과가 왕관을 씌워준다.' 도수 쟁탈전에선 승리를 거두었지만……

• 60% | 스타트 더 퓨처Start the Future
– 티 코엘스칩T Koelschip
이어서 네덜란드 양조업체가 그 타이틀을 가져갔다. 그러나 승리는 곧 패배로 바뀌고……

• 65% | 아마겟돈Armageddon
– 브루마이스터Brewmeister
ABV에 환장한 또다른 스코틀랜드 양조업체의 손에 타이틀이 넘어갔는데, 이 타이틀은 지금까지는 안전하다.

톡 쏘는 탄산을 위하여

거품head은 모든 맥주의 필수 요소다. 거품 방울은 맥주 거품 층의 형성은 물론 마우스필과 쓴맛을 느끼는 데도 영향을 준다. 어떤 사람들은 맥주의 거품을 쓸모없는 부분으로 생각하지만, 이산화탄소가 표면까지 올라와 생기는 거품 층은 맥주의 휘발성 요소를 많이 가두어 좀 더 매력적인 아로마를 만들어낸다.

맥주의 거품을 형성하는 데는 크게 두 가지 기술이 있다. 첫 번째는 강제로 탄산 주입하기다. 맥주를 살균 처리하고 여과해 효모를 제거하면 좀 더 맑고, 더는 발효가 진행되지 않아 변화가 없는, 사실상 생명이 끝난 선반 진열용 제품이 탄생한다. 이 기술로는 탄산을 바로 넣을 수 없기 때문에 맥주를 서빙 가능 온도까지 냉

골든 로드 양조장은 로스앤젤레스 맥주 산업을 비추는 밝은 등불이다. 이곳 맥주는 주로 생맥주로, 16온스짜리 캔에 담겨 출시된다. 제품으로는 복숭아와 패션프루트 향이 나는 포인트 더 웨이 IPAPoint the Way IPA와 상쾌하고 약간 시큼한 맛이 나는 골든 로드 헤페바이젠Golden Road Hefeweizen이 있다.

각해 압축 이산화탄소를 주입하는데, 이 가스는 삼투 현상을 통해 맥주에 흡수된다. 이 과정에서 거품이 생기는 것이다(대부분의 생맥주에는 탄산을 강제로 주입한다).

두 번째는 병 속 2차 발효bottle conditioning, 효모를 맥주 안에 보관하는 기술이다. 병 속에 맥주를 넣고 설탕이나 맥아즙, 효모를 더 첨가한 뒤 밀봉한다(양조업체들은 맥주의 선명도를 위해 맥주를 거른 다음 효모를 새로 추가하기도 한다). 이때 미생물이 당분을 먹어치우면서 부산물로 자연히 탄산이 생기는데 ABV에는 큰 변동이 없다. 맥주에 최적의 거품이 형성되기까지는 수주가 걸릴 수 있기 때문에, 생산 일정을 맞춘다고 서두르는 양조업체로서는 선택할 수 없는 기술이다. 병 속 2차 발효 기술로 생산된 맥주는 병 바닥의 침전층을 보고 식별할 수 있다. 이 침전층은 아무 이상 없는 것으로, 먹어도 탈이 없다. 그래도 의심스럽다면 맥주를 흔들어 효모를 섞은 다음 천천히 음미하며 마실 것.

또 다른 방법으로, 비살균·비여과 맥주를 퍼킨firkin(10.8갤런 용량의 나무 플라스틱, 금속 케그로, 캐스크cask라고도 한다)에 부으면 살아 있는 효모가 부드러운 자연 탄산을 생성해 캐스크 에일cask ale을 만든다. 퍼킨통은 가압 처리를 거치지 않기 때문에 수동 펌프식의 '비어 엔진'(캐스크에서 맥주를 배출하는 장치-옮긴이) 또는 중력을 통해 맥주가 배출된다. 캐스크 에일은 섭씨 약 12.7도에서 가장 좋은 맛이 나며, 이 적정 온도에서 미묘한 풍미, 좀 더 부드러운 마우스필, 향기로운 아로마가 두드러진다. 맥주는 살아 있기 때문에 통에서 배출된 후에도 매일 풍미를 발산하고 그 풍미도 바뀐다. 영국에서 이미 오랜 전통을 자랑하는 캐스크 에일은 미국의 고급 맥줏집에서도 점점 중심 무대에 오르고 있다.

기네스Guinness 역시 맥줏집의 충복이다. 그 자리를 유지할 수 있는 힘은 대체로 감미롭고 크리미한 헤드와 마우스필에서 나온다. 이는 맥주에 질소가 주입된 덕분인데 맥주는 질소와 이산화탄소의 비율이 70/30 또는 75/25로 탄산 주입 과정을 거친다. 맥주를 따를 때는 이와 비슷한 혼합 비율의 '비어 가스beer gas'가 사용된다. 이 가스는 리스트럭터 플레이트restrictor plate라는 작은 원반이 장착된 특수 탭을 통해 케그에서 맥주를 밀어내는 역할을 한다. 이 작은 원반은 맥주의 흐름을 둔화시켜 작은 구멍과 좁은 노즐을 통해 맥주를 배출시킨다. 맥주 내 용존 질소는 유리잔 벽을 타고 떨어진 다음 잔 가운데에서 거품 형태로 올라온다. 질소는 거품 방울이 이산화탄소보다 작아서 트레이드마크인 푹신한 거품을 형성한다. 맥줏집에서는 스타우트 이외에도 질소 가스가 주입된 IPA와 크림 에일을 공급해 많은 사람들에게 작은 거품을 선사하고 있다.

맥주 포장 용기에 대하여

과거에 맥주 포장은 아주 간단했다. 저렴한 라거는 알루미늄 캔에 포장되어 팔렸고, 크래프트 맥주와 수입 맥주는 12온스(약 355밀리리터)들이 유리병에 담겨 판매되었다. 이제는 아니다. 오늘날 맥주는 개성 있는 유리병이나 알루미늄 패키지로 판매되고, 각각의 용기는 나름대로 독특한 장점을 가지고 있다.

알루미늄 캔 쉽게 찌그러지는 알루미늄 캔은 그 안에서 발산되는 깡통 맛 때문에 오랫동안 조롱을 받아왔다. 이런 단점은 맥주와 알루미늄의 접촉을 막아주는 수성 고분자 라이닝lining 덕분에 줄어들었다. 게다가 캔은 재활용하기 쉽고 병맥주의 반입이 불가능한 곳(배낭, 호수, 해변, 경기장)까지도 가져갈 수 있으며 빛이 맥주에 직접 닿는 것을 막아 신선도와 풍미를 한층 높여준다. 크래프트 맥주 양조업체는 16온스들이 캔을 출시해, 1파인트 맥주(약 560밀리리터) 한 잔을 소비자의 손에 쥐여주기 시작했다. 물론 캔의 에폭시 수지 라이닝에서 비스페놀ABPA가 소량 검출되지만, 미 환경보호국EPA에 따르면 일일 권장량을 초과하려면 450개 이

1612년, 한스 크리스텐센과 에이드리언 블로흐는 뉴욕시의 모태가 된 뉴암스테르담(네덜란드 서인도회사가 1625년 7월, 뉴욕의 맨해튼 남쪽 끝에 건설한 식민 도시-옮긴이)의 영국령 북아메리카에 최초의 양조장을 열었다. 1620년대 무렵 네덜란드 정착민들은 맨해튼에서 홉을 재배하기 시작했다. 그렇다. 미국 상업의 고동치는 심장부는 한때 농업의 천국이었다.

이 화학물질에 빛이 닿으면 스컹크 방귀에서도 발견되는 화학물질이 생성된다.

- **12온스(355밀리리터)** 미국 맥주병 표준 용량이자 여섯 개들이 묶음 제품에서 흔히 볼 수 있는 용량. 병의 목이 길다고 해서 '롱네크Longneck'라고도 부른다. 유럽의 경우 표준 병의 용량은 11.2온스, 330밀리리터다. 500밀리리터, 즉 16.9온스 병으로 시판되는 맥주도 많다.
- **22온스(650밀리리터)** '폭격기Bomber'라고도 하는 이 대용량 병에는 보통 친구 한둘과 나눠 마시기에 딱 좋은 높은 도수의 맥주가 들어 있다.
- **25.4온스(750밀리리터)** 저녁 식탁에 올려놔도 좋을 모양새를 갖춘 이 와인 크기의 병은 보통 샴페인 코르크와 철사 케이지로 밀봉되어 출시된다. 이 병은 사우어 에일이나 벨기에 스타일 맥주와 같이 높은 도수나 거품이 풍부한 맥주에 많이 사용된다.

그라울러Growler 과거엔 그랬다. 신선한 생맥주 한잔 마시려면 무조건 맥줏집으로 가야 했다. 그런데 요즘은 맥줏집뿐만 아니라 맥주 매장, 양조장, 레스토랑에서도 생맥주를 그라울러 용기(뚜껑이 날아가지 않도록 코르크 마개 주위를 철사로 감싸놓은 것-옮긴이)에 판매한다. 이 용기는 재활용 가능한 64온스(1.9리터) 유리병으로, 양조장과 브루펍, 맥주 매장의 로고가 장식된 경우가 많고, 갓 따른 케그 맥주의 상쾌함을 일주일(개봉 후 약 36시간) 정도 유지할 수 있다. 파인트 잔 네 개 분량이 들어가는 이 유리병은 맥주 애호가들이 모여 함께 마시기에 완벽한 용량이다. 그라울러를 다 비우면 맥주 찌꺼기를 남겨놓지 말 것. 되도록 빨리 뜨거운 물로 병을 헹군 다음 뒤집어 말린다. 곰팡이 핀 병은 절대로 사용해선 안 된다. 만약 곰팡이가 피었다면 병에 표백제를 몇 방울 떨어뜨린 다음 뜨거운 물을 가득 붓고 잘 흔들어준다. 그런 다음 헹구고, 헹구고, 또 헹굴 것.

상의 캔이 필요하다. 사실 그 정도까지 마실 일은 없을 거다.

유리병 크래프트 맥주 운동에 발동이 걸렸을 때, 양조업체는 어느 정도는 녹색 병의 수입 맥주(하이네켄 Heineken, 그롤쉬Grolsch), 맥주 대량 유통업체 제품과 자기들 제품을 구별하기 위해 갈색 병에 의존했다. 하지만 이 고전적이고 우아한 크래프트 맥주 유리병에 단점이 없는 것은 아니다. 파손되기 쉬운 뚜껑 때문에 간혹 제대로 밀봉되지 않아 탄소와 맥주가 새어나오는 경우가 있다. 게다가 갈색이든 녹색이든 투명하든, 모든 유리병은 자외선을 흡수하기 때문에 맥주에서 스컹크 방귀 냄새를 유발할 수 있다. 그것은 홉 성분 때문인데, 홉을 끓이면 이소휴물론Isohumulones이란 물질이 방출된다.

권장 서빙 온도

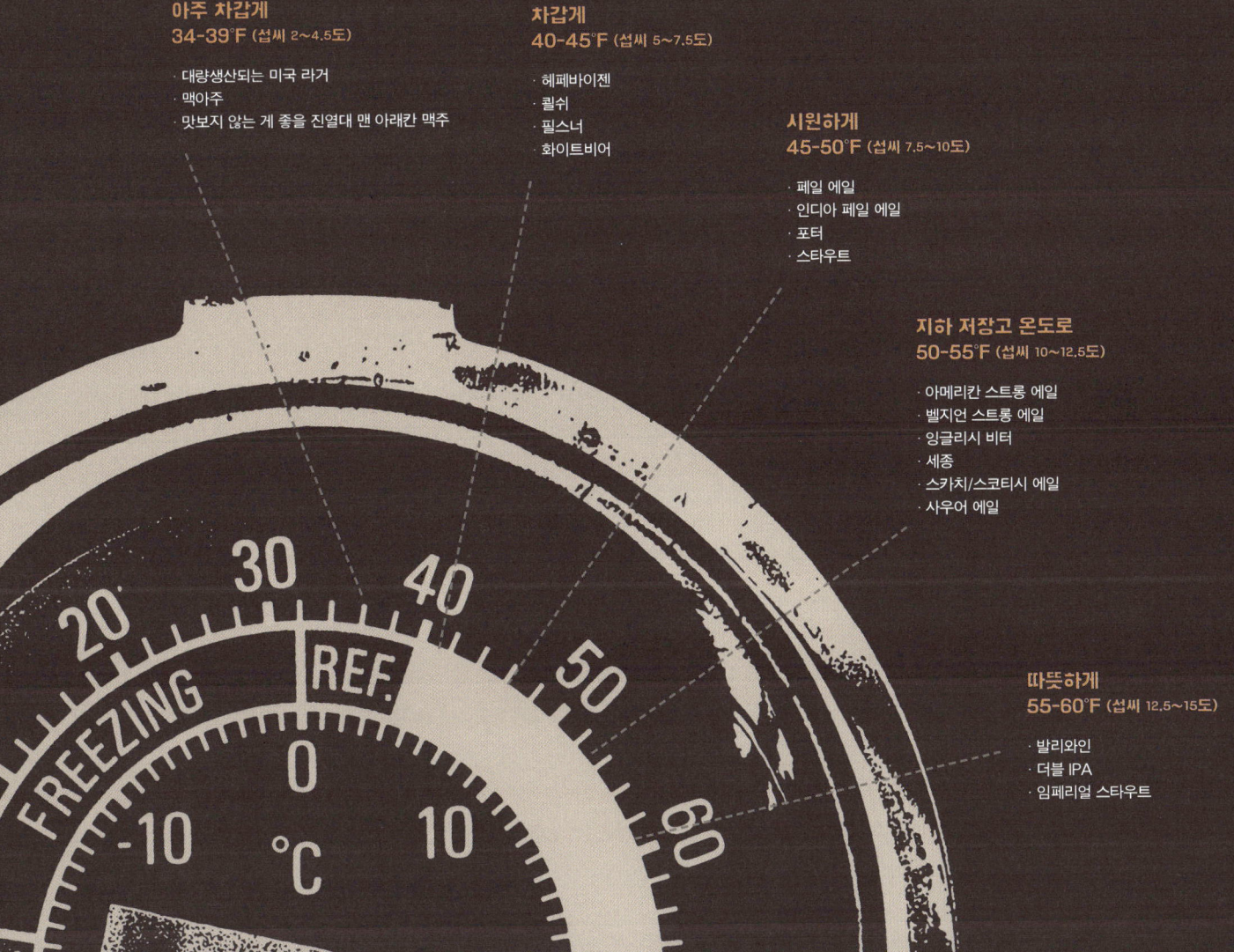

아주 차갑게
34-39˚F (섭씨 2~4.5도)

· 대량생산되는 미국 라거
· 맥아주
· 맛보지 않는 게 좋을 진열대 맨 아래칸 맥주

차갑게
40-45˚F (섭씨 5~7.5도)

· 헤페바이젠
· 쾰쉬
· 필스너
· 화이트비어

시원하게
45-50˚F (섭씨 7.5~10도)

· 페일 에일
· 인디아 페일 에일
· 포터
· 스타우트

지하 저장고 온도로
50-55˚F (섭씨 10~12.5도)

· 아메리칸 스트롱 에일
· 벨지언 스트롱 에일
· 잉글리시 비터
· 세종
· 스카치/스코티시 에일
· 사우어 에일

따뜻하게
55-60˚F (섭씨 12.5~15도)

· 발리와인
· 더블 IPA
· 임페리얼 스타우트

맥주의
권장 서빙 온도

맥주의 온도를 잰답시고 맥주에 온도계를 직접 꽂지는 않을 것이다. 그런데 모든 맥주를 얼음처럼 차갑게 내야 하는 것은 아니다. 사실 어떤 맥주는 따뜻하게 데우지 않으면 마치 사람처럼 본연의 개성과 성격을 드러내지 않는다.

라이트 맥주는 광고에서 떠드는 것처럼 상쾌하고 부담 없이 마실 수 있으며 펭귄이 고마워할 온도에서 최적의 맛을 낸다. 그 이유는 여기 있다. 차디찬 온도는 맥주의 아로마와 풍미를 감추고 탄산가스의 트레이드마크인 따끔거리는 느낌을 강화하기 때문이다. 반면 맥주의 온도가 올라가면 탄산가스는 줄고 아로마는 좀 더 풍부해진다. 그래서 버드, 밀러, 쿠어스 사는 맥주를 얼음처럼 차게 해 마실 것을 권장한다(대부분의 맥줏집에서는 생맥주를 섭씨 4도 정도로 내놓는다). 따끔거림이 없어지면 뜨뜻하고 풍미가 사라진 맥주가 남기 때문이다.

주목! 맥주의 서빙 온도를 위한 기본 지침과 중요한 사항. 온도를 딱 맞출 걱정은 하지 말 것. 대략적인 경험에 따르면 높은 도수의 맥주일수록 만졌을 때 따뜻한 온도로 내면 되고, 입안이 얼얼할 정도로 차가운 온도는 좋지 않다.

맥주를
잔에 담는 방법

미 전역의 맥줏집에는 한 가지 공통점이 있다. 바로 파인트 잔. 이 견고한 원추형 맥주잔은 원래 큰 금속제 컵을 사용해 음료를 섞기 위해 고안되어 셰이커 파인트Shaker Pint라는 이름이 붙었다. 미국 바텐더들은 겹쳐놓을 수 있다는 점이 마음에 들어 맥주를 서빙하는 데 이 용기를 사용하기 시작했다. 이 잔은 원래 16온스 용량인데, 요즘은 14온스 이하 용량의 바닥이 두꺼운 잔이 점점 많이 사용되고 있다. 대서양 너머, 영국의 임페리얼 파인트는 정부 규제에 따른 19.2온스(568밀리리터) 용량이다. 바텐더는 파인트Pint라는 단어와, EU 공식 'CE' 마크가 새겨진 잔을 사용한다.

실용적인 파인트 잔은 어디서나 볼 수 있지만, 맥주 맛을 즐기는 데 최적의 용기는 아니다. 맥주의 아로마를 잃지 않고 농도를 높이며 풍성한 거품을 유지하기 위해 고안된 잔도 있고, 금세 사라지는 거품과 색깔을 직관적으로 보여주기 위해 만든 잔도 있다. 나는 캔이나 병째로 맥주를 들이켜는 수준의 술꾼이 아니라서, 맥주는 유리잔으로 마시는 게 최고라고 믿고 있다. 보기 좋은 맥주가 마시기에도 좋기 때문이다.

맥주 소비자는 후각과 미각, 시각, 촉각을 두루 즐길 수 있어야 한다. 빛이 차단된 갈색 병에 맥주를 감금해놓으면 소비자는 시각적 요소, 즉 맥주의 선명도를 관찰할 수 없게 된다. 또 한 가지, 잔의 머리 부분은 좁은 것이 좋다. 과일 향의 에스테르, 알코올, 홉 오일, 향신료 같은 아로마 강한 효모의 부산물을 많이 잡아둘 수 있기 때문이다. 마지막으로 기억할 포인트. 맥주를 따르기 전에 잔을 얼리지 말 것. 잔이 얼면 맥주에 얼음 결정이 생겨 거품 형성에 영향을 줄 수 있고, 성에가 냉장고 냄새를 흡수할 수 있다.

내 맥주잔은 얼마나 깨끗할까? 이를 시험해보려면 잔을 헹군 다음 소금을 뿌려볼 것. 소금이 달라붙지 않는 곳이 더러운 곳이다. 잔에 기름이나 세제 성분이 남아 있는 경우도 있는데 이것이 맥주의 거품 형성에 영향을 준다.

— ★★★ —

유리잔을 산다고 무리하게 돈을 쓸 필요는 없다. 꼭 구비해야 할 잔 네 가지는 필스너, 바이젠, 파인트(셰이커 또는 노닉), 고블릿 또는 챌리스다.

제조일의 중요성

신선한 맥주를 마시려면, 냉장고에 보관된 맥주를 고르고 캔이나 병의 포장일을 확인할 것. 라거, 필스너, 페일 에일, IPA같이 보다 섬세한, 아로마 강한 스타일의 맥주는 되도록 병 포장(병입)일과 가까운 날짜에 소비해야 한다.

유리잔

플루트
Flute

샴페인과 깊은 연관이 있어 보이지만 플루트는 벨기에 람빅, 아메리칸 사우어 에일과 와일드 에일, 과일 맥주 등 생기발랄한 맥주에 잘 어울린다. 길고 호리호리한 모양이 아로마를 짙게 할 뿐 아니라 탄산도를 높이고 기포를 잘 보여준다.

고블릿 & 챌리스
Goblet & Chalice

다리 달린 수프 그릇처럼 보이는 고블릿과 챌리스는 맥주의 헤드, 즉 거품을 유지하는 데 도움이 된다. 굳이 따지자면 고블릿이 챌리스보다 더 가늘고 섬세하지만, 이 유리잔은 기본적으로 바꿔 쓸 수 있다. 묵직한 벨기에 에일에 이상적이다.

노닉 파인트
Nonic Pint

잔의 말쑥한 다목적 돌출부는 그립감을 좋게 하고 잔을 포개놓았을 때 잔끼리 들러붙어 이가 빠지는 것을 막아준다. 그래서 잔 이름도 '흠집 없음no nick'이다. 이 잔은 세션 맥주에 그만이다.

필스너
Pilsner

호리호리하며 끝이 점점 좁아지는 이 런웨이 모델은 필스너의 탄산수 같은 거품과 금빛 색조를 부각시키고 푹신한 거품을 유지해준다.

세이커 파인트
Shaker Pint

일반적인 맥주잔. 내구성 강한 잔이지만, 세이커 모양이 맥주의 아로마나 풍미를 더해주진 않는다.

스니프터
Snifter

코냑과 브랜디에 전형적으로 사용하는 풍선 모양의 스니프터는 임페리얼 스타우트, 더블 IPA, 발리와인같이 도수 높은 에일에 제법 잘 어울린다. 끝이 좁아지는 형태의 스니프터는 휘발성 물질을 잡아주고 잔을 흔들어 향을 맡는 스월링swirling에 적합하다. 한마디 덧붙이자면 맥주를 따르다가 자기한테 엎질렀을 때는 낭패다.

슈탕어
Stange

이 좁은 원통형 잔은 전통적으로 여름에 마시기 좋은 독일 쾰쉬Kölsch 맥주를 마실 때 사용했다. 이 잔은 섬세하고 미묘한 특성을 부각시킨다. 놀랍지는 않지만 재미있는 사실 하나. 슈탕어는 '스틱(나뭇가지)'을 뜻한다.

슈타인
Stein

내겐 손잡이 있는 머그잔이 놀기 좋은 친구나 다름없다. 이 잔은 오후 내내 라거를 담아 부딪쳐도 견딜 만큼 견고하며 넓은 주둥이 덕분에 좀 더 많은 양의 맥주가 위 속으로 흘러 들어간다.

튤립
Tulip

꽃 이름을 따서 지은 이 잔은 튤립의 줄기는 떼어낸 것 같은 모양으로 아로마를 잡아주며, 나팔 모양의 주둥이는 두터운 거품을 유지하는 데 도움이 된다. 튤립은 더블 IPA, 스카치 에일, 도수 높은 벨기에 에일같이 도수가 강력한, 맥아의 성질이 강한 맥주에 알맞다.

바이젠 글래스
Weizen Glass

곡선미를 가진 이 잔은 탁하고 상쾌한 헤페바이젠을 따라 마시기에 그만이다. 대용량(보통 500밀리리터) 덕분에 말쑥한 밀맥주에 거품 왕관을 씌울 수 있다.

맥주
시음에 대하여

여행 가는 곳마다 똑같은 질문 두 가지를 받는다.
"왜 당신은 살이 찌지 않죠?"
"어떻게 하면 그런 직업을 구할 수 있나요?"
첫 번째 물음에 대한 답은 '유전'과 '건강 유지를 위한
자전거 타기'다. 두 번째 물음에 답하자면, 나는 수톤
의 맥주를 마시고도 이튿날 아침에는 그 느낌을 기록
하기 위해 일어난다(머리가 녹아내리는 숙취감 속에서 재치 있
는 글을 쓰려면, 뭐랄까, 재능이란 게 필요하긴 하다).
지금까지도 나는 맥주 마시는 일에서 아직 등을 돌리
지 못했다. 하지만 두 번 다시 마시고 싶지 않거나 하
수구에 부어버린 맥주도 수두룩하다. 그건 좋다 치자.
전 세계적으로 수천 가지의 맥주가 양조되고 있으며,
매달 수백 가지가 새로 출시된다. 어떤 맥주는 한마디
로 몹쓸 것들이고, 어떤 맥주는 혀의 특정한 미뢰를 자
극하지도 못한다. 그래도 지식을 늘리는 핵심은 위가
감당할 수 있는 한, 되도록 많은 맥주를 시음해보는 것
이다.
맥주 시음은 다음의 세 단계로 나눠볼 수 있다. 맥주잔
감상하기, 잔 흔들어 냄새 맡기, 맛보기. 맥주병을 따서
다음과 같이 따라 해보자.

맥주잔 감상하기

가끔 술집에서 나는 빤히 쳐다보는 버릇이 있다. 아름
다운 대상에 호기심이 동하면 계속 주시하면서 위아
래, 아래위로 눈동자를 굴린다. 그 대상을 면면이 관찰
한 후에야 대담하게 행동을 개시한다. 입술을 열어 앞
으로 내민 다음 덥석 문다…… 맥주잔을.
맥주에 관한 한, 외양이 중요하다. 맥주의 색깔, 선명
도, 헤드(거품)는 앞으로 느낄 맛이 어떨지 얘기해준다.

일단 적당한 잔(31쪽 '유리잔' 참조)에 여러 번 충분히 마
실 정도의 양을 따르는데 헤드가 충분히 형성되게 할
것. 잔 가득 거품이 생기는 걸 바라진 않겠지만 크리미
한 헤드는 맥주를 평가하는 데 중요한 요소다. 맥주를
따르기 전, 잔을 45도 기울여 맥주가 반 정도 찰 때까
지 천천히 따른 다음, 잔을 세워서 나머지를 바로 부어
거품을 형성한다(헤페바이젠 같은 일부 고탄산 맥주는 생성되
는 거품의 양이 상당해서 잔을 똑바로 세울 필요가 없다).
자, 이제 잔을 유심히 보라.

우선 맥주의 색을 평가하라. 불빛에 대고 색조를 관찰
한다. 붉은색은 풍부한 캐러멜 풍미를 내고 검은색은
보통 커피나 초콜릿 맛을 암시한다. 그렇다고 색안경
을 쓰지는 말 것. 아주 어두운 색의 맥주가 가볍게, 밝
고 희미한 황금색의 맥주가 벽돌 부대처럼 혀에 내려
앉는 경우도 있으니까.
다음으로는 맥주의 선명도에 주목하라. 보석에 광을
내는 것처럼, 맥주는 여과 과정에서 효모가 제거되면
서 자연색이 나오는 경우가 많다. 병 속 2차 발효를 거
친 맥주와 캐스크 에일은 효모를 잡아두기 때문에 탁
해 보일 수 있다. 독일 헤페바이젠과 벨기에 화이트비
어 같은 일부 맥주는 일부러 탁하게 만든다는 사실을
기억할 것.
마지막으로 거품을 관찰하라. 거품 색깔은 본화이트
bone-white 색(회색이나 옅은 다갈색을 띠는 흰색—옮긴이)부터
황갈색까지 다양하고 머랭 파이 같은 크리미한 질감이
나 주방 세제 같은 잔거품이 있다. 거품이 사라지면서
컵에 레이스 자국이 남는가? 무슨 소리냐고? 거품은
사라지면서 유리잔에 특정한 형태로 달라붙는데 이 모
양이 섬세한 여성 속옷의 레이스 프릴 같다. 이런 레이
스 형태를 품질의 척도로 생각할 것. 거품은 맥주 품질
의 핵심 바로미터다.

잔 흔들어 냄새 맡기

맥주 감상이 끝났으면 이제 돼지코를 가동할 차례. 부드럽게 잔을 흔들어 산소가 맥주와 섞이게 한다. 이렇게 하면 휘발 성분이 자극받아 좀 더 두드러진 아로마가 발산된다. 이젠 짧게 여러 번, 그리고 길게 연속적으로 냄새를 맡아 맥주 분자가 비강 맨 안쪽까지 도달하게 한다. 이 멀고 먼 영역이 후각 수용기가 상주하는 곳으로, 이곳에서 분자 본래의 화학 데이터가 전기 신호로 분해되어 뇌에 전달된다.

맥주를 설명하는 용어가 머릿속에 들어오지 않아도 걱정하지 말 것. 냄새를 단어와 연결짓는 것은 고된 작업이라 나도 대충 얼버무릴 때가 많다. 일단 맥주 스타일을 확인하는 것으로 시작한 다음 양조 맥주가 나타내는, 혹은 맥주에 부족한 맥주 기술 용어를 캐본다. 기억할 주요 용어는 두 가지다. '부케bouquet'는 홉으로 인해 발산되는 향이고, '아로마aroma'는 맥주의 총체적인 냄새, 즉 곡물, 효모, 홉이 합쳐져 발산하는 냄새를 말한다.

맥주의 냄새를 맡는 것은 시음 과정에서 중요한 단계인데, 입술 사이로 그 감미로운 즙을 어서 들여보내기 위해 사람들이 종종 건너뛰는 과정이기도 하다. 우리 코는 경이로운 기관으로 수천 가지의 독특한 냄새를 인지할 수 있고, 아로마는 풍미의 80퍼센트를 차지한다고 추정된다. 나는 맥주 냄새를 적어도 두세 번은 맡는 걸 좋아한다. 좀 과하다 싶을 수도 있겠지만, 맥주가 따뜻해지면서 아로마가 변하고 휘발성 아로마는 날아간다는 점을 고려할 것. 새로운 냄새가 등장하고 묵은 냄새는 사라진다. 이 부차적인 시음을 위해서는 먼저 잔을 손에 들고 맥주를 살짝 덥힌다. 손으로 잔을 덮고 다시 흔들어 휘발성 아로마를 손바닥 아래 가둬둔다. 준비가 되었으면 잔을 덮었던 손을 떼고 숨을 깊이 들이마셔라. 맥주의 아로마를 알아보는 것은 맥주의 결함이나 단점을 알아내는 데 도움이 된다.

한 가지 중요한 점이 있다. 다른 사람이 맡는 맥주의 향을 나는 못 맡는다고 걱정하지 말 것. 후각 기관은 사람마다 다르며 질병에 영향을 받을 수도 있고, 자극 물질이나 알레르기 유발 물질에 노출되어도, 심지어 매운 음식에도 영향을 받을 수 있다.

맛보기

자, 이젠 모든 맥주 음주가들이 기다리는 순간이 왔다. 바로 시음. 한 모금 가득 마셔보라. 더도 말고 덜도 말고 갈증을 풀어줄 딱 1온스(약 28그램) 정도만. 입술과 혀를 타고 들어온 액체를 천천히 목구멍 안으로, 위 속으로 들여보내라. 와인을 시음하는 사람들은 뱉어버리겠지만 맥주를 시음하는 사람들은 행복하게 삼킨다. 이런 식으로 하면 첫 거품부터 마지막으로 남는 강한 쓴맛의 뒷맛까지 완벽한 그림이 완성된다. 게다가 즐겁게 마실 수 있는 맥주를 왜 버리는가?

처음 맛을 봤다면 잠시 느낀 다음 다시 반복하라. 나의 경우, 미각을 단련하는 데는 세 모금이 마법의 수다. 세 모금을 마셔야 낯선 것이 친숙해지고 맥주의 미묘한 차이와 기쁨, 단점을 알아차릴 수 있다. 우리 혀는 다섯 가지 기본 맛, 즉 짠맛, 단맛, 신맛, 쓴맛, 감칠맛(일본어로 우마미umami. 간장, 표고버섯, 된장에서 나는 맛)를 식별한다. 이런 맛을 최대한 이용하라. 그리고 학교 교과서에서 배운 것은 모조리 잊을 것.

수십 년 동안 보건·과학 교과서는 맛은 혀의 특정한 부위에서만 감지할 수 있다고 학생들의 뇌를 세뇌시켰다. 혀의 앞부분은 단맛, 뒷부분은 쓴맛을 감지한다고 가르쳤다. 이건 모두 완전히 잘못된 정보다. 혀의 지도가 틀렸음이 과학 연구로 입증되었고, 맛은 혀 전체에서 똑같이 느낀다는 사실이 밝혀졌다. 혀의 앞부분은 모든 맛을 똑같이 감지하고 양옆은 신맛을 더 잘 느끼며 뒷부분은 쓴맛에 민감할 뿐이다.

지독하게 목이 마르거나 고된 하루 일과를 끝낸 뒤면, 나는 마치 사막의 오아시스에서 물을 발견한 여행자처럼 맥주를 탐욕스럽게 들이켠다. 이건 내 얘기지, 모두가 그렇다는 건 아니다. 맥주의 맛을 평가하기 위해

존스홉킨스 의과 대학원 연구진은 최근 뇌의 '코마개'를 발견했는데, 이는 가령 바로 코밑에 갖다 대도 방금 맡은 냄새와 동일한 냄새는 맡지 못하게 하는 마음의 스위치다. 이런 반응으로 과부하가 걸린 감각 기관은 외부 자극과 차단되어 미묘한 차이를 잘 느끼지 못한다. 이런 현상을 피하기 위해서는 맥주 냄새를 맡는 사이사이 펜같이 전혀 다른 물건의 냄새를 맡을 것.

─── ★★★ ───

최근 연구 결과에 따르면, 맥주를 평가할 때 여성이 남성보다 냄새와 맛에 더 민감할 수 있다고 한다. 이를 증명이라도 하듯, 매년 SAB밀러SABMiller는 전 세계 2천 명의 참가자를 대상으로 맥주 시음 대회를 실시해 회사의 최고 미뢰 보유자를 선발한다. 2009년과 2010년의 우승자는 폴란드의 요안나 바실레프스카였고, 2011년에는 카나리아제도의 카르멘 헤레라 베니테츠가 우승 타이틀을 거머쥐었다.

서는 쾌락 수용기를 정곡으로 강타당하는 것뿐 아니라 심사숙고하는 자세도 필요하다. 이 외에 맥주를 마실 때는 개인적인 한계와 편견을 인식하는 게 중요하다. 예를 들어 지독하게 쓴 맛은 비위가 상할 수 있지만, 이게 바로 더블 IPA의 풍미다. 처음 마셨을 때 속단하지 말고, 다음과 같은 보편적인 맛의 요소를 신중하게 고려해보라.

- **신맛** 일반 맥주에서 나는 신맛은 지독한 부패나 관리상의 부주의를 의미하지만 벨기에의 괴즈Gueuze, 람빅Lambic, 크릭kriek, 플레미시 사우어 에일Flemish sour ale, 독일의 고제Gose, 베를리너 바이세Berliner weisse, 아메리칸 사우어 에일American sour ale의 신맛은 인정받는다.
- **뒷맛** 마지막 모금을 마신 후에도 오랫동안 입안에서 감도는 풍미다. 유쾌하고 균형 잡힌 맛인가? 아니면 좀 거칠고 뭔가 부족한가? 뒷맛 때문에 사람들은 한 모금, 두 모금, 자기도 모르게 마시며 앞으로 맛볼 쾌락을 떠올린다. 아니면 이 맥주는 개수대에 쏟아부어야 할 운명임을 나타내는 신호이기도 하다. '끝맛'이라고도 한다.
- **쓴맛** 쓴맛은 드라이하고 거친 맛으로 대표된다. 쓴맛은 IPA와 발리와인에서는 칭찬거리지만 가벼운 스타일의 맥주는 쓴맛에 압도당할 수 있다. 볶은 맥아는 포터와 스타우트에 적절한 쓴맛을 낼 수 있다.
- **마우스필** 맥주의 바디, 탄산, 끝 느낌에 대한 총체적인 느낌(끝 느낌은 '기름기 있는'부터 '짝 달라붙는', '떫은'까지 다양하다). 마우스필은 혀 전체와 입안 구개부에서 느껴진다. 맥주의 바디감은 '희묽다'에서 '자동차 폐오일처럼 점성이 있다'까지 다양하다. 보통은 '라이트light', '미디엄medium', '풀full'이라는 용어로 표시하고 바디가 꽉 찰수록full 더 달콤하다.
- **단맛** 맥아는 단맛을 내며, 도수가 높고 보리가 많이 들어간 맥주일수록 과도한 당분에 치일 수 있다. 단맛이 다른 맛을 압도하는가, 아니면 단맛이 쓴맛과 균형을 이루는가?

저급 품질 맥주를 표현하는 말

다음은 맥주가 형편없는 이유를 설명할 때 필요한 용어다.

- **아세트알데히드**Acetaldehyde 발효의 부산물로, 풋사과의 아로마와 풍미를 생성한다. 병원을 멀리하는 데는 풋사과가 도움이 되지만 설마 맥주에 이런 과일이 필요할까.
- **식초 맛이 나는**Acetic 식초를 떠올리게 하는 풍미와 아로마. 이런 맛이 나는 건 초산을 만드는 호기성(好氣性) 박테리아 때문이다.
- **떫은**Astringent 타닌과 흡사한, 인상이 절로 찌푸려지는 드라이하고 거친 느낌. 양조가가 곡물을 잘못 처리해서 나온 결과다. 포도 껍질을 갉아먹는 느낌을 상상하면 된다.
- **질리는**Cloying 몸서리 쳐지게 단, '켈로그'의 '러키참Lucky Charm' 시리얼을 먹으면서 토요일 오전에 만화를 보는 것과 동급인 맛의 맥주.
- **디아세틸**Diacetyl 버터 맛 스카치 캔디나 버터 팝콘의 아로마나 풍미. 특정한 맥주 스타일에서는 용납되지만, 그 외의 다른 맥주에서는 결함으로 작용한다. 개인적으로는 디아세틸을 경멸한다.
- **디메틸 설파이드**Dimethyl Sulfide(DMS) 요리한 달콤한 옥수수를 생각하면 된다. DMS는 박테리아 감염이나 곡물을 끓이는 도중에 문제가 발생해 생성되는 황화합물이다.
- **에스테르 향이 나는**Estery 에일의 발효 과정에서 발생하는 과일 향의 아로마. 딸기, 배, 복숭아, 사과, 바나나, 파파야를 연상시킨다. 영국과 벨기에 스타일 맥주에서는 흔하지만 다른 스타일에서는 결함으로 간주된다.
- **퓨젤**Fusel 솔벤트와 비슷한 냄새가 난다. 퓨젤 냄새가 나는 맥주는 구개 부위의 열관과 같다. 너무 따뜻한 발효 온도나 과도한 효모 때문에 발생할 수 있다.
- **곡물 풍미의**Grainy 날곡식의 낟알 껍질이나 볶은 맥

아로 인한 떫은 풍미를 말한다. 부정적인 표현으로 많이 쓰인다.

- **풀 냄새 나는Grassy** 방금 깎은 잔디나 소독제를 연상시키는 풍미. 잘못 보관한 곡류와 홉이 주범이다. 특정한 미국 홉과 영국 홉 품종을 풍부하게 사용하면 적절한 풀 냄새를 낼 수 있다.
- **금속 맛이 나는Metallic** 구리나 동전, 또는 윽! 피의 맛이다. 피가 맛있는 건 뱀파이어뿐이다. 이런 기이한 맛은 제대로 보관하지 못한 곡물, 물에 다량으로 함유된 철, 양조 장비, 심지어는 병마개 때문에도 유발될 수 있다.
- **산화된Oxidized** 맥주가 산소에 노출되면 곰팡이 냄새 같은 종이 맛이 나는데, 젖은 마분지나 셰리주sherry가 연상된다. 유통기한이 지난 맥주에서 생길 수 있다.
- **페놀 냄새가 나는Phenolic** 반창고, 플라스틱, 약과 비슷한 냄새가 난다. 이런 맥주는 약 같은 맛이 나는 게 아니라 약 그 자체다.
- **스컹크 방귀 냄새가 나는Skunky** 자외선에 노출된 맥주는 스컹크 방귀에서 발견되는 화합물이 생성된다. 코로나와 하이네켄 같은 투명한 녹색 병이 이런 결함에 취약하다.
- **시큼한Sour** 톡 쏘듯 자극적인 이런 식초 맛은 초산이 존재한다는 걸 나타낸다. 시큼한 맛은 요구르트 같은 젖산 때문일 수도 있다. 이런 현상은 맥주가 원치 않는, 혹은 갈망하는 박테리아나 효모에 감염됐을 때 발생한다.
- **유황 냄새가 나는Sulfur** 성냥, 썩은 달걀, 올드 페이스풀Old Faithful(화산 폭발로 만들어진 미국 옐로스톤 국립공원의 간헐천-옮긴이)을 생각할 것.
- **채소 맛이 나는Vegetal** 셀러리, 양파, 양배추 같은 조리된 채소가 떠오른다. 구미가 당기는가?
- **구운 빵 냄새가 나는Yeasty** 액화된 식빵 반죽을 마시는 것 같다. 신선하지 않은 효모나 죽은 효모에 장시간 노출된 맥주에서 발생할 수 있다. 이런 효모는 '자기 분해'라는 과정에서 자기 자신을 먹어치워 유황의 거친 풍미를 생성한다.

고급 품질 맥주를 표현하는 말

- **바나나Banana와 정향Clove** 헤페바이젠의 전형적인 특징. 효모 덕분에 생성되는 아로마다.
- **농장 마당Barn Yard** 브레타노미세스Brettanomyces 효모가 들어간 사우어 에일과 람빅은 동물로 가득한 농장에서 즐겁게 노는 느낌이 드는, 기분 좋은 아로마가 풍기는 경우가 많다.
- **비스킷 풍미의Biscuity** 가볍게 볶은 맥아는 갓 구운 비스킷이나 짭짤한 크래커의 풍미를 생성한다.
- **깔끔한Clean** 불쾌한 아로마와 풍미가 전혀 없다.
- **크리미한Creamy** 기분 좋게 부드럽고 매끄러운 마우스필과 매력적인 질감.
- **청량한Crisp** 설탕이 거의 없이 매우 드라이하고 거품이 풍부. 알코올이 든 탄산수를 마시는 것과 비슷하다.
- **드라이한Dry** 단맛이 적은 날카로운 끝맛.
- **흙 내음이 나는Earthy** 숲속을 거닐 때 느끼는 아로마와 풍미, 진흙, 초목, 마른 잎, 버섯 향 등이 날 때 쓰는 표현.
- **꽃향이 나는Floral** 홉의 풍미와 아로마를 설명하는 데 쓰인다.
- **허브 향이 나는Herbaceous** 홉의 풍미와 아로마를 설명하는 데 쓰인다.
- **견과류 풍미의Nutty** 견과류를 연상케 하는 아로마와 풍미로, 곡물에서 생성된다.
- **솔향의Piney** 홉의 쓴맛과 풍미, 아로마를 설명하는 데 쓰인다.
- **톡 쏘는 듯한Pungent** 홉의 쓴맛과 풍미, 아로마를 설명하는 데 쓰인다.
- **송진 향이 나는Resinous** 홉의 쓴맛과 풍미, 아로마를 설명하는 데 쓰인다.
- **셰리주 같은Sherry-like** 잠깐! 산화가 무조건 나쁜 것은 아니다. 드라이한 셰리주의 아로마와 풍미는 강한 도수의 올드 에일과 발리와인에서 환영받는다.
- **실키한Silky** 번드르르하고 매끄러운 마우스필로, 이

물 한 모금과 소금기 없는 크래커는 입안을 헹구어내는 데 그만이다.

——— ★★★ ———

가까이 있는 거울로 가서 혀를 자세히 관찰하라. 눈에 보이는 돌출 부위는 미뢰가 아니라 돌기로, 돌기 한 개당 50~150개의 미뢰가 있다. 보통 사람에게는 약 1만 개의 미뢰가 있다.

——— ★★★ ———

재미삼아 이런 묘기를 한번 부려보자. 검지로 콧구멍을 한쪽씩 번갈아 막고 맥주의 냄새를 맡아보자. 서로 다른 냄새가 나는가? 양쪽 콧구멍은 각각 다른 냄새를 감지할 수 있다.

것은 종종 귀리 덕분이다.

- **스파이시한Spicy** 홉의 쓴맛, 풍미, 아로마를 설명하는 데 쓰인다.
- **새콤하게 톡 쏘는Tangy** 시큼할 정도로 강하지 않은, 기분 좋게 날카로운 풍미.
- **시큼한Tart** 매우 신맛. 종종 사우어 비어에서 맛볼 수 있다.
- **구운 맛이 나는Toast** 전형적인 다크 색조의 맥주와 관련된 맥아의 특성.
- **포도주 같은Vinous** 와인을 떠올리게 하는 아로마와 풍미.

미국 맥주대축제

이 책을 읽어보면 알겠지만, 내가 소개하는 맥주가 '미국 맥주대축제Great American Beer Festival (GABF)'에서 메달을 수상했는지의 여부를 자주 언급한다. 이렇게 법석을 떠는 데는 다음과 같은 이유가 있다. 양조 전문가 찰리 페퍼지언이 1982년 콜로라도 주에 GABF를 만든 이후, 이 연례행사는 미국 최고 권위의 맥주 축제로 성장했다. 매년 가을이면 약 5만여 곳의 열정적인 소규모 양조업자들이 덴버의 콜로라도 컨벤션센터에 상륙해 사흘간의 축제를 준비하는데, 미 전역의 6백여 개 양조장이 참가해 2,700종의 맥주를 선보인다. 그런데 GABF가 여느 맥주 축제와 차별화되는 점은 올림픽 경기처럼 심판을 두고 미 전역의 양조장이 84개 부문에서 금·은·동의 메달을 차지하기 위해 경쟁을 벌인다는 점이다. 메달을 따면 하루아침에 양조장의 운명이 바뀔 수 있다. 티켓을 거머쥐려면 서둘러야 한다. 2012년에는 이 축제 티켓이 45분 만에 동이 났다.

음미하기

맥주를 양껏 시음해봤다면 긴장을 풀고 풍미를 음미해보라. 이젠 자신이 마신 맥주에 대해 곰곰 생각하면서 중요한 질문에 답할 시간이다. 이 맥주 또는 이와 비슷한 맥주를 다시 살 것인가? 다음 질문에 따라 자신의 느낌을 예리하게 다듬어보기 바란다.

- 시음한 맥주의 어떤 점이 가장 좋았는가? 초콜릿 향의 맥아? 꽃향의 부케? 자몽의 쓴맛? 상쾌한 끝맛?
- 맥주의 바디가 라이트인가, 미디엄인가, 풀인가?
- 맥주에 곁들일 안주로는 어떤 음식이 좋겠는가?
- 혹시 입맛에 거슬리는 게 있었는가?
- 스타일에 맞게 맥주의 균형이 잘 잡혔는가?
- 내 미각과 지출을 따져볼 때, 이 맥주에 돈을 쓸 가치가 있는가?
- 마지막으로, 이 맥주를 친구나 가족에게 내놓겠는가? 아니면 자기의 최대 강적에게 대접하겠는가?

그렇다면 괜찮은 맥주인지 어떻게 알 수 있을까? 그 답은 이 질문을 던져보면 나온다.

또 한 잔 마시고 싶은가? 그렇다면 괜찮은 맥주다. 맛은 주관적이라서, 어떤 사람에게는 더할 나위 없는 행복인 것이 다른 사람에게는 더러운 구정물에 불과할 수도 있다. 나는 시음단을 이끌고 옆의 시음자와 얘기할 때는 혹여 총 맞은 버드 라이트Bud Light 캔일지라도 절대 그 맥주에 대해 몹쓸 말을 하지 않는다. 각각의 맥주는, 심지어 따분한 맥아주일지라도 누군가에게는 매력으로 통하는 장점이 있는 법이다.

멋진 시음 파티를 여는 방법

내가 가장 좋아하는 디너파티는 포트럭potluck(여러 사람이 각자 음식을 조금씩 가져와서 나눠 먹는 식사-옮긴이) 방식이다. 이런 파티에 한 번도 참석해본 적이 없다면 여기에 규칙 하나를 소개한다. 초대받은 모든 사람들이 대개 주제에 맞게 각기 다른 요리를 가져온다. 신코 데 마요 Cinco de Mayo(에스파냐어로 '5월 5일'이란 뜻. 과거 전쟁에서 멕시코가 승리한 것을 기념하는 축제-옮긴이) 축제 때는 멕시코 요리, 즉 남부의 갈비 요리를 준비하거나 수프 파티를 여는데 이는 번스타인 가문의 전통 연례다. 파티 참석자들은 다양한 음식을 맛볼 수 있다. 이게 바로 소량의 수많은 음식으로 완성되는 디너다.

맥주 시음 파티 역시 이와 전혀 다르지 않다. 독특한 맥주 군단이 매일매일 끝없이 출시되는 마당에, 살면서 평생 이 모든 것들을 모조리 맛볼 수 있는 방법이 있을까. 그런데 나를 믿기를, 나는 시도하고 있으니. 양이 문제 겠지만 더 큰 문제는 많은 맥주에 머리가 깨지도록 아프게 하는 성질이 있다는 것이다. ABV가 10퍼센트를 넘는다고 자랑하는 22온스(약 620그램) 병맥주가 시장에는 넘쳐난다. 이런 것들은 나 혼자 마시고 싶은 맥주가 아니다. 하지만 친구와 나눠 마신다면? 이게 바로 시음 파티의 포인트이고, 정보와 의견, 맥주를 나누는 조심스러운 공유의 방법이다.

가장 간단한 형태의 시음 파티로, 맥주를 자유롭게 나눠 마시는 방법이 있다. 참석자들은 특별한 맥주, 즉 냉장고에서 웅크리고 있는 맥주나 맥주 매장에서 시선을 사로잡는 매력적인 물건을 딴다(내가 아는 맥주 애호가들은 하나같이 특별한 기념일을 대비해 맥주를 모아놓는데, 이런 시음 행사는 기념일에 열 것). 좀 더 조직적인 행사로 만들려면 지역 맥주나 스타일리시한 맥주처럼 하나의 주제에 맞춰 저녁 파티를 준비하라. 가령 참석자에게 벨기에 또는 웨스트 코스트 맥주를 가져오라고 부탁하는 것이다. 아니면 페일 에일부터 IPA와 더블 IPA까지 알코올 사다리를 올라가보는 것도 한 방법이다. 맥주는 2온스(약 56그램) 정도를 잔에 따른다. 그러려면 잔은 텀블러나 고블릿, 챌리스가 적당하다. 시음 파티의 목표는 아무 생각 없이 들이켜는 게 아니라 시음하면서 얘기를 나누는 것이다. 밤이 무르익어도 맥주와 대화가 어느 한쪽으로 치우치지 않게 균형을 유지하는 게 중요하다.

《맥주의 모든 것》 활용법

이 책을 최대한 활용하는 방법으로, 나는 맥주를 마셔볼 것을 권한다. 그것도 많이. 이 책 《맥주의 모든 것》을 읽다 보면 각각의 맥주를 소개한 뒤에 나오는 '꼭 시음해볼 두 가지' 코너가 눈에 띌 것이다. 이 코너에서 소개하는 맥주는 각 스타일의 풍미, 아로마, 마우스필을 가장 잘 구현했다고 생각되는 것들을 선정한 것이다. 책을 읽는 도중이나 읽고 난 직후, 추천한 맥주 둘 다는 아니더라도 적어도 한 가지는 시음해볼 것을 권한다. 너무 부담스러운가?(혹시 그럴까봐 독자가 사는 곳의 지역 맥주가 없을 경우에 대비해 대체할 만한 맥주도 함께 수록했다.) 이 책을 읽는 것은 맥주 지식을 늘리는 첫걸음에 지나지 않는다. 여기 나오는 맥주들을 시음하고 음미하며 평가해보면 각 스타일의 변화와 미세한 차이가 한층 깊이 있게 와 닿을 것이다. 완벽한 맥주란 맛의 문제이며, 가장 중요한 일은 자신의 미뢰를 단련하는 것이다.

맥주의 세계에서는 스타일의 유용성에 대해 지금까지 이런저런 말이 많았다. 맥주는 왜 딱 정해진 기준 안에 들어가야 하는가? 짧게 답하자면, 그렇지 않다. 나에게 스타일이란 일반적인 틀로서 가치가 있으며, 토론의 기준점이자 추후 혁신을 위한 발사대다. 스타일은 일종의 허리 고무 밴드, 즉 다양한 맥주를 받아들이기 위해 줄었다 늘었다 하는 탄력 밴드라고 생각할 것.

2012년, 《메리엄 웹스터 Merriam-Webster》 사전에 '크래프트 맥주'라는 단어가 등재됐다. 그 뜻을 보면, "한정된 물량으로 생산되는 특별 맥주"다.

바닥에서 추출하라

라거, 필스너, 그리고 저온발효의 즐거움

All About Beer

세계 도처를 지배하는 라거의 명성을 부인하기란 불가능하다. 아일랜드에서 인도, 중국에 이르기까지 세계 어느 곳의 술집에 들어가든 바이킹Viking, 타지마할Taj Mahal, 칭다오Tsingtao 등 아마 그 지역의 저도수 라거가 제공될 것이다. 그 매력은 이해할 만하다. 적절한 공정을 거친다면, 청량하고 섬세한 라거는 마시기 수월한 좋은 녀석이다. 라거와 사랑에 빠지는 건 어렵지 않다.

보통 인생의 첫 맥주는 아마 라거일 것이다. 내 경우를 떠올려보면, 첫 맥주는 부시 라이트였다. 30개들이 한 팩을 사서 마시거나 깔때기와 플라스틱 튜브 장치에 비어 봉beer bong을 장착해서 한꺼번에 들이켰다. 라거는 알딸딸한 세계로 들어가는 뻥 뚫린 시원한 고속도로였으며, 이는 만만한 가격표와 끊임없는 광고를 통해 강조된 믿음이었다. 그런데 어쩌면 오늘날의 라거와 사랑에 빠지는 것은 어려울 수도 있겠다.

라거, 특히 시장을 주도하는 미국 라거는 미 전역의 양조장이 풍미를 개발하기보다는 최근의 화려한 광고로 사람들의 마음을 흔드는 데 주력하면서 소비자 층을 최대한 늘린다는 미명 아래 맛이 밍밍해졌다. 그 결과, 라거는 가장 저급한 것의 대명사로 전락했다. 맥주 회사의 양조 케틀에서 라거는 길을 잃고, '저급'이란 말과 동의어가 되었다. 이제 이런 평판을 되돌려, 150년 훨씬 이전에는 라거와 그 자손인 필스너가 전 세계 맥주에 혁신을 일으켰다는 사실을 상기시켜줄 때다.

라거는 저온발효로 탄생한다. 양조 공정은 수세기 전 독일에서 완성되어 유럽과 미국 전역으로 전파되었는데, 여러 종류가 파생되면서 각 계절과 행사에 알맞은 매우 다양한 도수와 색깔, 풍미의 맥주가 등장했다. 이번 수업에서는 여러분을 라거의 놀라운 세계로 안내할 생각이다. 목넘김이 의외로 가벼운 높은 도수의 보크와 색이 어두운 뮌헨 둥켈, 칠흑같이 검은 슈바르츠비어를 비롯해 청량하고 깨끗한 라거의 전형인 옥토버페스트Oktoberfest(독일 뮌헨에서 매년 9월 말부터 10월 초까지 열리는 민속 축제이자 맥주 축제―옮긴이)의 단골손님, 메르첸, 그리고 체코 필스너까지 소개하겠다. 이 밖에 알트비어, 쾰쉬, 그리고 유제품은 한 방울도 섞지 않고도 이름은 '크림'인 독특한 미국식 맥주인 크림 에일 등 저온발효의 기쁨조에 관해서도 얘기해보겠다. 자, 이제 라거에 불을 밝힐 시간이다.

>>>>>>♔<<<<<<

어둠이여 오라

라거의 색깔만 보고 맛을 섣불리 판단하지 말 것. 어두운 색조의 라거라고 해서 모두 센 불에 볶은 풍미로 사람들을 압도할 진한 풍미를 갖춘 건 아니다. 입만큼이나 마음의 문도 항상 열어두기를.

MUNICH DUNKEL
뮌헨 둥켈

오랫동안 독일 맥주는 다크 색조 맥주의 동의어였다. 하지만 맹렬한 불 위에서 맥아를 볶는 일은 제대로 해내기 어려웠다. 발효 역시 까다로운 작업이었다. 맥주는 부패하는 일이 잦았다. 원인이 무엇이든, 양조업자들은 맥주의 풍미를 내야 했기 때문에 그루잇Gruit이라는 허브와 향신료의 특허 혼합물을 추가해 그 작업을 해냈다. 하지만 때로는 더 나쁜 것을 섞기도 했다. 검댕, 분필, 닭피, 독버섯, 황소 담즙이 흔히 쓰이는 첨가물이었다.

이 모든 관행은 1516년, 바이에른 공국의 영주인 빌헬름 4세가 '맥주 순수령Reinheitsgebot'을 공포하면서 종식되었다. 순수령의 규정 내용은 세 가지였다. 첫째, 동절기와 하절기 맥주의 가격을 고정할 것. 둘째, 양조가들의 밀이나 호밀 사용을 금지해 제빵업자들과의 가격 경쟁을 막아 빵값을 적정 수준으로 유지할 것. 셋째, 맥주는 홉, 물, 보리로만 제조할 것(이 법령은 효모를 과학적으로 이해하기 전에 나온 것이라, 효모는 이후에 맥주의 원료로 추가되었다. 옛 양조가들은 이전의 맥주 제조공정에서 나온 효모

침전물을 사용해 자신들도 모르게 새로운 맥주를 만들었다).

피나 호밀, 담즙 없이 양조가들은 어떻게 문제를 해결해야 했을까? 바로 맥주의 품질을 향상시키는 거였다. 이 시기에 양조가들은 이미 한편으로는 필요성 때문에, 또 한편으로는 지형상 여건 때문에 맥주를 저장하기 시작했다. 독일 남동부에 위치한 현재의 바이에른 주(수도는 뮌헨)는 바이에른 알프스를 포괄하는 지역이다. 겨울엔 몹시 춥고 여름엔 무덥다. 맥주를 감염과 불볕더위로부터 격리하기 위해 양조가들은 그 지역의 시원한 동굴에서 보관했다. 이 방법을 통해 몇몇 혜택까지 덤으로 얻었다. 맥주를 시원한 상태에서 장기간 보관하면 맥주 숙성 과정에서 경이로운 일이 벌어진다는 걸 발견한 것. 효모가 떠 있다 가라앉는 과정에서 맥주의 안정성이 향상된다는 사실을 알게 된 것이다. 하면발효 맥주의 암호는 이렇게 우연찮게 풀렸다.

수세기 동안 뮌헨 양조의 명성은 뮌헨 둥켈('둥켈'은 독일어로 '어두운'이란 뜻)로 알려진 이 다크 라거에 의지했다. 오늘날 목넘김이 부드러운 이 맥주는 기분 좋은 빵

순수령 공표 후 거의 5백 년이 지났는데도 일부 독일인들은 여전히 순수한 원료를 높이 치지 않는다. 1985년, 바이에른의 '맥주 교황'으로 알려진 헬무트 키닝어 박사는 맥주의 유통 기간을 늘이고 부패를 막는 독성 있는 불법 화학물질의 사용을 권장한 죄로 체포되었다. 뮌헨의 한 감옥에 투옥된 그는 자살로 생을 마감했다.

'뮌헨의 옥토버페스트에 참가하기'를 버킷 리스트에 포함할 것.

의 향, 캐러멜 또는 커피, 견과류의 진하고 다양한 풍미, 부드럽게 볶은 끝맛, 다크브라운의 루비 색조를 잊게 하는 가벼운 맛과 낮은 ABV로 잘 알려져 있다. 둥켈의 이러한 풍미는 대체로 '간접 가열 방식 맥아 가마'로 알려진 19세기 발명품의 결과였다. 커피 원두 로스팅 기계와 비슷한 이 장치 덕분에 맥아를 제조하는

사람이 볶는 공정을 상당 부분 제어해 맥아의 풍미와 색조를 정할 수 있었다. 이렇게 해서 뮌헨 둥켈의 정수(精髓)인 달콤하고 복합적인 뮌헨 맥아가 탄생했다. 이 세련된 스타일의 맥주는 19세기 내내 인기를 끌다가 다크 라거가 라이트 라거에 고개를 숙이자, 양조업계는 신나는 뒤죽박죽의 세계로 내던져졌다.

MUNICH DUNKEL

꼭 시음해볼 두 가지

슈파텐 뮌헨 둥켈
Spaten Munchen Dunkel

- 슈파텐-프란지스카너-브로이Spaten-Franziskaner-Bräu
- ABV: 5.2%

뮌헨의 자부심. 루트비어(사르사 같은 식물 뿌리로 만드는 갈색의 미국식 탄산음료. 알코올 성분이 거의 없다–옮긴이) 색을 띠며 거품 헤드가 조밀하고 얕아서 외상 술값 갚을 때의 내 친구보다 거품이 더 빨리 사라진다. 구운 빵에 허브 홉과 캐러멜 캔디를 끼워 넣은 향이 나는데, 탄산이 잘 형성된 이 근사한 맥주를 한 모금씩 마시다 보면 그 풍미가 느껴진다.

다크
Dark

- 하푼 브루어리Harpoon Brewery
- ABV: 5.5%

보스턴 최초의 상업 양조장, 하푼 브루어리는 미디엄 바디의 다크Dark로 프로야구 레드삭스의 홈인 펜웨이 구장에서 홈런을 날렸다. 커피 한 방울에 흙 내음 나는 초콜릿 풍미를 섞어 즐거움을 주는 진한 둥켈인 이 라거 맥주는 엄격한 뮌헨 규정을 따르는 대신, 약간의 상쾌한 쓴맛으로 외도를 했다.

대체 맥주 ★★★ 마더 어스 양조장 다크 클라우드Mother Earth Brewing Dark Cloud, 펜실베이니아 양조회사 펜 다크Pennsylvania Brewing Company Penn Dark, 포트 양조장 핫 록스 라거Port Brewing Hot Rocks Lager, 사라낙 브루어리 레이크 이펙트 라거Saranac Brewery Lake Effect Lager, 슈타틀리히스 호프브로이하우스 호프브로이 둥켈Staatliches Hofbräuhaus Hofbräu Dunkel, 바르슈타이너 프리미엄 둥켈Warsteiner Premium Dunkel

BOCK

보크

라거는 가볍고 묽으며 시스팬C-SPAN(미국 케이블텔레비전 네트워크. 24시간 정부 활동과 공공 이슈를 전문적으로 다룬다-옮긴이)만큼 지루하다는 나쁜 평판을 얻고 있다. 이를 콕 찍어 반박하는 맥주가 바로 보크다. 보크는 박치기 하는 염소와 밀접한 관련이 있는, 맥아 향 풍부한 묵직한 라거다. 기원을 보자. 14세기, 독일의 말쑥한 중세 도시 아인벡(지금의 독일 니더작센 주)의 양조업자들은 다른 지역과 달리 에일을 양조하기 시작했다(순수령이 제정되기 훨씬 전의 일이었다는 사실을 기억할 것). 그 시기에는 종종 달거나 시큼한 맛이 나는 어두운 빛깔의 탁한 맥주가 정상이었다. 그런데 이와 대조적으로 아인벡의 맥주는 다소 연한 빛깔의 맥아와 약 3분의 1의 밀(매력적인 부드러움을 더해주는 재료)로 만들었다. 당시 유럽 양조가들은 그루잇으로 맥주에 풍미를 냈지만 아인벡의 양조업자들은 그 지역에서 잘 자라는 홉으로 풍미를 냈다. 이 꽃이 맥주의 변질을 막는 방부제 역할을 해주었는데, 이후 전개되는 상황에서 중요한 역할을 담당했다.

당시 양조는 지역 사업에 불과해서, 맥주가 만들어진 마을 바깥 지역으로는, 심지어 가정 바깥으로도 거의 유통되지 못했다. 하지만 아인벡 맥주는 유통기한이 길어서 먼 지역으로도 보낼 수 있었다. 아인벡은 발트 해에서 북해까지의 북유럽 상권을 지배했던 도시 경제 동맹인 한자동맹의 일원으로, 이 높은 도수의 맥주를 영국, 러시아, 스칸디나비아까지 멀리 수출했다. 아인벡 맥주는 한자동맹이 가장 선호하는 수출품으로, 소비자의 입맛을 사로잡아 아인벡에 '맥주의 도시'라는 만족스러운 별명을 가져다주었다.

바이에른 남부 지역 사람들 역시 '아인보크Ein-bock'라는 이름의 도시에서 양조된 묵직한 맥주를 즐겼는데, 맥주 이름은 간단히 줄여 '숫염소'라는 뜻의 '보크'라 불렸다.

아인벡의 위세는 오래가지 않았다. 한자동맹이 무너졌고, 바이에른 공국은 지역 양조 산업에 피해를 주면서까지 아인벡 맥주를 수입하는 것에 염증을 냈다. 대신 17세기 초반, 뮌헨의 군주 막시밀리안 1세는 독일 최고의 양조가를 찾아 나섰다. 아인벡 브루마스터인 엘리아스 피츨러가 뮌헨에 온 것은 바로 그 때문이었다. 그는 이곳에서 1589년, 바이에른의 군주 빌

순수령의 독침

1871년 독일이 통일되기 전, 바이에른 주는 독일의 모든 독립 주가 순수령을 따라야 한다고 주장했다. 그렇다고 양조장에서 의무적으로 1등급 원료를 쓸 것을 규정한 것은 아니다. 바이에른 주가 원한 것은 여러 다양한 원료로 양조되는 외부 맥주와의 경쟁으로부터 어느 정도 벗어나는 거였다. 바이에른 바깥 지역의 양조업체는 반기를 들었다. 1906년 무렵 순수령이 받아들여져 독일 전역에 영향을 끼치자, 체리 풍미의 키르셴비어Kirschenbier와 열대 지방을 항해할 때 선호하던 걸쭉하고 달콤한, 높은 도수의 비터 에일인 브라운슈바이거 무메Braunschweiger Mumme같이 흥미로운 지역 스타일은 종말을 맞았다. 독일의 에일 전통은 고제, 베를리너 바이세. 쾰쉬, 알트비어만이 겨우 생존하다가 서서히 사라졌다(자세한 내용은 79쪽과 84쪽 참고). 1993년, 순수령이 독일 임시맥주법으로 대체되면서 양조업자들은 효모와 보리 이외의 다른 곡물, 그리고 상면발효 맥주를 위한 설탕을 추가로 사용할 수 있게 되었다.

BOCK
꼭 시음해볼 두 가지

아인베커 우어-보크 둥켈
EINBECKER UR-BOCK DUNKEL

- 아인베커 브로이하우스Einbecker Brauhaus
- ABV: 6.5%

보크의 원산지에서 자신 있게 내놓은 자칭 '오리지널'. 타이트하고 크리미한 헤드가 얹힌 석류석 색깔의 멋쟁이. 달콤하고 구운 향의 아로마는 캐러멜부터 흑설탕까지 넘나들어, 꽉 찬 바디감과 당밀, 빵 냄새의 맥아, 송진의 다소 끈끈한 풍미를 느낄 수 있다. 마지막에는 드라이하고 스파이시한 끝맛을 느낄 수 있다.

판도라스 보크
PANDORA'S BOCK

- 브레켄리지 브루어리Breckenridge Brewery
- ABV: 7.5%

눈보라가 휩쓰는 콜로라도의 겨울을(아니면 산비탈에서 오후 반나절만이라도) 버티도록, 콜로라도에 위치한 브레켄리지의 판도라스 보크를 추천하는 건 어떨까? 이 적갈색 라거의 풍미는 속까지 캐러멜 향이고, 볶은 피칸과 호두, 말린 파일을 담는 홀리데이 스낵 용기의 좋은 냄새가 난다. 알코올은 비장의 무기로 칠 것.

대체 맥주 ★★★ 앵커 양조장 보크 비어Anchor Brewing Bock Beer, 마즈 브로이 크리스마스 보크Mahr's Bräu Christmas Bock, 밀스트림 양조회사 쇼콜라데 보크Millstream Brewing Company Schokolade Bock, 슈포츨 브루어리 샤이너 보크Spoetzl Brewery Shiner Bock, 스프레저 양조회사 윈터 브루Sprecher Brewing Company Winter Brew, 유엔글링 보크Yuengling Bock

헬름 5세가 세운 왕립 양조장인 호프브로이하우스
Hofbräuhouse의 브루마스터로 임명되었다. 피즐러는 브
루마스터 자리에 있는 동안 자기가 살던 도시의 유명
한 맥주를 다시 생산했고, 이것이 차차 새로운 맥주 스
타일인 라거로 진화했다. 오늘날의 저온발효 보크는
일반적인 라거보다 도수가 세고 색깔도 적갈색부터 품
퍼니켈Pumpernickel(독일 통호밀빵의 일종으로, 검은색에 가깝
다―옮긴이) 브라운 색까지 다양하다. 진한 맥아는 풍미
쇼의 스타일이며 쓴맛은 보조 역할만 한다.

햇살 좋은 오후, 멋있는 콧수염, 한 잔 가득한 맥주. 나이 지긋한 독일 남
자에게 이보다 더 좋은 인생이 있을까?

DOPPELBOCK

도펠보크

보크가 체급이 강화된 라거라면, 과도하게 진하고 맥
아 향 풍부한 도펠보크('더블보크')는 가히 세계 최상급
역도 선수다. 이 스타일은 7~10퍼센트의 ABV를 기록
하는데, 이는 수도승이 사순절 46일간, 일요일을 제외
하고 부활절까지 단식을 할 때 그 생명을 유지하기 위
한 목적에 부합하는 도수다.

통통하게 부푼 수많은 배들이 입증하듯, 맥주는 칼
로리로 꽉 차 있다. 맥주의 도수가 높을수록 칼로리
도 높다. 따라서 이론상으로 상당한 도수의 라거 한 잔
이면 음식을 멀리한 성직자의 몸을 지탱할 수 있다.
17세기 뮌헨의 성 파울라의 프란시스코 수도회 수도
사들(파울라너 수도사라고도 한다)은 사순절 기간에 소비
할 목적으로 높은 도수의 맥주를 양조할 수 있는 허가
권을 교황에게 특별히 부여받았다. 이 맥주는 장크트
바터비어Sankt Vaterbier, 즉 '성스러운 아버지의 맥주Holy
Father Beer'로 알려졌으며 이후 이름이 '구세주(독일어

로 잘바토어Salvator)'란 의미의 잘바토어비어Salvatorbiere로
바뀌었다.

어느 시점이 되자 수도사들은 자기들이 만든 맥주
를 양조장 밖에서 판매하기 시작했는데, 판매 허가권
이 없었기 때문에 사실상 금지된 일이었다. 1780년, 이
들은 마침내 도펠보크를 판매하고 유통할 공식 허가권
을 얻었다. 뮌헨 시민들은 이 계절상품을 애타게 원했
지만, 나폴레옹이 굴러들어와 교회가 재산권을 소유하
거나 세금을 부과하거나 맥주 양조 같은 부차 산업에
서 수익을 얻는 일을 금지했다. 1799년, 프란시스코 수
도원과 양조장은 폐쇄되어 바이에른 주의 자산으로 귀
속되었다.

1806년, 일반인 양조가 프란츠 크사베르 차허를은
이 양조장을 임대해 도펠보크 생산권을 획득했다(그는
1813년에 양조장을 사들였다). 잘바토어는 부활절 기간에
판매되었고 경쟁 관계에 있던 양조장들 또한 곧 이 이

백 년 넘게 텍사스 샤이
너의 슈포츨 브루어리는
샤이너 헤페바이젠Shiner
Hefeweizen, 옥토버페스트를
비롯해 텍사스 도처에 퍼져
있어 공식 텍사스 주 맥주
로 등극 가능한 보크 등의
훌륭한 독일 맥주를 양조해
왔다.

DOPPELBOCK
꼭 시음해볼 두 가지

아잉거 셀러브레이터
AYINGER CELEBRATOR

- 아잉 양조장Brauereu Aying
- ABV: 6.7%

이 책에서 도펠보크의 완전체는 아잉거 셀러브레이터
다. 눈에 딱 띄는 모카브라운 색의 이 맥주는 크리스
마스 파일 케이크와 코코아의 향을 전해준다. 셀러브
레이터는 목넘김이 좋고 부드러우며 초콜릿, 커피를
비롯해 항상 갈망하는 모든 검은색 파일의 풍미가 입
끝에서 느껴진다.
P.S: 병에 딸려 있는 염소 액세서리는 득템. 아내는
이미 여러 개를 모았다.

더블보크
DOUBLE BOCK

- 새뮤얼 애덤스Samuel Adams
- ABV: 9.5%

이 도펠보크는 맥아에게 보내는 러브레터로, 12온스
짜리 진홍 갈색 맥주병 하나에 보리가 약 200그램 필
요하다. 엄청난 곡류비를 투자한 결과, 풍부한 맛과
씹히는 캔디의 달콤함을 한껏 음미할 수 있다. 당화된
설탕과 당밀은 미묘하게 조화를 이루는 쓴맛을 통해
부각된다. 더블보크는 울 스웨터처럼 몸을 따뜻하게
해준다.

대체 맥주 ★★★ 애트워터 브루어리 부두 바터 도렐보크Atwater Brewery Voodoo Vator Doppelbock, 브라우에레이 투허 브라우 바주바
터 도펠보크Brauerei Tucher Brau Bajuvator Doppelbock, 파울라너 브라우에레이 잘바토어Paulaner Brauerei Salvator, 스머티노즈 양조
회사 스머터네이터Smuttynose Brewing Company S'muttonator, 토머스 후커 리버레이터 도펠보크Thomas Hooker Liberator Doppelbock,
트뢰그스 양조회사 트뢰게네이터 더블보크Tröegs Brewing Company Troegenator Double Bock

산타의 맥주

사미클라우스 비어Samichlaus Bier는 도펠보크로 지정되
는 경우가 많지만 그 범주를 딱 정하기는 어렵다. 오스
트레일리아의 브라우에레이 슐로스 에겐베르그Brauerei
Schloss Eggenberg는 ABV 14퍼센트의 뽕 가는 라거, 사
미클라우스(독일계 스위스인 산타클로스로, 오스트레일리아에
서는 이렇게 발음한다)를 양조한다. 이 맥주는 병에 담기기
전 10개월간의 숙성을 거치는데 묵직한 질감에 몸을 따
뜻하게 데워주는 묘약으로, 구입 즉시 즐기거나 다가오
는 크리스마스까지 보관하기에 적합하다. 사미클라우스
를 계속 줄 만한 선물로 선택해볼 것.

2011년, 〈아이오와〉 지 편
집자인 J. 윌슨은 사순절
46일간을 집에서 양조한
도펠보크로 버텼다. 그의
이야기 〈파트타임 수도사
의 일기〉〈diaryofaparttime
monk.wordpress.com〉를 확
인해볼 것.

름과 친숙해졌다. 잘바토어란 이름은 '대일밴드'나 '아
스피린'같이 상품의 대명사처럼 사용되었는데, 차허를
의 후임자인 쉬메더러 수사가 1896년 잘바토어를 상
표로 등록했다. 이에 경쟁 업체는 자사 도펠보크에 '아
토르ator'라는 접미사를 붙여 대응했고, 이 전통은 오
늘날 미국과 독일 양조업체로까지 이어져왔다.

단식하는 수도사들의 영양 보충용 맥주에 걸맞은

묵직한 도펠보크는 일반적인 보크보다 어두운 색조로,
진한 황금색부터 다홍색이 조금 섞인 짙은 브라운 색
이 표준 색이다. 풍미와 아로마로 말하면, 맥아의 달콤
함이 단연 돋보이고 캐러멜과 어두운 색 과일, 초콜릿
향이 뒤따르지만 홉의 쌉쌀한 맛은 떨어진다.

확신하는데 도펠보크를 마셔보면 그 강력한 위력을
믿게 될 것이다.

MÄRZEN
메르첸

19세기에 현대식 냉장고가 발명되기 전, 바이에른의
라거 양조업자들은 난제에 직면했다. 봄과 여름에 맥
주를 양조할 경우 박테리아와 야생 효모가 맥주에 침
투해 대재앙을 일으키는 것. 따뜻한 기온은 감염에 필
요한 명석을 제대로 깔아주었다.

앞서 얘기했듯이, 결국 바이에른의 양조업자들은 맥

주를 늦은 겨울이나 이른 봄에 양조해서 가을까지 시
원한 동굴이나 저장고에 보관하면 청량하고 풍미가 진
하며 매우 신선한 맥주를 얻을 수 있다는 사실을 알아
냈다. 이런 방법을 통해 맥아가 주재료로 쓰여 꽉 찬 바
디감에 약간 달콤한, 가을의 시그너처 라거인 메르첸
의 탄생 기반이 마련되었다. 메르첸은 독일어로 '3월'

2교시
바닥에서
추출하라

뮌헨 옥토버페스트의 개막 퍼레이드에서는 이색적으로 화려하게 장식된
맥주 마차가 등장한다(왼쪽 사진).
약 150만 명이 사는 뮌헨(위 사진)은 1158년 베네딕트회 수도사들이 세
운 도시로, 그 문장(紋章)을 보면 검은색 옷을 입은 수도사가 붉은색 책을
들고 있다.
이 도시의 이름은 고대 독일어 'Munichen'에서 파생되었는데 대략 번역
하면 '수도사들의 터전'이라는 의미였다.

이란 뜻이며, 이 달에 전통적으로 많은 양의 메르첸이
양조되었다.

　메르첸은 이상적인 간절기 맥주로, 여름에 선호하
는 청량감과 서늘한 가을밤에 필요한 푸짐하리만치 진

한 맛이 조화를 이룬다. 세월이 흐르면서 이 맥주 스타
일은 옥토버페스트(이 축제는 전통적으로 9월에 진행된다는 점
을 염두에 둘 것)라는 맥주 중심의 또다른 계절 행사와 밀
접한 연관을 맺게 되었다. 소시지와 맥주, 바이에른 문

뮌헨의 옥토버페스트는 매
년 12정의 권총 발사로 그
시작을 알리며, 다음 순서
로 뮌헨 시장이 옥토버페스
트 맥주의 첫 케그에서 맥
주를 따른 후 다음과 같이
선언한다. "이제 시작입니
다!" 이 첫 잔은 바이에른
주지사에게 제공되고, 이어
서 흥겨운 파티가 시작된
다. 이 축제에는 통상 매년
7백만 명 이상이 참가한다.

— ★★★ —

보스턴의 하푼 브루어리는
옥토버페스트 라거를 대량
생산하며, 1990년부터 전
통적으로 매년 9월 마지막
주말에 흥겨운 하푼 옥토버
페스트Harpoon Octoberfest
를 개최한다. 취주악대, 치
킨 댄스, 케그 볼링, 그리고
풍부한 맥주를 기대할 것.

MÄRZEN
꼭 시음해볼 두 가지

오리지널 옥토버페스트
ORIGINAL OKTOBERFEST

옥토버페스트
OCTOBERFEST

- **하커-프쇼르 브로이**Hacker-Pschorr Bräu
- **뮌헨**
- **ABV: 5.8%**

- **브루클린 브루어리**Brooklyn Brewery
- **ABV: 5.5%**

바이에른에 있는 이 양조장은 교파서 같은 전형적인 옥토버페스트 라거의 표본을 제공한다. 황갈색의 메르첸은 홉의 스파이시한 향이 깔끔하고 구운 듯한 달콤한 향을 누그러뜨리면서 이름값을 한다. 기대는 해도 좀처럼 나오기 힘든 맛이다. 목넘김이 부드럽고 기분 좋게 달콤하며(꿀, 견과류) 드라이한 끝맛이 난다. 브라트부르스트(프라이용 돼지고기 소시지-옮긴이)를 안주 삼아 음미해볼 것.

브루클린 브루어리는 비엔나 스타일의 명물인 산뜻한 필스너와 2000년 첫 출시된 옥토버페스트 등의 전통 독일 라거로 위업을 이어가고 있다. 브루마스터 가레트 올리버는 바이에른의 가보인 뮌헨 맥아와 필스너 맥아, 또 독일 노블홉에 의지해 빵 냄새와 약간의 쓴맛이 도는 풀바디감의 라거를 생산했다.

대체 맥주 ★★★ 아잉거 옥토버페스트 메르첸Ayinger Oktober Fest-Märzen, 그레이트 디바이드 양조회사 호스Great Divide Brewing Co. Hoss, 레프트 핸드 양조회사 옥토버페스트Left Hand Brewing Company Oktoberfest, 슈파텐 옥토버페스트 우어-메르첸Spaten Oktoberfest Ur-Märzen, 서밋 양조회사 옥토버페스트 메르첸 스타일Summit Brewing Company Oktoberfest Märzen Style

화가 어우러지며 수주간 진행되는 뮌헨의 이 축제는 1810년 바이에른 주의 루트비히 1세 황태자와 작센힐트부르크하우젠의 테레제 공주의 역사적인 결혼식을 기념하기 위해 탄생했다.

이 축제에서 제공된 첫 맥주가 메르첸으로, 세월이 흐르면서 옥토버페스트 하면 으레 메르첸을 떠올리게 되었다. 여기서부터 약간은 까다로운 비즈니스 이야기가 시작된다. 1841년 전설의 오스트리아 양조가 안톤 드레어는 가벼운 달콤함과 홉의 부드러운 향이 어우러지는 호박의 비엔나 라거Vienna Lager를 출시했고, 이 맥주는 1800년대 중반에 명성을 날리다가 후에 텍사스와 멕시코에서 많은 인기를 얻었다. 1872년 뮌헨의 양조가 요제프 제들마이어(그는 프란지스카너Franziskaner 양조장에서 일했는데 이곳은 오늘날 슈파텐 양조장의 일부다)는 비엔

나 스타일의 독일판 라거인 '오리지널 메르첸'이란 뜻의 우어메르첸Ur-Märzen을 출시했다. 이 맥주는 순식간에 축제의 공식 주류로 선정되었고 오늘날까지 옥토버페스트의 원형으로 계속 자리매김하고 있다.

메르첸은 이제 더이상 3월에 양조되지 않지만(귀한 발효 탱크에서 6개월씩이나 라거를 동면시킬 여유가 있는 양조장이 거의 없다), 가을 내내 친구가 되어줄, 여건이 허락된다면 지역 옥토버페스트 축제 때 소시지와 함께할, 봄을 떠올리게 하는 맛으로 여전히 자리를 지키고 있다.

오스트리아 양조가 안톤 드레어는 비엔나 라거의 아버지로, 이 맥주를 통해 메르첸으로 알려진 전통적인 옥토버페스트 라거가 탄생했다.

VIENNA LAGER

비엔나 라거

위대한 맥주 양조 기록을 보면 독일, 영국, 벨기에 양조가들의 위업과 창의성으로 가득하다. 오스트리아는 거의 언급되지 않는데, 이런 간과된 부분을 지금 당장 바로잡으려 한다.

19세기 유럽 양조의 가장 찬란한 지성은 오스트리아 양조가 안톤 드레어. 그는 빈(비엔나) 근처의 슈베차트 브루어리Schwechat Brewery를 소유했다. 이 양조장은 오스트리아-헝가리 제국에 우후죽순으로 뻗어 있던, 그의 가문의 양조 사업을 총괄하는 본부였다. 당시 드레어의 절친이었던 가브리엘 제들마이어는 독일 뮌헨에서 활동하는 양조가였다(그렇다, 오늘날의 메르첸의 원형을 개발한 사람이 바로 그의 아들 요제프다). 이 두 친구는 라거의 품질을 개선하고 싶었다. 가브리엘은 자신의 슈파텐 양조장에서 생산 기술을 개발하면서, 이곳에서

'뮌헨 둥켈'로 알려지게 된 어두운 색의 저온발효 맥주를 개발하는 데 큰 공을 세웠다.

반면 드레어는 당시 인기 있던 영국 에일의 좀 더 옅은 색 맥아를 사용하기로 했다. 그는 부드럽고 우아한 맥아의 성질과 견고하지만 절제된 쓴맛이 조화를 이루는 구릿빛 레드 라거인 슈베차터 라거비어Schwechater Lagerbier를 양조했다. '비엔나 라거'로 이름을 알리게 된 이 역사적인 맥주는 19세기 후반 유럽 전역에서 폭넓은 인기를 누렸다. 그러나 오스트리아-헝가리 제국이 분열되고 필스너, 뮌헨 헬레스Munich Helles, 도르트문터 엑스포트Dortmunder Export같이 색이 한층 더 옅은 스타일이 맥주 시장의 주도권을 잡으면서 비엔나 라거는 그 빛을 잃었다. 이 스타일은 완전히 사라지지는 않았지만 시들해졌다.

> 옥토버페스트의 원래 볼거리는 맥주가 아니라 경마였는데, 지금은 폐지되었다.
>
> ★ ★ ★
>
> 옥토버페스트에서 제공되는 1리터 대용량 맥주잔을 '매스Mass'라고 한다.

뮌헨 옥토버페스트에서는
오직 뮌헨에서 양조된 맥주
만 공급할 수 있다. 인가된
양조장은 슈타틀리히스 호
프브로이-뮌헨Staatliches
Hofbräu-München, 아우구스
티너-브로이Augustiner-Bräu,
슈파텐브로이Spatenbräu, 하
커-프쇼르-브로이, 파울라
너-브로이Paulaner-Bräu, 뢰
벤브로이Löbenbräu, 이렇게
여섯이다.

— ★★★ —

내 인생에서 사소하지만 좀
까다로운 사명감이 있다면,
네그라 모델로에서 Negra
의 a를 o라고 잘못 쓴 모든
메뉴판을 고치는 것이다.

라임은 아직 빼지 마세요

멕시코 맥주가 항상 이렇게 지루한 건 아니었다.
19세기, 멕시코에서도 미국과 마찬가지로 수십
개의 양조장이 여기저기 들어서서 풍미 가득한 맥
주를 만들었다. 그러나 미국처럼 합병의 바람이
불어 시장이 정리되었고, 그 결과 쿠아우테목 목
테수마Cuauhtemoc-Moctezuma와 그룹 모델로Group
Modelo라는 두 개의 공룡 기업이 탄생해 멕시코 양
조업계를 지배했다. 이들은 멕시코의 주류 판매
허가권을 대부분 장악해, 술집에서 특정 브랜드를
판매한다고 동의하는 경우에만 이 허가권을 나눠
주면서 권력을 확장해나갔다. 테카테Tecate, 코로
나, 솔Sol이 잠식하고 있는 것도 이 때문이다. 상
황이 불리하긴 하지만, 추파카브라스 아메리카 페
일 에일Chupacabras American Pale Ale과 흔치 않은 테
킬라 통 숙성 발리와인을 만드는 세르베차 쿠카파
Cerveza Cucapa와 세르베세리아 미네르바Cerveceria
Minerva(이 양조장의 제품으로는 퀼쉬와 아일랜드 스타일
의 스타우트가 있다) 같은 멕시코 크래프트 양조장이
멕시코 맥주의 인식을 아주 서서히 바꿔나가고 있
다. 하지만 라임 웨지(칵테일 잔 가장자리에 끼우는 라
임 장식-옮긴이)를 버리고 축배를 들기엔 시기상조
다. 멕시코 자가양조협회에 따르면 멕시코에서 소
비되는 맥주 10만 개 중 오직 여덟 개만이 크래프
트 맥주라고 한다.

그런데 하고많은 양조가 중 멕시코의 산티아고 그
라프가 비엔나 라거의 불꽃이 꺼지지 않도록 지켜주었
다. 1800년대 후반, 그는 고품질의 홉과 진하고 아로마
가 강하며 살짝 구운 풍미의 비엔나 맥아를 유럽에서
수입하고, 심지어 냉장 장비까지 구입해 그다지 쌀쌀
하지 않은 기후에서 라거를 생산했다(당시에는 오스트리
아 양조업자들이 멕시코로 이민 와서 정착했다). 비엔나 라거는
그라프의 까다로운 기준과 집념 덕분에 멕시코와 텍사
스 일부 지방에서 빠르게 인기를 얻었다.

미국의 금주령과 멕시코의 정치 혼란으로 인해 아
메리카 대륙에서 비엔나 라거의 입지가 약해졌지만,
멕시코가 오스트리아 스타일에 심취했던 흔적은 네그
라 모델로와 도스 에키스 앰버Dos Equis Amber에서 찾아
볼 수 있다. 이들 맥주는 전통적인 기준에서는 조금 더
달콤한 편이다. 비엔나 라거는 미국의 크래프트 맥주
업계에 도약의 발판을 마련했다. 미국 양조가들은 비
엔나 라거 스타일을 청량한 풀바디감에 달콤함은 덜하
고 좋은 홉의 향과 드라이한 끝맛을 갖춘 것으로 해석
한다. 텍사스의 라이브 오크Live Oak는 부드러운 빅 바
크 앰버 라거Big Bark Amber Lager로 스타일의 전통에 한
걸음 더 다가섰고, 오하이오의 그레이트 레이크Great
Lakes는 알코올 도수를 높여 엘리엇 네스Eliot Ness를 출
시하면서 한 단계 도약했다. 가장 놀라운 사실은 미국
맥주의 대표 주자인 새뮤얼 애덤스 보스턴 라거Samuel
Adams Boston Lager가 실은 비엔나 스타일 라거라는 점
이다. 안톤 드레허가 어디선가 분명 웃고 있을 것 같다.

VIENNA LAGER

꼭 시음해볼 두 가지

네그라 모델로
NEGRA MODELO

- 그루포 모델로 S.A. DE C.V. Grupo Modelo S.A. DE C.V.
- ABV: 5.4%

멕시코 요리는 독특한 풍미로 그득하다. 멕시코 맥주는? 별로. 나는 카르네 엔칠라다 타코에 한잔 곁들이고 싶을 때는 코로나Corona와 파시피코Pacifico 대신 동종 최고의 짙은 적갈색 네그라 모델로를 택한다. 구운 맥아의 달콤함과 9볼트쯤 되는 알싸한 충격의 쓴맛이 어우러진 이 단순한 맥주는 매끄러운 목넘김의 전형이다.

토스티드 라거
TOASTED LAGER

- 블루 포인트 양조회사 Blue Point Brewing Company
- ABV: 5.5%

호평받은 굴 품종의 이름을 딴 블루 포인트는 마크 버포드와 피터 코터가 오래된 얼음 공장을 인수하고 중고 장비를 사들여 1998년 양조를 시작한 이후 롱아일랜드 최고의 양조장으로 자리매김했다. 대표 제품은 토스티드 라거로, 블루 포인트의 시그너처인 직화 방식의 벽돌 양조 케틀에서 생산된다. 뜨거운 백색 불꽃이 구운 풍미를 전해주면서 토스트와 캐러멜, 풀잎의 쌉쌀함이 조화를 이룬다.

대체 맥주 ★★★ 어거스트 셸 양조회사 파이어브릭August Schell Brewing Co. FireBrick, 브루클린 브루어리 브루클린 라거Brooklyn Brewery Brooklyn Lager, 카를 스트라우스 양조회사 앰버 라거Karl Strauss Brewing Company Amber Lager, 스네이크 리버 양조장 스네이크 리버 라거Snake River Brewing Snake River Lager, 스론브리지 양조장 킬 유어 달링스Thronbridge Brewery Kill Your Darlings, 트레이더 조스 비엔나 스타일 라거Trader Joe's Vienna Style Lager

바유 테케는 케이준 요리를 보완하는 맥주에 집중한다.

또다른 다크의 등장

동독의 양조장은 과거에 특별한 에일 효모(알트비어 등, 84쪽 참조)로 양조하는 혼성 알트슈바르츠비어Alt-chwarzbier를 만들었다. 이들 맥주를 전문으로 양조하는 마지막 양조장은 수십 년 전에 문을 닫았지만, 루이지애나의 바유 테케 양조장Bayou Teche Brewing은 한 잔의 진한 커피를 연상케 하는 묘한 매력의 다크 맥주, LA-31 비에르 누아르Bière Noire로 그 스타일을 부활시켰다.

SCHWARZBIER

슈바르츠비어

1935년, 고고학자들은 대단히 흥미로운 발견을 했다. 바이에른 북부 지역, 쿨름바흐 시 근처에서 발굴 작업을 하던 도중, 기원전 8세기경의 것으로 보이는 켈트족 무덤을 발견한 것이다. 이 무덤에는 양쪽 손잡이가 달리고 병목이 좁은 화병 모양의 항아리 '암포라Amphora'가 들어 있었다. 항아리 안을 들여다보니 일부가 불에 까맣게 구워진 빵조각이 들어 있었는데, 지금까지 발견된 양조 원료 중 가장 시대가 앞선 것이었다. 빵조각을 물에 녹이면 공기 중의 효모가 가라앉아 혼합물을 발효시켰는데, 그게 뭐랄까 약간, 아주 약간 맥주와 비슷했다.

이런 고대 맥주 양조 과정에서 남은 흔적이 독일에서 가장 검고 맛있는 맥주 스타일인 슈바르츠비어('슈바츠-비어'로 발음되는데 슈바츠는 독일어로 '검은'이란 뜻이다)의 원조다. 이후 수세기에 걸쳐 슈바르츠비어는 다크와 라이트의 합작품으로 진화했다. 청량하게 넘어가는 라거에 로스팅한 풍미를 가졌지만 스타우트와 포터를 마실 때와 달리 거칠고 떫은 쓴맛이 거의 없다.

슈바르츠비어 양조업자들은 다음의 두 도로 중 한 길을 택하면 목표 지점에 도달할 수 있다. 첫 번째, 껍질 벗긴 맥아를 사용하면 타고 볶은 성질을 완화할 수 있다(맥아의 껍질을 벗기는 것은 정미 공정과 비슷하다). 두 번째, 커피를 차갑게 우려내는 기술을 차용해도 된다. 검게 볶은 맥아는 끓지 않은 물에 넣으면 아래로 가라앉는데 이때 볶은 풍미는 흡출하고 원치 않는 신맛이나 쓴맛은 버린다. 경로가 어떻든, 이 여정은 〈스타워즈〉의 다스베이더 색깔의 맥주로 끝이 나는데, 홉의 쓴맛과 코코아와 커피의 매력적인 풍미로 꽉 차 있으면서도 코끼리 떼처럼 무겁게 혀에 내려앉지 않는다.

오늘날 독일에서는 이 블랙 라거가 여전히 인기 있고, 미국에서는 크래프트 맥주 중 미각을 홀리는 최고의 맛으로 점점 자리매김하고 있다. 가볍게 넘어가는 이 흑맥주는 미 전역에서 생산된다. 매직 해트 하울Magic Hat Howl, 유니타 양조장Unita Brewing의 유기농 바바 블랙 라거Baba Black Larger, 스프레처 양조장의 블랙 버베리언Black Bavarian, 이 모두가 배 속이 호사를 누릴 만한 맥주다. 일단 블랙에 빠졌다면 다시 돌아오지 못한다.

SCHWARZBIER
꼭 시음해볼 두 가지

쾨스트리처 슈바르츠비어
KÖSTRITZER SCHWARZBIER

- 쾨스트리처 슈바르츠비어 양조회사
  Köstritzer Schwarzbierbrauerei GMBH & Co.
- ABV: 4.8%

1543년에 설립된 양조장으로, 독일의 아우구스트 슈바르츠비어August Schwarzbier의 대부분을 생산한다. 쾨스트리처 슈바르츠비어는 완벽에 가까운 대표 상품이다. 흑색에 가까운 이 아름다운 맥주는 드라이하고 가벼우며 호수에 떠 있는 돛단배보다 잔잔하게 넘어간다. 커피와 다크 초콜릿의 로스팅 풍미가 균형 잡힌 순한 달콤함에 누그러진다.

세션 블랙
SESSION BLACK

- 폴 세일 브루어리Full Sail Brewery
- ABV: 5.4%

세션 블랙의 향은 볶은 맥아와 코코아 향이 뒤섞여 취기를 일으킨다. 성인 패키지지만 동심의 즐거움이 느껴진다. 맛이 궁금하다면 미뢰를 단단히 붙잡아둘 것. 혀를 자극하는 청량감은 캐러멜과 초콜릿을 휩쓸며 풍미의 롤러코스터를 타는 가운데, 톡 쏘는 꽃향기의 홉이 덜컹거리는 좌석에 숨어 있다. 구식의 뭉뚝한 병도 멋지다. 할아버지가 좋아할 만하다.

대체 맥주 ★★★ 세르베쟈리아 술 브라질레리아 징구 블랙 비어Cervejaria Sul Brasileria Xingu Black Beer, 쿨름바허 양조장 AG 묀흐쇼프 슈바르츠비어Kulmbacher Brauerei AG Mönchshof Schwarzbier, 덕래빗 크래프트 브루어리 덕래빗 슈바르츠비어The Duck-Rabbit Craft Brewery Duck-Rabbit Schwarzbier, 문라이트 양조회사 데스 앤 택시즈 블랙 비어Moonlight Brewing Company Death & Taxes Black Beer, 슈포츨 브루어리 샤이너 보헤미안 블랙 라거Spoetzl Brewery Shiner Bohemian Black Lager

RAUCHBIER

독일의 조그만 동네인 프란켄에는 약 3백 개 양조장이 모여 있어, 세계 최대의 양조 센터로 손꼽힌다. 데니스 웨어만은 댈러스에서 48킬로미터 떨어진 텍사스주의 매키니에서 프란켄 양조회사를 설립하고 라거와 바이에른 밀맥주 제품을 만들어 이 지역에 경의를 표한다.

10년 넘게 전문적으로 글을 쓰고 맥주 마시는 일을 하면서, 나는 라우흐비어처럼 다양한 스타일의 맥주는 별로 본 적이 없다. 라우흐비어는 훈제 향에 푹 전 독일식 맥주로, 마치 믹서에 간 '텍사스 바비큐'를 마시는 것 같다.

수세기 동안 대부분의 맥주는 기본적으로 훈제 향이 났다. 그 이유는 (녹맥아라고 불리는) 발아(發芽) 보리를 이글거리는 불꽃 위에서 건조시켜 곡물에 진한 훈제 향이 배었기 때문이다. 이 공정은 산업화 초기인 18세기와 19세기에 사라지기 시작했는데, 가마의 간접 열로 발아 보리를 말려 연기를 멀리했기 때문에 훈제 향이 줄어들었다.

현대의 기술 문명에 머리를 조아리는 대신, 독일 프란켄 지역의 밤베르크 시는 의기양양하게 훈제 향 방식을 고수했다. 1500년대 초부터 밤베르크의 양조장은 훈제 맥주 라우흐비어(독일어 라우흐rauch는 '연기'라는 뜻)로 각광을 받았다. 너도밤나무 장작 불꽃 위에서 말린 맥아는 강건한 풍미와 아로마를 맥주에 전해주어 훈제 고기나 베이컨을 생각나게 한다.

라우흐비어는 메르첸같이 적절히 강한 도수의 다크 라거로 자주 이름이 오른다. 그런데 밤베르크의 슐렌케를라에서는 밀맥주뿐 아니라 살짝 훈제 향이 도는 뮌헨 헬레스 라거(66~69쪽 참조)도 만든다. 미국 크래프트 양조장들은 최근 직화 방식으로 되돌아오는 추세다. 캘더라 양조회사Caldera Brewing Company의 라우흐위어 보크Rauch Ür Bock, 새뮤얼 애덤스의 본파이어 라우흐비어Bonfire Rauchbier, 밸러스트 포인트 양조장Ballast Point Brewing의 어밴던 십 스모크트 라거Abandon Ship Smoked Lager는 훈제 맥아를 사용한다.

이곳 양조장의 연기는 모든 사람들이 한번 들이마셔볼 만하다.

위대한 흰 연기

앨러스칸 양조장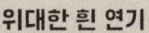Alaskan Brewing은 1988년부터 쭉, 지역의 자원을 활용한 스모크트 포터Smoked Porter를 출시해 메달을 수상했다. 골드러시 때 알래스카로 간 러시아 정착민들, 그리고 체코와 독일의 브루마스터들은 맥아를 불 위에서 말리고 볶았다. 그 전통을 기리기 위해 앨러스칸 양조장은 지역의 훈제장에 요청해 오리나무 목재 위에서 곡물을 훈제해달라고 한 뒤 빙하수로 포터를 양조한다. 지난 25년간 이 선구적인 스모크트 포터는 미국에서 훈제 맥주에 대한 관심을 일으키는 데 일조했다.

짝을 맞춰라

"라우흐비어를 환상적이라고 좋아하는 부류가 있는 반면, 이 스타일이 아무 짝에도 쓸모없다고 생각하는 부류도 있다." 스모키 밥Smoky Bob 라우흐비어를 양조하는 오리건 주 맥민빌의 히터/앨런 양조장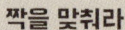Heater/Allen Brewing 창업자이자 브루마스터인 릭 앨런의 말이다. 앨런의 제안에 따르면, 이 연기에 전 맥주는 안주 없이 마시지 말고 식사 때 반주로 마시란다. "훈제 음식과 함께 먹으면 맥주의 훈제 풍미가 사라지면서 진정한 맥주의 풍미를 느끼게 되죠"라고 그는 열정적으로 말한다. 다음번에 바비큐를 먹을 때는 라우흐비어를 한두 잔 마셔볼 것.

RAUCHBIER
꼭 시음해볼 두 가지

아이히트 슐렌케를라
라우흐비어 메르첸
Aecht Schlenkerla Rauchbier Märzen

- 헬러-트룸 양조장Brauerei Heller-Trum
- ABV: 5.4%

채식주의자들은 너도밤나무 목재로 훈제한 맥아로 만든 슐렌케를라의 자극적인 메르첸에 혀를 말며 괴로워할지도 모르겠다. 이 맥주의 아로마는 장작불에 구운 베이컨을 상기시키며, 검은색 파일과 초콜릿의 은근한 기미로 햄의 풍미가 부각된다. 강렬하지만 놀라울 정도로 상쾌하다. 식사와 찰떡궁합.

Z 스모크트 앰버 라거
Z Smoked Amber Lager

- 포트 콜린스 양조장Fort Collins Brewing
- ABV: 5.4%

이 콜로라도 양조장의 라거는 깨끗한 구릿빛에 오래 유지되는 말쑥한 황백색 거품을 자랑한다. 캠프파이어의 타버린 재에다 미뢰를 태우는 대신, 'Z'은 메스키트 나무의 향을 줄이고 캐러멜 풍미를 높였으며 깨끗하고 청량한 끝맛을 낸다. 이 맥주를 즐기는 데는 바비큐가 필요 없다.

대체 맥주 ★★★ 비어브라우리 그랑-카페 에멜리제 라우흐비어Bierbrouwerij Grand-Café Emelisse Rauchbier, 슈페지알 양조장 라우흐비어 라거Brauerei Spezial Rauchbier Lager, 잭스 애비 양조장 스모크 앤드 대거 블랙 라거Jack's Abby Brewing Smoke & Dagger Black Lager, 레 트루아 무스크테르 세리 시그너처 라우흐비어Les Trois Mousquetaires Série Signature Rauchbier

그곳에 빛이 있으라

혁신적인 맥아 가마 건조 기술 덕분에 라거는 19세기에 그 검은 껍
질을 벗고, 밝고 환하고 마시기 쉬운 즐거움으로 변신했다. 여름날
오후의 음주는 이제 결코 예전 같지 않다.

CZECH PILSNER

체코 필스너

보란듯이 상한 맥주는 나에겐 가차 없이 하수구행이
다. 맥주가 변질되면 운동 후의 겨드랑이 냄새처럼 풍
미가 고약해지고, 햇빛에 노출되면 페페 르 퓨Pepé Le
Pew(애니메이션 캐릭터-옮긴이)가 하는 짓 훨씬 이상으로
고약한 스컹크 방귀 냄새 같은 게 난다. 결국 덴마크에
서도 맥주 부패 사건이 터졌던 모양이다. 예전에 보헤
미아에서 그랬던 것처럼(라거의 대명사가 덴마크의 칼스버그
Carlsberg이기 때문에 보헤미아에서 부패한 맥주를 버렸던 사건에 빗
대어 덴마크를 언급한 듯하다-옮긴이).

1838년 (현재의 체코공화국인) 보헤미아 플젠의 양심적
인 사람들은 시 광장에 모여 그야말로 끔찍하게 상한
36개 배럴 통의 맥주가 버려지는 장면을 지켜보았다.
형편없고 질 낮은 지역 제품에 대한 호된 비난이었다.
보헤미아인들은 11세기부터 맥주 양조를 해왔지만 수
백 년간의 경험에도 맥주의 오염과 변질을 막을 수는
없었다. 혁신적인 개선이 시급했다. 플젠의 독립 양조
업자 공동체는 한데 모여 과감한 조치를 취하기로 결
정했다. 바로 새로운 유의 라거를 생산하는 양조장을

만들기로 한 것.

수년 동안 발효는 불분명한 과학이었다. 양조업자
들은 효모가 맥주 생산에 중요한 역할을 담당한다는
사실은 알았지만 어떻게 작용하는지는 수수께끼였다.
독일 생리학자 테오도어 슈반은 짐작 가는 바가 있었
다. 다른 과학자들은 발효란 효모 세포가 죽어서 생기
는 결과라고 알고 있었지만, 슈반은 실험을 통해 발효
가 살아 있는 과정, 즉 효모 세포가 자라고 증식하는
과정임을 입증했다.

이런 중요한 발견은 효모가 서로 다른 맥주 스타일
에 어떤 영향을 끼치는지에 관한 보헤미아 양조업자들
의 이해의 폭을 넓혀주었다. 1840년 양조가 공동체는
바이에른에서 그토록 원했던 하면발효 라거 효모 품종
을 사들였다. 2년 후, 이들은 생산을 위한 만반의 준비
를 갖췄다. 광천과 가까운 라드부자 강 인접 지역에 시
설을 지었는데 냉장 저장에 적합한 동굴에 사암 암반
을 깎아 그 위에 시설을 올렸다. 당시 바이에른의 젊은
라거 양조가 요제프 그롤이 들어와 이 사업을 담당했

CZECH PILSNER
꼭 시음해볼 두 가지

필스너 우르켈
PILSNER URQUELL

- 필스너 우르켈 브루어리Pilsner Urquell Brewery
- ABV: 4.4%

이 전형적인 체코 맥주는 1842년부터 생산됐는데, 당시 체코는 보헤미아란 이름으로 불렸다. 주조 방법은 그 뒤 170년에 걸쳐 바뀌었지만 우르켈의 아성은 변치 않았다. 포도향이 받쳐주는 산뜻한 황금색의 필스너는 뉴욕의 탄산수만큼 거품이 풍부하고 갈증을 풀어준다. 2012년 필스너 우르켈 양조장은 체코공화국에서 냉장 운반을 시작해 더욱 신선한 제품을 보장한다.

라구니타스 필스
체코 스타일 필스너
LAGUNITAS PILS CZECH STYLE PILSNER

- 라구니타스 양조회사Lagunitas Brewing Company
- ABV: 6.2%

"홉에 중독되지 않은 사람들을 위한 맥주." 라구니타스 사는 사츠 홉이 들어가 밝고 스파이시한 부케를 내는 은은한 황금빛의 필스너를 이렇게 광고한다. ABV는 내가 선호하는 것보다 조금 높지만 필스는 톡 쏘는 탄산과 비스킷의 순수한 풍미, 그리고 레몬 향의 터치로 그 강점을 잘 포장하고 갈증을 해소해준다.

대체 맥주 ★★★ 버드와이저 체크바르 오리지널Budweiser Czechvar Original, 불 재거 양조회사 빅 클로 필스너Bull Jagger Brewing Company Big Claw Pilsner, 홉웍스 어번 브루어리 오가닉 HUB 라거Hopworks Urban Brewery Organic HUB Lager, 라이브 오크 양조회사 필즈Live Oak Brewing Company Pilz, 오스카 블루스 마마스 리틀 옐라 필스Oskar Blues Mama's Little Yella Pils, 서던 티어 양조회사 유로트래시 필즈Southern Tier Brewing Company Eurotrash Pilz

어이, 맥주 친구,
자네 이름이 뭐지?

미국의 유명한 몇 가지 라거 이름은 체코공화국
에 그 뿌리를 두고 있다. 미켈로브Michelob는 미헬
로비체Michelovice 시에서 유래했고, 버드와이저
Budweiser는 체스케 부데요비체Ceske Budejovice 마
을에서 그 이름을 따왔는데, 독일어로는 부드바
이스Budweis다. 남부 보헤미아에는 지금도 부드
바이서 부드바르Budweiser Budvar란 이름으로 판매
되는 필스너가 생산되는데, 미국에서는 체크바르
Czechvar라고 불린다. 내 생각에는 미국에서 생산
되는 버드와이저보다 품질이 좋은 것 같다.

는데, 그는 자기 마음대로 사용할 수 있는 완벽한 원료
가 지천에 널려 있음을 발견했다.

부드러운 광천수에 아로마 강한 사츠 홉, 방금 언급
한 라거 효모, 새로운 건조 기술의 결과인 엷은 색의
맥아가 풍부하게 준비되어 있었던 것. 이 네 가지 원료
가 조화롭게 작용해 반짝이는 투명함, 금사를 연상시
키는 색깔, 아로마 강한 부케, 비교할 수 없이 라이트
한 바디감의 전율적인 새로운 맥주가 탄생했다. 다크
하고 탁한 맥주에 익숙해져 있던 유럽 사람들에게 이
것은 마치 환한 햇불로 플젠의 독보적인 새 맥주, 필스
너 우르켈(우르켈Urquell은 독일어로 '원천'이란 뜻)의 도착을
온 천하에 알리는 것과 같았다.

이 엷은 색의 필스너(현재는 체코 필스너 또는 보헤미안 필
스너라고 불린다)는 유럽의 맥줏집에서, 곧이어 전 세계
에서 최고의 맥주가 되었다. 1859년 '필스너 비어pilsner
bier'라는 말이 상표로 등록되었고, 1871년에는 미국에
처음으로 수출되었다. 맥주 양조는 황금기를 맞이했
고, 곧 경쟁자와 모방자들이 그 뒤를 따랐다.

GERMAN PILSNER

저먼 필스너

양조는 모방의 직업이다. 한 양조업자가 최신 스타일로 유행을 만들어 돈을 벌면 곧바로 모방자들이 뒤를 잇는다. 양조업자들을 비난하려는 것이 아니다. 독일 화학 회사 BASF와 이 회사의 광고 문구, "우리는 그저 팔기 위해 많은 물건을 만들지는 않습니다. 더 좋은 물건을 팔기 위해 많은 물건을 만듭니다"처럼 맥주 산업은 혁신과 그 후의 개선을 기반으로 구축된다.

독일 양조업자로 말하자면 그들은 보헤미아의 필스너가 던진 고리에 발이 걸려 넘어져 있었다. 이 아름다운 황금색 맥주의 인기는 특히 보헤미아와 인접한 작센 지방으로 번졌다. 드레스덴 교외 지역인 라데베르크의 양조업체들 무리도 필스너의 성공에 들떠 동업 관계를 맺고 1872년 아크티엔브라우에레이 줌 베르크켈러Aktienbrauerei Zum Bergkeller 양조장을 열었다. 이 양조장은 후에 라데베르거 엑스포트비어브라우에레이 Radeberger Exportbierbrauerei로 이름이 바뀌었다. 이곳의 대표 제품은 늦깎이 성공의 대명사가 되었고 오늘날까지 명맥을 유지하는 승리의 이름이 됐다. 부드러운 초록색이 감돌면서 황금빛이 두드러지고 미묘한 쓴맛이 어우러지는 라데베르거 필스Radeberger Pils, 바로 저먼 필스너다.

입맛이 예민한 사람이 마셔봐도 저먼 필스너는 체코 필스너와 비교해 확실한 차이가 느껴지지 않는다. 이 엷은 색의 라거는 기본적으로 청량하고 맥아 향이 진한데, 독일 버전 필스너의 바디와 색조는 다소 가볍고 연할 수 있다. 이렇게 차이가 나는 이유는 지역 곡물과 효모, 그리고 가장 중요한 요소로 홉에 의존하기 때문이다. 체코 필스너는 깔끔하고 강한 계피 향을 내는 토종 품종인 사츠 홉에 의존하는 반면 저먼 필스너는 꽃향이 나는 초록색의 펄 같은 노블홉들인 꽃향과 흙 냄새가 나는 할러타우어, 스파이시하고 섬세한 슈

팔트 등으로 만든다.

체코 필스너와 저먼 필스너를 구별해낼 수 있을지 걱정하지 말 것. 결국 이들 두 맥주는 한 가지 중요한 특성을 공유하니까. 두 스타일 모두 맛이 끝내준다는 것.

한여름밤의 맥주

내가 좋아하는 라거 음료 중에 라들러Radler('사이클리스트'란 뜻의 독일어)가 있다. 상쾌한 라거와 새콤한 레모네이드의 혼합 음료로 갈증을 풀어주고, 특히 뒤처진 사이클리스트에게 탄산 가득한 에너지를 제공한다. 영국도 이와 비슷하게 여름에 마시는 샌디Shandy를 내놓았는데, 전형적으로 맥주(라이트 라거가 많다)와 레모네이드, 아니면 시트러스 풍미의 소다수, 아니면 생강 에일을 1대 1로 혼합한다.

라데베르거 엑스포트비어브라우에레이 양조장 전경.

GERMAN PILSNER
꼭 시음해볼 두 가지

프리마 필스
PRIMA PILS

- 빅토리 양조회사 Victory Brewing Company
- ABV: 5.3%

여행할 때나 바에서 팔꿈치를 끼고 앉아 있을 때 가장 많이 듣는 질문 하나가 "가장 좋아하는 맥주가 뭐냐?"다. 이런 질문에 답하면 골치 아픈 일이 생길 수 있지만, 나는 항상 프리마 필스라고 답한다. 이 상쾌한 거품의 필스너는 유러피언 통꽃 홉이 정량 이상으로 들어 있어 조심스러운 한 모금에 산뜻하고 스파이시한 맛을 느낄 수 있다. 부드럽게 달콤한 뒷맛이 자꾸 더 찾게 만든다.

라데베르거 필스너
RADEBERGER PILSNER

- 라데베르거 엑스포트비어 양조장
  Radeberger Exportbierbrauerei
- ABV: 4.8%

라데베르거는 필스너를 전문으로 생산하는 독일 최초의 양조장으로, 작센 지방의 프리드리히 아우구스트 왕가가 열렬히 지원해주었다. 라데베르거 양조장은 아직도 이런 인기를 누리고 있는데, 이곳에서 생산하는 황금빛 맥주는 스파이시한 향과 달콤한 향이 번갈아 나는 복합적인 허브의 아로마를 풍기고, 밝고 자극적인 풍미와 순한 쓴맛이 살짝 스쳐간다. 라데베르거가 세상을 움직이지는 못하겠지만 바에서는 믿을 만한 옵션이다.

대체 맥주 ★★★ 예버 필스너Jever Pilsner, 쿨름바허 양조장 AG EKU 필스Kulmbacher Brauerei AG EKU Pils, 마즈 브로이 필스너Mahr's Bräu Pilsner, 슬라이 폭스 양조회사 파이크랜드 필스Sly Fox Brewing Company Pikeland Pils, 트루머 필스Trumer Pils, 유타 브루어즈 코퍼러티브 스쿼터즈 프로보 걸 필스너Utah Brewers Cooperative Squatter's Provo Girl Pilsner

빅토리 양조회사
Victory Brewing Company

펜실베이니아 주, 다우닝타운

빅토리 양조회사의 공동 창립자 랜 바체트(왼쪽)와 빌 코발레스키는 초등학교 동창이다.

펜실베이니아 주, 다우닝타운은 우연히 들를 수 없는 곳이다. 약 8천 명의 주민이 거주하는 이 도시는 랭커스터와 리딩, 필라델피아에서 54킬로미터 떨어진 곳에 자리 잡고 있으며, 펜실베이니아 유료 도로가 끝나는 지점과는 멀찍이 떨어져 있다. 이곳 주민들은 페퍼리지 팜Perperidge Farm 베이커리에서 일을 마치고 퇴근하거나 필라델피아에서 일하고 귀가하는데, 이곳에는 그 후에 즐길 수 있는 밤 문화가 크게 발달해 있지 않다. 하지만 클럽과 칵테일 바가 부족한 것이 오히려 축복이 될 수 있다.

"우린 농담조로 얘기해요. '다우닝타운에 오면 스스로 즐길 줄 알아야 한다'고요." 빅토리 양조회사의 창립자 빌 코발레스키는

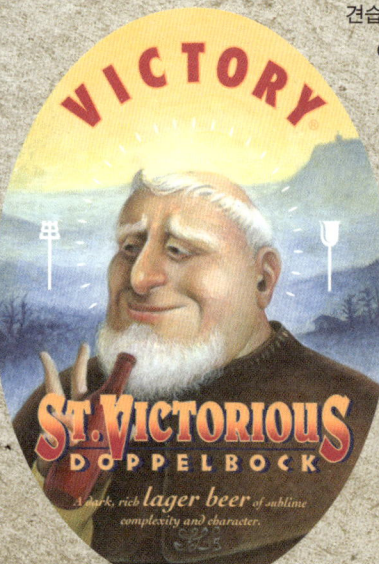

말한다. 지난 15년간 코발레스키의 공동 창립자 랜 바체트는 많은 양의 맥주를 양조해, 옛 페퍼리지 팜 공장을 흠잡을 데 없는 저먼 라거와 탁월한 에일을 생산하는 미국 최고의 양조장으로 탈바꿈시켰다. 빅토리 양조회사는 맥주로 상을 타는 데 도가 텄다.

내가 좋아하는 이곳 맥주 중에서 라거로는 밝은 느낌에 담백하고 도수가 낮은 뮌헨 헬레스가 있다. 프리마 필스는 산뜻하고 꺼끌꺼끌한 크래프트 필스너의 견본이다. 세인트 빅토리어스 도펠보크St. Victorious Doppelbock는 몸을 따뜻하게 해주는 겨울철 전통이며, 페스트비어 Festbier는 매끄럽게 넘어가는 앰버 맥주로, 옥토버페스트의 동반자다.

스쿨버스에서 맺은 우정

빅토리 양조회사의 기원은 1973년으로 거슬러 올라간다. 초등학교 5학년생인 바체트와 코발레스키는 같은 스쿨버스를 타고 다녔다. 이들은 금세 친해져 평생 우정으로 이어졌다. 1985년 대학을 졸업하고 얼마 지나지 않아 두 친구는 하루 일을 끝마친 후 집에서 자가 양조를 하기 시작했다. 광고예술감독이었던 코발레스키와 금융분석가였던 바체트에게는 취미 삼아 하는 일이었다. 둘의 회사 생활은 곧 맥주로 채워졌다. 바체트는 직장을 그만두고 볼티모어 양조회사Baltimore Brewing Company에서 견습 생활을 시작했고, 이어 바이엔슈테판에 있는 뮌헨 기술대학으로 유학을 떠났다. 코발레스키는 독일의 영감을 받은 맥주를 찾아다니며 친구의 빈자리를 메웠다.

"우린 1980년대 초반 독일 수입 맥주와 사랑에 빠졌어요. 그때 맥주의 세계에서 재미있게 돌아가는 일은 오직 그것뿐이었죠." 코발레스키는 이렇게 설

예일 맥주로는 아로마 강한 홉 월럽 더블 IPAHop Wallop double IPA, 과일 향 나는 벨기에 스타일의 골든 몽키Golden Monkey, 또는 강렬한 임페리얼급 도수의 스톰 킹 스타우트Storm King Stout를 한번 마셔볼 것을 권한다.

명한다. 이후 그는 뮌헨의 유명한 되멘스 인스티튜트Doemens Institute에서 기술을 갈고 닦았다. 바체트가 버지니아의 올드 도미니언 양조회사Old Dominion Brewing Company에서 일하면서 생산량을 10배 늘리는 데 일조하자, 두 친구는 이제 재능을 서로 합할 때가 왔다는 결정을 내렸다. 빅토리 양조회사가 설립된 것이다.

그런데 어떻게 하면 소문이 가장 잘 날까? "돈을 생각하니 기존 광고 방식의 단점이 눈에 들어오더군요. 우리가 소매를 걷어붙이고 이곳을 방문하는 사람들에게 직접 맥주를 팔면 어떨까 생각했죠. 그러면 사람들이 '빅토리'라는 회사를 알게 되고, 금상첨화로 수익도 올려줄 테니까요." 코발레스키는 말한다. 1996년 2월 15일, 빅토리가 문을 열면서 고객들은 이 양조회사 레스토랑에서 식사를 하거나 아니면 괜찮은 맥줏집으로 가서 홉데블 IPAHopDevil IPA, 브랜디와인 밸리 라거Brandywine Valley Lager(현재 단종되었다), 페스트비어 같은 새로 나온 맥주를 맛볼 수 있었다. 이런 맥주는 현대적인 미국 감각에 전통의 맛을 겸비한 스타일이었다.

"유럽 양조장들에서 널리 광고하는 '맥주의 탁월한 스타일'이 미국으로 수출되면 그 생명력이 일부 사라집니다. 빅토리는 미국 소비자에게 유럽 맥주 스타일이라는 약속을 지키고 더욱 신선한 맥주를 공급할 수 있는 기회를 잡은 거죠." 코발레스키는 말한다. 빅토리 양조 방식에서 중요한 부분은 통꽃 홉 같은 최고급 원료였다. 빅토리는 이런 원료가 아로마와 풍미를 더 좋게 한다고 믿는다. 상쾌하고 얼얼한 프리마 필스를 한번 맛보면 아

마 누구나 이에 동의할 것이다. 게다가 빅토리 양조회사는 최고급 독일 맥아를 사용하며, 나날이 늘어나는 양조회사의 맥주군에서 뽑아낸 40가지 이상의 독특한 효모를 실험실에서 관리한다. "우리는 맥주의 풍미를 더욱 좋게 하기 위해 양조 과정을 확연히 차별화하는 데 시간과 돈을 투자했습니다. 고품질 제품을 생산하는 데 전념하고 있는 거죠." 코발레스키는 이렇게 말을 맺는다.

여러 다양한 맛

빅토리는 유럽의 영향을 받은 라거와 에일로 그 명성을 쌓았지만, 한 가지 스타일만 고집하지는 않는다. 도니브룩 스타우트Donnybrook Stout는 실크같이 부드럽고 자꾸 마시고 싶은 드라이한 아일랜드 스타우트이고, V-12는 ABV 12퍼센트의 자극적이고 강렬한 벨기에 스타일 에일이다. 헬리오스 에일Helios Ale은 스파이시하고 상쾌한 세 종 맥주(여름 맥주)이고, 헤드워터스 페일 에일Headwaters Pale Ale은 미국이 원산지인 열대 시트라 홉 품종을 쓴다.

새로운 맥주들은 주로 빅토리의 브루펍에서 탄생하는데, 이 펍은 품질을 입증하는 장소 역할도 한다. 코발레스키는 말한다. "빅토리의 브루펍은 소비자 반응을 알 수 있는 포커스 집단일 뿐 아니라 솔직한 의견을 들을 수 있는 장소이기도 합니다." 대부분의 사람들은 몇 잔만 마시면 있는 그대로의 의견을 쏟아낸다. "아주 귀중한 얘기를 해주는 사람들이 항상 있게 마련이죠." 빅토리는 소비자의 의견을 반영해 몇몇 맥주의 운명을 바꾸기도 했다. 색이 어둡

고 홉 성질이 강한 야키마 글로리 블랙 IPAYakima Glory black IPA는 원래 일회성 생맥주로 출시할 계획이었지만 이 칠흑같이 검은 쓴 맥주의 반응이 좋아 매년 겨울 계절상품으로 내놓기로 했다. 가볍고 상쾌한 아로마가 강한 서머 러브 에일Summer Love Ale은 여름철 히트 상품이 되었다.

영광에 안주하길 거부할 때 사업은 승리를 맛볼 수 있다. 오늘날 판매 촉진을 위해 한두 가지 맥주에 의존하는 일은 점점 줄어들고 있다. 브랜드 피로 현상은 만약의 문제가 아니라 시기의 문제다. "우리가 홉데블을 땅속에 묻어버린다는 건 상상도 할 수 없지만, 사업주로서 브랜드에도 유통기한이 있다는 사실을 받아들이지 않는 것은 자기기만이나 다름없습니다." 코발레스키의 말이다.

빅토리 양조회사가 아로마를 강화한 랜치 더블 IPARanch Double IPA 시리즈(빅토리는 소규모 가족 목장, 농장과 계약을 맺고 홉을 공급받고 있다)와 여러 다른 유럽 홉을 부각해 교대로 출시하는 브라우마이스터 필스 Braumeister Pils 등의 생맥주 전용 제품으로 고객에게 항상 재미를 주는 것도 이런 이유에서다. 빅토리 맥주의 수요는 매우 높아서 2012년에 한계에 달했고, 2013년에는 근처에 마련한 제2의 생산 설비를 새로 가동하기 시작했다. 코발레스키는 말한다. "기회가 보이면 저와 랜은 쉴 새 없이 움직입니다. 무모한 것과는 다르죠. 우리는 시장을 주도하고 싶고, 유통망이 더욱 넓은 제품을 시장에 공급하고 싶습니다. 저는 가끔 이런 농담을 해요. 10년 일찍 태어났다면 마약 밀매업자가 됐을 거라고요."

DORTMUNDER EXPORT

페일 라거를 양조하기 전, 도르트문트 양조장은 아담 비어Adambier를 생산했다고 한다. 이 맥주는 도수가 놓고 홉 함량이 높은 에일로, 숙성 과정이 길어 시큼하고 싸한 맛이 났다. 헤어 오브 더 도그 양조회사는 애덤Adam이라는 현대식 버전을 생산한다(232~234쪽 참조).

저먼 필스너는 지금도 여전히 건재하지만, 19세기 후반 엷은 색조의 맥주로 바뀌던 또 한번의 중요한 추세는 그 열기가 달아올랐다가 식어버렸다. 그 옛날, 도르트문터 엑스포트 라거는 석탄 광산과 제철소, 양조장으로 유명한 산업 도시인 도르트문트의 자랑이었다. 골든 필스너의 인기에 대응해 1873년 도르트문터 조합은 자체적으로 엷은 색 라거인 엑스포트를 생산했다.

체코 필스너보다 약간 도수가 높고 덜 드라이한 엑스포트는 대개 동일한 레시피대로 황금빛에 청량감이 있고 약간 쌉쌀하지만, 탄산칼슘 함량이 높은 이 지역 물의 특성상 날선 느낌과 황의 성질이 추가되었다. 도르트문트의 산업 근로자들은 이 지역 토착 라거를 선호했고, 알려진 바에 따르면 이 스타일이 독일에서 가장 유명해졌다. 하지만 20세기 후반, 이 지역의 제철소와 광산이 문을 닫으면서 엑스포트 또한 힘든 시기를 맞이했다. 저먼 필스너가 왕좌에 올랐고 엑스포트는 절름발이 신세로 전락했다. 엑스포트는 지금도 여전히 생산되고 있지만, 독일에서는 인기를 잃었다. 그 불씨를 살리기 위해 소수의 미국 양조업체가 도르트문터의 명맥을 유지하고 있는데, 미국 버전은 독일 것보다 묵직한 편이다.

MUNICH HELLES

1800년대 후반, 청량감 있는 황금빛의 보헤미안 필스너가 유럽 전역에서 생산되면서 많은 음주가들을 끌어들였다. 탄산이 많은 필스너와 경쟁하기 위해 양조업체는 페일 라거를 쏟아내기 시작했지만 뮌헨에서는 아직 이런 움직임이 없었다. 이곳 바이에른 양조업체는 앰버, 브라운 보크, 도펠보크, 둥켈 라거로 유명했다. 이런 전통을 깨는 것은 금기였고 이 때문에 뮌헨의 양조업체가 필스너에 대적할 대항마를 끌어들이는 데는 50년 이상의 시간이 걸렸다. 1894년 뮌헨에 위치한 슈파텐 양조장은 브라운 라거 양조법을 수정해 더 밝은 느낌에 좀 더 라이트한 맥주를 생산했다. 필스너의 스파이시한 홉 특성을 가졌지만 맥아의 균형 잡힌 달콤함은 그대로 유지한 맥주였다. 이 황금색 맥주가 처음으로 출시되었을 때의 반응은 가히 폭발적이었다.

한편으로 음주가들은 이 라이트한 라거의 외양과 풍미를 좋아했다. 다른 한편으로 바이에른 양조업체는 의견이 엇갈렸다. 일부는 슈파텐 양조장이 내놓은 맥주가 전통을 묵살해버렸다고 판단했지만, 또다른 일부는 시장과 소비자의 요구가 전통을 이기게 마련이라고 생각했다. 실리성이 힘을 얻으면서 곧 독일은 새로운 스타일인 뮌헨 헬레스('헬레스Helles'는 독일어로 '가볍다' 또는 '밝다'라는 의미)를 흔쾌히 받아들였다.

독일인들은 미묘한 꽃향이 나고 햇살의 빛을 가진 이 맥주에 몰려들었다. 바이에른 사람들은 보헤미안

DORTMUNDER EXPORT
꼭 시음해볼 두 가지

도르트문터 골드
DORTMUNDER GOLD

- 그레이트 레이크 양조회사Great Lakes Brewing Company
- ABV: 5.8%

혀를 강타하는 풍미로 가득 찬 맥주의 세계에서 도르트문터 골드는 감미로운 꿀맛의 맥아와 풀잎의 아로마 강한 홉이 마치 서커스를 하듯 멋지게 균형을 이루면서 빛이 나고, 복합적인 만큼 상쾌하고 단숨에 들이켤 수 있다. 두텁고 크리미한 거품 때문에 입가에 흔적이 남는데 드라이하고 쌉쌀한 끝맛이 오래 남아 있다. 때로는 미각을 강타당하지 않고 한 잔을 단숨에 들이켤 수 있는 맥주가 당길 때가 있다.

도그 데이즈
도르트문터 스타일 라거
DOG DAYS DORTMUNDER STYLE LAGER

- 투 브라더스 양조장Two Brothers Brewing
- ABV: 5.1%

지난해 끝없이 이어지던 후텁지근한 여름을 날려버리기 위해 내가 내린 처방은 포트 녹스Fort Knox(미국 켄터키 주 북부 루이스빌 근처의 군용지로, 연방 금괴 저장소가 있다-옮긴이)의 최상급 황금 빛깔을 띤 라거다. 형제가 운영하는 일리노이 양조장은 도그 데이즈 제품에서 캐러멜 맥아와 독일 노블홉의 블렌딩을 고안해 달콤하면서 적절한 쓴맛이 나게 했고, 매력적인 흙 내음과 순하게 달콤한 곡물의 면모를 제공한다. 일종의 액체 빵이라고 볼 수 있다.

대체 맥주 ★★★ 애팔래치언 양조회사 마운틴 라거Appalachian Brewing Company Mountain Lager, 발티카 브루어리즈 No.7 엑스포트Baltika Breweries No.7 Export, 아잉거 야훈데르트-비어Ayinger Jahrhundert-Bier, 도르트문터 악티엔 양조장 DAB 오리지널Dortmunder Actien-Brauerei DAB Original, 올드 도미니언 양조회사 올드 도미니언 라거Old Dominion Brewing Company Old Dominion Lager, 서스티 도그 양조회사 래브라도 라거Thirsty Dog Brewing Company Labrador Lager

MUNICH HELLES
꼭 시음해볼 두 가지

골드 라거
GOLD LAGER

- 스타우츠 양조회사Stoudt's Brewing Company
- ABV: 4.7%

캐럴 스타우트는 미국 최초의 훌륭한 여성 브루마스터 중 한 사람으로, 필스, 카니발 쾰쉬, 스무스 하퍼레이터 도펠보크Smooth Hoperator Doppelbock를 포함해 목넘김이 상당히 좋은 뮌헨 헬레스 등 많은 독일 맥주 제품군을 양조한다. 골드 라거는 여름 햇살 빛깔이고, 라이트 바디에 소량의 달콤한 맥아, 배가된 홉의 풍미가 일품이다. 말할 것도 없이 골드는 수많은 메달을 수상했다.

오리지널 뮌흐너 헬
ORIGINAL MÜNCHNER HELL

- 파울라너 양조장Paulaner Brauerei
- ABV: 4.9%

19세기 후반 처음 양조된 오리지널 뮌흐너는 현재 독일에서 가장 잘 팔리는 헬레스 스타일 라거다. 그 인기는 이해할 만하다. 톡 쏘는 아름다운 외양의 황금빛 라거는 빵의 향이 매혹적이고 건초 내음이 살짝 배어난다. 레몬과 홉의 미묘한 자극이 맥아 향 풍부한 바디에, 맛과 함께 뜻밖의 섬세한 느낌을 전해준다.

대체 맥주 ★★★ 아우구스티너-브로이 바그너 KG 라거비어 헬Augustiner-Bräu Wagner KG Lagerbier Hell, 시거 시티 양조장 하터 댄 헬레스 라거Cigar City Brewing Hotter Than Helles Lager, 슈타틀리히스 호프브로이하우스 호프브로이 오리지널Staatliches Hofbräuhaus Hofbräu Original, 슈파텐-프란지스카너-브로이 슈파텐 뮌흐너 헬Spaten-Franziskaner-Bräu Spaten Münchner Hell, 마우이 양조회사 비키니 블론드 라거Maui Brewing Co. Bikini Blonde Lager, 슐래플리 헬레스-스타일 서머 라거Schlafly Helles-Style Summer Lager

비여과 방식

발효 탱크에는 맥주 맛을 볼 수 있는 츠비켈Zwickel 이라는 밸브가 있는데, 이 이름은 흔치 않은 츠비켈비어Zwickelbier라는 라거 스타일에서 따왔다. 츠비켈비어는 비여과·비살균 방식의, 대개 저도수 맥주로 유통기한이 짧기 때문에 양조장에서 먼 곳까지는 유통되지 못한다. 이와 아주 유사한 스타일로, 비여과 방식의 색이 탁한 켈러비어Kellerbier('지하 저장고 비어')가 있다. 이 맥주는 도수가 약간 더 높고 홉의 풍미가 좀 더 두드러지게 느껴진다. 흔치 않은 맥주이긴 하지만, 동네 브루펍에서 켈러비어를 보거나 콜럼버스 양조회사의 서머 티스Summer Teeth 병 또는 설리 헬Surly Hell 캔을 보게 되면 비여과 맥주를 한번 맛볼 것.

매년 오리건 주 양조업자협회는 배럴 통이나 츠비켈에서 직접 맥주를 맛볼 수 있는 오리건 양조장 투어인 '츠비켈마니아'를 실시한다(oregonbeer.org/zwickelmania). 풀 세일Full Sail의 양조 감독 바니 브레넌이 츠비켈에서 앰버 에일Amber Ale을 따르고 있다.

필스너보다 맥아 향이 약간 더 나고 홉에 덜 의지한 이 맥주를 선호했다. 백 년이 더 지났지만 뮌헨 헬레스는 파울라너, 호프브로이, 아잉거 같은 양조업체가 양조하는 뛰어난 최상급 제품으로, 여전히 독일인이 좋아하는 맥주의 자리를 지키고 있다. 이뿐만 아니라 점점 많은 미국 양조업체가 뮌헨 헬레스를 양조하기 시작했다. 텍사스의 라 앤드 선즈 양조회사Rahr & Sons Brewing Company는 헬레스 스타일의 블론드Blonde를 생산하고 코네티컷의 토머스 후커Thomas Hooker는 좋은 꽃향을 머금은 뮌헨 스타일의 골든 라거를 생산한다.

이것이 여러분이 헬레스로 갈아타야 하는 많은 타당한 이유 중 한 가지다.

MAIBOCK

마이보크

봄철 주류 중 가장 박한 칭찬을 받은 맥주를 꼽자면 마이보크('마이Mai'는 독일어로 '5월May'를 뜻한다)를 들 수 있겠다. 황금빛 내지 호박빛을 띠고 좋은 홉이 들어간 마이보크는 봄볕 아래 앉아 음미해도 좋을 정도로 가볍지만, 쌀쌀한 저녁에 속을 따뜻하게 해줄 정도로 도수가 높다.

뮌헨의 호프브로이하우스는 최초의 마이보크를 1614년에 출시했다고 주장하는데, 이 맥주는 훌륭한 품질로 30년전쟁 당시 뮌헨이 파괴되는 것을 막는 데 공헌했다. 역사에 따르면 1632년 스웨덴 주둔군은 호

미국에서 가장 역사가 오랜 가족 경영 양조장은 펜실베이니아의 D.G. 유엔글링 앤드 선D.G. Yuengling & Son과 미네소타의 오거스트 셸 양조회사August Schell Brewing Co., 이 두 군데다. 이들은 각각 1829년과 1860년부터 양조 사업에 종사해왔다.

MAIBOCK
꼭 시음해볼 두 가지

호프브라우 마이보크
HOFBRAU MAIBOCK

- **슈타틀리히스 호프브로이하우스**Staatliches Hofbräuhaus
- ABV: 7.2%

4월 마지막 주, 뮌헨의 호프브로이하우스는 시즌 첫 마이보크 통을 개봉한다. 달력에 동그라미를 치고 기다리고 싶은 순간일지 모른다. 호프브로이의 맑은 구릿빛 마이보크는 꿀, 토피, 토스트의 향취가 있으며 견고한 맥아를 뼈대로 캐러멜, 흑설탕이 얹히고 쌉쌀함은 표면 아래 숨어 있다. 달콤함은 절대 물리지 않는다.

앤디게이터
ANDYGATOR

- **애비타 양조회사**Abita Brewing Company
- ABV: 8%

나는 루이지애나의 모든 것이 좋고 애비타에서 생산하는 모든 주류가 좋다. 특히 색이 탁한 사추마 위트 Satsuma Wit, 묵직한 조카모 IPAJockamo IPA, 토피가 들어간 터보도그Turbodog를 즐긴다. 앤디게이터 역시 마음이 끌린다. 황금빛의 조금 쌉쌀한 녀석으로 약간의 시트러스 향이 가미되었고, 배와 사과에 설탕 한 스푼 뿌린 맛이 나는 라이트바디를 가졌다.

대체 맥주 ★★★ 아우구스트 셸 양조회사 마이페스트August Schell Brewing Co. Maifest, 버크셔 양조회사 마이보크 라거Berkshire Brewing Company Maibock Larger, 캐피털 양조장 마이보크Capital Brewery Maibock, 아인베커 마이 우어-보크Einbecker Mai Ur-Bock, 내러갠싯 보크Narragansett Bock, 로그 데드 가이 에일Rogue Dead Guy Ale, 빅토리 양조회사 세인트 보이스터러스Victory Brewing Company St. Boisterous

1917년 2월 12일, 사우스 다코타 주의 주지사 피터 노벡은 알코올 섭취를 금지하는 '절대금주법'에 서명했다.
제18차 수정헌법이 발효되기 몇 년 전의 일이다.

염소를 득템하라

제자리, 준비… 염소 출발! 5월 첫째 주 일요일, 펜실베이니아의 피닉스빌에 위치한 슬라이 폭스 양조회사는 보크 페스티벌과 염소 경주 대회를 주최한다. 흥겨운 일일 파티에는 브루마스터 브라이언 오라일리가 만드는 제품군인 보크, 도펠보크, 아이스보크를 비롯해 전년도 염소 경주 대회 승자의 이름을 딴 마이보크가 제공된다.

프브로이하우스의 맥주 1천 통을 대가로 뮌헨을 약탈하지 않기로 합의를 보았는데, 이 중 361통이 마이보크였다. 이는 듣기 좋은 얘기이고, 어떻게 해서 마이보크가 밝은 색을 띠게 되었는지는 알 수 없다. 1600년대 당시 맥주는 여전히 꽤 어두운 색이었고 옅은 색의 맥아는 19세기 중후반까지는 널리 전파되지 않았다. 마이보크는 당시 유행하던 페일 라거의 부산물이었을 가능성이 크다.

이유야 어떻든 마이보크(헬레스 보크Helles Bock로도 알려졌다)는 봄철에 즐기는 맛있는 맥주다. 나는 매년 처음 출시되는 이 라거를 음미할 날을 손꼽아 기다린다. 가득한 풍미 속에 눈치 채지 못하게 높은 도수로 묵직하게 채워져 있으며 맥아의 달콤함이 날선 쌉쌀함과 균형을 이루는 마이보크를. 마이보크는 따뜻한 코트로 감싼 햇살이다. 좋은 제품으로 맛보기를.

AMERICAN LAGER
아메리칸 라거

20세기로 넘어가는 전환기에 미국에서 맥주를 마셨다면, 그때 즐긴 맥주는 오늘날 대량생산되는 밍밍한 라거와는 공통점이 별로 없을 것이다. 금주령 이전의 라거는 풍미가 진하고 복합적이었다. 이 라거를 양조한 이들은 유럽 이민자들로, 효모 배양균을 가득 채운 짐과 양조 지식으로 꽉 찬 두뇌를 갖고 미국에 도착한 사람들이었다.

미국 정착 직후 이 양조 장인들은 에일 골수팬들을 도수 높은 맥아 보크와 같은 라거 애호가로 바꿔놓기 시작했다. 이 보크는 뉴요커들의 봄철 기호 맥주로, 또는 치료 효능이 있는 약물로 판매된 시절도 있었다. 한때 시장을 잠식하던 과일 향의 에일 애호가들을 다시

끌어오기 위해 라거에다 오렌지 껍질과 주니퍼베리를 향신료로 쓰기도 했고, 미 중서부와 동부 연안에서는 옥수수를 사용한 페일 라거가 크게 유행했다. 오늘날 '옥수수corn'는 욕으로 통하며 이를 사용하는 양조장은 원칙을 무시한다는 조롱을 받는다. 그러나 이런 토착 원료는 초기 라거 양조업자에게는 필수였다. 이들에게 미국 보리는 거칠었고, 유럽 보리는 수입 가격이 만만치 않았다. 방법은 미국 보리 맥아를 옥수수와 섞는 것. 그 결과 차분한 달콤함이 더해졌고, 수입된 독일 홉과 궁합을 이루어 미국 시장을 잠식한 묵직한 라거가 탄생했다.

라거의 인기는 올라갔지만 금주령(18차 수정헌법에서 제정됐고, 1920년 1월 17일 발효되었다가 1933년 12월 5일 폐지됐다)을 만나 빠르게 추락했고, 대공황이 라거의 몰락을 부채질하더니 모래폭풍Dust Bowl(1930년대 미국 중부를 황폐화시킨 가뭄과 먼지-옮긴이)과 제2차 세계대전으로 맥주 원료가 귀해지면서 더욱 어려워졌다. 양조장들은 문을 닫거나 통합되었다. 미 중서부와 동부 연안 라거는 갈수록 쌀의 함량이 높아져, 쌀이 풍부한 미 서부 연안에서 인기가 높았던 순하고 홉의 향이 덜한 서부식 라거와 비슷해지기 시작했다(오리건 주, 포틀랜드의 헨리 웨인하즈Henry Weinhard's는 당시 인기 있는 양조업체였고 지금까지도 라거를 생산한다. 현재는 밀러쿠어스MillerCoors 사가 이 브랜드를 소유하고 있다).

쌀은 청량감 있고 가벼우며 갈증을 해소해주는 라거 생산에 일조해 폭넓은 소비자층을 끌어들였으며, 슐리츠Schlitz, 햄즈Hamm's, 칼링 블랙 라벨Carling Black Label, 그리고 물론 버드와이저와 같은 브랜드가 성장할 수 있는 길을 닦아주었다. 하지만 그동안 시장을 잠식하고 있던 투명한 미국 라거에는 죽음의 그림자가 드리웠다.

금주령 기간 동안 몰수된 주류와 맥주는 인정사정없이 폐기되는 일이 잦았다. 사진은 1924년 수많은 맥주 통이 펜실베이니아의 술킬 강에 버려지는 장면이다.

보크를 포함한 라거 제조업체 중 뉴욕에서 가장 인기 있는 곳은 트로머스 브루어리Trommer's Brewery로, 오직 맥아만을 사용하는 게 다른 양조장과의 차별점이다.

앵커 양조장의 케틀은 아름다움 그 자체다.

크래프트 양조가들의 고집스러운 도전

20세기 상당 기간 동안, 라거는 미국 맥주를 의미했다. 사람들이 맥주를 마시고 있다면 라거일 확률이 높았다. 따라서 1980~1990년대에 크래프트 양조 운동이 확산되기 시작했을 때 양조업체들은 대세를 모방하지 않았다. 당시 양조업체들은 미국이 꺼려왔던 풍미 위주의 풀바디 맥주로 돌아가기를 갈망했던 것이다. 시에라 네바다 페일 에일, 더슈츠 블랙 뷰트 포터 Deschutes Black Butte Porter, 스톤 IPA는 당시의 상황에서 급격히 이탈한 결과물로, 맥주와 풍미는 상호 배타적인 개념이 아님을 보여주었다.

이렇게 해서 점점 극단적이고 결정적으로 라거와

다른 더블 IPA, 임페리얼 스타우트, 통 숙성의 사우어 에일과 와일드 에일 등이 부상해 인기를 얻었다. 미국 양조업체들은 맥주의 경계를 어디까지 늘일 수 있을까? 한계점에 도달했다고는 생각지 않는다. 기쁘게도 미국 양조장들은 오명투성이의 라거를 정성을 다해 감싸주면서 출발선으로 되돌아가고 있다.

더이상 아버지가 마시던 라거가 아니다

라거는 여러 전선에서 부활하고 있다. 첫째로, 양조장들이 시간여행을 하면서 금주령 이전의 맥주를 부활시키고 있다. 오리건 주의 풀 세일 양조장은 통통한 11온스(약 310그램) 병으로 판매하는 세션 라거 시리즈 외에 한정판 라거인 LTD 라인을 생산하고, 네브래스카의 러키 버킷 양조회사Lucky Bucket Brewing Co.는 금주령 이전의 꽃향이 나면서 맥아의 풍미가 가벼운 라거를 양조한다. 캘리포니아 주, 패서디나의 크래프츠먼 양조회사Craftsman Brewing Company는 소량의 옥수수로 1903 라거를 만들며, 1829년 설립되어 지속적인 성장세를 보이는 캘리포니아의 D.G. 유엔글링 앤드 선은 역시 옥수수가 들어간 자사 대표 맥주 유엔글링 라거Yuengling Lager를 출시할 예정이다.

그러나 라거의 트렌드를 과거에 대한 향수로 설명하는 것은 어리석은 짓이다. 크래프트 양조업체는 한때 에일의 전유물이었던 혁신적인 사고를 라거에 적용해 홉향이 강한 독특한 라거, 전통을 존중하면서도 새로운 라거를 생산하고 있다.

시카고의 메트로폴리탄 양조장Metropolitan Brewing은 독일 맥주를 주로 생산하는데, 치포틀레 고추로 풍미를 낸 비엔나 라거와 호밀을 넣은 둥켈 스타일의 다크 라거같이 양조장 한정판으로 진행하는 어번 에볼루션Urban Evolution 시험 제품에서 입증되듯이 스타일과 획기적인 변화를 모두 추구한다. 뉴햄프셔의 스로백 브루어리Throwback Brewery는 드라이 홉dry hops 공법으로 필스너에 볶은 할라페뇨를 첨가해 생맥주 전용인 스파이시 보헤미안Spicy Bohemian을 생산한다. 샌디에이고의 밸러스트 포인트 양조장은 1년 내내 다양한 일곱

가지 라거를 생산하는데 그중에는 어밴던 십 스모크트 라거, 가끔 브랜디 통에서 숙성을 거치는 묵직한 내비게이터 도펠보크Navigator Doppelbock, 패섬 인디아 페일 라거Fathom India Pale Lager가 있다.

향기로운 IPA와 상쾌한 라거가 결합된 인디아 페일 라거에도 뭔가 달리 만들어낼 구석이 있다. 매사추세츠의 잭스 애비 양조장은 호퍼니어스 유니온Hoponious Union을 만들고 캘리포니아의 더 브루어리The Bruery는 후물루스 라거Humulus Lager를 양조하며 슈말츠 양조장Shmaltz Brewing은 여덟 가지 다른 홉을 사용해 홉 성향이 강한 스워드 스왈로워 라거Sword Swallower Lager(코니 아일랜드 크래프트 라거Coney Island Craft Lager 시리즈의 하나)를 생산한다. 스틸워터 아티저널 에일즈Stillwater Artisanal Ales는 양조 방식을 뒤집어 금주령 이전의 전형적인 레시피인 맥아, 옥수수, 쌀을 사용한 다음 에일 효모와 야생 효모인 브레타노미세스의 여러 변종으로 맥주를 발효해 프리미엄Premium을 만든다. 규칙이 파괴된 맛있는 미래를 위해 과거가 재창조되었다.

AMERICAN LAGER
꼭 시음해볼 두 가지

시프트 페일 라거
SHIFT PALE LAGER

- 뉴 벨지엄 양조장New Belgium Brewing
- ABV: 5%

뉴 벨지엄 양조장은 벨기에 스타일 에일로 유명할지 모르지만, 사실 체코 스타일의 블루 패들 필스너 라거 Blue Paddle Pilsener Lager와 갈증을 해소해주는 페일 라 거 같은 하면발효 맥주를 꾸준히 생산하고 있다. 뉴질 랜드의 넬슨 쇼빈 홉 덕분에 시프트 페일 라거는 열대 의 파일 향을 갖추었고 리치와 망고 맛을 낸다. 이 청 량한 맥주는 캔으로 출시되어 특히 스포츠 경기 관람 때 마시기에 적합하다.

1811 라거
1811 LAGER

- 포트 조지 브루어리Fort George Brewery
  +퍼블릭 하우스Public House
- ABV: 5.1%

오리건 주의 애스토리아(포트 조지의 고향) 2백 주년 기 념으로 양조된 이 라거는 16온스 캔으로 판매되며, 일 정량의 옥수수(초기 미국 맥주 양조를 떠올리게 한다)와 사 츠, 센터니얼 홉이 들어가 생동감 있는 강한 풍미의 맥주로, 라거에 대한 편견을 없애준다.
P.S: 포트 조지의 볼텍스 IPAVortex IPA와 카바티카 스 타우트Cavatica Stout 역시 괜찮은 선택이다.

대체 맥주 ★★★ 벨스 브루어리 라거 비어Bell's Brewery Lager Beer, 히터/앨런 코스털Heater/Allen Coastal, 라이트닝 브루어리 아 오나이저 라거Lightning Brewery Ionizer Lager, 프리티 싱즈 비어 앤드 에일 프로젝트 아메리칸 달링Pretty Things Beer & Ale Project American Darling, 슈말츠 양조장 알비노 파이썬Shmaltz Brewing Albino Python(코니아일랜드 크래프트 라거 시리즈 중 하나)

CALIFORNIA COMMON

캘리포니아 커먼

1848년 1월 24일은 돈이 광기의 날개를 단 날이었다. 그날, 목수이자 목재소 운영자인 제임스 윌리엄 마셜은 캘리포니아 주의 콜로마에 위치한 수터즈 밀Sutter's Mill에서 일하던 중 물속에서 뭔가 반짝거리는 물체를 발견했다. 그는 두들겨 늘여도 깨지지 않는 반짝거리는 이 광석을 수거해 곧바로 시험대에 올려놓았다. 결과는? 금이었다.

캘리포니아의 골드러시는 이렇게 시작되어 7년간

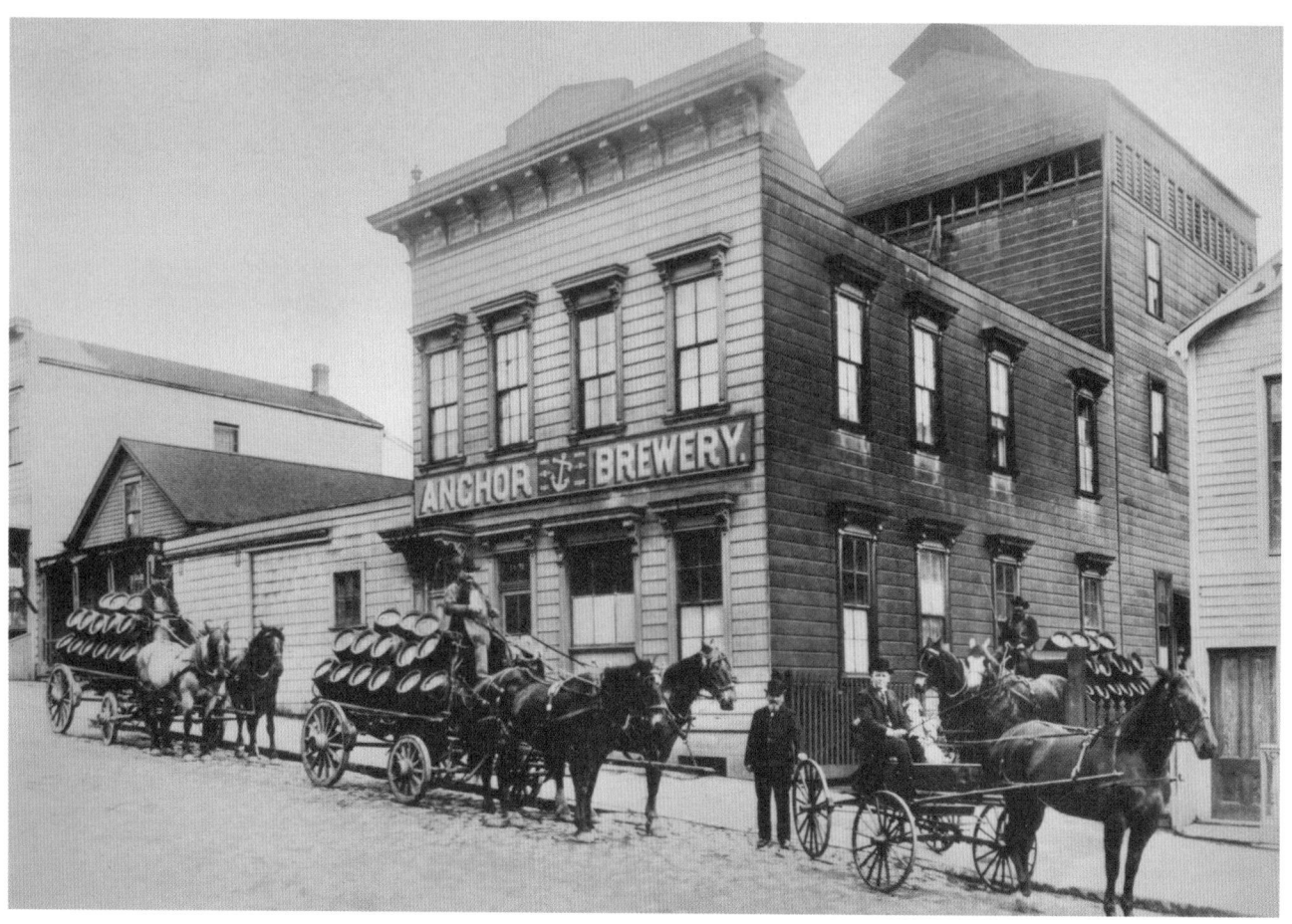

샌프란시스코의 앵커스Anchor's 양조장이 있던 자리는 원래 당구장을 겸한 맥줏집이었다.

의 광기로 이어졌고, 약 30만 명의 사람들이 24캐럿의 꿈을 찾아 캘리포니아 서부 연안으로 향하는 마차와 배에 올라탔다. 캘리포니아 이주자 중에는 양조가들도 있었는데 이들은 다른 종류의 골드러시를 좇고 있었다. 채광꾼들은 긴긴 하루와 등골 휘는 노동에서 분명 맥주 한 병, 어쩌면 대여섯 병이라도 찾을 터였다. 그런데 단 한 가지, 이들 양조가의 계획을 방해하는 문제가 있었다. 시원한 온도가 필수인 라거 효모를 싣고 가야 했던 것. 시원한 동굴이 없고 지속적인 얼음 공급이 불가능하다는 점, 또 과학적이고 기계적인 냉장 수단(완벽한 냉장고가 출시되려면 아직 몇 년을 더 기다려야 했다)이 없다는 점은 적절한 발효에 시원한 온도가 필요한 하면발효 효모에게는 곧 죽음을 의미했다.

이에 대한 대책으로 유럽 양조 기술과 미국의 트레이드마크인 독창성과 결단력이 힘을 합쳤다. 임기응변으로 환경에 순응해야 했던 양조가들은 따뜻한 온도에서 증식하는 특수 라거 효모를 시험해보기 시작했다. 델 정도로 뜨거운 끓는 맥아즙(효모의 양분 역할을 하는, 당분이 풍부한 죽 같은 물질)을 식히기 위해 옥상으로 퍼올려 얕고 넓쩍한 용기에 담는 방법을 썼다. 태평양에서 끊임없이 불어오는 미풍이 온도를 떨어뜨려, 뜻하지 않게도 효모에 이상적인 환경을 조성해주었다. 이렇게 환경에 적응해서 얻은 최종 산물이 바로 맥아 향이 풍부하며 홉이 아낌없이 들어가고 상쾌한 거품이 돋보이는 앰버 비어였다. 채광꾼들은 이 맥주를 감사하게 마셨다.

이 거품 많은 맥주는 케그 마개를 딸 때 월드시리즈 우승 뒤에 따르는 샴페인 병처럼 거품이 사방으로 튀는 한 가지 단점이 있었다. 이 점 때문에, 혹은 옥상에서 식힌 맥아즙에서 올라오는 증기 때문에(이 맥아즙 역시 야외에서 발효되었다), 스팀(증기) 맥주로 알려지게 되었다(덧붙이자면 당시는 증기기관차 시대로, '스팀'은 트렌디한 형용사였다). 스팀 맥주는 노동자들의 주머니 사정에 적당해 20세기까지 제 역할을 잘 수행하다가 서서히 내리막길을 걷게 되었다. 금주령은 고통이었고, 맛은 변했다. 프리츠 메이태그가 1965년 샌프란시스코에서 고전

을 면치 못하는 앵커 브루어리를 사들여 스팀 비어의 레시피를 변경했을 당시, 스팀 맥주는 사장될 위기에 처해 있었다. 1971년 처음 병 제품으로 출시된 앵커 스팀은 홀로 이 스타일에 새로운 생명을 불어넣었다. 시간이 지나면서 다른 미국 양조업체들도 가세해 스팀 비어를 생산했는데, 앵커 브루어리가 이 이름의 상표 등록을 했기 때문에 다른 업체는 자사 제품을 캘리포니아 커먼이라는 이름으로 판매할 수밖에 없었다.

오늘날 캘리포니아 커먼은 크래프트 맥줏집에서 큰 인기를 누리지는 못한다. 하지만 가만 생각해보면 하루 종일 금을 캐느라 고생하진 않았더라도 갈증을 풀어야 할 날이 있다. 이름을 어떻게 부르든, 캘리포니아에서 탄생한 이 맥주는 예상 가능한 발효 시간과 부드럽고 편안한 풍미로 각광받고 있으며, 긴장을 늦출 수 없게 하는 쌉쌀함에 가벼운 맥아 향과 과일 향의 풍미를 함께 지녔다. 생애 처음으로 캘리포니아 커먼을 한 잔 마시는 기분은 금을 캐는 기쁨과 별반 다르지 않다.

CALIFORNIA COMMON
꼭 시음해볼 두 가지

스팀 엔진 라거
STEAM ENGINE LAGER

- 스팀워크스 양조회사Steamworks Brewing Company
- ABV: 5.1%

콜로라도 두랑고에 위치한 이 양조회사는 처음에는 자사의 캘리포니아 커먼을 스팀 엔진 스팀Steam Engine Steam이라고 불렀다. 그런데 사실 앵커 양조회사의 소유주이자 브루마스터인 프리츠 메이태그는 상표를 떠벌리는 이름이 썩 마음에 들지 않았다. 이름을 바꾼 뒤로 균형 잡힌 구릿빛 라거는 묵직한 캐러멜 바디와 나무 향의 홉, 달콤함을 상쇄하는, 바늘방석보다 따끔한 끝맛으로 스팀워크스에서 가장 잘 팔리는 효자 상품으로 등극했다.

앵커 스팀 비어
ANCHOR STEAM BEER

- 앵커 양조회사Anchor Brewing Company
- ABV: 4.9%

스팀 맥주의 부활을 촉발한 이 아이콘은 지금까지도 그 어느 때보다 활력 있고 생명력이 있다. 이 앰버 에일(라거이긴 하지만)은 거품이 크리미하고 오래 지속되며, 달콤하게 끌리는 깨끗한 홉향을 풍긴다. 비스킷, 캐러멜, 시트러스의 맛이 부드럽게 느껴지면서 기분 좋게 드라이한 끝맛이 난다. 앵커 스팀은 오늘날의 기준에서는 단순해 보이지만 당시에는 그야말로 혁명적인 맥주였다.

대체 맥주 ★★★ 플랫 어스 양조회사 엘러먼트 115 라거Flat Earth Brewing Co. Element 115 Lager, 플라잉 도그 브루어리 올드 스크래치 앰버 라거Flying Dog Brewery Old Scratch Amber Lager, 퍼더모어 비어 오스큐라Furthermore Beer Oscura, 텔레그래프 양조회사 캘리포니아 에일Telegraph Brewing Company California Ale

---

♔

추위에 대한 내성

라거는 장기간 저온발효해도 문제가 없다. 이 공정을 에일에도 적용하면 과일 향의 맥아를 어느 정도 죽이고 맥주의 투명도를 높여 산뜻한 맛을 전해줄 수 있다. 이런 에일은 추위를 끔찍이 좋아한다.

KÖLSCH
퀼쉬

미국에서는 수십 년 동안 여름이면 버드라이트와 쿠어스라이트같이 얼음처럼 차가운 캔맥주를 마셨다. 나는 해변에서 땀 흘리는, 목이 타들어가기 직전의 사람만큼이나 서릿발처럼 차갑고 키가 큰 실버 불릿Silver Bullet(쿠어스라이트 사에서 만든 은색 탄환 스타일의 맥주-옮긴이)을 사랑하지만, 풍미와 청량감의 균형이란 측면에서 별로 알려지지 않은 독일 맥주 스타일인 퀼쉬를 여름 맥주로 택하겠다.

움라우트 기호(ö)에 놀라지 말 것. 철자는 까다롭지만 구하기는 쉬우니까. 독일 쾰른에서 탄생한 이 라이트하고 우아한 맥주는 균형과 절제, 세심한 장인정신의 완벽한 본보기다. 대체로 청량감 있는 라거는 독일에서 많이 소비된다. 과일 풍미가 짙은 상면발효 에일은 이 지역에선 드문 스타일이다(탁한 헤페바이젠 정도가 에일 맥주다). 그러나 차가운 가슴을 지닌 라거족이 채택해서 길러온 에일이 퀼쉬라고 생각하면 된다.

퀼쉬의 부드럽고 살짝 과일 향이 도는 특성을 개발하기 위해 묘하게 쌉쌀한 에일을 훈훈한 온도에서 발효시킨다. 이후 일정 기간 차가운 온도에서 저장하면 달콤한 맥아의 풍미가 줄어들면서 여름에 마시기 좋은 산뜻함이 더해진다. 이 엷은 색의 아름다운 맥주는 전통적으로 좁은 실린더형 유리잔인 슈탕어에 담겨 제공된다.

묵직한 임페리얼 스타우트와 아찔한 도수의 더블 IPA의 유행 속에 퀼쉬의 미묘한 즐거움을 놓치는 경우가 많다. 하지만 목넘김이 좋은 퀼쉬 스타일이 여름철에 알맞기 때문에 색다른 여름 맥주를 찾는 미국 양조업체들이 최근 퀼쉬에 관심을 갖는 추세다. 그런데 새로 나오는 퀼쉬 맥주에는 움라우트(ö)가 있는 본래 이름을 붙이지 않는 경우가 종종 있다. 퀼쉬라는 이름을 찾기보다는 슈탕어 잔을 집어들고 하푼 서머 비어Harpoon Summer Beer와 앨러스칸 서머 에일Alaskan Summer Ale처럼 이름에 '서머summer'가 붙은 맥주를 찾아볼 것. 당연히 이들 맥주는 차게 해서 마시길 권한다.

독일 쾰른의 어느 바에서는 푸른색 셔츠에 긴 앞치마를 두른 쾨베스라는 이름의 무뚝뚝한 웨이터가 원형 쟁반에 퀼쉬를 내온다. 손님이 컵받침을 유리잔 위에 올려놓을 때까지 웨이터는 퀼쉬를 계속 가져온다.

KÖLSCH
꼭 시음해볼 두 가지

가펠 퀼쉬
GAFFEL KÖLSCH

서머타임
SUMMERTIME

- 가펠 베커 주식회사 사설 양조장
  Privatbrauerei Gaffel Becker & Co.
- ABV: 4.8%

퀼쉬의 고향인 퀼른에서 탄생한 이 전형적인 독일 맥주는 덩굴식물인 인동과 자두, 그리고 약하게나마 자몽 향이 난다. 가펠의 과감한 탄산 덕분에 빵 냄새의 효모와 흙 냄새 나는 홉의 풍미를 느낄 수 있으며, 레몬 한 조각을 곁들이면 그 상쾌함이 제대로 전달된다. 가펠은 생맥주로 마시기에 안성맞춤이다.

- 구스 아일랜드 비어 주식회사Goose Island Beer Co.
- ABV: 4.7%

시카고에서 양조하는 이 퀼쉬는 금발 소녀 '골디락스'의 머리 빛깔을 닮은 소용량의 달콤한 세션 맥주다. 풀과 레몬 껍질이 전해주는 서머타임의 달콤한 향은 절제된 파일 풍미와 바로 들이켤 수 있는 음용성과 조화를 이룬다. 미끄럼틀을 타고 내려오는 꼬마처럼 식도를 재빨리 타고 내려간다.

대체 맥주 ★★★ 코스트 양조회사 32°/50°퀼쉬Coast Brewing Company 32°/50° Kölsch, 메트로폴리탄 양조장 크랑크샤프트 퀼쉬Metropolitan Brewing Krankshaft Kölsch, 필라델피아 양조회사 켄징어Philadelphia Brewing Company Kenzinger, 라이스도르프 퀼쉬Leissdorf Kölsch, 세인트 아널드 양조회사 팬시 론모워Saint Arnold Brewing Company Fancy Lawnmower, 새뮤얼 애덤스 이스트-웨스트 퀼쉬Samuel Adams East-West Kölsch

퀼른에는 이 도시의 산뜻함을 담은 듯한, 청량감 있는 퀼쉬를 가득 채운 좁은 실린더형 모양의 슈탕어 잔보다 예쁜 게 없는 것 같다. 0.2리터들이 슈탕어 잔은 크란츠kranz(번역하면 '화환')라는 특별히 제작된 쟁반에 담겨 제공된다.

CREAM ALE

크림 에일

혹시 의문을 품을 수 있으니 확실히 짚고 넘어가야겠
다. 이름을 보면 오해할 수도 있지만 크림 에일에는 유

제품이 단 한 방울도 들어가지 않으며, 캘리포니아 커
먼과 함께 미국 맥주 중 몇 안 되는 토착 스타일이다.

독일의 자유로운 영혼

제바스티안 사우어와 페터 에셀은 독일의 순수령을 뒤집는다는 사명감을 갖고 있다. 독일 쾰른에 위치한 혁신적인 양
조장 프라이가이스트 비어쿨투어Freigeist Bierkultur('자유로운 영혼')에서 이들 두 사람은 이미 잊힌 전형적인 독일 맥주 스
타일을 부활시켜 한층 발전시키기 위해 분투하고 있다. 이들이 내놓은 맥주 중에는 새큼하고 훈제 맛이 나는 아브락
사스Abraxxxas가 있는데 리히텐하이너Lichtenhainer로 알려진 동부 독일의 밀맥주를 본뜬 것이다. 이 밖에도 오테콜롱
Ottekolong, 즉 '오 드 콜로뉴Eau de Cologne'(1907년 독일 쾰른에서 만든 향수-옮긴이)라고 불리는, 전통적인 비여과 방식의
쾰쉬 맥주가 있다. 이들은 맥주 세계의 특유의 신선한 유머 감각을 보여준다.

CREAM ALE
꼭 시음해볼 두 가지

키완다 크림 에일
KIWANDA CREAM ALE

- 펠리컨 펍 앤드 브루어리Pelican Pub & Brewery
- ABV: 5.4%

이런 말을 하면 싱겁다고 할지 모르지만, 키완다는 의심의 여지 없이 크림 에일 중 최고의 알짜 크림이다('cream of the crop'은 '제일 좋은 알짜'라는 뜻으로, 크림과 크림 에일을 연관시킨 표현이다–옮긴이). 나는 미국 맥주대축제에서 이 크림 에일에 반해 몇 번이나 펠리컨 사의 부스로 가서 올림픽 금메달 못지않은 황금색의 키완다를 들이켰다. 키완다가 가진 맥아의 달콤함은 상쾌한 탄산과 섬세한 꽃향의 홉, 꿀의 끝맛으로 보완된다. 두말할 것 없이 펠리컨 사가 키완다를 1996년부터 지금까지 생산해왔다.

서머 솔스티스
SUMMER SOLSTICE

- 앤더슨 밸리 양조회사Anderson Valley Brewing Company
- ABV: 5.6%

이 캘리포니아 양조회사가 위치한 분빌은 이 지역만의 방언이 있을 정도로 재미있는 지역이다. 크리미한 마우스필의 이 구릿빛 에일을 이 지역 방언으로 한 번 묘사해보겠다. "어플렌티 발 슈타인버 혼aplenty bahl steinber horn", '정말 괜찮은 맥주'라는 뜻이다.
서머 솔스티스를 입안에 머금는 순간, 미디엄의 바디감과 풍부한 캐러멜 향 맥아, 살짝 스치는 시트러스 향과 마시지 않고는 못 배기게 만드는 달콤함을 기대해도 좋다. 분명 마음껏 즐기게 될 것이다.

대체 맥주 ★★★ 카토바 밸리 양조회사 파머 테드 팜하우스 크림 에일Catawba Valley Brewing Company Farmer Ted's Farmhouse Cream Ale, 엠파이어 양조회사 크림 에일Empire Brewing Company Cream Ale, 래핑 도그 양조장 크림 에일Laughing Dog Brewing Cream Ale, 뉴 글래러스 양조회사 스파티드 카우New Glarus Brewing Company Spotted Cow, 선 킹 브루어리 선라이트 크림 에일Sun King Brewery Sunlight Cream Ale, 테라핀 비어 주식회사 골든 에일Terrapin Beer Co. Golden Ale

청량하고 라이트한 크림 에일은 경쟁을 통해 탄생한 맥주다. 미 북동부와 동부 연안의 라거 양조장들과 경쟁하기 위해 에일 양조업체들은 라거의 청량한 매끄러움과 에일의 풍미를 결합한 혼성 스타일을 고안해냈다. 이 맥주는 좀 더 시원한 온도에서 에일을 발효·숙성시켜 만들어냈는데(가끔 에일 효모와 라거 효모를 쓰기도 한다), 이런 공정을 통해 쾰쉬와 같은 과일 풍미와 아로마는 억제되었다. 랜디 모서는 저서《혁신적인 양조 Radical Brewing》에서 쾰른의 저온발효 에일을 양조하는 데 익숙한 독일 이민자들이 그 기술을 미국 에일에 적용해 크림 에일을 만들어냈다고 단정한다.

하지만 세상일에는 여러 방법이 있는 것처럼 크림에일을 만드는 데도 여러 가지 방법이 있다. 일부 양조장들은 내러갠싯 크림 에일Narragansett Cream Ale같이 곡물 재료로 오로지 맥아만 사용하는 반면, 제네시 크림 에일Genesse Cream Ale은 옥수수 같은 부재료를 사용해 미묘한 단맛을 낸다. 식스포인트 브루어리Sixpoint Brewery의 스위트 액션Sweet Action은 쌉쌀한 맛이 조금 강화되었는데, 덕분에 브루클린 양조업계의 베스트셀러 상품으로 꼽힌다. 원료와 상관없이 한 가지 공통점이 있다. 크림 에일은 크래프트 맥주로 갈아탄 사람들과 맥주에 처음 입문한 사람들을 모두 끌어들이는 이상적인 크로스오버 맥주라는 것.

ALTBIER 알트비어

19세기, 독일의 모든 양조장이 엷은 색 라거에 열광했던 것은 아니다. 일부 양조업체들은 자기네 양조 케틀을 고수하며 수세기 동안 사람들의 갈증을 풀어준 맥주만을 꾸준히 생산했다. 독일, 네덜란드, 벨기에의 국경 지역에서 얼마 떨어지지 않은 뒤셀도르프에서도 동갈색 에일이 생산되었는데, 이는 곧 알트비어로 세상에 알려졌다.

알트비어 스타일은 경이로운 유전적 선택의 결과였다. 균형 잡힌 다크 에일은 시원한 온도에 적합한 특이한 효모로 발효된다. 이 효모는 예상대로 과일 풍미를 전해주지만 장시간의 저온 숙성은 과일 향을 약화시키고 라거 특유의 청량함과 깨끗함, 부드러움은 향상시킨다(우연찮게도 쾰쉬의 고향인 쾰른은 뒤셀도르프와 겨우 48킬로미터 떨어져 있다. 둘 다 저온발효 스타일이지만, 쾰쉬와 알트비어의 큰 차이점은 쾰쉬는 엷은 색의 맥아로 양조된다는 것이다).

19세기까지 이 뒤셀도르프 특산물에는 공식적인 이름이 없었다. 그저 지역 맥주에 불과했다. 1838년, 뒤셀도르프에서 가장 오래된 브루펍의 창립자인 마티아스 슈마허가 자기가 만든 맥주에 '오래된'이란 뜻의 '알트alt'를 붙여 전통적인 에일 양조 기술을 부각하면서 변화가 일어났다. 전통적인 에일 양조 기술은 쌉쌀한 맛을 높였고, 이는 뒤셀도르프 알트비어의 결정적인 요소였다(슈마허는 뒤셀도르프 브루펍의 전통적인 맥주 제공 방식에 따라 알트비어를 나무 캐스크에서 숙성시켰다).

'알트'라는 이름은 다른 독일 양조업체들도 사용했다. 이와 더불어 두 가지 별개의 알트비어가 등장했다. 첫째로 목넘김이 깨끗한 독일 북부 지방의 알트비어가 있는데, 이 맥주는 오리지널 뒤셀도르프 맥주보다 덜 쌉쌀하고 현재는 알트비어의 주력 버전이 되었다(미세한 차이를 어떻게 구별할지 너무 걱정할 필요는 없다). 둘째로 ('비밀스러운'이란 뜻의 방언인) 슈티히Stiche 알트가 있다. 라첸비어Latzenbier라고도 알려진 이 맥주는 전통적

인 알트비어보다 색이 어둡고 알코올 도수가 높으며 진한 맥아 성향의 복합성뿐 아니라 쌉쌀한 특성도 보여준다. 맛있을 것 같다고? 물론이다. 나쁜 소식 하나. 뒤셀도르프의 우에리게 양조장에서 생산되는 세계 최고의 슈티히는 1년에 단 두 번 양조된다. 자, 이젠 좋은 소식. 앞으로는 이 경탄할 만한 알트비어를 1년 내내 행복하게 마실 수 있다.

1838년 이후 독일 뒤셀도르프의 슈마허 양조장은 이 도시에서 가장 유명한 알트비어를 양조해왔다. 이 브루펍을 방문한다면 나무 캐스크에서 갓 따른 하우스 알트비어의 맛을 본 다음 1리터 용량의 병맥주를 사울 것.

ALTBIER
꼭 시음해볼 두 가지

카퍼 에일
COPPER ALE

오가닉 뮌스터 알트
ORGANIC MÜNSTER ALT

- 오터 크리크 양조장Otter Creek Brewing
- ABV: 5%

버몬트의 오터 크리크 양조장은 이 대표 상품을 생산하기 위해 여섯 가지 맥아와 세 가지 품종의 홉을 섞어 쓰는데, 그 결과 후각의 관심을 끌려고 경쟁하는 캐러멜과 로스팅 풍미 맥아의 구릿빛 에일이 탄생한다. 혀에 닿는 순간 비스킷과 토피 맛, 그리고 소나무에서 느껴지는 흙 내음과 허브의 쓴맛이 전해진다.

- 핑쿠스 뮐러 양조장Brauerei Pinkus Mueller
- ABV: 5.1%

보통 어두운 색조의 알트와 달리, 뮌스터는 이례적으로 탁한 황금빛이다. 맥아의 풍미가 전면에서 두드러지는 가운데 레몬과 지푸라기가 뒤섞인 생반죽의 아로마가 느껴진다. 꿀을 끼얹은 비스킷과 새콤한 파일, 드라이한 끝맛을 기대할 것.

대체 맥주 ★★★ 앨러스칸 양조회사 앰버Alaskan Brewing Co. Amber, 블루그래스 양조회사 알트비어Bluegrass Brewing Co. Altbier, 롱 트레일 양조회사 에일Long Trail Brewing Co. Ale, 닌카시 양조회사 슬레이어 다크 더블 알트 에일Ninkasi Brewing Company Sleigh'r Dark Double Alt Ale, 사우샘프턴 퍼블릭 하우스 알트비어Southampton Publick House Altbier, 티래니나 양조회사 헤들리스 맨 앰버Tyranena Brewing Company Headless Man Amber

안개를 헤치고

화이트비어와 헤페바이젠, 그 외의 탁한 밀맥주

All About Beer

내 인생 최대의 아이러니는 아내가 알코올, 특히 맥주에 거부반응을 보인다는 것이다. 짙은 향의 IPA 몇 잔을 마시면 아내는 얼굴이

홍당무처럼 빨개지면서 벌집처럼 물집이 올라오고 마치 맨몸으로 옻나무 사이를 헤치고 걸어가는 듯, 강렬한 가려움증에 시달린다.

친구와 하룻밤을 흥겹게 보낸 뒤에 나타나는 토마토 빛의 안색은 아내가 얼마나 즐겁게 놀았는지, 또 그다음 날 어떤 지옥 같은 대가

를 치러야 하는지를 알려주는 전조 증상이다.

맥주의 경우에도 열다섯 발짝 밖에서 그 모습을 드러내는, 정체를 숨길 수 없는 원료가 있다. 바로 밀이다. 양조 원료로서 밀은 특유

의 외양과 질감이 있다. 단백질이 풍부한 밀은 풀바디감과 마우스필, 톡 쏘는 탄산, 갓 부은 아스팔트 같은 부드러움, 그리고 뭐랄까,

생크림같이 크리미한 헤드를 더해준다. 무엇보다 밀을 첨가하면 맥주는 시애틀의 1월 아침 하늘보다 더 탁해진다.

밀은 소량을 쓰더라도 스타우트부터 IPA, 그리고 심지어 강한 도수의 라거에 이르기까지 모든 스타일의 맥주에 도발적인 복합성을

더해줄 수 있다. 그런데 내가 보기에 밀이 최고인 순간은 쇼의 주인공 역할을 할 때다. 맛은 가벼우면서도 어두운 색조의 독일 밀맥

주, 향신료가 들어간 벨기에 화이트 맥주, 또 홉에 집착하는 모든 형태의 미국 밀 에일 안에서 그 부드럽고 탁한 아름다움을 빛낸다.

이 책을 계속 읽어보면 이들 탁한 밀맥주에 관해 속 시원히 알 수 있다.

우아한
독일 밀맥주

밀맥주 제조업자에게 1516년은 악몽의 해였다. 바이에른 공작인 빌헬름 4세가 그해에 밀맥주의 제조를 금지하는 '맥주 순수령'을 공표했기 때문이다.

이는 사실 전통에 반하는 조치였다. 수세기 동안 밀은 중부 유럽 전역, 특히 독일 양조가들에게 중요한 원료였다. 독일에서 상면발효 맥주는 크게 두 가지로 나뉘었다. 먼저 라거 맥주의 전신으로 추정되는, 잘 볶은 보리로 만든 어두운 색조의 로트비어Rotbier(독일어 '로트rot'는 '붉다'는 뜻)가 있었고, 전혀 반대되는 색조로 '화이트 맥주'로 번역되는 바이스비어Weissbier(바이젠비어Weizenbier, '밀맥주'라고도 한다)가 있었다.

'바이스비어'라는 말은 비교적 라이트하고 옅은 색깔의 맥주, 종종 생소맥으로 만든 술의 통칭이었다. 밀맥주는 불에 말린 맥아의 거칠고 매캐한 풍미와는 정반대의 매력적인 풍미를 지녔다(북부 독일 아인벡에서 양조되는 그 유명한 맥주는 밀과 살짝 볶은 보리로 만들었다.).

비록 밀맥주가 순수령의 영향을 받지 않는 중부 유럽에서는 흔했지만, 바이에른 지역에서는 귀족의 특권으로 밀맥주 생산이 엄격히 제한되었다. 그러다 15세기, 최초의 근대식 바이스비어 양조권을 따낸 데겐베르거 가문만이 법적으로 밀맥주를 생산할 수 있었다(이들은 슈바르차흐에 양조장을 소유했는데 이 양조장은 오늘날까지 보존되어 있다). 밀을 거부하는 순수령 때문에 밀맥주가 사장될 위기에 처했지만, 바이에른을 지배하던 왕족인 비텔스바흐 가문의 빌헬름 공작은 예외적으로 데겐베르거 가문에만 밀맥주의 독점 양조권을 부여했다. 이런 독점으로 이 가문은 엄청난 돈을 벌었지만 그 대가로 상당한 세금을 내야 했다.

1602년 데겐베르거 가문의 마지막 공작이 후계자 없이 사망했다. 상속법에 따라 밀맥주 양조권을 포함해 이 가문의 자산은 비텔스바흐 왕가에 돌아갔다. 당시 바이에른의 통치자였던 막시밀리안 공작은 밀맥주가 순식간에 고통 없이 사라지도록 방치했을까? 맥주를 생산할 돈이 있는데 그럴 수는 없는 일. 막시밀리안 공작은 마음을 갑자기 바꿔 즉시 뮌헨에 밀맥주 양조장을 들였고(밀맥주의 양조를 위해 데겐베르거 가문의 슈바르차흐 양조가를 데려왔다), 바이에른 지역의 여관주들에게 비텔스바흐의 밀맥주 구입을 명해 왕실 금고를 두둑이 채웠다. 시간이 지나면서 밀맥주 양조장이 바이에른에 빼곡히 들어섰고, 17~18세기에는 라이트하고 생기 있고 우아한 밀맥주 스타일이 상당한 인기를 얻어 바이에른주 연간 세입의 거의 3분의 1이 밀맥주 판매로 충당되었다고 한다.

세상 모든 것이 다 희지는 않다

인기란 덧없다. 1700년대 후반, 바이에른 사람들은 밀맥주를 외면하고 수도원에서 생산되는 고품질 맥주와 이후의 다크 라거, 그리고 청량감 있고 라이트한 필스너를 선호했다. 밀맥주가 내리막길을 걸어 완전히 잊혀가던 1855년, 구세주가 나타났다. 뮌헨의 양조가 게오르크 슈나이더가 뮌헨의 바이세 호프브로이하우스Weisse Hofbräuhous를 임대해 밀맥주 전통의 맥을 유지하는 동시에 실질적인 알짜배기를 얻으려고 시도했던 것. 1872년 게오르크 슈나이더는 왕 루트비히 2세와 계약을 체결해 왕실이 쥐고 있던 사악한 밀맥주 독점권을 양도하고 민간 양조장에서 이 하얀 녀석을 만들게 했다.

그렇다고 이런 결정이 기울어가는 밀맥주의 운명을 순식간에 바꿔놓지는 못했다. 밀맥주 스타일은 19세기와 20세기 초반의 상당 기간 동안 변방으로 밀려나 있다가, 노약자들을 위한 강장제로 인식되었다(밀맥주는 복합비타민B로 가득 차 있어 독일 의사들은 비타민 결핍 치료를 위해 종종 밀맥주를 권장했다. 멀티비타민제에 타격이 클 것 같다고?).

슈나이더 양조장이 자체의 입장을 고수하며 밀맥주를 계속 생산한 끝에 20세기 중반 무렵 북부 독일에서 밀맥주가 인기를 끌기 시작했다. 비록 밀맥주가 필스너가 잠식하고 있는 지역까지 침투한 적은 없지만 젊은이들은 밀맥주의 매력적인 파일 아로마와 수월한 목넘김, 갈증을 해소해주는 특성에 끌렸다. 게오르크 슈나이더 앤드 손G. Schneider & Sohn은 독일에 이어 곧 전 세계에 다양한 밀맥주 제품군을 공급할 태세를 갖췄다. 이제 밀맥주의 많고 많은 색조를 살펴보자.

HEFEWEIZEN
헤페바이젠

맥주 뷰티 콘테스트가 열린다면 승리는 아마 바이에른의 헤페바이젠에게 돌아갈 것이다. 빅토리아 시크릿 속옷 모델같이 볼륨 있는 긴 잔에 따른 밀맥주는 멋지게 탁한 외관, 온통 부연 황금빛, 무스만큼 두텁고 크리미한 거품의 티아라를 보여준다. 최면제같이 묘한 매력이 있는 바나나와 시트러스, 정향, 풋사과의 아로마가 휘감겨오는데 이는 맥주의 풍미에서도 재현된다.

실키한 부드러움, 끝내주는 거품, 빵과 시트러스의 미묘한 풍미는 헤페바이젠을 뷰티 콘테스트 최고 자리에 올려줄 것이다. 무엇보다, 이 맥주는 맛있다.

헤페바이젠 스타일의 성공 뒤에 숨은 양조 비결은 잘 알려져 있다. 헤페바이젠은 최소 50퍼센트의 밀을 가지고 비여과 방식으로 제조해 아기 피부 같은 부드러움과 탁한 색감을 보여주며, 곡물의 단백질 때문에 천사의 베개와도 같은 헤드가 형성된다. 풍미와 아로마는 토룰라스포라 델브루에키Torulaspora delbrueckii라는 효모 하나가 책임지는데, 이 효모가 과일, 정향, 향신료를 비롯해 세상 모든 좋은 것의 결정적인 특성을 발휘한다(헤페바이젠Hefeweizen은 '효모 밀'이란 뜻). 이 모든 특성을 믹서에 던져 넣고 평균 약 5퍼센트의 ABV를 추가한 다음 긴 잔에 따라 방대한 거품을 잡아 놓아두면, 지루하게 계속되는 뜨거운 날씨에 마시기 적합한 저도수의 사랑스러운 독일 맥주가 완성된다.

독일 헤페바이젠이 있으면 전통을 느낄 수 있다(제대로 장사하는 맥줏집이라면 봄과 여름에 헤페바이젠 통을 구비해 두고 있다). 아니면 꿩 대신 닭으로, 브루클린 브루어리의 브루클리너 바이세Brooklyner Weisse, 시에라 네바다의 켈러바이스 헤페바이젠Kellerweis Hefeweizen 또는 버지니아의 스타 힐스 러브Star Hill's Love 같은 위대한 미국 맥주로 눈을 돌려도 된다. 이들 맥주를 맛보면 헤페바이젠을 처음 마셨을 때 느껴지는 활력을 손쉽게 접할 수 있다.

밀맥주를 따르는 방법

밀맥주를 따르는 일은 가끔 꽤나 골치 아픈 일이다. 탄산이 많아 거품 괴물로 변할 가능성이 있기 때문이다. 이런 위험을 줄이려면 길고 굴곡이 있는 잔을 찬물에 씻은 다음(말리지 말 것) 맥주를 잔의 측면을 따라 따르다가 병 속의 맥주를 2.5센티미터 정도 남겨놓는다. 잔을 흔들어 맛있는 효모가 올라오도록 자극한 다음 이미 부은 맥주 위에 남은 맥주를 마저 따른다. 덜 탁한 맥주가 좋다면 마지막 단계는 생략할 것. 어느 쪽이든 맥주는 맛있다.

과일 조각이 좋을까?

시트러스 조각을 곁들일까 말까, 그것이 문제로다. 개인적으로 나는 맥주잔에 과일을 꽂는 건 싫고 맥주 본연의 풍미를 음미하는 게 더 좋다. 행사 때는 맥주잔을 장식하기도 하지만(19세기에 호프브로이하우스에서 레몬이 사용된 경우를 연대순으로 기록한 사료가 있다), 독일에서 헤페바이젠에 레몬을 곁들이면 이상한 사람 취급받는다. 더군다나 화학작용 측면에서 볼 때, 시트러스의 오일 성분이 모양 좋은 헤드를 무너뜨린다. 하지만 사실 정답도 오답도 없다. 레몬을 곁들이고 싶다면 그렇게 하라. 벨기에 화이트 맥주에도 이런 조언은 그대로 적용된다.

HEFEWEIZEN
꼭 시음해볼 두 가지

아잉거 브로이-바이세
AYINGER BRÄU-WEISSE

- 아잉 양조장Brauerei Aying
- ABV: 5.1%

이 은은히 빛나는 벌꿀 색 독일 헤페바이젠의 향, 스파이시한 정향을 뿌려놓은 듯한 숙성된 바나나의 취할 듯한 향을 맡으면 킹콩도 흘딱 반할 것 같다. 풀바디감의 브로이-바이세는 부드럽고 가볍게 넘어가며 풍성한 과일과 후추 맛, 또 적당히 새큼한 시트러스의 끝맛을 과시한다. 양조장 이름의 발음이 좀 어려울 수 있는데 쉬운 방법이 있다. '아이Eye 잉ing 거gr'라고 발음해볼 것.

프란지스카너 헤페-바이세
FRANZISKANER HEFE-WEISSE

- 슈파텐-프란지스카너-브로이 주식회사
  Spaten-Franziskaner-Bräu GMBH
- ABV: 5%

기원이 14세기까지 거슬러 올라가는 뮌헨의 프란지스카너 양조장은 독일에서 가장 오래된 민영 양조장 중 한 곳이다(현재는 안호이저-부시 인베브의 자회사). 헤페-바이세는 불투명한 녹슨 황금빛과 크리미하고 꿈결 같은 헤드를 자랑한다. 전형적인 바나나와 가벼운 시트러스, 빵의 아로마에 정향과 좀 더 풍부한 바나나 풍미, 오래가는 거품이 진한 시너지 효과를 낸다.

대체 맥주 ★★★ 드라이 도크 양조회사 드라이 도크 헤페바이젠Dry Dock Brewing Co. Dry Dock Hefeweizen, 에딩거 바이스브로이 바이스비어Erdinger Weissbräu Weissbier, 골든 로드 양조장 헤페바이젠Golden Road Brewing Hefeweizen, 라이브 오크 양조회사 헤페바이젠Live Oak Brewing Company HefeWeizen, 파울라너 헤페-바이스비어Paulaner Hefe-Weissbier

DUNKELWEIZEN

둥켈바이젠

바이에른 지역의 구식 밀맥주는 눈보라처럼 흰색은 아니었다. 15세기와 16세기에 유행한 맥주보다는 틀림없이 색이 옅었지만 오늘날의 황금빛 지푸라기 색 헤페바이젠과는 거리가 멀었다. 먼 옛날의 밀맥주는 색조가 어두워 아마도 붉은 녹빛이 도는 독일의 슈나이더 바이세Schneider Weisse(1872년부터 계속 양조됐다)와 비슷했을 것이다.

이런 거무스름한 색의 밀맥주는 사장되는 대신 둥켈바이젠('어두운 색의 밀')이라는 이름이 붙었는데 선탠장에서 너무 오랜 시간을 보낸 헤페바이젠 같았다. 둥켈바이젠은 가마에서 오래 말린 일정 비율의 맥아로 만드는데, 이 맥아는 뮌헨 둥켈의 전형적인 색과 볶은 풍미에서 나오는 복합적인 향, 캐러멜의 달콤함을 전해준다. 낯선 시트러스 향을 제외하면, 헤페바이젠에서 모름지기 즐길 수 있는 특질을 두루 갖췄다. 둥켈바이젠은 크리미하고 과일 향이 나며 바나나와 풍선껌, 정향, 사과를 비롯해 바이에른 밀맥주에서 기대할 수 있는 모든 좋은 것들로 넘쳐난다.

일반적인 헤페바이젠이 여전히 인기가 많지만 둥켈바이젠도 결코 밀리지 않는다. 바이엔슈테판, 하커-프쇼르, 프란지스카너를 포함해 대부분의 주요 독일 양조업체들은 이 스타일에 대해 나름의 제조 노하우를 가지고 있으며, 심지어 트레이더 조스Trader Joe's(미국의 유기농 마트-옮긴이)의 하우스 브랜드인 조지프스 브라우 둥켈바이젠Josephs Brau Dunkelweizen에서도 믿을 만한 다크 밀맥주를 맛볼 수 있다. 다음번에 장을 볼 때는 쇼핑 카트에 둥켈바이젠 한 병을 던져놓거나, 진짜 독일 둥켈바이젠 중 좀 더 어두운 녀석을 선택할 것.

여과를 거친 헤페바이젠을 크리스탈 바이젠Kristal-Weizen("크리스탈 밀")이라고 부른다. 밀에서 효모와 단백질을 제거했기 때문에 과일향의 아로마가 좀 더 섬세하고 절제되어 다가온다. 나에게 크리스탈 바이젠은 라이트 맥주를 마시는 것 만큼이나 즐거움을 안겨준다. 화려한 축제에 안개가 드리워진 것 같은 그런 맥주다.

WEIZENBOCK

바이젠보크

1900년대 초반, 바이에른 지역의 맥주 애호가들은 도펠보크에 흥분했다. 이 맥주는 본래 수도사가 식사 대용으로 고안한, 하면발효 방식의 도수가 매우 높은 라거였다. 밀맥주 전문 업체인 G. 슈나이더 앤드 손 역시 분위기에 동승하길 원했지만 큰 문제가 한 가지 있었다. 이 양조장은 상면발효 에일을 대량생산하고 있었던 것.

일부 맥주 양조업체들이 장애물로 보는 점을 마틸드 슈나이더는 오히려 기회로 보았다. 1907년 그는 도펠보크에 필수 재료와 비슷한 원료 및 기술을 동원해 맥주를 양조한 다음, 하우스 헤페바이젠 효모를 사용해 길을 틀었다. 이종 혼합 맥주는 메토드 샹프누아즈methode champenoise 공법에 따라 탄산을 주입하는데, 이 맥주는 병 속 2차 발효를 통해 탄산이 생긴다. 이 맥주에는 바이에른의 역사가 이름을 따서 아벤티누스Aventinus라는 이름이 붙었다. 아벤티누스는 맛 측면에서 정말 탁월했다. 목넘김이 부드럽고 맥아의 성향이 강하다. 초콜릿, 바나나, 정향을 비롯해 대추, 무화과,

DUNKELWEIZEN
꼭 시음해볼 두 가지

하커-프쇼르 둥클레 바이세
HACKER-PSCHORR DUNKLE WEISSE

- 하커-프쇼르 브로이 주식회사Hacker-Pschorr Bräu GMBH
- ABV: 5.3%

일반적인 헤페바이젠은 기름진 음식에 잘 맞지 않지만, 검은 밀과 맥아 덕분에 둥클레 바이세에는 볶은 맥아의 달콤함이 살아 있다. 이 맥주는 푸짐하고 양념이 강한 요리에도 곁들여 마실 수 있다. 바나나와 검은 색의 파일 향이 받쳐주기 하지만, 이 묵직한 독일 에일에는 친근한 캐러멜의 복합적인 특성도 있고 긴 낮의 길이만큼 드라이한 끝맛이 살아 있다.

투허 둥클레스 헤페 바이젠
TUCHER DUNKLES HEFE WEIZEN

- 투허 브로이 주식회사Tucher Bräu GMBH & Co.
- ABV: 5.2%

독일 뉘른베르크 소재의 투허는 바이엔슈테판 양조장과 슈나이더 양조장의 칭찬은 못 받겠지만, 그래도 몇 가지 인정받을 만한 밀맥주, 즉 말쑥한 다크브라운 색의 둥켈바이젠을 생산한다. 이 맥주는 크리미하고 살짝 달콤하며, 캐러멜을 입힌 바나나로 유혹하지만 마우스필은 늘 그럴듯 가볍다. 청량감이 있어서 연거푸 마실 수 있다.

대체 맥주 ★★★ 에딩거 바이스브로이 바이스비어 둥켈Erdinger Weissbräu Weissbier Dunkel, 하이 포인트 양조회사 람슈타인 클래식 High Point Brewing Company Ramstein Classic, 파울라너 헤페-바이스비어 둥켈Paulaner Hefe-Weissbier Dunkel, 바이스비어 양조장 호프 둥클레 바이세Weissbierbrauerei Hopf Dunkle Weisse

WEIZENBOCK
꼭 시음해볼 두 가지

슈나이더 바이세 탭 6
운저 아벤티누스
SCHNEIDER WEISSAE TAP 6 UNSER AVENTINUS

- G. 슈나이더 앤드 손 주식회사 바이스비어
  사설 양조장 G. Schneider & Sohn Gmbh
- ABV: 8.2%

루비 빛깔의 아벤티누스는 잠시 쉬어 가게 만드는 흔
치 않은 맥주다. 사람들의 절주 브레이크를 작동시켜
달콤한 시간을 갖게 하는데 그사이 풍미의 복합층이
펼쳐진다. 실크 잠옷 같은 부드러움에 감싸인 자두,
건포도, 농익은 바나나, 정향, 초콜릿 풍미 말이다. 이
도펠보크는 울 코트처럼 포근한 느낌을 전해준다.

바이엔슈테파너 비투스
WEIHENSTEPHANER VITUS

- 바이에리셰 슈타츠브라우에레이 바이엔슈테판
  Bayerische Staatsbrauerei Weihenstephan
- ABV: 7.7%

1040년 당시 바이엔슈테판은 베네딕트 수도회를 위
한 하우스 양조장이었으며, 지금까지 지속적으로 운
영된 세계 최고(最古)의 양조장이다. 오랜 세월은 완벽
을 낳아 이 놀라운 담황색 묘약이 탄생했는데, 헤페바
이젠의 전형적이면서도 훨씬 강화된 정향, 바나나 빵,
톡 쏘는 시트러스, 달콤한 맥아의 풍미로 가득 차 있
다. 비투스는 마치 체육관에서 연습하는 헤페바이젠
같다.

대체 맥주 ★★★ 레 트루아 무스크테르 바이젠보크 그랑드 퀴베 Les Trois Mousquetaires Weizenbock Grande Cuvée, 빅토리 양조회
사 문글로 바이젠보크 Victory Brewing Company Moonglow Weizenbock, 바이스비어 양조장 호프 바이서 보크 Weissbierbrauerei Hopf
Weisser Bock, 웨이어바허 양조회사 슬램 둥켈 Weyerbacher Brewing Co. Slam Dunkel

건포도 같은 검은 색 과일의 귀족적인 향연이다.

　이보시오, 세상 사람들! 밀의 힘 바이젠보크가 여기
이렇게 있소이다. 도수가 강화된 둥켈바이젠의 마력을
설명하는 건 식은 죽 먹기다. 바이젠보크는 도수가 높
고(보통 ABV 7~9퍼센트), 배 속을 따뜻하게 덥혀주면서,
내용물을 연화시키는 밀 덕분에 수월하게 넘어간다.
풍미로 넘쳐나는 바이젠보크는 뜻밖의 아로마와 반전
과도 같은 좋은 맛을 제공하는데, 캐러멜의 달콤함으
로 은근슬쩍 풍미를 제처버리는 겨울철 주류 동지인
발리와인에서는 이런 점을 항상 기대할 수는 없다. 그
러니 지난 백 년간 독일과 미국 양조업체 모두 바이젠
보크를 추운 날씨에 적합한 맥주로 인식한 것은 당연
한 일이다.

로겐비어를 아십니까?

좀처럼 드물고 잘 알려지지 않은 독일 맥주 스타
일 중 로겐비어(독일어 '로겐roggen'은 '호밀'이란 뜻)
가 있는데, 헤페바이젠의 먼 친척뻘이다. 탁한 헤
페바이젠은 밀이 주원료인 맥주인 데 비해 로겐비
어에는 최대 50퍼센트의 호밀이 들어 있다. 로겐
비어는 헤페바이젠 효모로 발효시키면 스모킹 재
킷(과거에 남자들이 흡연할 때 입던, 흔히 벨벳으로 된 상
의-옮긴이)처럼 아주 부드럽고 매
끄러운 바디로 탄생한다.
또한 정향의 스파이시
함이 살아 있는데 스
파이시한 호밀과
기막힌 조화를
이루어 호박파
이를 연상시
키는 풍미를
생성한다. 동네 맥
줏집에서 이 스타일을
맛볼 생각은 하지 말 것.
로겐비어는 대체로 생맥주 형태
로만 제공된다. 혹시 방문한 브루펍
에서 로겐비어가 눈에 띈다면 재빨리
주문해 마셔볼 것.

언제나, 온통 밀

오늘날에는 밀맥주 양조장을 세운다는 게 정신 나
간 소리로 들리지는 않는다. 하지만 1994년 뉴저
지의 하이 포인트 양조장High Point Brewing은 진지
한 자세로 시류에 역행해, 헤페바이젠, 둥켈바이
젠, 바이젠보크에 집중해서 '람슈타인Ramstein'이
라는 제품을 출시했다. 람슈타인은 람슈타인 공군
기지 근처에 있어 미국인 망명자 비중이 상당히
높은 독일 도시다.

시큼한 독일 밀 에일

150년도 더 전에 독일 북부에서는 풍부한 양의 밀을 가지고 수많은 향신료가 들어간 과일 풍미의 에일이나 시큼한 에일을 만들었다. 이들 스타일 중 상당수는 털북숭이 매머드 신세로 전락했지만, 내가 좋아하는 두 가지 밀 에일은 지금까지 명맥을 유지하고 있다. 케케묵은 때를 벗고 등장한 두 맥주, 베를리너 바이세와 고제를 만나보라. 이내 그 시큼한 맛을 기꺼이 즐기게 될 것이다.

BERLINER WEISSE
베를리너 바이세

19세기 초반 북부 독일 전역에서 난동이 일어났을 때, 나폴레옹의 군대는 인상이 절로 찌푸려지는 신맛을 발견한다. 군인들의 입을 거쳐 간 수많은 술 중에서 시큼하고 거품이 많은 에일 하나가 깊이 각인되어 '북부의 샴페인'이라는 별명으로 불리게 되었다.

프랑스 사람이라면 이 맥주를 샴페인에 비유하겠지만, 내 생각에 이 탁한 베를리너 바이세(물론 베를린에서 탄생한)는 상쾌한 만큼 무지막지하게 시큼한 무설탕 레모네이드와 닮았다. 이 맥주는 알코올 도수가 낮아서 여름 내내 벌컥벌컥 들이켜기에 딱 좋다.

딱 필요한 만큼의 시큼한 맛을 내기 위해 이 연노란색 밀 에일은 따뜻한 온도에서 발효되는 효모와 락토바실루스 박테리아로 만드는데, 이 박테리아가 매력적인 신맛의 풍미를 생성한다. 다른 양조장에서는 락토바실주스를 야생 효모인 브레타노미세스와 섞는데, 이 효모는 시큼하고 고약한 냄새가 나는 벨기에 람빅을 만드는 데 필수 원료다.

베를리너 바이세의 기원과 관련해서는 확실한 설명이 없어, 귀동냥으로 들은 것으로 추론할 수밖에 없다. 영국 맥주 저술가 로저 프로츠는 《세계의 클래식 병맥주Classic Bottled Beers of the World》에서 베를리너 바이세 스타일이 시큼한 적색과 갈색의 에일을 선호했던 벨기에 플랑드르 지역과 프랑스에서 온 개신교도인 위그노교도에게서 유래했다고 단정한다. 알다시피, 17세기 후반 많은 사람들이 종교적 박해를 피해 독일로 이주했다.

또 다른 설은 베를리너 바이세가 17세기 베를린에서 아마도 인기 있었던 보리와 밀로 만든 어두운 색조의 에일인 할베르슈테터 브로이한Halberstädter Broihan에서 유래했다는 것이다.

비록 이 시큼한 에일의 기원은 확실하지 않지만 그 인기는 분명했다. 19세기에 약 250곳 이상의 양조업체가 유례없는 주문 제작 방식으로 베를리너 바이세를 생산했다. 일부 독일인들은 시큼하다고 좋아했으며, 또 일부는 물에 타거나 라거와 섞어 마셨다. 시큼함을 줄이는 좀 더 전형적인 방법은 라즈베리 맛의 나무딸기 시럽, 레몬 맛의 레몬나무 시럽, 허브 향의 갈퀴아재비(선갈퀴) 시럽같이 감미료 역할을 하는 소량의 시럽을 베를리너 바이세와 함께 내놓는 것이다. 독일에서는 전통적으로 시큼한 에일을 커다란 사발 모양의 잔에 빨대와 함께 제공하는데, 베를리너 바이세는 빨대로 마셔도 웃음거리가 되지 않는 유일한 맥주가 되었다.

하지만 이건 사발 가득 담긴 베를리너 바이세를 찾을 수 있을 때나 가능한 얘기. 청량하고 투명한 라거를 찾는 사람들이 많아지자, 20세기 문턱에서 베를리너 바이세를 생산하는 양조장이 바이엔슈테판과 베를리너 킨들 등 소수밖에 남지 않았다. 하지만 추도사를 쓰기엔 시기상조다. 시큼하고 갈증 해소에 좋은 에일에 몰두한 미국 양조업체들 덕분에 레몬 맛의 베를리너 바이세가 드디어 살길을 찾게 되었으니까.

필라델피아의 나딩 헤드 브루어리 앤드 레스토랑Nodding Head Brewery & Restaurant은 미국 양조장으로는 처음으로 베를리너 바이세를 생산했고, 2000년에는 청량하고 톡 쏘는 이히 빈 아인 베를리너 바이세Ich Bin Ein Berliner Weisse를 출시했다. 이어 점점 많은 크래프트 양조장이 가세하더니 이 시큼한 맥주를 병으로 내놓았다. 현재 도그피시 헤드 사에서는 시큼하고 복숭아 맛이 나는 페스티나 페슈Festina Pêche를 생산한다. 뉴햄프셔의 화이트 버치 양조장White Birch Brewing은 상큼한 베를리너 바이세를 출시하고 있으며, 캘리포니아의 헤러틱 양조장Heretic Brewing은 톡 쏘는 타르튀프Tartuffe를 만든다. 이런 시큼한 맥주는 금방 물릴 것 같지는 않다. 참고로, 독일에서는 베를린에서 양조되는 베를리너 바이세에만 이 이름을 붙일 수 있다.

햇빛 찬란한 곳에서 맛보는 시큼함

플로리다는 베를린에서 멀리 떨어져 있지만 플로리다의 여러 브루펍에서는 베를리너 바이세를 전문으로 양조해왔다. 걸프포트의 페그스 캔티나Peg's Cantina 양조장에서 더그 도자크(페그스 캔티나 양조장의 소유주인 팸 웨이서링크의 아들이자 플로리다 서부 도시 탬파의 훌륭한 시거 시티 양조장Cigar City Brewing의 생산 매니저)는 페그스 G.O.O.D(Gulfport Original On Draft: 걸프포트 오리지널 생맥주) 베를리너 바이세와 이히 빈 아인 레인보우 젤리 도넛Ich Bin Ein Rainbow Jelly Donut, 졸리 그린 랜처 베를리너 바이세Jolly Green Rancher Berliner Weisse 등 몇 가지 색다른 제품을 생산한다. 더니든에 위치한 세븐스 선 브루어리7venth Sun Brewery에 가보면 미드나이트 문라이트 베를리너 바이세Midnight Moonlignt Berliner Weisse와 생강부터 체리, 코코넛, 키위, 키라임까지 모든 향이 들어간 이례적인 한정판 제품을 만나볼 수 있다. 두 양조장은 겨우 40킬로미터 떨어져 있다.

BERLINER WEISSE
꼭 시음해볼 두 가지

호텐로트 베를리너 바이세
HOTTENROTH BERLINER WEISSE

- 더 브루어리The Bruery
- ABV: 3.1%

"베를리너 바이세는 저알코올 맥주여서 대부분의 골수 맥주광과 맥주를 좋아하지 않는 사람들에게 모두 어필할 수 있습니다." 브루마스터 패트릭 루는 자신의 조부모 이름을 따서 붙인 호텐로트에 대해 이렇게 말한다. 이 맥주는 락토바실루스의 시큼한 위력으로 꽉 차 있어 깜짝 놀랄 정도로 기분 좋은 시트러스의 신선함이 느껴진다. 마치 레모네이드와 샴페인이 사랑스러운 아이를 둔 듯하다.

1809
1809

- 프로페서 프리츠 브리엠Professor Fritz Briem
- ABV: 5%

베를리너 바이세의 경우에는 5퍼센트의 ABV가 유독 높아 보인다. 비록 내 취향에는 맞지 않게 도수가 좀 높지만 1809에는 사랑스러운 점이 많다. 이 맥주는 곡물 재료비의 절반을 밀 맥아에 투자한다. 레몬 요구르트 같은 향은 사과와 살구가 섞인 시트러스의 밝은 신맛을 이끌어준다. 거품은 차가운 탄산수보다 더 청량하다.

대체 맥주 ★★★ 바이에리세 반호프 브라우 앤드 가스트슈테텐베트리브 베를리너-스타일 바이세Bayerischer Bahnhof Brau & Gaststättenbetrieb Berliner-Style Weisse, 베를리너 킨들 양조장 바이세Berliner Kindle Brauerei Weisse, 4 핸즈 양조회사 프러시아 베를리너 스타일 바이세4 Hands Brewing Co. Prussia Berliner Style Weisse, 나이트 시프트 양조장 소머 바이세Night Shift Brewing Somer Weisse

GOSE

고제

하루는 뉴올리언스의 어느 바에 팔꿈치를 괴고 앉아 있는데 오른편의 한 남자가 맥주에 소금을 넣는 모습이 눈에 들어왔다. 처음 보는 광경이었다. 나는 기분 좋은 쓴맛의 루이지애나산 IPA인 애비타 조카모Abita Jockamo를 홀짝이고 있었다. 모눈종이처럼 주름진 얼굴이 햇볕에 그을린 그는 차가운 딕시Dixie 라거와 소금 통을 들고 있었다. 그는 외과의사처럼 정확히 라거 병 속에 소금을 넣고 병을 흔든 다음 만족스러운 듯 한참 동안 맥주를 들이켰다. 천년 넘게 독일의 독특한 맥주 스타일로 군림했던 고제의 비결이 소금이었다는 사실을 몰랐다니. 나는 생각했다. '신성 모독이야.'

언뜻 보기에 색이 옅은 상면발효의 이 시큼한 에일은 베를리너 바이세와 붕어빵이다. 베를리너 바이세와 고제는 둘 다 보리와 밀의 재료비가 많이 들어갔다는 점을 내세운다. 차이가 있다면 고제에는 벨기에 화이트비어witbier에 들어가는 소금과 코리앤더(미나릿과의 식물. 잎과 씨를 양념으로 쓴다)라는 향신료가 추가되었다는 점이다(고제와 베를리너 바이세는 지역 특산물로 인식되어 맥주를 규제하는 바이에른 순수령에서 제외되었다).

고제는 벨기에와 깊은 관련이 있는지도 모른다. 역사가들은 이 스타일의 이름을 놓고 가설을 내놓았는데, 고제가 시큼하게 숙성된 람빅 블렌드인 괴즈와 관련 있다는 것이다(264쪽 참조). 수긍이 더 가는 얘기로는 고제가 독일 북서부 지역인 고슬라에서 처음 생겨났는데 이 광산 도시를 '고제'라는 강이 관통한다는 것.

시큼하고 짠 맛의 고제는 고슬라 시에서 동쪽으로 약 160킬로미터 떨어진 라이프치히에서 특히 인기를 끌었다. 이 지역의 양조업체들은 고제를 제조하기 시작했고, 1900년에는 이 도시에 고제 공식 펍인 고젠셴케Gosenschenke가 80곳 넘게 우후죽순 생겨났다. 그래도 여전히 고제는 라이프치히를 장악하지 못했고, 그

고제에 열광하다

캐스케이드 양조장의 브루마스터인 론 강스베르그는 짭짤한 스타일에 흠뻑 빠져 있다. 그는 말한다. "고제가 가진 미학 중 한 가지는 자유롭게 맛을 해석할 수 있다는 거죠." 강스베르그는 고제의 사계절 제품을 "〈요한계시록〉의 4대 고제"로서 가끔 동시에 출시하기도 한다. 갈증을 해소하는 기능 이외에 강스베르그가 주장하는 고제의 또 다른 이점이 있다. 다른 시큼한 맥주와 비교했을 때 "고제는 산도가 훨씬 낮아서 마시기가 더 수월해요. 우리는 고제로 첫 테이프를 끊고 도수가 높은 다른 것으로 갈아타는 걸 좋아하죠"라고 그는 말한다. "고제는 시큼한 맥주로 가는 관문입니다."

어려운 양조 공정 때문에 생산량은 한정적이었다. 고제는 인기의 절정에서 점점 추락했다. 사람들의 입맛이 라거 쪽으로 기울었기 때문인데, 이로 인해 북부 독일의 시골풍 상면발효 맥주 전문 업체들은 문을 닫고 말았다. 고제는 겨우 명맥을 이어갔지만, 제2차 세계대전이 발발하자 독일 양조장들은 고제의 생산을 중단할 수밖에 없었다. 폭탄 투하가 중단되고 조약이 체결된 후 라이프치히는 독일민주공화국(1990년 독일 통일 이전 동독의 정식 국호-옮긴이)에 넘어갔다. 1945년에는 마지막까지 버티던 고제 양조장이 몰수당했다. 라이프치히의 프리드리히 부르즐러 양조장Friedrich Wurzler Brauerei은 1949년 고제를 다시 생산했지만, 이 양조장의 소유주가 1966년에 사망하자 그 운명이 다하는 듯했다.

하지만 고제는 죽을 날만 기다리는 처지를 거부했다. 1980년대에 바 주인인 로타르 골트한은 라이프

치히의 가장 유명한 고제 공식 펍인 오네 베덴켄Ohne Bedenken의 부활에 시동을 걸었다. 하지만 고제 없는 고제 펍이 무슨 의미가 있을까? 로타르 골트한은 베를린 동부에 양조장을 세우고 잊히다시피 한 이 독특한 맥주를 생산해 옛것을 좋아하는 몇몇 사람들에게 시음해보게 했다. 괜찮다는 평이 쏟아졌고, 비록 생산은 활발하게 이뤄지다 중단되길 반복했지만 그로써 고제의 맥이 다시 뛰게 됐다. 현재는 적어도 네 곳의 독일 양조장에서 정기적으로 고제를 양조한다. 그중에는 라이프치히의 역사적인 기차역 안에 자리한 가스트하우스 앤드 고제브라우에레이 바에리셰 반호프가 있고, 이 밖에도 수십 곳의 미국 양조장과 브루펍에서도 이 짭짤한 스타일에 손을 대고 있다.

오클라호마의 초크 비어 주식회사Choc Beer Company는 시큼하고 드라이해서 여름철에 제격인 고제를 생산하고, 위드머 브라더스는 자사의 마리온베리 히비스커스 고제Marionberry Hibiscus Gose에 과일과 꽃을 첨가했으며 새뮤얼 애덤스(그렇다. 샘 애덤스 얘기다)는 부드럽고 섬세한 페어로렌 고제Verloren Gose를 다른 상품과 교대로 시험 생산한다. 오리건 주 포틀랜드의 업라이트 양조회사Upright Brewing Company는 세종 효모와 풍부한 락토산으로 고제를 만들고, 같은 포틀랜드에 위치한 캐스케이드 양조장Cascade Brewing은 계절마다 생맥주 형태로만 고제를 생산한다.

내가 보았던 그 바의 남자는 이상한 사람이 아니었다. 단지 시대를 앞선 것일 뿐.

GOSE
꼭 시음해볼 한 가지

라이프치거 고제
LEIPZIGER GOSE

- 가스트하우스 앤드 고제브라우에레이 바에리셰 반호프
  Gasthaus & Gosebrauerei Bayerischer Bahnhof
- ABV: 4.5%

여기서는 맥주 수입 업체인 B. 유나이티드 인터내셔널의 회장, 마티아스 나이트하르트가 자사의 비살균 병 숙성 고제를 설명하는 말을 소개해야겠다. "여러분은 효모에서 온 바나나 향과 박테리아로 인한 젖산의 성질, 그리고 과하지 않은 드라이하고 짭짤한 끝맛을 느끼게 될 겁니다. 상쾌하고 상당히 복합적인 맥주죠." 나도 동감이다.

혹시 있을지 모를 추천 고제를 찾겠다고 목 잘린 닭처럼 여기저기 누비고 다니지는 않았으면 한다. 이 스타일은 널리 전파되지 않았고 병으로 출시되더라도 한정 수량으로 나온다. 사는 지역의 브루펍을 찾아보거나 맥주 매장에 일회성 병 제품이 있는지 눈이 빠지게 찾아볼 것.

벨기에에서
희부연 연무를 몰고

유럽에서 독일이 밀맥주 양조를 장악하고 있는 것은 아니다. 벨기에 역시 역사적으로 오랫동안 충분한 양의 향신료로 훌륭한 밀 에일을 제조해왔다. 자, 이제 화이트비어를 만날 시간이다.

프리츠 브리엄 교수가 재탄생시킨 그로지스키에는 훈제 맛과 밀이 주원료인 맥주를 마시는 즐거움이 함께 있다. P.S: 뒤에 보이는 강아지는 내 애완견 '새미'다.

훈제 맥주를 맛보다

유럽의 그로지스키에Grodziskie는 특이한 맥주다. 100퍼센트 훈제 밀 맥아로 만들고 구린내가 날 정도로 홉을 넣는 이 저알코올 에일은 수세기 동안 폴란드를 포함한 지역의 독특한 맥주로 인식되었다. 독일에서도 양조되었는데 독일에서는 이런 훈제 맥주를 그레처Grätzer라고 불렀다(그레츠Grätz는 한때 폴란드 양조의 중심지였던 그로지스크 시의 독일식 이름이다. 그레처, 즉 그로지스키에는 다른 전통적인 소박한 밀맥주보다 오래 생명을 유지했지만 1990년대 중반에 이르러 존폐 위기에 처했다. 그러나 고제와 베를리너 바이세의 경우를 보듯, 오늘날의 양조업체들은 옛날 옛적의 그레처에 열광한다. 시큼한 올드 월트 스모크트 위트Old Walt Smoked Wit 같은 나무 훈제 에일을 전문으로 양조하는 롱아일랜드의 블라인드 배트Blind Bat는 그레처에서 영감을 받은 블래드 디 인헤일러Vlad the Inhaler를 만들고, 오리건 주 코밸리스의 플랫 테일 양조장Flat Tail Brewing은 약간 싸한 맛의 스모킹 휘트Smokin' Wheat를 양조한다. 이 밖에 프리츠 브리엄 교수는 훈제 그로지스키에 시큼한 반전의 맛을 추가했다. 훈제 연기가 전 세계로 번지고 있다.

WITBIER

지난 20년은 전 세계 굴지의 맥주 양조 기업에게는 수난기였다. 미국의 경우, 맥주 애호가들이 대량생산된 라거를 외면하고 좀 더 창의적인 크래프트 맥주에 눈을 돌리면서 이런 거대 회사의 시장점유율이 한 달 된 레몬처럼 쭈그러들었다. 풍미보다는 수익을 늘리는 데 초점을 맞춘, 피치 못할 결과였다.

속담에 '상대방을 이길 수 없다면 한편이 되어라'라는 말이 있다. 이런 상황에서 양조 기업들은 사람들의 미뢰와 지갑 속으로 파고들 트로이의 목마를 발견했으니, 바로 벨기에 스타일의 화이트비어였다. 밀러쿠어스는 블루 문Blue Moon을 만들고, 안호이저-부시는 쇼크 톱 벨지언 화이트Shock Top Belgian White를 제조한다. 거대 양조 기업의 지속적인 침체에도 불구하고 블루 문은 밀러쿠어스의 희망이 되어 1년 내내 여러 다양한 제품군을 쏟아내고 있다. 왜 그런지 아는가? 블루 문은 험담할 게 없다. 탁한 색에 비여과식 맥주로 오렌지와 결합해 맛도 좋고 보기도 좋다.

내가 만약 밀러쿠어스의 직원이라면, 화이트비어를 멸종 위기에서 구해준 우유 배달원 피에르 셸리스에게 감사할 것 같다. 피에르 셸리스는 브뤼셀에서 동쪽으로 한 시간 거리인 후가르든(호가든)이라는 벨기에 마을에서 살았다. 이 지역의 특산물은 부드럽고 우아한 화이트비어였는데, 귀리와 보리로 만들고 말린 오렌지 껍질과 코리앤더를 향신료로 넣은 맥주다. 이 스타일은 4세기 가까이 번성했지만, 1950년대 중반에 맹렬히 돌진하는 필스너와 라거의 공격을 막아낼 수는 없었다. 후가르든의 마지막 전통 화이트비어 양조장인 브라우리 톰신Brouwerij Tomsin은 1957년에 문을 닫았다.

피에르 셸리스는 화이트비어가 사라진 것을 통탄했다. 우유 배달원이 되기 전 톰신 양조장에서 잠깐 일한 적이 있던 터라, 어쩌면 사라진 스타일을 살려낼 수도 있을 것 같았다. 레시피는 없었지만 그는 원료와 독특한 향신료를 기억해냈다. 그가 집에서 양조한 맥주는 사람들의 찬사를 받았다. 이에 고무된 셸리스는 젖소를 내버려두고 자기 집 옆 외양간에 브라우리 셸리스Brouwerij Celis라는 양조장을 세워 아우트 후가르드 비어Oud Hoegaards Bier를 상업적으로 생산했다. 우리가 호가든Hoegaarden으로 알고 있는 맥주가 바로 이것이다.

수요는 곧 생산 능력을 넘어섰다. 셸리스는 파산한 레모네이드 공장으로 양조장을 이전하고 생산량을 높였다. 이 화이트비어는 호가든을 넘어 벨기에, 프랑스, 네덜란드까지 퍼져나갔다. 맥주의 비정형적인 외관은 독특한 8면의 머그잔으로 보완되었고 이 잔은 화이트비어의 표준 서빙 용기가 되었다. 그 어떤 것도 셸리스를 멈출 수 없었는데 그만 화재가 발생했다. 1985년의 지옥 같은 화재로 그의 양조장은 무너졌다. 보험료로는 재건축 비용을 감당할 수 없어 스텔라 아르투아로부터 투자를 받았다. 몇 년 후 이들의 관계는 부패한 맥주처럼 시큼해졌다. 스텔라는 다른 양조장과의 합병을 통해 인터브루Interbrew를 세웠다. 인터브루는 나중에 안호이저-부시를 집어삼켜버린 인베브 사의 전신이다. 비용 절감 정책으로 품질은 낮아질 수밖에 없었고 셸리스는 수준 이하의 맥주를 용납하지 못했다.

그는 자기 지분을 팔고 유럽에 작별을 고한 뒤 텍사스 오스틴으로 이주해 그곳에 셸리스 브루어리Celis Brewery를 세웠다. 셸리스는 오리지널 호가든 레시피대로 셸리스 화이트Celis White를 제조하며 빠른 성공의 길을 찾았지만 투자자를 만족시킬 정도의 수익은 올리지 못했다. 빚을 청산하기 위해 그는 양조장 지분을 밀러 사에 매각했다. 뭔가 똑같은 일이 반복되는 느낌이었다. 원칙은 무시되었고 원료의 품질은 더 나빠졌다. 양조장은 큰 수익을 거두지 못해 폐쇄되었고, 셸리스

화이트 브랜드는 최고액 입찰자에게 매각되었다(2012
년까지 셀리스 화이트는 미시건 양조회사Michigan Brewing Company
에서 제조했다).

2011년 사망한 피에르 셀리스에게 맥주 양조 사업
이 순탄하지만은 않았지만, 그의 경력을 적어놓은 비문
은 전 세계 화이트비어의 부활이자 끈질긴 생존의 기록
이다.

퀘벡에 있는 유니브루Unibroue의 블랑슈 드 샹블리
Blanche de Chambly는 거품이 풍부하며(비에르 블랑슈Biere
Blanche는 화이트비어의 프랑스어), 롱아일랜드의 사우샘프
턴 퍼블릭 하우스는 자사의 더블 화이트 에일Double
White Ale의 수월한 목넘김을 해치지 않고도 ABV를 올

렸다(6.7퍼센트). 텍사스 오스틴의 (512) 양조회사는 텍
사스 화이트비어의 전통을 자몽 껍질로 풍미를 낸
(512) 위트Wit로 살려냈고, 사우스캐롤라이나의 웨스
트브루크 양조장Westbrook Brewing은 동남아시아로 눈
길을 돌려 레몬그라스와 생강이 들어간 화이트 타이
White Thai를 생산한다.

셀리스의 사연은 그의 사후에 좋게 끝을 맺은 것 같
다. 2012년 셀리스의 가족은 셀리스 맥주의 상표를 사
들였고, 양조장 본래의 레시피를 텍사스에서 다시 사
용하는 방향으로 사업을 진행 중이다. 셀리스 가족에
게, 마침내 구름이 걷히는 것 같다.

WITBIER
꼭 시음해볼 두 가지

화이트
WHITE

히타치노 네스트 화이트 에일
HITACHINO NEST WHITE ALE

- 앨러거시 양조회사Allagash Brewing Company
- ABV: 5%

장모님을 처음 만났을 때 그분이 유일하게 마신 맥주는 밀러 64였다. 포틀랜드에 위치한 메인즈 앨러거시 Maine's Allagash의 주력 화이트비어인 화이트를 한번 마셔 보라고 나는 열성적으로 권했다. 장모님이 청량하고 탁한 황금빛의 미인 맥주를 홀짝이면서 코리앤더, 큐라소 오렌지 껍질, 레몬 껍질이 블렌딩된 맛을 음미하는 사이, 화이트는 어느새 물처럼 없어졌다. 누구라도 똑같은 경험을 할 것이다.

- 키우치 브루어리Kiuchi Brewery
- ABV: 5.5%

2011년 일본 대지진으로 이 양조장은 생산을 잠시 중단했지만, 지금은 기막히게 좋은 향의 화이트비어 등 다양한 에일을 다시 양조하고 있다. 이 맥주는 코리앤더, 오렌지 껍질, 육두구를 비롯해 비타민이 풍부한 오렌지 주스로 채워져 있어 풍미가 부족함 없이 살아 있다. 히타치노 네스트 화이트는 뜨거운 오후에 들이켜기에 안성맞춤이다.

대체 맥주 ★★★ 브루어리 오므강 비테 휘트 에일Brewery Ommegang Witte Wheat Ale, 브라우리 바이크 비테케르케Brouwerij Bayik Wittekerke, 브라우리 반 호가든 오리지널 화이트 에일Brouwerij van Hoegaarden Original White Ale, 클라운 슈즈 클레먼타인 화이트 에일Clown Shoes Clementine White Ale, 로스트 코스트 브루어리 그레이트 화이트Lost Coast Brewery Great White, 미크로브라스리 샤를부아 도미뉘스 보비스쿰 블랑슈Microbrasserie Charlevoix Dominus Vobiscum Blanche

미국 밀 에일

미국 밀맥주 양조의 역사는 길거나 찬란하지 않다. 지난 150년 동안 선호해온 발효 곡물은 보리였고, 그 외에 옥수수나 쌀도 양조 케틀에 넣었지만 밀은 제빵이나 이따금 버번위스키 양조를 위한 곡물이었다. 메이커스 마크Maker's Mark(켄터키 주에서 소량으로 양조되는 버번위스키-옮긴이)를 처음 맛보았던 기억을 되살려보라. 다른 버번위스키와 비교해 메이커스는 한층 부드럽고 매끄러우며 스파이시한 풍미가 덜하다. 이는 밀 덕분인데, 밀은 오늘날 크래프트 양조가들 사이에서 그다지 비밀스러운 원료가 아니다.

AMERICAN PALE WHEAT ALE
아메리칸 페일 휘트 에일

바이에른 헤페바이젠의 최상이자 최악은 효모가 바나나와 정향의 풍미를 강하게 남긴다는 것이다. 이들의 풍미와 아로마가 좋다면 행운이고. 이 아로마와 풍미는 쇼에서 인기를 독차지하는 스타로, 홉이 무대에서 활약할 여지를 거의 남겨놓지 않는다. 이게 꽤 괜찮은 점이다. 미국을 비롯한 전 세계의 많은 양조업체가 치키타 바나나의 풍미를 풍기는 바이에른 스타일의 헤페바이젠을 양조한다.

그런데 일부 미국 양조업체들은 이런 효모를 거부한다. 대신 상당한 비율의 밀로 맥주를 만들고 바나나와 정향의 색다른 풍미를 내지 않는 에일 또는 라거 효모와 함께 발효시켜 홉과 곡물이 제대로 주목받게 한다.

밀을 양껏 사용한 최초의 미국 양조장 중 하나로, 오리건 주 포틀랜드의 위드머 브라더스가 있다. 1986년 형제 양조가인 롭 위드머와 커트 위드머는 두 가지 맥주, 즉 독일 스타일의 알트비어와 여과식 바이젠비어(밀맥주)를 총력을 다해 생산하고 있었다. 위드머 맥주를 둘 다 취급했던 그 지역 더블린 펍Dublin Pub의 주인은 또다른 맥주를 판매하고 싶었다. 그런데 한 가지 문제가 있었다. 두 형제에게는 발효조가 두 개뿐이라 실험할 데가 전혀 없었다는 것. 해결책으로 이들 형제는 바이젠비어 생산분을 여과하지 않고 두어 매력적으로 탁한 맥주를 만들어냈다. 이렇게 해서 이들의 주력 상품인 위드머 헤페바이젠Widmer Hefeweizen이 뜻하지 않게 탄생하게 되었다.

이 오리건 에일은 기계적으로 만든 바이에른 헤페바이젠이 아니다. 위드머 헤페바이젠은 바나나와 정향의 아로마가 없는 대신 꽃과 시트러스 향이 그 자리를

커트 위드머와 롭 위드머 형제가 1984년 그들의 이름을 딴 양조장을 세운 이후 오리건의 위드머 브라더스는 미국 최대 크래프트 양조장으로 활짝 꽃을 피웠다. 이들이 만든 헤페바이젠 덕분에 이 스타일이 미국에서 인기를 끌었고, 이들은 계속해서 임페리얼 스타우트와 IPA 위주의 컬렉션으로 혁신을 시도하고 있다. 이 라인업의 상당수는 실험적인 홉 또는 이국적인 홉으로 풍미를 낸다.

페일 에일을 넘어

밀이 엷은 색 에일의 전유물은 아니다. 현재 개발 중인 흥미로운 틈새 상품은 밀 스타우트, 검게 볶은 맥아와 밀을 결합한 제품이다. 이 맥주는 부드럽고 로스팅 풍미가 있으며 가끔 과일 향으로 기분을 북돋워준다. 아직은 시판 초기 단계인데 상업적인 사례에 따라 브루펍이나 일회성 시제품으로 강등되는 경향이 있다. 몇 가지 시판되는 밀 스타우트로는 메인 주에 위치한 라이징 타이드 양조회사Rising Tide Brewing Company의 어서 마이너 Ursa Minor와 노르웨이 한브뤼게리트의 다크 포스 Dark Force가 있으며, 두 제품 모두 바이에른 효모로 발효된다. 덴버의 스트레인지 양조회사Strange Brewing Company는 이런 스타일리시한 혼합 방식에서 한 걸음 더 나아가 체리 밤 벨지언 스타우트 Cherry Bomb Belgian Stout를 개발했다. 단 한 잔의 시음을 위해 콜로라도행 비행기를 예약하는 것을 말리지 않겠다.

매우는데, 이 점이 아메리칸 페일 휘트 에일을 얼추 정의해주는 느슨한 기준이 되었다. 색상 면에서 보면, 이들 신대륙의 창조물은 연한 황금빛 또는 살굿빛이고, 여과를 거치지 않을 경우 독일 것만큼 탁하다. 헤드는 두텁고 오래 지속되며 마우스필은 아기처럼 부드럽다. 아로마와 그 맛은? 그건 홉이 말하게 맡겨두련다.

그 작은 초록 꽃들은 밀 에일에서 훨씬 두드러진 역할을 한다. 예를 들어 라구니타스 양조회사의 리틀 섬핀 섬핀 에일Little Sumpin' Sumpin' Ale은 과즙 풍부한 열대 과일의 쌉쌀함으로 터질 듯하고 도수는 묵직하게도 ABV 7.5퍼센트다(이 책을 쓰면서 이 맥주를 몇 상자는 족히 마셨다). 또 많은 양의 아마릴로 홉은 피크 오가닉 서머 세션 에일Peak Organic Summer Session Ale에 IPA와 유사한 시트러스 향의 아로마를 제공하고, 이는 청량하고 생동감 있는 바디와 5퍼센트 ABV에 찰떡처럼 달라붙는다. 대조적으로 벨스 브루어리에서 가장 잘 팔리는 오베론 에일Oberon Ale은 소량의 시트러스와 오래 남는 부드러운 향에 과일 맛이 은은하게 난다. 밀 에일이 이렇게나 잘 빠지면 다른 맥주는 승산이 없다.

검볼헤드
GUMBALLHEAD

- 스리 플로이즈 양조회사Three Floyds Brewing Co.
- ABV: 5.5%

검볼헤드를 추천하는 게 마치 여러분에게 몹쓸 짓을 하는 듯한 느낌이 든다. 인디애나와 일리노이, 오하이오 주는 물론 미국 중서부 지역을 벗어나본 적이 없는 맥주이기 때문이다. 하지만 이 붉은 짚 빛깔의 밀 에일은 너무 괜찮은 맥주라서 그냥 넘어갈 수가 없다. 향기로운 홉(파인애플, 시트러스)은 약간 달콤한 맥아의 맛을 보완해 몇 리터이고 벌컥벌컥 마실 수 있는 청량한 맥주를 만들어낸다. 검볼헤드는 절대 풍미를 잃지 않는다.

이지 스트리트 휘트 비어
EASY STREET WHEAT BEER

- 오델 양조회사Odell Brewing Co.
- ABV: 4.6%

콜로라도 주의 포트 콜린스에서 양조되는 이 밀 에일의 이름을 보면 양조업자가 쉬운 길을 택해 맥주를 여과하지 않았음을 알 수 있다. 라이트하고 매력적인 레몬의 맛을 가진 이 부드럽고 적당히 달콤한 맥주를 맛보면 게으름도 득이 됨을 깨닫게 된다. 보다시피 낮은 ABV 덕분에 쉼 없이 오래 마실 수 있다.

대체 맥주 ★★★ 불바드 양조회사 언필터드 휘트 비어Boulevard Brewing Company Unfiltered Wheat Beer, 파이어스톤 워커 양조회사 슬러스Firestone Walker Brewing Company Solace, 행거 24 브루어리 오렌지 휘트Hangar 24 Brewery Orange Wheat, 하푼 브루어리 UFO 헤페바이젠Harpoon Brewery UFO Hefeweizen, 서던 티어 양조회사 홉 선 서머 휘트 비어Southern Tier Brewing Company Hop Sun Summer Wheat Beer

불바드 양조회사
Boulevard Brewing Company

미주리 주, 캔자스시티

브루마스터 스티븐 포월스(왼쪽)와 창립자 존 맥도널드(오른쪽)는 미국 최고의 밀 중심 양조회사인 불바드 양조회사를 운영한다.

미주리 주, 캔자스시티에 자리한 불바드 양조회사의 창립자인 존 맥도널드는 자사의 밀맥주에 만족하지 못했다. 이 여과식 에일의 매출이 변변치 않자 그는 생산을 중단하기로 마음먹었다. 그때가 1990년대 초반, 미국은 밀맥주를 맞이할 준비가 되어 있지 않았던 듯하다.

사정의 칼날을 휘두르기 전, 존 맥도널드의 불바드 양조회사는 생맥주 전용 비여과 버전을 생산했다. 구름이 잔뜩 낀 겨울의 런던처럼 탁한 맥주였다. 케그를 이곳저곳으로 배달하며 행운을 빌었다. "이 맥주는 하루 밤새 날개를 달았죠." 불바드의 브루마스터 스티븐 포월스는 말한다. 성공 여부는 인식의 문제였다. "대량생산으로 공급되는 맥주만큼 맑지가 않았어요. 사람들은 '지역에서 생산되는 맛 좋은 맥주가 나왔네' 하면서, 좀 색다른 맥주를 마시고 있다고 생각한 거죠."

1994년 이렇게 제품을 바꾼 뒤로 비여과 밀맥주는 불바드에서 최고 매출을 올리는 브랜드이자 중서부 지역에서 가장 잘 팔리는 크래프트 맥주 브랜드가 되었다. 밀은 불바드의 대표 원료로 등극했다. (대부분 이 지역에서 충당되는) 밀은 병 숙성 맥주의 다양한 제품군에 들어 있다. 그중 꽃과 시트러스 향의 싱글 와이드IPASingle-Wide IPA와 스파이시한 탱크 7 팜하우스 에일Tank 7 Farmhouse Ale, 과일 향의 향긋한 존 벨기언 스타일 화이트비어ZON Belgian-style Witbier, 로스팅 풍미의 임페리얼 다크 트루스 스타우트Dark Truth

Stout, 열대 향의 하비스트 댄스 휘트 와인Harvest Dance Wheat Wine이 있다. "불바드는 밀맥주 양조장입니다." 포월스는 자랑스레 얘기한다.

좋은 짝을 만나다

불바드 양조회사의 역사는 몇 가지 국면으로 나눠볼 수 있다. 맥도널드는 1989년 캔자스시티의 역사지구에 양조장을 세웠다. 그는 1930년대 양조 장비를 포함한 중고 장비를 페맞춘 다음 레시피에 열을 올려 달콤하고 과일 향이 나는 페일 에일을 생산했다. 이 에일이 불바드 양조회사 최초의 맥주로, 처음에 고객을 공략하는 데는 시간이 걸렸지만 여전히 인기 있는 제품의 자리를 지키고 있다.

당시 미 중서부 지방은 부시, 버드와이저같이 부담 없는 맥주가 독점했다. 어느 날 아침, 맥도널드는 동네 펍에 가서 세 명의 손님을 자기가 만든 페일 에일로 개종시키려고 했다. 회사 영업사원이 세 명에게 술을 한 잔씩 산 것. 한 손님은 마시기를 거부했고 나

머지 두 손님은 조금 홀짝이더니 옆으로 치운 다음 아무 말도 하지 않았다. "문 밖으로 걸어 나가는데 그중 한 사람이 이렇게 말하더라고요. '젊은이, 이제까지 먹어본 맥주 중 정말 최악이야.'" 맥도널드는 블로그 '헤비 테이블Heavy Table'에 이렇게 적었다. "그 자리에서 뛰쳐나가면서 생각했어요. 내가 지금까지 뭐 한 거야? 완전히 빈털터리가 되겠군."

불바드 양조회사는 파산하진 않았지만 1990년대 후반에 다른 길로 들어섰다. 벨기에 맥주와 병 숙성(맥주에 효모와 설탕을 추가한 뒤 병에 담아 2차 발효를 일으켜 자연스럽게 탄산을 생성하는 과정)에 대해 알고 싶었던 맥도널드는 유럽 출신의 양조가를 영입하기로 마음먹었다. 그는 벨기에의 양조 전문가 스티븐 포월스를 채용했다. 포월스는 어린 시절의 여름을 아버지와 함께 지역 양조장에서 일하며 보낸 사람이었다. 불바드 양조회사의 품질에 대한 헌신과 혁신 의지에 매료된 포월스는 대서양을 건너 브루마스터가 되었고, 1999년 이후로 계속 그 자리를 지키고 있다.

포월스는 말한다. "일하기에 너무 좋은 회사입니다. 대표가 많은 자유를 주고, 지루할 틈이 전혀 없어요." 지루한 맥주도 나올 틈이 없다.

제발, 레몬은 사절

브루마스터라는 자리에 앉은 이후 포월스는 기계적으로 일하는 것을 거부해왔다. 스모크스태크 시리즈Smokestack Series를 기치로 내걸고, 그는 복합적이고 개성 있는 맥주를 다양하게 제조한다. 그 시리즈 제품으로는 러브 차일드Love Child 사우어 맥주 컬렉션, 통 숙성 일회성 제품, 도수 높은 더 식스 글래스 쿼드루펠The Sixth Glass Quadrupel 같은 대용량의 벨기에 맥주, 황금빛의 과일맛 맥주인 롱 스트레인지 트리펠Long Strange Tripel, 미국에서 가장 우수한 세종 맥주인 탱크 7 팜하우스 에일 등이 있다. 이들 모두 탁월한 제품이지만 그중에서도 하비스트 댄스 휘트와인이 가장 독특하고 주목할 만하다. 이 스타일에 관해 포월스가 소개한 내용을 보면 이 겨울 제품(이 스타일에 관한 자세한 정보는 235쪽 참조)은 아무나 흉내 낼 수 없는 맥주임을 알 수 있다. "이 맥주를 만든 취지는, 휘트와인에서 실제로 와인의 특성을 얻어보자는 것이었습니다. 이 스타일을 진정으로 이해하는 사람이 아무도 없었기 때문에 우리는 원하는 것은 무엇이든 할 수 있었죠."

뭐든 자유롭게 무제한으로 해볼 수 있었던 포월스는 생밀 20퍼센트와 밀 맥아 25퍼센트, 소량의 귀리, 벨기에 효모, 할러타우와

열대의 시트라 홉을 선택했다. 하비스트 댄스는 미국과 프랑스 오크 통에서 숙성된 다음 무스카트 포도주스와 함께 병에서 숙성된다. 그 결과는 마치 화이트와인이 맥주와 함께 열대 지방으로 달콤하고 끈적끈적한 휴가를 떠난 것 같다. 누구든 자꾸 더 달라고 조를 게 분명하다. 시트러스류의 과일은 무턱대고 추가하지 말 것.

밀 양조의 주요한 이점은 거품의 오랜 유지력에 있다. 헤페바이젠이나 화이트비어같이 높은 함량의 밀로 양조되는 맥주에 레몬 한 조각을 곁들이면 아로마가 좋아지고 보기에도 좋지만 과일의 산이 거품을 제거한다. "저는 언필터드 휘트(비어과 밀맥주)를 과일과 함께 마시지 않지만 이는 고객이 판단할 문제입니다." 포월스는 특히 캔자스시티에서는 보통 레몬 한 조각을 곁들여 낸다고 아쉬움 섞어 말한다.

비어과 밀맥주는 여전히 인기 있지만, 이상하게도 이 탁한 맥주의 성공이 비슷하게 탁한 형제 맥주, 존ZON(플라망어로 '태양')이 갈 길을 터주지는 못했다. 존은 여름철 제품으로, 코리앤더와 오렌지 껍질이 향신료로 들어간 화이트비어다. "화이트비어에 대해 알려주기란 쉽지 않습니다. 우리의 언필터드 휘트는 약간 더 노르스름한 빛인 반면 존은 약간 더 탁하고 음식에 좀 더 잘 어울리죠."

단정하건대, 화이트비어의 성공은 여전히 가정의 문제가 아니라 시기의 문제다. 결국 포월스는 화이트비어의 부활을 책임진 양조가 피에르 셀리스에게서 힌트를 얻었다. 포월스는 말한다. "그에 대해선 정말 잘 알았어요. 그는 항상 보기 좋고 목넘김과 느낌이 다른 맥주를 만들겠다고 했어요." 남과 다르게 만들겠다는 셀리스의 전략은 불바드에 영향을 끼쳐 결정적인 차이를 만들었다.

더 가볍게 마시자

두 잔을 마시고 세 잔을 마셔도, 페일 에일

All About Beer

술을 마시기엔 아직 어렸던 시절, 공항에서 대기하는 시간은 정말 지루했다. 가족에게서 벗어나고 싶었던 나는 공항 중앙 홀을 정처

없이 떠돌며 푸드코트에서 맥도널드의 비싼 햄버거를 순식간에 먹어치우거나, 손가락이 죄다 종이에 베일 정도로 잡지를 닥치는 대

로 훑었다. 기다리는 것은 분명 고역이었다.

하지만 맥주와 함께라면 달랐다. 손에 시원한 맥주 한 잔 들고 있으면 시간은 플룸라이드를 탄 여섯 살 아이가 된 양 빠르게 흘러간

다. 법적으로 음주가 가능한 진줏빛 문을 통과한 후, 나는 비행기 시간이 지연되면 술집으로 달려가 으레 아로마 짙은 시에라 네바다

페일 에일Sierra Nevada Pale Ale을 음미하곤 했다. 시에라 네바다 페일 에일은 버드, 쿠어스, 밀러의 바다에서 갈 곳 몰라하는 크래프

트 맥주 팬에게는 구명 기구나 다름없었다.

시에라 네바다 페일 에일이 미국 내 공항 도처에 깔렸다는 사실은 지난 30년간 크래프트 맥주가 얼마나 멀리 진출했는지, 그리고 페

일 에일이 어떤 힘으로 버텨냈는지를 보여주는 증거다. 수백 년 전 영국에서 처음으로 등장한 이후, 페일 에일은 가장 즐겁고 무난한

맥주로 그 가치를 입증해왔다. 적절한 도수의 페일 에일은 필스너나 라거보다 무게감과 바디감이 있으며 과일 향, 그리고 때로는 강

한 홉의 풍미와 아로마를 내지만 여전히 수월하게 마실 수 있는 맥주다. 두 잔 먹다가 '에라 모르겠다' 하는 마음으로 세 잔을 급히

마셔도, 택시를 불러서까지 자기 몸을 집에 실어갈 필요가 거의 없다.

이번 수업에서는 페일 에일의 역사를 파헤치면서, 영국에서 탄생하게 된 이례적인 배경부터 독특한 벨기에 에일과 전능한 홉을 끝없

이 음미할 수 있는 미국 버전까지 다뤄보겠다. 이들 맥주는 페일 에일이라는 깃발 아래 한데 뭉쳐 있지만, 모든 페일 에일이 빅토리

아 시대 피부처럼 하얗지는 않다. 페일 에일은 황금빛부터 불그스름한 호박빛까지 다양하며, 과일 맛이나 쌉쌀한 맛이 날 수 있고,

도수 높은 벨기에 페일 에일의 경우에는 놀라 자빠질 정도로 입 안을 강타한다.

이제 페일 에일 안으로 들어가보자.

ENGLISH PALE ALE

잉글리시 페일 에일

물은 맥주 양조에서 비중이 가장 큰 단일 원료(90퍼센트 이상)지만 대단한 취급을 받지 못한다. 홉과 곡물, 효모가 난리법석을 떠는 사이 겸손한 물은 그늘 속을 거닌다. 하지만 양조가들에게 물어본다면 기꺼이 물을 가장 중요하다고 내세울 것이다. 물의 미네랄 성분은 맥주의 풍미와 특성에 직접적인 영향을 끼친다. 예를 들어 체코 플젠의 연수는 대체로 미네랄이 없고 중탄산염의 농도가 낮아 청량하고 깔끔한 트로피 황금빛의 필스너를 만드는 데 도움을 준다.

이와는 반대로 영국의 버턴어폰트렌트를 둘러싼 언덕은 석고층이 가득한데 그 때문에 이 지역 물에는 소금이 녹아 있다. 높은 함량의 칼슘과 황산염은 투명도를 향상시켜 홉의 씁쓸한 맛을 강조하는데, 이는 현대 페일 에일의 길을 닦아준 우연한 화학작용이었다. 의심의 여지 없이, 엷은 색의 에일은 천년은 아니더라도 수세기 동안 존재해왔다(가설에 따르면 고대 수메르인들은 햇빛에 말린 맥아를 사용해 엷은 색의 맥주를 만들었다). 영국의 경우 페일 에일의 양조는 17세기경에 시작되었는데, 당시 양조업자들은 이글거리는 불 대신 코크스가 연료인 오븐에 맥아를 넣어 말리기 시작했다(코크스는 석탄을 산소가 없는 상태에서 가열할 때 생성되는 청정 연료로, 휘발성 가스와 불순물이 나오지 않는다).

티모시 테일러 앤드 주식회사Timothy Taylor & Co.의 랜드로드는 '영국 챔피언 맥주상'을 여러 차례 수상하며 오랫동안 영국의 전설로 인식되었지만, 샘물과 통잎 홉으로 만든 이 훌륭한 페일 에일은 2012년이 되어서야 미국에 수출되었다. 한번 구해서 마셔보길.

★ ★ ★

2차 대전 당시 군인의 "버턴Burton 찾으러 갔다"라는 말은 맥주 찾으러 도망 갔다는 뜻으로, 아마도 돌아오지 못한다는 의미였다. 이 말은 사망했다는 말을 완곡하게 표현한 기분 나쁜 유머였다.

ENGLISH PALE ALE
꼭 시음해볼 두 가지

올드 스페클드 헨
OLD SPECKLED HEN

- 그린 킹 PLC Greene King PLC
- ABV: 5.2%

올드 스페클드 헨은 바의 의자를 떠나지 못하게 하는 일등 공신일지도 모른다. 이 맥주는 애빙던에 위치한 MG 자동차 공장 50주년을 기념하기 위해 1979년에야 탄생했다(노동자들이 공장을 돌 때 타는, 페인트 얼룩이 묻은 차량이 '오래된 점박이owld speckled un'이었는데 거기서 '올드 스페클드 헨'이라는 이름을 땄다). 헨은 라거 생산으로 인해 거의 단종되었지만, 캐러멜과 볶은 맥아의 부드러운 풍미, 파일 향의 버터스카치 아로마와 순한 허베이셔스 향(레드와인 품종인 카베르네 쇼비뇽이나 메를로, 또는 화이트 와인 품종인 쇼비뇽 블랑에서 많이 느껴지는 향-옮긴이)으로 꽉 찬 매력적인 투명한 앰버 맥주로서 그 명맥을 유지해왔다. 올드 스페클드 헨은 질소 충전 캔으로 구입하길 권장한다.

배스 페일 에일
BASS PALE ALE

- 배스 브루어즈 주식회사 Bass Brewers Limited
- ABV: 5%

19세기 후반 배스는 대영제국의 주류계를 지배하며 영국에서 가장 인기 있는 에일이 되었다. 오늘날 배스는 세계로 수출되는 국제적인 아이콘(배스는 1860년 일본에서 판매된 최초의 외국 맥주였다)으로, 오랜 성공의 열쇠는 친근함이다. 은은히 빛나는 구릿빛 에일은 달콤한 맥아, 캐러멜, 흙을 얘기해주며 홉의 은은한 꽃향과 끝에 살짝 걸치는 한 점의 쓴맛이 특징이다.

대체 맥주 ★★★ 블랙 십 브루어리 몬티 파이선즈 홀리 그레일 에일Black Sheep Brewery Monty Python's Holy Grail Ale, 보딩턴즈 펍 에일Boddingtons Pub Ale, 시스코 브루어즈 웨일즈 테일 페일 에일Cisco Brewers Whale's Tale Pale Ale, 파이어스톤 워커 더블 배럴 에일Firestone Walker Double Barrel Ale, 오델 양조회사 5 배럴 페일 에일Odell Brewing Company 5 Barrel Pale Ale, 새뮤얼 스미스즈 올드 브루어리 페일 에일Samuel Smith's Old Brewery Pale Ale, 서밋 양조회사 엑스트라 페일 에일Summit Brewing Company Extra Pale Ale

1761년 버턴어폰트렌트에 세워진 워딩턴즈Worthington's 양조장은 그 지역의 자랑거리인 물을 맥주 양조에 활용해 대단한 성공을 거두었다. 오늘날 이 회사(현재는 몰슨쿠어스MolsonCoors의 소유)는 전형적인 잉글리시 IPA인 화이트 실드White Shield와 균형 잡힌 잉글리시 페일 에일인 레드 실드Red Shield로 유명하다.

이런 에일은 당시 흔했던 다크 포터나 브라운 비어와 비교했을 때 엷은 색이었고, 기존 맥주를 대신할 수 있을 정도로 인기가 있었다. 이들을 양조하는 중심지 중 한 곳이 버턴어폰트렌트였다. 1777년에 설립된 배스Bass 같은 양조장은 오늘날이라면 깜짝 놀랄 만한 페일 에일을 제조했다. 버턴 페일 에일Burton Pale Ale은 색이 상당히 어둡고 약간 달콤하며 12월의 추위를 날려버릴 정도로 속을 뜨뜻하게 해준다. 18세기 상당 기간 동안 버턴 페일 에일 또는 버턴 에일은 러시아와 그 주변 발트 3국에 수출되어 지역 양조장들의 금고를 두둑하게 해주었다. 그러나 불행히도 전쟁과 무역 제재가 발생했다. 1822년 러시아는 치즈, 우산, 에일 등 거의 모든 영국산 제품의 수입을 금지했다. 그런데 포터 맥주는 예외였던 터라 이 지역 양조업체들은 새로운 캐시 카우를 찾아 나섰다.

당시 황금알을 낳는 수출품은 인도로 보내는, 홉이 풍부한 페일 에일이었는데, 가장 유명한 수출업자는 조지 호지슨이라는 런던의 양조가였다. 그는 동인도회사에 맥주를 공급했고, 이 회사는 선적품을 인도 대륙으로 보냈다. 악덕 장사꾼인 호지슨은 동인도회사라는 중개상을 배제하려고 했다. 회사는 이런 위반 행위를 보아넘기지 않고 버턴어폰트렌트의 믿을 만한 양조업자에게 의지해 쌉쌀한 맛의 괜찮은 에일을 그대로 재현해냈다. 이 지역의 물 덕분에 버턴의 양조가들은 쌉쌀한 고품질의 페일 에일을 만들 수 있었고, 시간이 지나면서 이 맥주는 인디아 페일 에일로 알려지게 되었다(인디아 페일 에일에 관한 자세한 정보는 'Class 5-IPA' 참조).

19세기 중반까지 이 쌉쌀한 맛의 버턴 맥주는 원산지에서 성공의 발판을 마련했고, 버턴어폰트렌트는 영국을 비롯한 전 세계의 위대한 양조 본거지 중 한 곳으

모든 배스 페일 에일 라벨에 표시된 빨간색 삼각형은 영국 최초의 등록상표였다.

★ ★ ★

종교개혁을 시작한 독일의 보통 영국인들은 블랙 앤드 탠Black and Tan을 마신다. 이는 기네스와 배스 페일 에일을 50 대 50으로 섞어 만든 칵테일이다. 색이 진하지만 라이트한 스타우트가 페일 에일 위로 뜬다.

★ ★ ★

종교개혁을 시작한 독일의 그랜드 테턴 양조회사Grand Teton Brewing Company의 비치 크리크 ESBBitch Creek ESB(Extra Special Brown)는 특별판으로 만든 브라운 에일이다(크리크 강은 이 지역 식수의 실제 원천이다). 달콤한 맥아 향과 약간 쌉쌀한 맛이 어우러진 이 아이다호의 맥주는 한번 맛볼 가치가 있으며, 그동안 수많은 메달을 수상했다.

로 자리 잡았다. 물론 올라가는 모든 것은 떨어지게 마련. 버턴어폰트렌트의 최대 자산은 물이었다. 시간이 지나자 C. W. 빈센트라는 화학자가 이 지역 물의 미네랄 암호를 풀어내 '버턴화Burtonisation'라는 공정을 개발했고, 이에 따라 세계 그 어느 곳의 양조업체라도 석회를 추가해 버턴 페일 에일을 흉내 낼 수 있었다.

버턴의 비밀이 풀렸다고 해서 영국 양조업체들이 더욱더 쓴 맥주를 만들기 위한 군비 경쟁에 돌입하지는 않았다. 어떤 업체는 강도를 줄여 오늘날의 페일 에일로 알려진 맥주를 만들었다. 이들 맥주는 흙 내음과 과일 향이 나며 맥아의 특성이 잘 살아 있고 딱 적당한 양의 홉이 함유되어 있어 정적이고 순한 짜릿함이 느껴진다.

북극에서 만든 맥주

지금까지 양조된 버턴어폰트렌트 에일 중 가장 유명한 것으로, 진하고 무게감이 상당한 올솝스 아크틱 에일Allsopp's Arctic Ale이 있다. 이 맥주는 영국 탐험대가 북극권을 탐사하던 빅토리아 시대에 만들어졌다(이 맥주는 높은 알코올 도수 덕분에 북극에서도 얼지 않았다). 2010년 자가 양조가이자 모험가인 크리스토퍼 보언과 페글리스 브루 워크스Fegley's Brew Works의 브루마스터인 보 배던은 이동식 양조장을 끌고 가며 단행했던 오토바이 북극 여행에서 추운 계절용 에일을 되살리는 일에 착수했다. 이때 나온 페글리스 아크틱 앨크미Fegley's Arctic Alchemy는 2011년 미국 맥주대축제에서 동메달을 수상했다.

BEYOND THE PALE

페일, 그 너머에

잉글리시 페일 에일 스타일은 그 경계가 확실치 않아 비터라는 이름으로 통하는 수많은 종류를 가지고 있다. 본래 비터는 생맥주로 제공되거나, 자연 탄산이 발생하는 캐스크 에일로 제공되는 페일 에일이었다. 페일 에일은 병으로 포장된 비터 맥주를 가리키는 말이었다. 오늘날 비터는 병과 생맥주 형태로 공급되는데, 이런 페일 에일은 넓게 봤을 때 다음의 세 가지 범주로 나뉘며 일부는 겹치기도 한다.

Standard/Ordinary Bitter 최고 4.1퍼센트의 ABV와 이보다 훨씬 도수가 낮은 경우도 많은, 술고래와는 거리가 먼 에일로, 펍에서 가장 흔하게 팔리는 비터 맥주다. 매우 라이트하고 잘 넘어가서 하루 저녁에 여러 잔도 거뜬하다. 영국에서는 IPA라는 상표가 붙은 맥주를 많이 찾아볼 수 있는데 이들은 좀 더 정확히 말하면 그린 킹 IPA 같은 저알코올 페일 에일이다.

Best/Regular Bitter 《금발 소녀와 곰 세 마리》에 나오는 죽처럼 도수가 아주 강하지도, 아주 약하지도 않다. ABV는 보통 4.2~4.7퍼센트인데, 이 범주는 다소 사라져가는 추세다.

Premium/Strong Bitter ABV 4.8퍼센트 이상을 모두 포괄하는 범주로, 맥아 향과 홉향이 강한 이 맥주는 엑스트라 스페셜 비터Extra Special Bitter, 즉 ESB라고 불린다(이는 미국에서 그렇고, 영국에서 ESB는 풀러 스미스 앤드 터너 사의 등록상표다). 최근 ESB는 맥아와 홉의 매력을 더 추가해 영국 스타일 에일을 만들려는 미국 양조업계의 유행 스타일이다.

STANDARD AND BEST BITTER
꼭 시음해볼 두 가지

비터 브루어
Bitter Brewer

- 설리 양조회사Surly Brewing Co.
- ABV: 4.1%

양조장이라는 참호에서 일생을 보낸 일부 양조업자들은 더블 IPA만큼 인생의 쓴맛을 느낄 것이다. 이런 지칠 줄 모르는 노동자를 찬양하고 벌컥벌컥 들이켤 수 있는 맥주를 만들기 위해 미네소타에 위치한 설리 양조회사는 귤맛, 토스트와 잼의 아로마를 얹어 흙맛의 쌉쌀함과 가벼운 ABV를 조화시킨 표준 비터를 양조했다. 여름철에 16온스 캔으로 출시되는데, 네 개들이 팩 하나를 마시는 건 일도 아니다.

풀러스 런던 프라이드
Fuller's London Pride

- 풀러 스미스 앤드 터너 PLCFuller Smith & Turner PLC
- ABV: 4.7%

영국 펍에서 빠지지 않고 등장하는 런던 프라이드는 복합적인 맛이 순한 ABV를 확실히 압도하는 최고의 비터 맥주다. 황갈색의 프라이드는 토피와 빵의 향으로 유혹해 흙 내음의 홉, 비스킷, 캐러멜로 잘 닦인 평탄한 도로를 달리게 해준다.

P.S: 영국에서 캐스크 통 생맥주로 출시되는 풀러스 프라이드는 ABV가 4.1퍼센트로 약간 가볍다.

대체 맥주 ★★★ 구스 아일랜드 비어 주식회사 혼커스 에일Goose Island Beer Co. Honker's Ale, 드레이크스 양조장 알파 세션 노컬 비터Drake's Brewing Alphe Session NorCal Bitter, 하이랜드 양조회사 블랙 마운틴 비터Highland Brewing Company Black Mountain Bitter, 미니애폴리스 타운 홀 브루어리 웨스트 뱅크 펍 에일Minneapolis Town Hall Brewery West Bank Pub Ale, 리지웨이 양조장 비터Ridgeway Brewing Bitter, 테틀리즈 잉글리시 에일Tetley's English Ale

EXTRA SPECIAL BITTER

꼭 시음해볼 두 가지

ESB
ESB

- 레드후크 양조장Redhook Brewing
- ABV: 5.8%

1981년부터 태평양 연안 북서부 지역의 양조 개척자들은 소나무 향이 나고 목넘김이 부드러운 롱 해머 IPA Long Hammer IPA와 진한 맥아 성향의 카퍼 후크 Copper Hook, 레드후크 양조장의 주력 상품인 ESB같이 믿음직스럽게 탁월한 에일을 쏟아냈다. 혀에서 느껴지는 맥아 향과 캐러멜의 달콤한 베이스는 홉의 꽃향과 부드럽고 약간 쌉쌀한 끝맛을 위한 도약대 역할을 해준다. ESB는 매우 단순하지만 이런 단순함이 꽤 만족스럽게 느껴질 수 있다. 디자인이 새롭게 바뀐 레드후크의 라벨이 신선하게 다가온다.

13 레블스 ESB
13 Rebels ESB

- 프렌치 브로드 양조회사French Broad Brewing CO.
- ABV: 5.2%

노스캐롤라이나의 애슈빌에는 너무 좋은 맥주가 많아서 하나만 꼽기 힘들다. 그중 이 ESB는 미국 건국 당시의 13개 주를 뜻하는 이름을 따서 만들었다. 활기찬 구릿빛 에일은 풀파 허브의 흙향을 가졌다. 이와 함께 풍부한 토스트 향과 살짝 느껴지는 캐러멜 맛, 드라이함 덕분에 적절하게 쌉쌀한 맛과 어우러질 때 놀랍도록 강한 풍미의 마시기 수월한 맥주가 된다. ABV가 단 5.2퍼센트인 프렌치 브로드 사의 이 맥주와 함께라면 나는 밤을 새울 수도 있다.

대체 맥주 ★★★ 앤더슨 밸리 양조회사 분트 ESB Anderson Valley Brewing Company Boont ESB, 레이크프런트 브루어리 오가닉 ESB Lakefront Brewery Organic ESB, 맥닐즈 브루어리 엑스트라 스페셜 비터 에일McNeill's Brewery Extra Special Bitter Ale, 노리 브루하우스 크리스털 비터No-Li Brewhouse Crystal Bitter, 스카 양조회사 ESB 스페셜 에일Ska Brewing Co. ESB Special Ale, 스타우츠 양조회사 스칼릿 레이디 ESB Stoudt's Brewing Company Scarlet Lady ESB

물, 물이 중요해

필스너부터 드라이한 아이리시 스타우트까지 물을 구성하는 다양한 미네랄은
개성 있는 스타일의 맥주를 만드는 데 중요한 역할을 했다.
물이 그토록 특별한 이유가 여기에 있다.

아일랜드 더블린

탄산염과 칼슘이 풍부한 이 지역의 대수층(지하수를 품고 있는 지층-옮긴
이)은 알칼리도가 높은 경수를 생성한다. 이 지역에서 검은 맥아로 맥
주를 양조하면 양조 시의 산도가 PH의 균형을 잡아주어 기네스 같은
세계적인 수준의 스타우트를 생산하는 데 도움을 준다.

체코 플젠

청량한 황금빛, 기분 좋은 쌉쌀한 맛의 필스너는 맥주 양조에 쓰인 이
지역의 물이 연수나 미네랄 없는 물이 아니었다면 아마 지금과는 전
혀 다른 맥주였을 것이다.

독일 뮌헨

많은 양의 탄산염 때문에 이 지역 양조업자는 검은색 맥아를 사용해
물을 산성화해야 하는데, 덕분에 좀 더 달콤하고 맥아 향이 강하며 다
소 어두운 색의 라거가 만들어졌다.

독일 도르트문트

이곳은 체코에서 인기 있는 종류의 필스너를 생산하지만, 이 도시의
미네랄 풍부한 경수는 맥아의 진한 풍미를 끌어낸다.

오스트리아 빈

빈 지역의 물을 구성하는 미네랄 성분은 도르트문트와 비슷하지만,
칼슘과 염화물의 함량은 낮으며 칼슘과 중탄산염의 균형은 깨져 있
다. 해법은 볶은 맥아를 소량 사용하는 것. 이렇게 하면 벽돌색의 비엔
나 라거가 탄생한다.

영국 런던

낮은 함량의 칼슘과 많은 양의 탄산염이 포터를 양조하는 데 적합한
배합으로, 어두운 색의 맥아로 절실하게 필요한 산도를 공급해 균형
감을 얻는다. 물속 나트륨과 염화물은 맥주를 부드럽게 해준다.

* 양조수의 영향에 관한 자세한 정보는 존 팔머의《양조의 방법How to Brew》을
  참조할 것.

BELGIAN PALE ALE

벨지언 페일 에일

19세기 후반과 20세기 초반, 독일은 유럽 국가들에게 끔찍한 이웃이었다. 수많은 전쟁을 선동하는 것은 물론, 인기 많은 라이트하고 우아한 라거가 유럽 대륙에 차고 넘치게 했다. 이들 맥주는 청량하고 허브 향이 나는 체코 필스너와 손잡고 유럽의 양조계에 충격을 주는 원투 펀치를 날렸다.

1700년대 중반 이후로 페일 에일은 (상대적으로) 벨기에에서 양조되었지만, 안팎으로 필스너와 라거의 위협에 대항하기 위해 스타일을 재정비할 필요가 있었다. 사실 전 세계에 가장 널리 퍼져 있던 라거는 스텔라 아르투아로, 1926년 벨기에에서 탄생했다. 저온발효 맥주와의 경쟁을 피하기 위해 벨기에 양조업체들은 영국 양조업체에서 영감을 얻었다. 엷은 색의 맥아, 독일과 체코 같은 나라에서 자라는 필스너에 적합한 노블홉, 그리고 벨기에 토종 효모를 사용했던 것. 결과적으로 이런 맥주는 영국 맥주 애호가들의 욕구를 자극했고, 일부 맥주는 1차 세계대전 중 벨기에에 주둔해

있던 영국군의 미각을 만족시키기 위해 만들어지기도 했다. 2차 대전 후 벨기에 페일은 또 다르게 변화해 오늘날의 스타일로 변모했다. 섬세한 홉의 특성, 가벼운 맥아 향, 적절한 알코올 도수, 쌉쌀한 맛, 그리고 벨기에 효모의 트레이드마크인 과일의 특성과 향신료가 균형 잡힌 맥주로 탄생한 것.

바로 이런 특성이 벨기에 페일 에일이 한층 도약하게 하는 역할을 했다. 기분 좋은 과일 향이 나는 호박색의 데코닝크De Koninck부터 꿀이 소량 들어간 팜Palm, 그리고 뉴욕에 위치한 브루어리 오므강에서 만든, 색이 엷고 탁하며 열대 과일과 향기로운 시트러스 향으로 터질 듯한 BPA까지, 벨기에 페일 에일은 풍미와 색조의 범위가 넓다. 사실 미국인들의 지나친 홉 사랑으로 벨기에 양조업체들은 페일 에일에 홉을 다량 추가해 솜씨 좋게 드라이한 데란케 XX 비터De Ranke XX Bitter와 커콤 양조장의 매우 쌉쌀하고 음용성이 훨씬 좋은 빙크 블론드Bink Blond 같은 제품을 출시하게 되었다.

BELGIAN GOLDEN STRONG ALE

벨지언 골든 스트롱 에일

방심하지 말고 일을 꼼꼼히 하라는 뜻으로 '악마는 세세한 부분에 숨어 있다'라는 말이 있는데, 벨기에에서는 사탄이 맥주에 숨어 있을 수 있다. 그 많은 경건한 신앙인들이 천국의 맥주를 쏟아내고 있으니(자세한 내용은 'Class 6-트라피스트 에일과 수도원 스타일 에일' 참조) 그럴 법도 하다. 그래서 벨기에 내에서 가장 유명한 상업 양

조장 무르트가트Moortgart에서는 독실한 맥주의 대항마로 두벨Duvel, 즉 악마를 양조했다.

두벨은 언뜻 보기에 도수가 지독하게 높아 보일지도 모르겠다. 이 페일 에일은 '맥주는 외관을 보고 평가할 수 없다'는 나의 믿음을 뒷받침해주는 좋은 예다. 두벨은 순수함을 외치는, 결혼반지 못지않은 황금

BELGIAN PALE ALE
꼭 시음해볼 두 가지

타라스 불바	리퀴드 골드
TARAS BOULBA	LIQUID GOLD

• 라 센 양조장Brasserie de La Senne
• ABV: 4.5%

라 센 양조장은 알코올 도수가 낮아 음용성이 높으며 노인만큼 성질이 쓴 맛의 맥주를 제조한다. 진비르Zinnebir는 가볍고 갓 구운 빵 냄새가 나는 금발색 에일로 홉의 성질이 두드러진 반면, 스타우테리크Stouterik는 초콜릿과 커피 풍미를 가진 꿈 같은 맥주다. 내가 좋아하는 맥주는 타라스 불바인데 스파이시한 효모, 레몬, 과일이 가득한, 펑키하면서도 신선한 향을 풍기는 탁한 노란색의 매력적인 제품이다. 타라스 불바는 드라이하게 넘어가고 맥아의 달콤함은 풀파 시트러스, 그리고 그 풍부한 홉의 향에 기세가 누그러진다.

• 캡틴 로런스 양조회사Captain Lawrence Brewing Company
• ABV: 6%

몇 년 전에 내 친구 에런은 자기 아내 메그의 생일을 맞아 바비큐 파티를 열고, 리퀴드 골드를 케그 통으로 구입했다. 약 20명의 사람들을 위해서였다. 우리는 후추 맛이 나는 넥타를 되도록 많이, 인간답게 마실 수 있는 도전의 기회로 여겼다. 파인트로 아홉 잔쯤 되었을까, 나는 잔의 수를 세는 것을 포기하고 바나나, 정향, 오렌지의 덤불에 빠져버렸고, 생기 있는 거품 덕분에 한 잔 한 잔 계속해서 파인트 잔을 채웠다. 다음 날 아침 두개골이 폭발할 것 같은 숙취에도 나는 케크 통을 처리하는 걸 도와주러 친구에게 갔다.

> 대체 맥주 ★★★ 빅 보스 양조회사 헬스 벨 벨지언 스타일 에일Big Boss Brewing Company Hell's Belle Belgian Style Ale, 커콤 양조장 빙크 블론드Brouwerij Kerkom Bink Blonde, 디외 뒤 시엘! 데르니에르 볼롱테Dieu du Ciel! Dernière Volonté, 하푼 브루어리 벨지언 페일 에일Harpoon Brewery Belgian Pale Ale, 옴니폴로 레온Omnipollo Leon

다크 스트롱 에일의 탄생

고등학교 과학 시간에 모든 작용에는 이와 대등한 반작용이 있다고 배웠다. 벨기에 다크 스트롱 에일의 부상은 분명 이런 원리로 설명되는데, 이 맥주는 묵직한 골든 에일의 미러 이미지다. 골든 에일은 색이 연하고 과일 맛이 나며 달콤한 데 반해, 이보다 색이 어두운 다크 스트롱 에일(ABV 8퍼센트 이상)은 후추 맛의 향신료와 어두운 색 과일, 캐러멜, 토스트로 포장된 진한 맥아 향의 도로를 달린다. 다크 스트롱 에일은 대체로 쿼드루펠 quadrupels 범주에 속한다(190쪽 참조).

1926년 겨울, 벨기에의 아르투아 양조장은 특별히 탄산이 많은 크리스마스 시즌 맥주를 만들기로 했다. 이 맥주의 이름은 '별star'의 라틴어인 스텔라Stella. 전설은 이렇게 해서 탄생했다.

색이다. 그런데 바로 그 색조가 8.5퍼센트의 ABV를 감춘다. 이런 점이 도수 높은 벨기에 페일 에일의 교묘한 즐거움으로, 이 맥주는 눈속임과 변하는 맛으로 만들어지는 범주다.

얀레오나르트 무르트가트가 1871년 자신의 이름과 동일한 양조장을 세웠을 당시만 해도 그 시대의 전통적인 소박한 다크 에일에 집중했다. 그의 아들 알베르트와 빅토르는 사업을 물려받자 이에 반기를 들기로 결심했다(그곳에서는 놀랄 일이 아니었다). 이들은 영감을 얻기 위해 대영제국으로 관심을 돌려, 1차 세계대전 종전을 기념하는 빅토리 에일Victory Ale을 만들었다. 하지만 빅토리 에일은 흠잡을 데 없는 승자가 아니었다. 무르트가트의 두 아들은 완벽을 추구하면서 레시피를 수정해 자기들이 만든 에일이 당시 유행하던 스카치 에일과 일부나마 동일한 특성을 가졌으면 했다. 알베르트는 스코틀랜드로 잠시 가서 매큐언 스카치 에일McEwan's Scotch Ale 병을 가지고 왔다. 스코틀랜드에서는 한 양조 과학자가 전도 유망한 몇 가지 효모를 재배했는데, 그중 하나가 강한 과일 풍미를 생성하지 않고도 뜨거운 발효 온도를 견딜 수 있는 품종이었다(보통 발효 온도가 높을수록 과일 향이 진한 맥주가 나온다).

새로 양조한 맥주는 색이 어둡고 알코올 도수가 높으며 과일 향이 독특하게 부각되는 에일이었다. 반응은 폭발적이었다. 전해오는 얘기에 따르면(전하는 얘기.

BELGIAN GOLDEN STRONG ALE
꼭 시음해볼 두 가지

두벨
Duvel

- 두벨 무르트가트 양조장Brouwerij Duvel Moortgat
- ABV: 8.5%

이 스타일의 최상급 제품을 만들기 위해서는 프랑스 보리, 다른 분량의 두 가지 설탕, 병 속 2차 발효를 촉발하는 추가 효모, 따뜻하고 추운 지하 저장고 양쪽에서의 오랜 저장을 비롯한 90일간의 공정이 필요하다. 최종 결과물은 스파이시하면서 도수가 높고, 라이트하고 깨끗하며 꽃향이 나는, 자기도 모르게 자꾸 마시게 되는 눈부신 황금색의 아름다운 맥주다. 그 안에 숨어 있는 알코올이 살금살금 다가와 기습 공격할지 모르니 조심할 것.

데릴리움 트레멘스
Delirium Tremens

- 하위허 양조장Brouwerij Huyghe
- ABV: 8.5%

알코올 금단현상을 동반하는 발작 증상인 '진전 섬망증delirium tremens'을 앓으면 인생이 형편없는 나락으로 떨어진다고 알고 있다. 하지만 튤립 모양 유리잔에 데릴리움 트레멘스를 꽉 채워 마시면 인생은 반박의 여지 없이 장밋빛이다. 3종 효모는 꿀의 달콤함과 입안에 감도는 쌉쌀한 끝맛과 어우러져 후추 향과 과일 향, 은밀한 알코올의 즐거움을 선사한다.
P.S: 데릴리움 제품에는 어두운 녹투르늄Nocturnum과 향신료가 들어간 노엘Noël도 있다.

대체 맥주 ★★★ 브라스리 다슈프 라 슈프Brasserie d'Achouffe La Chouffe, 브루클린 브루어리 로컬 1 Brooklyn Brewery Local 1, 보스테일즈 양조장 포윌 크와크Brouwerij Bosteels Pauwel Kwak, 데 돌레 브라우어즈 양조장 슈틸레 나흐트Brouwerij De Dolle Brouwers Stille Nacht, 노스코스트 양조회사 프란큐스터North Coast Brewing Co. Pranqster, 유니브루 동 드 디외Unibroue Don de Dieu

추측, '~카더라' 빼고 맥주 양조를 논할 수 있을까?) 이 맥주가 만족스러웠거나 아마도 술에 취한 사람이 이렇게 외쳤다고 한다. "이 맥주가 진정 악마"라고. 맥주의 이름은 정해졌다. 하지만 맥주의 외관은 그렇지 못했다. 두벨은 어두운 색조를 유지하다가 1970년 페일 라거를 저지하기 위해(물론 당시 유행하던 수도원의 강력한 트리펠tripel도 견제하기 위해. 188쪽 참조) 또 한 차례 변모했다. 양조장이 고온 및 저온 발효라는 뼈를 깎는 공정을 단행하고 병입 시 발효 가능한 설탕을 추가해 바디와 알코올 함량을 증가시키는 등(이 공정에 관한 자세한 내용은 127쪽, '꼭 시음해볼 두 가지' 참조)의 변화를 단행했던 것. 그 결과 당시 유행하던 황금빛 색조와 강력한 도수의 맥주가 탄생했다. 이미 존재하던 스트롱 페일 에일, 즉 골든 에일은 급성장하는 이 스타일의 기준이 되었다.

마지막 변화 이후, 벨기에(델리리움 트레멘스, 루시퍼Lucifer)와 미국(에일스미스 호니 데블AleSmith Horny Devil, 로스트 애비 인페르노 에일Lost Abbey Inferno Ale) 양쪽의 두벨 이단 제품군에는 유사 맥주가 다수 추가되었다. 공통점을 얘기하자면, 고전적인 튤립 잔으로 즐기는 이들 맥주는 연한 짚색부터 보석 가게의 황금색까지 다양하고, 한 병만 마셔도 이성적인 생각을 할 수 없을 정도의 알코올이 함유되어 있다. 알코올은 이따금

캐스케이드 홉은 시에라 네바다 페일 에일과 불가분의 관계이지만 앵커 양조장은 자사의 앵커 리버티 에일Anchor Liberty Ale에 캐스케이드 홉을 다량으로 사용했다. 이 에일은 폴 리비어(미국 독립전쟁 당시의 우국지사로, 1775년 보스턴 지역 주민들에게 영국군의 침입을 알리기 위해 말을 달렸다고 한다-옮긴이)의 심야의 말 달리기를 기념하기 위해 1975년 처음 양조되었다.

브레타노미세스의 짧은 방문

역사가 론 패틴슨이 얘기하듯, 예전의 많은 브리티시 페일 에일은 나무통에서 최장 1년간의 숙성을 거쳤다. 나무통은 야생 효모 브레타노미세스(자세한 정보는 263쪽 참조)가 가장 좋아하는 은신처다. 이 효모는 시간이 지나면서 맥주의 탄수화물을 먹어치워 가죽의 독특한 풍미를 생성한다. 의도치 않게 들어오는 브레타노미세스는 침입자이지만 그것이 19세기의 일반적인 양조 공정이었고, 일부 브리티시 페일 에일은 아마도 이 야생 효모에 감염되었을 것이다. 지금은 물론 상황이 달라졌지만 과거의 맛을 보고 싶다면 오르발 트라피스트 에일Orval Trappist Ale을 시음해볼 것. 수도승이 만든 이 묘약은 홉이 넉넉히 들어갔으며, 제조 측시 마시면 스파이시한 쌉쌀함과 드라이한 특성을 맛볼 수 있다. 시간이 지나면 쌉쌀함이 사라지고 브레타노미세스 덕분에 펑키하고 기분 좋은 요소와 드라이한 끝맛이 더해진다.

강하고 뜨겁게 강타하지만, 어떤 때는 탈출의 명수 후디니Houdini를 끌어들여 천사라도 제 집이라면 행복해할 구름같이 하얀 헤드로 덮인 달콤한 과일 향과 기분 좋게 진한 홉향의 에일 속으로 사라져버린다.

분명한 건, 악마는 매우 꼼꼼하게 숨어 있다는 것이다.

AMERICAN PALE ALE

아메리칸 페일 에일

1775년 미국 독립 혁명은 한 발의 총성으로 시작되었다. 그로부터 2백 년 이상이 지난 후, 미국 크래프트 맥주 혁명은 하나의 홉으로 시작되었다. 1980년 11월 15일, 캘리포니아 주 치코의 켄 그로스맨은 복합적인 풀 바디감의 페일 에일을 시험적으로 양조했다. 꽃향이 진한 밝은 느낌의 약간 스파이시한 캐스케이드 홉을 이례적으로 다량 추가한 맥주였다. 이 향기로운 에일은 이 나라 맥주 애호가들이 경험해온 맛과는 전혀 다른 것으로, 슈퍼마켓의 맥주 진열대를 가득 메우고 펍의 생맥주 탭 라인을 붐비게 하는, 공장에서 막 찍어내는 청량한 라거와는 정반대의 맥주였다. 그로스맨은 뭔가 대단하고, 뭔가 다르고, 심지어 뭔가 혁명적인 것에 심취해 있었다.

자신의 제품에 확신이 있었던 그는 이듬해 3월, 시에라 네바다 페일 에일의 첫 물량을 유통시켰다. 그 후 시에라 네바다 페일 에일은 크래프트 양조 역사상 가장 성공적이고 오래가는 브랜드로 자리매김했고, 아메리칸 페일 에일 아로마의 견본이 되었다. 비록 그 뿌리는 브리티시 페일 에일에 두고 있지만 미국 버전은 가장 맛있는 일탈을 감행한 것이다. 영국 페일 에일은 맥아 성향이 강하고 과일 향도 진하며 균형감에 중점을 둔 반면, 미국 페일 에일은 좀 더 청량하고 홉의 향과 맛이 부각되며 몸이 움찔할 정도로 기분 좋게 쌉쌀한 맛이 나는 경우도 있다.

시에라 네바다 페일 에일은 IPA와 어떻게 다를까? 솔직히 말해 아메리칸 페일 에일과 IPA를 구분 짓는 경계는 바셀린으로 얼룩진 안경만큼이나 흐릿하다. 예를 들어 오스카 블루스Oscar Blues의 데일스 페일 에일 Dale's Pale Ale은 국제쓴맛단위International Bittering Unit(IBU) 65에 6.5퍼센트의 ABV를 자랑하는데, 이는 도수가 더 높고 홉이 좀 더 많이 들어간 IPA 캔 제품에 해당하는 높은 값이다. 더슈츠 브루어리Deschutes Brewery의 레드 체어 NWPARed Chair NWPA도 마찬가지다. 이 맥주는 결정적으로 6.2퍼센트 ABV에 시트러스 향이 나고 IBU가 60이다. 이 맥주를 시카고에 위치한 해프 에이커Half Acre의 천상의 데이지 커터 페일 에일Daisy Cutter Pale Ale과 비교해볼 것. 이 페일 에일은 다섯 가지 홉이 들어갔어도 쌉쌀함과 알코올이 억제되어 아로마를 즐길 수 있다.

데이지는 ABV가 고작 5.2퍼센트인데, 분명 이 정도라면 16온스 캔을 차례로 깨끗이 비울 수 있다.

데이지는 아메리칸 페일 에일에서 내가 가장 좋아하는 점만 콕 집어 가지고 있다. 풍부한 홉향과 나의 미각을 깨울 정도의 쌉쌀함을 제공하기 때문에 수많은 IPA와 임페리얼 IPA가 종종 그렇듯 언제나 잔을 싹싹 비우게 된다.

AMERICAN PALE ALE
꼭 시음해볼 두 가지

피퍼 에일
PEEPER ALE

- 메인 비어 주식회사Maine Beer Company
- ABV: 5.5%

데이비드 클레번과 대니얼 클레번 형제가 차고에서 시작한 풍력 양조장 프리포트Freeport는 '올바른 일을 하는' 데 전념하고 있다: 매출의 1퍼센트를 환경단체에 기부하고 자신들이 만든 균형 잡힌 단순한 에일을 깔끔하고 단순한 라벨을 붙여 만든 우아한 16.9온스 병에 포장한다. 내가 가장 좋아하는 맥주는 피퍼로, 화창한 햇빛 내음과 함께 드라이하게 넘어가는 페일 에일이다. 홉의 풍미가 진한 페일 에일을 좋아한다면 솔 향과 시트러스 향이 도는 'MO'를 선택할 것.

스위트워터 420
엑스트라 페일 에일
SWEETWATER 420 EXTRA PALE ALE

- 스위트워터 양조회사SweetWater Brewing Company
- ABV: 5.4%

남부의 끈적끈적하고 사우나 같은 여름(봄과 가을도 별반 다르지 않지만)에, 애틀랜타에 위치한 스위트워터 사의 1997년 이후 주력 인기 상품만큼 갈증을 시원하게 해소해주는 맥주는 거의 없다. 미국 서부 연안의 영향을 받은 청량한 페일 에일의 성공 비결은 캐스케이드 홉과 센터니얼 홉의 조합으로, 즐거움을 주는 풍부한 시트러스 향과 부드럽고 달콤한 맥아 향이 조화를 이룬다. 여섯 개들이 팩 제품의 전형이다.

대체 맥주 ★★★ 애비타 양조회사 리스토레이션 페일 에일Abita Brewing Co. Restoration Pale Ale, 에일 어사일럼 호팔리시우스Ale Asylum Hopalicius, 더 브루 케틀 탭룸 앤드 스모크하우스 포 시즈 아메리칸 페일 에일The Brew Kettle Taproom & Smokehouse Four C' s American Pale Ale, 파이어스톤 워커 양조회사 페일 31 캘리포니아 페일 에일Firestone Walker Brewing Co. Pale 31 California Pale Ale, 리얼 에일 양조회사 리오 블랑코 페일 에일Real Ale Brewing Company Rio Blanco Pale Ale, 21세기 어멘드먼트 브루어리 비터 아메리칸 21st Amendment Brewery Bitter American, 야즈 양조회사 필라델피아 페일 에일Yards Brewing Co. Philadelphia Pale Ale

파이어스톤 워커 양조회사
Firestone Walker Brewing Co.

캘리포니아 주, 파소로블레스

매트 브리닐슨(사진)은 단 한 종류의 맥주만 양조하는 일이 익숙지 않았다. 시카고, 구스 아일랜드의 수석 양조장이었던 그는 수십 가지의 다른 스타일을 접했고, 이 회사 10주년 기념행사를 위한 백 가지의 독특한 맥주를 제조하는 팀에 속해 일하기도 했다. 2000년 브리닐슨은 서부로 이동해, 캘리포니아 중부의 SLO 양조회사로 일터를 옮겨 수많은 레시피를 계속 시험했다. 그리고 드디어 2001년 미국 맥주대축제에서 그해의 소규모 브루펍 상을 수상했다.

브리닐슨이 뜨면서 SLO의 매출은 시들해졌다. 그해에 파이어스톤 워커 양조회사는 SLO의 파소로블레스 생산 시설을 사들였다.

브리닐슨은 오로지 한 우물만 파는 회사인 파이어스톤에서도 브루마스터 자리를 계속 맡았다.

"그곳은 순수한 페일 에일 양조장이었죠." 그는 이렇게 회상한다. "그들이 외우는 주문은 바로 이거였어요. '몇 가지 안 되는 일이라도 그 일을 아주 잘하자.'"

이 양조장의 주력 상품은 진하고 홉의 특성이 기분 좋게 드러나는 DBA였다. DBA는 영국 스타일의 페일 에일로, 19세기 영국에서 유행했던 버턴 유니언Burton Union(페일 에일의 원산지인 버턴어폰트렌트의 이름을 딴 것)에서 영감을 받은 오크 통 재순환 발효 시스템에서 6일간 묵히는 맥주다. "DBA가 이 지역에서 너무 잘 팔렸기 때문에 제품군을 확장할 이유가 전혀 없었습니다." 브리닐슨은 기억을 이렇게 더듬는다.

처남 매제 간이었던 애덤 파이어스톤과 영국 망명자 데이비드 워커가 1996년 파이어스톤 포도원에 회사를 설립한 이후, 이 캘리포니아 양조장은 페일 에일에 집중하면서 회사 제품군을 확장해나가 미국에서 가장 다채롭고 유명한 양조장으로 손꼽히게 되었다. 페일 에일 제품군에는 DBA 이외에 아로마가 진하고 무난한 페일 31과 한껏 쌉쌀한 유니언 잭 IPAUnion Jack IPA가 새로 추가되었다. 색이 어두운 맥주로는 크리미한 거품과 커피 향이 나는 벨벳 멀린 오트밀 스타우트Velvet Merlin Oatmeal Stout와 묵직한 워커스 리저브 포터Walker's Reserve Porter, 그리고 호밀로 만든 검은색의 IPA 우키 잭IPA Wookey Jack이 그 진가를 발휘한다. 한정판으로 출시된 이들 통 숙성 맥주는 맥주 순위 웹사이트에서 상위권을 차지한다. 양조장들의 뛰어난 대다수 상품은 서로 비교되면 페일 에일 색처럼 빛이 바랠 수 있는데도 나온 결과다.

'퍼펙트 10'의 탄생

브리닐슨이 이 양조장에서 족적을 남길 수 있는 첫 기회는 DBA와 흡사한 영국 스타일의 윈저 페일 에일Windsor Pale Ale을 새로 양조하면서 찾아왔다. 그는 홉의 특성에 변화를 주어 꽃향과 시트러스 향이 나는 캐스케이드, 센터니얼, 치누크 같은 아메리칸 홉에 지나치게 의존했다. "윈저 페일 에일을 소위 말하는 웨스트 코스트 페일 에일로 바꿔버린 거죠." 브리닐슨이 말하는 제품은 페일 31(캘리포니아는 31번째 주)이라는 이름이 붙은 신선한 빵 내음을 가진 개정판이다. 페일 31은 2003년 출시된 그해, 월드 비어 챔피언십에서 금메달을 처음 땄고 이후로도 수많은 상을 거머쥐었다.

하지만 이런 찬사에도 파이어스톤 양조장은 그다지 주목받지 못했다. "우리는 천재성으로 사랑받는 존재가 결코 아니었어요." 브리닐슨은 이렇게 고백한다. 이런 현상은 2005년에 바뀌었다. 이듬해로 예정된 파이어스톤 워커의 10주년 기념행사를 위해 양조장 소유주는 브리닐슨에게 날개를 달아주었다. 그는 발리와인과 임페리얼 오트밀 스타우트, 홉향이 걷잡을 수 없는 IPA 등 10가지 다른 맥주를 양조했다. 이들 맥주는 버번위스키 통, 브랜디 통, 새 오크 통에서 10개월간 숙성된 후, 지역 와인 양조업

체의 도움으로 통 안의 내용물이 액체 퍼즐처럼 융합되었다. 그 결과, 복합적이고 드물게 균형 잡힌, 포트 맥주와 유사한 '10'이 만들어졌다.

"우리 조직의 어느 누구도 그때가 결정적인 변화의 순간이었다는 것을 깨닫지 못했어요." 브리닐슨은 이렇게 회상한다. "그 맥주의 성공으로 우리는 정말로 실험에 박차를 가하게 되었죠."

실험, 연구, 실험, 연구

10의 성공은 파이어스톤 워커에 혁신의 그린라이트를 비춰주었다. 매년 브리닐슨은 제품을 혼합해 회사 창립 기념 에일(13,14,15 등)을 만드는데, 순환형, 진화형 통 숙성 맥주 컬렉션에서 제품을 선택한다. 파이어스톤의 전매특허 리저브 시리즈 맥주가 다 그렇듯, 모든 혼합 버전은 단 1회 출시된다. 1년에 한 번, 파이어스톤은 고도수의 러시안 임페리얼 스타우트인 파라볼라Parabola, 바닐라, 토피, 캐러멜 향에 폭 전 발리와인 §우카바§ucaba, 도수를 한 층 올린 더블 DBA 등의 통 숙성 맥주를 처음 공개한다.

파이어스톤은 페일 에일의 강력한 큰형님인 IPA의 실험도 계속하고 있다. 페일 31과 DBA의 성공에 비춰 봤을 때 당연히 유니언 잭 IPA도 어려운 난관을 거쳐 출시되었다. 브리닐슨은 풍부한 자몽의 향연을 언급하는데, 유니언 잭 IPA는 2008년 미국 맥주대축제에서 IPA 부문 금상을 수상했다. 이후 더블 잭Double Jack이라는 임페리얼 버전과 가장 최근의 비어와 블랙 IPA인 우키 잭Wookey Jack이 출시됐다.

아쉬운 점이 있다면 홉향이 진한 이들 맥주가 전국적으로는 유통되지 않는다는 것. 그

대신 트레이더 조스Trader Joe's에 가면 이곳의 자체 브랜드인 미션 세인트 페일 에일 앤드 IPAMission St. Pale Ale and IPA를 구입할 수 있는데, 이들은 파이어스톤 워커 맥주의 또 다른 브랜드다. 파이어스톤은 SLO 양조업체를 사들였을 때 미션 세인트 앤드 넥타 에일즈Mission St. and Nectar Ales 맥주를 함께 인수했고, 이들은 공장에서 계약을 통해 양조되었다(파이어스톤은 이후 넥타 에일즈를 매각했다). "파이어스톤 워커는 계약 양조 쪽에 관여할 마음이 전혀 없었어요." 브리닐슨은 이렇게 기억한다. 그러나 트레이더 조스는 파이어스톤을 설득해 저렴한 미션 세인트 계열을 제조하게 했고, 이 제품 계열에는 헤페바이젠과 블론드 에일, 브라운 에일도 포함되어 있다.

파이어스톤은 계속 확장되고 있다. 2013년에는 파소로블레스 남쪽으로 약 한 시간 거리에 있는 뷰엘턴에 배럴워크스Barrelworks를 열었고 통 숙성 와일드 에일(유니언 에일은 원치 않는 박테리아와 효모에 감염될 위험이 너무 크다)이 전문인 파이어스톤즈 탭룸Firestone's Taproom 레스토랑도 옆에 같이 두었다. "우리는 보잘것없는 양조장으로 출발해 온갖 맥주를 추가하는 방식으로 발전해왔습니다." 입사 10년 만에 양조장과 동업자 관계를 맺은 브리닐슨은 이렇게 말한다. 파이어스톤 워커는 매년 제품군에 한두 종류의 맥주를 추가한다는 계획을 세우고 있지만, 페일 에일과 통 발효에 집중하고 일을 제대로 하는 데 전념한다는 방침은 늦추지 않을 작정이다.

"우리는 양조 기술과 공정이 생명인 양조장이고, 바로 그 점이 우리 맥주에 반영되기를 바랍니다." 브리닐슨은 이렇게 말을 맺는다.

AMBER ALE

앰버 에일

아메리칸 페일 에일의 경우, 홉은 앞에 내세우는 주연이지만 맥아는 중요하긴 해도 집중 조명은 받지 못하는 조연으로 그친다. 그러나 페일 에일과 가까운 친척뻘인 앰버 에일 또는 레드 에일(이미 추측했겠지만 이 이름은 동맥 색깔에 가까운 호박에서 따왔다)은 사정이 다르다. 이 제품의 범주는 크리스털 맥아나 색이 어두운 특수 맥아에 의해 전형적으로 나타나는 비슷한 색의 맥주들을 모두 포괄하는 거대한 우산과 같다. 이런 맥아는 바디감을 높이고 진한 캐러멜 특성을 부여하며 아메리칸

페일 에일에 때때로 부족한 균형감을 준다.

하지만 이 범주 안에도 뉴욕 시만큼의 다양성이 충분히 존재한다. 일부 앰버 에일은 뉴 벨지엄의 주력 제품인 팻 타이어Fat Tire처럼 비스킷 맛에 편안한 느낌이 들며, 스톤의 구릿빛 레비테이션Levitation처럼 꽃향에 알코올 도수가 낮다. 이타카Ithaca의 대용량 캐스캐질라Cascazilla와 테라핀Terrapin의 빅 호피 몬스터Big Hoppy Monster처럼, 보통 맥주의 8배에 달하는 쌉쌀한 맛으로 혀를 강타하는 것들도 있다(색깔 면에서 IPA와 앰버 에일은

트뢰그스 양조회사의 홉 백 앰버 에일이 좋다면, 이 에일의 도수 높은 큰형뻘인 너깃 넥타 에일Nugget Nectar Ale도 마셔볼 것. 이 신선한 꽃향의 맥주는 겨울에 출시되어 소비자가 가장 원할 때 봄을 약속해준다.

AMBER ALE
꼭 시음해볼 두 가지

팻 타이어 앰버 에일
FAT TIRE AMBER ALE

- 뉴 벨지엄 양조회사 New Belgium Brewing
- ABV: 5.2%

1989년 전직 전기기사였던 콜로라도의 자가 양조가 제프 레베시는 광폭 타이어를 단 산악자전거를 타고 벨기에 전역을 누비며 특이한 효모와 향신료, 파일로 양조한 에일을 마시다가 번뜩이는 계시를 받았다. 그는 집으로 돌아오자마자 포트 콜린스의 뉴 벨지엄 양조회사를 시작할 기반 작업을 했고, 1991년 오묘한 파일 향의 애비 Abbey, 팻 타이어 Fat Tire라고 이름 붙인, 빵 내음과 견과류 향이 살짝 감도는 앰버 에일을 가지고 회사 문을 열었다. 신선하고 균형 잡힌 팻 타이어는 20년이 지난 지금도 이 회사를 상징하는 제품으로 남아 있다.

홉백 앰버 에일
HOPBACK AMBER ALE

- 트뢰그스 양조회사 Tröegs Brewing Company
- ABV: 6%

햇빛에 반짝이는 루비같이 아름다운 앰버 에일을 잠시 머릿속에 그려보자. 다음으로는 이 앰버 에일을 엄선된 통꽃 홉으로 가득한 홉 거르는 용기에 따라보라. 한번 거를 때마다 정원에서 갓 딴 신선하고 강렬하며 스파이시한 아로마가 에일을 가득 채우고 달콤한 캐러멜 맥아를 멋지게 감싼다. 이게 바로 트뢰그스의 홉백, IPA 중독자에게 딱 맞는 앰버 에일이다. 우리 집 냉장고에 항상 자리하는 맥주다.

대체 맥주 ★★★ 칼데라 양조회사 애슐랜드 앰버 Caldera Brewing Company Ashland Amber, 센트럴 워터스 양조회사 위스콘싱 레드 에일 Central Waters Brewing Company Ouisconsing Red Ale, 풀 세일 브루어리 앰버 Full Sail Brewery Amber, 매직 해트 양조회사 록시 롤즈 Magic Hat Brewing Company Roxy Rolles, 마블 브루어리 레드 에일 Marble Brewery Red Ale, 넥타 에일즈 레드 넥타 Nectar Ales Red Nectar, 스피키지 에일 앤드 라거 프로히비션 에일 Speakeasy Ales and Lagers Prohibition Ale, 서밋 양조회사 허라이즌 레드 에일 Summit Brewing Company Horizon Red Ale

붉은 게 좋아

미국에서 레드 에일을 가장 열렬히 응원하는 곳은 덴버에 위치한 야심찬 블랙 셔츠 양조회사 Black Shirt Brewing Company다. 이곳은 제품의 범주를 무한정 확장할 계획인데, 지금까지 붉은색에일 계열로는 레드 IPA와 임페리얼 레드 라이 IPA Imperial Red Rye IPA, 페일 레드Pale Red, 레드 세종 Red Saison, 사우어 에일 버전을 내놓았다. 역시나 색깔이 인상적이다.

색이 겹치는 게 보통이다).

풍미의 돛단배를 어떤 요소가 띄워주든, 앰버 에일 범주에서는 자기에게 딱 맞는 맥주를 발견할 가능성이 크다. 여러 가지 맥주를 맛보고 맘에 쏙 드는 제품을 찾아낸 다음 몇 가지를 더 시음해볼 것. 붉은 게 입맛에 더 맞는다는 생각이 차차 들지도 모른다.

FRESH-HOP ALE
프레시 홉 에일

홉의 수확은 8월 중순이나 9월 첫째 주에 시작될 수 있다. 태평양 연안 북서부의 파릇파릇한 밭에 활짝 핀 홉 꽃이 주위 공기를 달콤한 향으로 가득 채우면 농부는 작업에 돌입한다. 추수의 계절이 다가온 것. 잠은 금물이다. 다년생식물의 향기로운 꽃을 딸 시간이다.

농부들과 일꾼들이 하루 종일 일하면서 하늘로 치솟은 홉 덩굴을 잘라내 기계에 던져 넣으면, 기계는 납작한 잎(폐기됨)과 둥근 원추형 열매를 분리한다. 보통 촉촉하게 진액이 남아 있는 홉은 부패를 막기 위해 가마로 곧장 보내 말린다. 갓 수확한 홉에는 휘발성 성분이 있는데, 홉의 아로마와 풍미가 갓 베어낸 풀처럼 순식간에 약해지기 때문이다. 잔디를 깎으면 묘한 매력의 자극적인 향과 신선한 냄새가 발산되는데 이는 금세 사라진다. 깎인 잔디가 곧 썩기 시작하듯 홉도 마찬가지로 부패의 경로를 밟는다.

그런데 이 짧은 시간 동안, 이상적으로는 수확한 지 첫 24시간 이내에 양조가는 촉촉한 홉을 사용해 찰나의 가을 화신인 프레시 홉 에일을 만들어낸다. 말리지 않은 홉은 섬세하고 자연의 특성이 거의 그대로 살아 있어 페일 에일에 주로 사용된다(필스너나 IPA에도 흔히 사용된다). 이들 맥주는 풍요로운 수확의 시상대 역할을 톡톡히 한다. 프레시 홉 에일은 맥주 세계의 보졸레 누보Beaujolais Nouveau라고 생각하자.

많이 발전한 아메리칸 페일 에일과 마찬가지로, 프레시 홉 에일 스타일이 출시된 것도 시에라 네바다 양조회사의 공이 크다. 한 농부의 제안에 따라 1996년 시에라 네바다 양조장은 농장에서 갓 수확한 캐스케이드 홉과 센터니얼 홉을 사용해 하비스트 에일Harvest Ale을 양조했다(시에라 네바다는 현재 북반구와 남반구에서 갓 수확한 홉을 이용해 노던 헤미스피어 하비스트Northern Hemisphere Harvest와 서던 헤미스피어 하비스트Southern Hemisphere Harvest를 출시하고 있다). 시에라 네바다 양조장에서부터 시작된 프레시 홉 운동은 차질 없이 진행되었고, 오리건 주의 더슈츠, 풀세일, 홉워크스 어번 브루어리, 위드머 브라더스, 로럴

자라는 속도가 빠른 홉 덩굴은 단 6주 만에 <잭과 콩나무>의 콩나무처럼 위로 뻗어 키가 약 20피트(약 6미터)까지 자란다. 1960년대까지 대부분의 홉은 사람들이 손수 힘들게 수확했다.

─── ★ ★ ★ ───

겉보기엔 순해 보이지만 말린 홉은 치명적인 재난을 일으킬 수 있다. 빽빽하게 묶어놨을 때 기름기와 송진을 함유한 꽃이 자연 연소되어 치명적인 화재를 일으킨다고 알려져 있다. 2006년 워싱턴 주 야키마의 홉 창고가 이런 화재로 소실된 바 있다.

우드Laurelwood 같은 북서태평양 연안의 양조장들은 이 새로운 스타일을 옹호했다. 그 이유는 이들 양조장이 오리건 주와 워싱턴 주의 야키마 밸리 동쪽, 홉 재배지 근처에 자리 잡고 있기 때문인데, 이곳에서는 미국 홉 작물의 4분의 3이 재배된다. 수확철에 농장으로 현장 체험을 가면 마대 가득 끈적끈적한 홉을 채워 오는 건 일도 아니다.

하지만 이런 스타일은 한 지역의 특산품과는 거리가 멀다. 버지니아 주의 블루 마운틴 브루어리Blue Mountain Brewery는 자체적으로 재배하는 홉 덩굴에서 갓 딴 첫 150파운드 분량의 캐스케이드 홉을 사용해 기념판 에일을 생산하고, 펜실베이니아 주의 웨이어바허 양조회사는 사장인 댄 웨이어바흐의 농장에서 딴 캐스케이드 홉으로 매년 하비스트 에일을 양조한다. 매년 가을 미네소타 주의 브라우 브라더스 양조회사Brau Brothers Brewing Company는 양조장에서 100야드(약 90미터) 떨어진 자체 홉밭에서 수확한 최대 열한 가지 홉을 사용해 영국 스타일의 헌드러드 야드 대시 프레시 홉 에일Hundred Yard Dash Fresh Hop Ale을 생산한다. 농장이 없다면? 콜로라도 주 롱몬트의 레프트 핸드 양조회사Left Hand Brewing Co.의 경우, 콜로라도 주 서부의 라이징 선 농장Rising Sun Farms에서 홉을 공수받아 워리어 IPAWarrior IPA를 양조한다.

병으로 출시된 프레시 홉 에일을 찾느라 맥주 매장 진열대를 둘러본다면 헛수고다. 대다수 프레시 홉 에일은 절대 병으로 출시되지 않고, 대신 가을에 바와 브루펍, 또 야키마에서 열리는 프레시 홉 에일 페스티벌 또는 월래밋 밸리 프레시 홉 페스트Willamette Valley Fresh Hops Fest 같은 축제에서 생맥주로 제공된다. 프레시 홉 에일은 서둘러 마실 것. 신선한 홉의 풍미는 가을이 저물고 엄동설한이 오기 한참 전에 이미 약해질 테니까.

FRESH-HOP ALE
꼭 시음해볼 두 가지

홉 트립
Hop Trip

• 더슈츠 브루어리Deschutes Brewery
• ABV: 5.4%

추수할 시기가 되면 오리건 주, 벤드에 위치한 더슈츠 양조장의 양조가들은 산을 넘어 오리건 주의 살렘으로 가서 더그 웨더라는 농부의 아로마 진한 홉을 가져온다. 이들은 홉 덩굴에서 딴 지 네 시간 안에 홉을 양조 케틀에 넣는다. 이 부드러운 페일 에일은 홉의 쌉쌀한 맛이 과한 대신 진한 솔향과 정원의 밝은 풍미가 사랑스러운 맥아의 달콤함과 섞여 있다. 더슈츠는 자사의 미러 폰드 페일 에일Mirror Pond Pale Ale과 체이싱 프레시즈 IPA Chasin' Freshies IPA의 프레시 홉 버전도 생산한다.

프레시 홉
Fresh Hop

• 그레이트 디바이드 양조회사Great Divide Brewing Co.
• ABV: 다양함

덴버의 그레이트 디바이드 양조회사는 태평양 연안 북서부의 홉밭에서 멀찌감치 떨어져 있지만, 이들 양조가들은 프레시 홉 에일을 양조하기 위해 이 먼 거리를 마다하지 않는다. 양조장에서는 트럭 한 대를 전세 내고 운전사 두 명을 두어 워싱턴 농장에서 그레이트 디바이드까지 원추형 열매가 그대로 붙은 홉을 곧장 가져오게 한다. 이곳 농장에서는 이미 프레시 홉의 양조 공정이 진행되어 신선한 꽃의 도착을 기다린다. 그 결과는 훌륭하다. 균형 잡힌 맥아의 토대 위에 풀 내음과 시트러스 향의 홉이 자리를 잡고, 재미삼아 솔향이 살짝 추가된다.

대체 맥주 ★★★ 포트 양조회사 하이 타이드 프레시 홉 IPA Port Brewing Company High Tide Fresh Hop IPA, 손브리지 홀 컨트리 하우스 양조회사 핼시언 그린 홉 하비스트 Thornbridge Hall Country House Brewing Company Halcyon Green Hop Harvest, 테라핀 비어 주식회사 소 프레시 앤드 소 그린, 그린Terrapin Beer Co. So Fresh & So Green, Green, 투 비어즈 양조회사 프레시 홉Two Beers Brewing Co. Fresh Hop, 투 브라더스 양조회사 헤비 핸디드 IPA Two Brothers Brewing Company Heavy-Handed IPA

쌉쌀한 진실

크래프트 맥주 유행의 출발점 IPA

All About Beer

어린 시절, 나는 감초 사탕이 정말 좋았다. 몇몇 친구들은 비교적 달고 순한 레드 바인Red Vines과 트위즐러Twizzlers 사탕 맛을 좋아한 반면, 나는 이 감초 사탕의 인정사정없이 공격적인 쓴맛이 좋아서 풍선껌처럼 씹어 먹다가 급기야는 충치까지 생겼다. 성인이 되어 돌이켜 보니 이 감초 사탕은 갓 내린 에스프레소, 진 토닉 워터, 순무, 레몬즙을 짜 넣은 물 등 맛을 탐구하는 평생의 여정에서 쓴맛의 첫 번째 관문이었다.

그러니 내가 가장 좋아하는 맥주가 무엇일지는 두말할 필요가 없겠다. 내가 숭배하는 건 바로 쌉쌀한 인디아 페일 에일이다. 일주일에 두세 번, 개를 산책시킨다는 핑계로 모퉁이 가게로 몰래 들어가, 베어 리퍼블릭 레이서 5 Bear Republic Racer 5, 시에라 네바다 토피도 엑스트라Sierra Nevada Torpedo Extra, 아니면 시트러스, 열대 과일 또는 소나무 송진의 아로마와 어울리는 달콤하고 쌉쌀한 풍미가 가득한 경이로운 홉 맥주를 여섯 개들이 팩 제품으로 집어 온다. 아내는 초콜릿 중독이고, 나는 신선한 IPA에 마약처럼 중독되었다.

현대 미국 크래프트 양조의 상징은 쌉쌀하고 향기로운 인디아 페일 에일이다. 이 스타일은 영국에서 처음 생겨났지만, 미국 양조업자들이 영국의 제조 방식을 완전히 바꿔 맥아의 캐러멜 향을 죽이고 홉을 열한 가지로 늘렸다. 현대의 아메리칸 IPA, 특히 톡 쏘는 자극적인 풍미의 웨스트 코스트 지역 제품은 가벼운 라거에 길들여진 미뢰를 다시 바로잡아주는 크래프트 맥주의 첫 관문으로, 몇 년간 줄기차게 내리던 비가 개고 나서 처음으로 보는 햇빛과도 같은 맥주다. IPA는 마시다가 '맥주가 이런 맛이 날 수 있는 줄은 몰랐네'라고 종종 생각하게 되는 첫 번째 크래프트 맥주다.

크래프트 양조 열풍을 일으킨 IPA는 자신의 아버지 격인, 인상이 절로 찌푸려지는 더블 IPA를 내놓았는데, 각각 이제까지 가장 높은 IBU(국제쓴맛단위, 맥주 홉의 쓴맛의 정도를 나타낸다)를 자랑한다. 이와 더불어 양조업자들은 내가 즐겨 말하는 소위 "쓴맛의 컬러 스펙트럼"을 본격적으로 탐구하기 시작했다. 전형적으로 IPA는 석양 황금빛부터 호박색까지 색조가 다양하다. 그런데 최근 출현한 새로운 종류의 IPA는 칠흑 같은 검은색, 장밋빛 도는 호박색, 눈처럼 하얀 색 등 독특한 색을 보여준다.

이번 수업의 학습 목표는 홉과 맥아의 비율과 그 다양성에 어떤 변화를 줘야 이들이 서로 융합 작용을 일으켜 화려하고 풍미 좋은 IPA의 성좌가 탄생하는지 이해하는 것이다. 이들을 맛볼 때는 처음에 들어와 내내 입안에 감도는 쓴맛과 맥아의 달콤함, 부케에 세심한 주의를 기울여볼 것. 다음은 홉을 강화한 맥주의 내막이다.

그루잇이란?

오늘날 홉은 물만큼이나 맥주를 만드는 데 중요한 요소다. 하지만 중세 시대로 시간 여행을 떠나 수도승 양조가와 친구가 된다면, 맥주의 레시피에 홉잎이 한 장도 들어가지 않았다는 사실을 알고 놀랄 것이다.

당시 맥주는 그루잇gruit(grut 또는 gruyt)으로 풍미를 냈는데, 그루잇이란 계피와 캐러웨이 씨앗 같은 다양한 향신료와 함께 쌉쌀하고 떫은 서양톱풀(꽃식물), 야생 로즈메리, 진액이 나오는 유칼립투스와 비슷한 들버들 열매를 혼합해 만든 전매특허 제품이었다. 그루잇은 많은 양을 쓸 경우 행복감을 고취시키고 최음제 역할을 하는데, 많은 양조가들이 그 효과를 높이기 위해 사리풀 같은 향정신제를 넣는 경우도 종종 있었다. 국민 건강에 관한 염려 때문이든 종교적인 이유든(저 음란하고 술에 취한 이교도들!), 그루잇은 1700년대까지 서서히 자취를 감추더니 홉이 그 자리를 대신하게 되었다.

그렇다고 떠나간 친구 그루잇 때문에 눈물을 흘리지는 말 것. 아직도 몇 가지 확실한 복고풍 에일에서 그루잇이 풍미를 발산하니까. 시음해볼 만한 괜찮은 그루잇 스타일 맥주로는 스코틀랜드 윌리엄스 브로스Williams Bros의 프로치Fraoch가 있다. 기원전 2000년부터 생산된 스코틀랜드 헤더 에일Heather Ale에 기반을 둔 이 맥주는 뒤퐁 양조장Brasserie Dupont의 포스카 루스티카Posca Rustica와 마찬가지로 ('게일gale'로 알려진) 들버들이 원료다. 케임브리지 양조회사Cambridge Brewing Company의 위커포그 그루잇Weekapaug Gruit도 괜찮다. 이 맥주는 들버들 외에 감초, 쐐기풀, 야생 로즈메리가 주원료다.

홉을 넣지 않고 베리와 향나무 가지로 쓴맛을 낸 핀란드의 전통 농가 맥주, 사티Sahti도 이에 못지않게 매혹적이다. 도그피시 헤드 사의 황금 갈색 사티Sah'tea는 이 핀란드 맥주를 잘 해석했다. 차이 티Chai Tea에 솔잎을 띄운 것 같은 허브 향이 나며 바나나 색의 밀맥주가 연상된다.

홉으로
시동을 걸다

홉은 한 가지 재주만 부리는 원료가 아니다. 매력적인 부케와 쌉쌀한 맛을 부여해 달콤한 맥아 맛의 균형을 잡아주는 일 외에 방부제 역할도 한다. 이런 특별한 성질은 1760년대에 이미 잘 파악되어 있었다. 당시 《앰버, 골드, 블랙Amber, Gold and Black》의 저자이자 역사가인 마틴 코넬에 따르면 맥주를 더운 기후 지역, 특히 카리브 해 지역과 인도에 보낼 때는 양조가들에게 홉을 더 추가할 것을 권장했다고 한다.

18세기와 19세기, 영국군과 동인도회사 때문에 인도에는 군대와 장교, 공무원들이 주둔해 있었다. 군인들의 갈증을 풀어주기 위해 영국은 맥주를 수출했는데, 주로 포터 맥주였다. 이 어두운 색조의 맥주가 일반 사병들이 좋아하는 음료였다. 코넬에 따르면, 일반 사병들과 대조적으로 인도에 사는 중상위층 유럽인과 공무원, 군 장교, 무역 회사 종사자들은 홉이 아낌없이 들어간 페일 에일을 더 좋아했다고 한다.

영국에서 인도까지의 멀고도 더운 뱃길 여정 덕분에 옥토버 비어는 수년이 아닌 수개월 안에 숙성되어 색다른 음료로 탄생했다.

살짝 볶은 맥아로 양조했다고 해서 페일 에일이란
이름이 붙은 이 맥주는 17세기에 처음 등장했다. 코넬
에 따르면 초기에는 홉을 살짝 가미했지만 해를 거듭
하면서 수출량이 증가하자, 엷은 색조의 에일은 점점
홉향이 진해지더니 '인도 시장에 걸맞은 페일 에일'로
발전했다(이 맥주는 옥토버October 맥주에서 발전한 것으로 추정
되는데, 이는 가을에 양조해서 수년 동안 숙성시키는 페일 에일로,
홉을 과하게 넣은 맥주다. 18세기에 이 스타일은 지방 토호에게 인
기가 있었고, 이들은 자기들 부지에서 옥토버 맥주를 양조하고 저
장했다). 1835년경, 홉을 많이 넣은 이 스타일은 이스트
인디아 페일 에일East India Pale Ale이라는 새로운 이름을
얻었고 이 이름이 좀 더 오래 쓰이게 된다.

1840년대, 쌉쌀한 맛이 좋은 일명 이스트 인디아 페
일 에일은 영국 전역에서 인기를 끌기 시작하더니 드
디어 펍에서 영구적인 입지를 다졌다. 이 영국 스타일
의 IPA는 수십 년에 걸쳐 독특한 특성을 띠며 발전했
다. 일반적으로는 자연의 꽃향을 캐러멜과 비스킷 풍
미가 지지해주고 과일 향을 기반으로 쌉쌀한 맛이 뒤
에 남는다. 음미할 만한 미묘한 풍미와 쌉쌀함이 활력
을 북돋워주는 균형 잡힌 에일로, 우리 미뢰에 생동감
있는 펀치를 살짝 날려준다.

ENGLISH IPA
꼭 시음해볼 두 가지

인디아 에일
INDIA ALE

- 새뮤얼 스미스Samuel Smith
- ABV: 5%

1758년 이후 지금까지 이 영국 양조장(요크셔에서 가장 오래된 곳)은 지하 약 26미터에서 끌어올린 우물물로 양조하고, 요크셔 스퀘어Yorkshire Square라고 알려진 돌 발효 용기에서 발효시킨 풀바디감의 균형 잡힌 에일을 만들어냈다. 이 황금색의 인디아 에일은 달콤하고 스파이시한 향과 파일 풍미의 홉을 펴 발라 구운 듯한 빵의 고상한 풍미를 자랑한다.

인디아 페일 에일
INDIA PALE ALE

- 민타임 양조회사Meantime Brewing Company
- ABV: 7.4%

런던에 위치한 민타임 사는 영국의 인도 통치기를 기념하는 이 맥주처럼 상징적인 영국 맥주를 전문적으로 재생산한다. 파일 향과 흙 내음의 푸글스 홉과 약간 달콤한 이스트 켄트 골딩East Kent Golding 홉은 크림같이 부드러운 주행 환경을 만드는데, 캐러멜과 토피를 지나 쌉쌀함의 과속방지턱을 타넘은 다음 비스킷과 차 맛으로 우회하며 드라이한 끝맛을 남긴다.

대체 맥주 ★★★ 벨헤이븐 브루어리 트위스티드 시슬 IPA Belhaven Brewery Twisted Thistle IPA, 풀러 스미스 앤드 터너 PLC 풀러스 인디아 페일 에일Fuller Smith & Turner PLC Fuller's India Pale Ale, 하비스토운 브루어리 비터 앤드 트위스티드Harviestoun Brewery Bitter & Twisted

미국의 맥주 혁명

IPA가 미국에서 처음 생겨난 것은 아니지만, 지난 30년 동안 미국 양조업체들은 IPA를 자기네 것으로 인식해왔다. 대다수 양조장에서 적어도 한 종류의 IPA를 제조하고, 이보다 훨씬 많은 종류의 IPA를 양조하는 곳도 많다. IPA를 거부하는 것은 식사 메뉴에서 햄버거를 빼는 것과 다름없다. 하지만 IPA라고 모두 같지는 않다. 양조 공정 시 다른 시간대에 추가되는 곡물과 효모, 홉의 독특한 혼합에 따라 손가락 지문만큼이나 개성이 다양한 쌉쌀한 맥주가 나온다. 넓게 봤을 때 미국의 비터 맥주는 이스트 코스트East Coast와 웨스트 코스트West Coast라는 느슨하게 합병된 두 군단으로 분류된다.

이들 맥주는 노스캐롤라이나의 비비큐와 마찬가지로 지역 특성에 따라 분류했다고 보면 된다. 노스캐롤라이나 동부는 연한 식초 소스로 마무리한 통돼지 스타일이 전문이고, 노스캐롤라이나 서부는 돼지 어깨살 통구이에 달콤하고 진한 토마토소스를 곁들이는 것처럼. 둘 다 같은 돼지고기 비비큐지만 이런 정도의 차이가 있다. 텍사스, 멤피스, 캔자스시티의 비비큐 얘기는 시작도 하지 않는 게 좋겠다.

고전적인 영국 IPA의 또다른 맛을 경험하려면, 사우샘프턴 퍼블릭 하우스의 버턴 IPA를 시음해볼 것. 홉을 많이 넣지 않는 이 고전적인 맥주를 그대로 재현해내기 위해 양조수에 칼슘 같은 미네랄을 보충한다.

★ ★ ★

홉에는 항생물질이 들어 있어 가끔 동물 사료에서 항생제 대신 쓰이기도 한다.

★ ★ ★

1900년대 이전에 미국과 캐나다, 호주의 양조업체들은 브랜드 이름을 IPA로 지어 맥주를 양조했다.

★ ★ ★

스톤 사는 자사의 IPA에 대해 제조 후 90일을 넘기지 않는다는 원칙을 지키려고 노력한다. 병입 날짜를 확인해 유통기한이 지났을 경우 stonebrewing.com/freshbeer에 신고할 것. 또 하나 주목할 사항으로, 스톤의 인조이 바이Enjoy By 더블 IPA 시리즈의 라벨에는 유통기한이 찍혀 있다. 이 날짜가 경과한 후에도 팔리지 않는 맥주는 폐기 처분된다.

EAST COAST IPA

이스트 코스트 IPA

맥주 스타일에 관한 엄격한 기준을 제시하는 맥주 공인 인증기관에서는 미국 IPA를 지리적 기준으로 구분하지 않는다. 하지만 나는 대법관 포터 스튜어트가 포르노그래피를 느끼는 그대로 이스트 코스트 IPA를 느낀다. 그는 포르노그래피를 정의하기 어렵다는 의견을 내면서 대신 "직접 보면 안다"고 했다. 그런 끝없는 연구를 근거로 나는 균형감, 달콤함(흔히 캐러멜의 달콤함)을 주는 맥아의 든든한 토대, 풀바디감, 과일 향이나 시트러스 향의 홉이 다량 투입되어 나타나는 특성, 여기에 덧붙여 적절히 공격적인 쌉쌀한 맛으로 이스트 코스트 IPA를 구분한다.

"잠깐만요, 그거 영국 IPA 아닌가요?" 사람들은 이렇게 말하곤 한다. 맞다, 눈썰미 있는 사람들이다. 이스트 코스트의 홉향 진한 맥주는 대개 확실한 영국 DNA

EAST COAST IPA
꼭 시음해볼 두 가지

이스트 인디아 페일 에일
EAST INDIA PALE ALE

- 브루클린 브루어리Brooklyn Brewery
- ABV: 6.9%

미디엄바디의 황금빛 호박색 맥주는 비스킷 맛의 맥아, 허브 향과 약한 꽃향이 나는 홉이 쓰여 맛있는 곡을 노래하는 듯하다. 캐러멜 맛과 예리한 쌉쌀함도 기대할 수 있다. 캔으로도 출시된다.

코모도어 페리 IPA
COMMODORE PERRY IPA

- 그레이트 레이크 양조회사Great Lakes Brewing Company
- ABV: 7.5%

오하이오 주 출신으로, 나는 이 미디엄바디의 맥주를 사랑할 것을 맹세한다. 맥아의 듬직한 토대에다 파일 향의 아로마, 혀를 강타하는 쌉쌀함, 부드럽고 드라이한 끝맛을 가진 이 클리블랜드 에일을 한 번만 맛보면 나처럼 사랑을 맹세하게 될 것이다.

대체 맥주 ★★★ 도그피시 헤드 크래프트 브루어리 60 미니트 IPA Dogfish Head Craft Brewery 60 Minute IPA, D.L. 기어리 양조회사 가어리즈 IPA D.L. Geary Brewing Company Geary's IPA, 롱 트레일 양조회사 IPA Long Trail Brewing Company IPA, 매직 해트 양조회사 블라인드 페이스Magic Hat Brewing Company Blind Faith, 포트 시티 양조회사 모뉴멘틀 IPA Port City Brewing Company Monumental IPA, 십야드 양조회사 IPA Shipyard Brewing Company IPA

를 가졌는데 이것이 미국의 활기와 혁신을 통해 돌연 변이를 일으켰다. 부분적으로 이는 지리적인 접근성 때문이다. 뉴욕에서 런던과 로스앤젤레스는 비행거리가 똑같다. 그런데 또 하나 짚는 부분이 있다. 1980년대와 1990년대에 미국 맥주 붐이 일던 초기, 미국의 맥주 제조업체들은 독일과 벨기에 그리고 영국의 전통 라거와 에일에서 영감을 받았다.

예를 들어 브루클린 브루어리는 이스트 인디아 페일 에일을 고안했고 필라델피아의 야드 양조회사는 IPA 라벨에 영국 국기를 자랑스레 그려 넣었다. 또 하나의 중요한 요인은 영국 양조가 앨런 픽슬리. 그는 미국 맥주계의 조니 애플시드Johnny Appleseed(미국 각지에

사과씨를 뿌리고 다녔다는 미국 개척 시대의 전설적인 인물-옮긴이)와 같은 사람이었다. 그는 메인 주의 기어리즈와 십야드, 그리고 현재는 문을 닫은 보스턴의 커먼웰스 양조회사Commonwealth Brewing 등 캐나다와 뉴잉글랜드 지역에 양조장을 세웠다. 앨런 픽슬리는 양조의 노하우, 그리고 결정적으로 버터의 풍미와 사과 껍질의 맛을 전해주는 영국의 링우드Ringwood 효모를 가져왔다. 이 효모의 풍미는 싫어하는 사람도 있지만 매력적으로 생각하는 사람도 많다. 그런데 그게 바로 맥주의 핵심이다. 입술 사이를 스쳐가는 모든 걸 사랑할 수도 없지만 사랑해서도 안 된다.

WEST COAST IPA
웨스트 코스트 IPA

웨스트 코스트 IPA는 어떤 맥주일까? 크래프트 맥주광에게 이런 질문을 하는 것은 정치인들에게 뜨거운 쟁점에 관해 토론하라는 것과 비슷하다. 홉 광신자들은 한 명씩 차례로 우유 상자를 연단 삼아 올라서서 손에 솔향 나는 맥주잔을 든 채 쓴맛의 진실을 설파하기 시작한다. 이 말인즉 웨스트 코스트 IPA에 대한 보편적인 정의는 없다는 뜻이다.

사실 토론해볼 만한 종류로는 여러 가지가 있다. 첫째는 캘리포니아, 그중에서도 특히 샌디에이고 IPA. 이렇게 햇살 화창한 지역의 IPA는 '내 앞에 꿇어 엎드려라'라고 외치는 듯한 홉의 권위를 보여주기 위해, 군더

더기 없는 드라이한 골격을 위해 달콤한 캐러멜 맥아를 피하는 경향이 있다. 이런 도수 높은 맥주는 과부의 눈물만큼이나 쓰디쓰고(쓴맛 지수인 IBU가 세 자릿수에 가깝다), 비스킷이나 토스트의 풍미와 자몽, 파인애플, 오렌지, 레몬, 망고, 리치 등이 진열된 고급 슈퍼마켓의 과일 코너를 천천히 걷는 듯한 아로마가 풍긴다. 신선하고 생기 넘치는 맥주는 미각을 빠르게 스쳐 지나가면서 끈적끈적한 쌉쌀함을 남긴다. 이 쓴맛은 세계 정상급 불라이더bull rider(로데오 대회의 카우보이-옮긴이)만큼이나 버티는 힘이 강하다.

WEST COAST IPA
꼭 시음해볼 두 가지

스톤 IPA
Stone IPA

- 스톤 양조회사Stone Brewing Co.
- ABV: 6.9%

샌디에이고 스타일 IPA의 시초로 여겨지는 이 탁한 황금빛의 묵직한 맥주는 1997년 탄생한 이후 쌉쌀한 맛으로 사람들을 강타했다. 해가 지나도 특색은 퇴색하지 않았다. 여전히 자몽 향에 어울리는 소량의 오렌지 주스의 달콤함이 넘쳐나는 동시에 청량한 마우스필이 유지된다.

스컬핀 IPA
Sculpin IPA

- 밸러스트 포인트 양조장Ballast Point Brewing
- ABV: 7%

둑중개sculpin라는 물고기의 지느러미에는 독가시가 있어 닿기만 해도 홍반이 생기고 부어오른다. 이 물고기의 이름을 딴 맥주인데 물고기보다 훨씬 맛있다. 놀라울 정도로 라이트한 바디는 싱싱하고 즙 많은 풍미의 도약대 역할을 하며 복숭아, 레몬, 살구의 아로마를 이끈다.

대체 맥주 ★★★ 코로나도 양조회사 아일랜더 IPA Coronado Brewing Co. Islander IPA, 드레이크스 양조회사 IPA Drake's Brewing Co. IPA, 팻 헤즈 브루어리 앤드 설룬 헤드 헌터 IPA Fat Head's Brewery & Saloon Head Hunter IPA, 파이어스톤 워커 양조회사 유니언 잭 IPA Firestone Walker Brewing Co. Union Jack IPA, 그린 플래시 양조회사 웨스트 코스트 IPA Green Flash Brewing Co. West Coast IPA, 라구니타스 양조회사 IPA Lagunitas Brewing Company IPA, 포트 양조회사 와이프아웃 IPA Port Brewing Company Wipeout I.P.A.

그린 플래시 양조회사
Green Flash Brewing Company

캘리포니아 주, 샌디에이고

그린 플래시 사의 창업자인 마이크 힝클리와 리사 힝클리 부부. 이곳은 홉 성향이 강한 맥주를 전문적으로 제조한다.

양조장 창업주들은 대부분 비슷한 길을 걷는다. 자가 양조에 대한 열정으로 전문 양조를 직업으로 택하고, 그 과정에서 케그통을 닦고 기술을 연마하며 레시피를 다듬는다. 그러다 보면 머릿속에 퍼뜩 생각이 스친다. '이제 내 사업을 시작해야지.' 하지만 마이크 힝클리가 거쳐온 이력은 좀 다를지도 모르겠다. "저는 맥주를 양조할 만한 끈기는 전혀 없어요. 하지만 맥주 매장에서 라벨을 읽으며 몇 시간이고 보낼 수 있죠. 맥주광이거든요."

마이크와 그의 아내 리사는 양조 케틀에 불 한 번 붙이지 않고도 우수한 크래프트 맥주를 판매하는 펍을 운영하다가 샌디에이고의 그린 플래시 양조회사를 설립했다(마이크

는 CEO이고 그의 아내는 마케팅·담당 부사장이다).
2002년에 세워진 이후 그린 플래시 양조회
사(일출이나 일몰 직전 초록 반점 또는 초록 광선이
스쳐 지나는 모습을 보고 지은 이름)는 홉 성향이
강한 에일과 벨기에 맥주, 이 두 맥주가 만
나는 교집합인 비터 맥주에 집중하면서 캘
리포니아와 미국 내에서 선구자가 되었다.
처음에 힝클리 부부는 홉을 제대로 넣은 저
도수의 엑스트라 페일 에일에 승부수를 던
졌다. 식료품점에서 판매하자는 아이디어
를 냈고, 이 계획에 마이크도 끌렸다. "맥주
를 진열대 선반에 올려놔서 이웃들이 살 수

있게 하자는 아이디어가 너무 맘에 들었던
거죠."
지역을 주름잡는 양조업자가 된다는 것은
쉽지 않았다. 경쟁이 심했다. 특히 무명 양
조회사가 매대의 진열 공간을 차지하기란
힘든 일이었다.

홉이 구원하다

구세주는 홉이란 식물이었다. 사업 노선을
바꾸면서 힝클리 부부는 마이크의 표현대
로 "웨스트 코스트 스타일 IPA의 표준 제
품"을 만드는 데 착수했다. 그린 플래시의

양조가들은 드라이하게 발효되어 달콤한
잔여 물질이 거의 뺨지 않는 효모를 선택했
고, 자몽과 비슷한 심코, 톡 쏘는 콜럼버스,
꽃향의 캐스케이드, 솔향과 시트러스 향의

센터니얼 등 북서태평양 품종의 홉으로 레시피를 완성했다. 그 결과, 지독할 정도로 청량하게 마무리되는(특히 ABV 7.3퍼센트 맥주인데도), 군더더기 없고 깔끔하며 어디에 내놔도 손색없고 팔방미인 같은 쓴맛(IBU 95)이 탄생했다.

한마디로 이 맥주는 전형적인 웨스트 코스트 IPA다. 마이크는 이렇게 설명한다. "우리는 짜인 틀에서 벗어나 모든 행사의 질을 높여줄 특별한 맥주를 만들려고 노력하고 있습니다." 2004년에 합류한 브루마스터 척 실바의 지휘 아래 그린 플래시는 지난 10년간 전지전능한 홉을 타고 머나먼. 풍미

의 세계로 항해했다. 도수가 높은 임페리얼 인디아 페일 에일에서는 마리화나나 약제상에게서 나는 냄새가 난다. 홉 헤드 레드 IPAHop Head Red IPA는 캐러멜의 달콤함이 끈적끈적한 송진의 홉과 꽃향의 아로마와 만난다. 팰럿 레커Palate Wrecker는 미리 홉을 첨가한 맥아즙으로 양조하는. 특이한 공정 덕분에 늘 기대하게 한다. 발리와인 스타일 에일에도 많은 양의 홉이 들어간다.

브루마스터 실바의 쓴맛에 대한 집착은 미국 스타일에 국한되지 않는다. "우리는 자사의 임페리얼 IPA 100갤런(약 370리터)을 트라피스트 효모와 함께 발효시켰습니다."

마이크는 IPA 향신료와 달콤하고 도수 높은 트리펠을 블렌딩한 풍미 좋은 르 프리크 Le Freak가 어떻게 만들어졌는지 언급하는데, 이 맥주는 최초의 미국 스타일 벨기에 IPA로 꼽힌다(벨기에의 우블롱 '슈프 도벨랑 IPA 트리펠Houblon Chouffe Dobbelen IPA Tripel에서 영감을 받았다. 169쪽 참조) 이 밖에 벨기에 스타일을 접목해 성공한 사례로는 펑키한 향신료가 들어간 세종 디에고Saison Diego, 과일 향이 나는 좀 더 고전적인 트리펠 에일Trippel Ale, 그리고 레이옹 베르Rayon Vert가 있다.

"우린 시작할 때 스스로에게 물었어요. '우리가 만약 80년 전 벨기에에서 양조를 한

다면, 그린 플래시는 어떻게 사업을 할까?"
그린 플래시 직원들은 2차 세계대전 이전
의 맥주는 아마 야생 효모인 브레타노미세
스에 감염되었을 거라고 추측했다. 그래서
4년을 브레타노미세스에 감염된 레이옹 베
르를 완성하느라 보냈는데(이게 그린 플래시
의 진면목이다), 어렴풋이 농가 마당에서 즐겁
게 뛰놀던 기억을 되살려주는 매우 드라이
한 샴페인 거품의 묘약과도 같은 맥주가 탄
생했다. 레시피를 완성하는 일은 첫 관문에
지나지 않았다. 병 숙성 맥주는 일반 12온
스(약 350밀리리터) 병에 지나친 압력을 가해
폭발의 위험이 있었다. 양조장은 제조업체
에 연락해 높은 압력을 견딜 수 있는 좀 더
견고한 병을 만들어달라고 부탁했다.

모든 맥주는 모험이다

"우리는 우리가 원하는 바로 그 결과가 나
올 때까지 맥주의 개념과 전통을 추구합니
다." 그런 사명감은 맥주가 양조장에서 출
고된 이후에도 계속된다. 홉의 특성이 강한
맥주는 열과 빛에 매우 민감하기 때문에 그
린 플래시는 신선함을 보장하는 총괄 프로
그램을 만들었다. 이를 통해 유통업체의 재
고율은 낮추고(맥주 한 병도 찌는 듯한 창고에서
푹푹 익히는 일이 없다) 병입 날짜를 맥주에 찍
어 냉장 트럭으로 모든 상자를 나른다.
"모든 맥주가 우리 회사 시음실에서처럼 신
선한 맛이 나야 합니다." 이런 목표는 그린
플래시의 다음 목표로 이어졌다. 2011년
여름, 그린 플래시는 샌디에이고에서 좀 더
큰 현대적인 시설로 확장 이전했지만 수요
를 감당하지 못해 2015년 미 동부에 양조
장을 열 예정이다. "우리 맥주의 40퍼센트
는 동부에서 소비되거든요."
두 양조장을 운영하는 일이 녹록지 않아 보

그린 플래시의 샌디에이고 양조장은 4천 평방피트 규모의 시음장과 비어 가든이 갖춰져 있다. 소비자는 30가지 맥주를
맛볼 수 있고, 푸드 트럭도 있어 배고플 염려가 없다.

이지만, 힝클리 부부는 사업을 운영하면서
두 아이를 같이 키웠던 터라 힘든 일에 익
숙하다. 비결이 뭘까? 마이클은 말한다. "부
부가 지금 하고 있는 일에 똑같은 열정을 갖
고 전념하기 때문이죠. 양조장 운영은 하루
24시간, 일주일 내내 이어지는 일이기 때문

에 가장 중요한 동반자가 항상 옆에 있다는
게 도움이 됩니다." 하지만 그는 이렇게 제
안한다. "자기 자신의 한계를 정해놔야 합
니다." 그러나 양조에 있어서는 아니다.
마이크는 말한다. "모든 맥주는 모험이니까
요."

태평양 북서부에서 IPA의 차기 스타 양조장은 오리건 주 벤드에 위치한 본야드 비어Boneyard Beer일 것 같다. 이 양조장의 RPM IPA, 홉 베넘 IPA Hop Venom IPA, 노토리어스 트리플 IPA Notorious Triple IPA는 오리건과 워싱턴 주의 풍부한 홉을 이용한, 사랑스러우면서도 쓰디쓴 포옹과도 같은 맥주다.

PACIFIC NORTHWEST IPA

퍼시픽 노스웨스트 IPA

저 위쪽, 태평양 연안 북서부의 지역 양조업체들에게 홉이 많이 들어간 맥주는 전혀 낯설지 않다. 그 이유는 홉을 어느 정도 쉽고 편리하게 구할 수 있기 때문이다. 대부분의 미국 홉은 워싱턴 주와 오리건 주에서 재배되는데 이 지역은 양조업자가 홉을 수확할 수 있는 향기로운 보고다(135~137쪽, '프레시 홉 에일' 참조). 유행 중인 알코올 도수 높고 쌉쌀하고 묵직한 맥주 대신 오리건과 워싱턴 주의 양조업체들은 강력한 아로마(소나무와 갓 꺾은 꽃, 풀을 떠올리면 된다)와 진한 과즙의 풍미에 집중한다. 이와 동시에 노스웨스트 IPA는 균형감에도 초점을 맞춘다. 이들 맥주는 다이빙대 맨 끝에서 균형을 잡고 있는 반면, 캘리포니아 남부 지역의 동지들은 이

미 쓰디쓴 심해로 풍덩 빠져버렸다.

한 가지 짚고 넘어갈 것이, 맥주를 분류하는 지리적 위치와 지역 특성이 모든 것을 판가름하진 않는다. 결정적인 요소가 아니란 얘기다. 미국 대서양 연안과 중서부의 많은 양조장에서는 눈을 감고 쭉 들이켜면 태평양 연안 지척에서 양조되었다고 믿을 만한 홉 폭탄 맥주를 양조한다(뉴욕의 이타카 플라워 파워Ithaca Flower Power, 플로리다의 시거 시티 자이 알라이 IPACigar City Jai Alai IPA, 미시건 벨의 투 하티드 IPATwo Hearted IPA가 문득 떠오른다). 캘리포니아 양조장 역시 캐러멜 향이 그윽한 IPA도 친숙하다. 스타일과 지역명은 맥주를 규정하는 출발점에 불과하다.

오리건 주 포틀랜드의 펄 디스트릭트Pearl District는 브리지포트 브루펍BridgePort BrewPub의 본거지로, 이곳은 역사적인 포틀랜드 코디지 주식회사Portland Cordage Company 건물 안에 자리해 있다. 천장 높은 공간은 벽돌과 목재로 꾸며졌고, 신선한 페일 에일과 IPA는 이 집 최고의 생맥주다.

PACIFIC NORTHWEST IPA
꼭 시음해볼 두 가지

워크호스 IPA
WORKHORSE IPA

- **로럴우드 퍼블릭 하우스 앤드 브루어리**
  Laurelwood Public House & Brewery
- **ABV: 7.5%**

전형적인 퍼시픽 노스웨스트 IPA로 꼽히는 구릿빛 오렌지색의 워크호스는 너깃, 심코, 아마릴로, 콜럼버스, 캐스케이드 등 다섯 가지 홉에 의존해 코를 한 방먹이는, 밝은 분위기의 시트러스 아로마를 풍긴다. 여름 호수처럼 잔잔하게 넘어가며 귤, 자몽, 파인애플의 풍미가 살짝 끈적거리는 단맛에 덮여 있다.

인디아 페일 에일
INDIA PALE ALE

- **브리지포트 양조회사** Bridgeport Brewing Co.
- **ABV: 5.5%**

오리건 주 포틀랜드에 위치한 브리지포트 양조장의 양조가들은 어느 날 문득 한 가지를 깨닫는다. '우리는 미국의 홉 재배 지역 심장부에 있으니 이 풍부한 자원을 이용해야 해.' 어찌 보면 당연한 깨달음이다. 1996년 이들 양조가는 시트러스 향과 꽃향이 나고 무던한 쓴맛을 가진, 자연 탄산이 생성되는 이 황금빛 에일을 제조했다. 도수와 쓴맛이 좀 더 강한 홉 차르 임페리얼 IPA Hop Czar Imperial IPA도 있다.

대체 맥주 ★★★ 빅 알 양조장 IPA Big Al Brewing IPA, 더슈즈 브루어리 인버전 IPA Deschutes Brewery Inversion IPA, 더블 마운틴 브루어리 홉 라바 Double Mountain Brewery Hop Lava, 풀 세일 브루어리 풀 세일 IPA Full Sail Brewery Full Sail IPA, 닌카시 양조회사 토털 도미네이션 IPA Ninkasi Brewing Company Total Domination IPA, 오크셔 양조장 워터셰드 IPA Oakshire Brewing Watershed IPA, 파이크 양조회사 IPA Pike Brewing Company IPA

DOUBLE IPA

나는 1980년대와 1990년대를 거쳐 성인이 되었고, 어린 시절 하면 프루트 롤업스Fruit Roll-Ups(과일 말랭이의 일종-옮긴이)와 밀리바닐리MilliVanilli(미국 흑인 이인조 가수-옮긴이), 뤼글리Wrigley 사 더블민트 껌의 귀에 착 감기는 광고 문구가 제일 먼저 떠오른다. "두 배의 기쁨이 여러분을 기다립니다"로 광고는 시작했다. "신선함이 두 배, 부드러움이 두 배, 씹는 즐거움이 두 배." 자, 여기서 '씹는'을 '마시는'으로 바꾸면 더블 IPA나 임페리얼 IPA의 풍미를 연상할 수 있다.

간단히 말해 더블 IPA는 쓴맛과 아로마, 그 외의 모든 것을 배가하기 위해 아주 강한 향의 초록 꽃을 대량으로 넣은 IPA의 최고봉이다. 하지만 많은 양의 홉을 사용하다 보면 단점도 생긴다. 쓴맛은 단맛을 첨가해 균형을 맞춰야 하는데, 이 말은 맥아에 들어가는 양조업체의 지출이 증가한다는 뜻이다. 또한 맥아가 많아지면 효모가 먹어치우는 당분이 늘어나고 다시 말해 알코올 함량이 높아진다.

최악의 경우 더블 IPA는 군비 경쟁을 하다 산으로 가버리는 결과를 낳기도 한다. 묵직하고 도수가 높은데 균형이 잡히지 않은 맥주가 나오는 것. 하지만 양조업자가 시소의 균형을 이상적으로 잘 잡은 더블 IPA는 쌉쌀한 만큼 아름다운, 미인 대회 2위 수상자와 같다. 러시안 리버 양조회사의 비니 칠루조는 미국 최초로 터무니없이 많은 홉을 넣어 더블 IPA를 양조한 사람으로 유명하다. 1994년, 캘리포니아 주 테메큘라의 블라인드 피그 브루어리Blind Pig Brewery에서 양조하면서 칠루조는 이노규럴 에일Inaugural Ale을 선보였다. 당시 다른 IPA는 IBU가 기껏해야 50 또는 60을 기록했지만, 그는 자기가 양조한 맥주의 IBU가 어림잡아 머리털이 삐쭉 서는 100을 기록했다고 발표했다(실제 수치는 이보다 훨씬 낮았을 것이다). 홉의 양을 두 배로 늘리는 일은 과감한 시도인 동시에 양조장의 초라한 장비를 보완할 수 있는 계산된 결정이었다. 맥주의 풍미가 시원치 않으면 홉을 과하게 넣어 은폐하면 되니까.

왜 더블 IPA를 때때로 임페리얼이라고 부를까? 도수가 너무 높아 다리에 힘이 빠지게 하는 맥주, 러시아 임페리얼 스타우트의 왕가 족보를 따른다는 동의의 표시다.

비어바나 주

오리건 주의 포틀랜드는 크래프트 양조장과 브루펍이 말도 안 될 정도로 많이 몰려 있어, 자체적으로 비어바나Beervana라는 별칭이 붙었다. 내가 볼 때 이 도시를 방문하기에 가장 좋은 시기는 7월 말이다. 구름은 걷히고 햇살은 밝게 빛난다. 7월 마지막 주말에는 가장 활발한 활동을 펼친 최고의 웨스트 코스트 양조업체를 축하하는 오리건 브루어즈 페스티벌이 개최된다. 윌러맷 강을 따라 꾸며놓는 축제 장소가 그보다 더 좋을 수 없다(oregonbrewfest.com).

DOUBLE IPA
꼭 시음해볼 두 가지

더 마하라자
THE MAHARAJAH

- 에이버리 양조회사 Avery Brewing Co.
- ABV: 10.24%

'위대한 왕'이라는 뜻의 산스크리트어에서 이름을 따온 콜로라도 주 볼더 시의 로열 더블 IPA, 즉 DIPA는 자몽과 당밀의 강력한 향을 선사한다. 늦겨울과 이른 봄 사이에 출시되는 이 맥주는 달콤하게 크림같이 목을 타고 내려가지만 IBU 102로, 왕 같은 위엄으로 혀에 막을 씌우는 듯한 쓴맛을 가졌다. 신의 은총 같은 맥주도 있다. 에이버리 양조장이 9월에 출시하는 듀건 에이 IPA DuganA IPA는 양조장 얘기로는 마하라자보다 음용성이 좋은 맥주로, 끈적끈적하고 무자비하게 쓴 솔향의 8.5퍼센트 DIPA로는 마실 만하다.

플리니 디 엘더
PLINY THE ELDER

- 러시안 리버 양조회사 Russian River Brewing Co.
- ABV: 8%

더블 IPA를 두고 인기투표를 한다면 최고인기상은 플리니에겐 따놓은 당상이다. 브루마스터 비니 칠루조가 양조해 대단한 인기를 누리는 이 DIPA는 숲의 신선한 솔향으로 채워지고 달콤쌉쌀한 맛이 균형을 이룬, 아주 부드러우면서도 아로마가 압권이다. 캘리포니아에서 친구들이 이곳을 방문한다고 하면 나는 언제나 플리니 병을 마약 운반책이라도 된 것처럼 가방 가득 채워 가라고 권한다. 미국 일부 지역에서는 플리니 디 엘더의 가격이 두 배로 뛰기도 한다.

대체 맥주 ★★★ 알파인 비어 주식회사 퓨어 호피니스 Alpine Beer Company Pure Hoppiness, 벨스 브루어리 홉슬램 에일 Bell's Brewery Hopslam Ale, DC 브라우 양조회사 온 더 윙즈 오브 아마겟돈 임페리얼 IPA DC Brau Brewing Co. On the Wings of Armageddon Imperial IPA, 칼 스트라우스 양조회사 빅 배럴 더블 IPA Karl Strauss Brewing Company Big Barrel Double IPA, 뉴잉글랜드 양조회사 간디보트 더블 IPA New England Brewing Co. Gandhi-Bot Double IPA, 스머티노즈 양조회사 빅 에이 IPA Smuttynose Brewing Company Big A IPA

드높은 로키산맥의 IPA

수십 년간 콜로라도 주는 로키 산맥의 신선한 물로 만든 쿠어스 맥주의 본산이었다. 그리고 오늘날에는 미국에서 가장 활기찬 크래프트 양조 지역으로 손꼽히는데, 나 같은 맥주광이 콜로라도의 IPA를 마시는 즐거움을 찬양하지 않는 건 직무유기나 다름없다. 미 대륙을 양분하는 지점에서 탄생한 이들 맥주는 이스트 코스트와 웨스트 코스트 사이의 균형을 제시한다. 균형감 있고 풀바디감을 갖췄지만 분명 홉의 특성이 강한 맥주다. 나는 오스카 블루스의 눅눅하고 퇴폐적인 디비언트 데일즈 IPADeviant Dale's IPA, 쌉쌀하고 과일향이 나는 오델 인디아 페일 에일Odell India Pale Ale, 스카 양조장의 액상 마리화나 같은 모두스 호페란데Modus Hoperande를 홀짝거리며 수없이 많은 오후를 보냈다. 기회가 있다면 내가 보낸 쓴맛의 오후를 느껴보길 바란다.

TRIPLE IPA

정말 쓴 맥주를 좋아하는가? 캘리포니아 주 헤이워드의 더 비스트로The Bistro는 오리건 주 포틀랜드의 새러베자Saraveza처럼 더블 IPA 축제를 개최한다. 입안이 온전하게 돌아오진 못할 것이다(the-bstro.com, saraveza.com).

더블 IPA와 임페리얼 IPA를 자랑하게 돼서 너무 행복하지만 트리플 IPA는 도가 지나치다. 칩더미 위에 칩을 또 거는 포커 선수처럼 양조장은 저마다 쓴맛의 강도를 터무니없는 수준으로 올려놓기 시작했다. 어느 정도가 지나친 것일까? 트리플 IPA는 미뢰와 맨정신 모두를 폭격하는 미각 파괴 폭탄이다. 궁금하다면 한번 마셔보되 친구 한 명과 같이 마실 것. 아니면 친구 셋과. IBU 측정은 기술적인 한계로 100이 최대치다. 100을 초과하는 지수는 보고 들은 대로 추측하는 것, 즉 상상의 나래를 펴는 것이다. 덴마크의 미켈러Mikkeller 양조장은 놀랍게도 IBU 지수가 1000인 맥주를 양조했다. 이 맥주는 흡사 "홉밭을 씹는 것 같은 맛이 났다"고 양조가 미켈 보르그 뵈르그쇠는 말했다. "저는 개인적으로 좋았습니다." 여러분도 그럴까?

TRIPLE IPA
꼭 시음해볼 두 가지

홉 댐	데블 댄서
HOP DAM	DEVIL DANCER

• 호핑 프로그 브루어리Hoppin' Frog Brewery

• ABV: 10%

쌉쌀한 피물을 제조하기 위해 오하이오 양조장은 양조 케틀로 특별히 스테인리스스틸 '댐'을 만들어 홉향이 새지 않게 했다. 몸을 띄워주는 캐러멜 구명정에서 시트러스 향과 솔향에 휩쓸릴 각오를 할 것. 양조장의 표현대로, "홉과 키스하는 기분이다". 트리플 IPA가 너무 강하다면 민 마날리시 더블 IPAMean Manalishi Double IPA를 시도해볼 것.

• 파운더스 양조회사Founders Brewing Company

• ABV: 12%

이 점잔 빼는 악마 같은 IPA는 10종의 홉을 섞어 26일간의 긴 드라이호핑dry-hopping 공정을 거친다. 콧속을 뻥 뚫어주는 아로마는 송진, 시트러스, 볶은 맥아향과 꽃향으로 후각을 강타한다. 한 모금 들이켜면 시럽같이 진득한 붉은색의 데블 댄서가 토피, 캐러멜, 솔향에 싸여 아찔한 느낌이 들도록 몸을 빙빙 돌렸다가 지독하게 쓴 끝맛을 느낄 수 있게 내려놓는다.

대체 맥주 ★ ★ ★ 비어브라우리 에멜리세 트리플 IPABierbrouwerij Emelisse Triple IPA, 페글리스 브루워크스 홉솔루틀리 트리플 IPA Pegley's BrewWorks Hop'solutely Triple IPA, 니 딥 양조회사 심트라 트리플 인디아 페일 에일Knee Deep Brewing Company Simtra Triple India Pale Ale, 모일런즈 브루어리 홉시클 임페리얼 인디아 페일 에일Moylan's Brewery Hopsickle Imperial India Pale Ale, 레니게이드 양조회사 엘리베이션Renegade Brewing Company Elevation, 스피키지 에일 앤드 라거 더 돈Speakeasy Ales & Lagers The Don

♔

알아둬야 할 IPA 혼합 음료

실리 밴즈Silly Bandz(미국 초등생들 사이에 유행했던 고무 팔찌-옮긴이)를 미끼 삼아 사서 마시게 유혹하는 스머노프 아이스Smirnoff Ice(알코올 도수 5퍼센트의 보드카 혼합 음료-옮긴이)와 달리, IPA의 유행은 전혀 식을 줄 모른다. 쓴맛의 전류는 계속 맹위를 떨쳐, 탐험할 만한 새로운 곳으로 가지를 치고 있다. 어떤 음료는 검은색, 어떤 음료는 흰색이고, 또 어떤 것은 붉은색이다. 각 제품은 공통점이 있지만 이들 쓴맛 형제는 여전히 튀고 확실히 맛있다.

BLACK IPA
블랙 IPA

전형적으로 어두운 색조의 맥주는 자바 커피부터 초콜릿 향까지 넘나드는 진한 로스팅 풍미로 혀와 미뢰에 내려앉는다. 이런 풍미는 속을 채워주는 스타우트의 경우에는 훌륭하지만 쓴 트리플은 너무 지나치게 압도적인 경향이 있다. 하지만 칠흑같이 어두운 블랙 IPA는 소량의 초콜릿과 볶은 커피의 복합적인 쌉쌀한 맛과 시트러스, 열대 과일 향, 솔향이 균형을 이룬다. 블랙 IPA는 약간 모순된 명칭이기 때문에 '캐스케디언 다크 에일Cascadian dark ale'(많은 홉 재배자들과 양조업자들이 홉의 고향이라 부르는 태평양 북서부 지역의 캐스케이드 산맥 이름에서 따온 것)이라는 이름을 대신 써왔다. 하지만 내가 보기에 이런 이름은 편협해 보인다. 블랙 IPA는 미 전역에서 만들어지기 때문이다. 이런 이유로 맥주 평가 인증 프로그램은 이 다크한 색조의 맥주를 '아메리칸 블랙 에일'이라고 부른다.

어떤 명칭으로 부르든 이 스타일은 쓴 홉을 돋보이게 하고, 트레이드마크 격인 탁한 색조를 유지할 수 있도록 볶은 검은 맥아의 떫은맛을 제압하는 섬세한 기술이 필요하다. 이 기술을 완성하기 위해 양조업체들은 몇 가지 양조 기술에 의존한다. 첫째, 껍질 벗긴 맥아를 사용한다. 정미와 비슷한 이런 공정 덕분에 타고 볶은 풍미가 덜 두드러진다. 또다른 방법으로는 검디검은 색조를 자랑하는 최강 음용성의 독일 라거, 슈바르츠비어를 양조하는 데 쓰는 기술을 차용하기도 한다. 이 공정에서는 맥주의 구성 요소인 검게 볶은 맥아를 찬물에 우려내는데, 이 덕분에 맥아의 거슬리는 풍미가 줄어든다(이 공정을 콜드 브루 커피와 비교해볼 것. 이 커피는 뜨거운 물로 우려낼 때 생기는 위를 휘젓는 듯한 신맛이 없다). 이런 공정을 제대로 거친 블랙 IPA는 진한 맥아의 깊은 맛과 밝고 신선한 홉의 향이 균형을 이룬다. 오후 휴식 시간이나 마감 시간에 주문하기에 딱 좋다.

BLACK IPA
꼭 시음해볼 두 가지

피치 블랙 IPA
PITCH BLACK IPA

- 위드머 브라더스 양조장 Widmer Brothers Brewing
- ABV: 6.5%

원래는 일회성 제품이던 피치 블랙이 많은 사랑을 받자, 오랜 역사를 자랑하는 오리건 주의 양조업체들은 이 제품을 상시 출시 제품으로 격상하기로 결정했다. 사치스러운 흑색 보석 같은 이 맥주를 한 모금 들이켜면 이런 결정이 이해된다. 농익은 파일 향과 견과 맛의 맥아 향으로 그득하고, 홉으로 기분 좋게 파고드는 약간의 커피 향이 느껴진다. 또 하나의 재미로, 새로운 홉을 넣어 이 스타일을 독특하게 해석한 위드머 양조장의 로테이터 IPA Rotator IPA 시리즈도 있다.

백 인 블랙
BACK IN BLACK

- 21세기 어멘드먼트 브루어리 21st Amendment Brewery
- ABV: 6.8%

샌프란시스코는 21차 수정헌법에 따라 비터 맥주를 캔으로 포장해 대량생산한다. 브루 프리! Brew Free!, 다이 IPA Die IPA, 홉 크라이시스 임페리얼 IPA Hop Crisis Imperial IPA(풍미가 스며들도록 디자인한 나선형 오크 통에서 숙성된다) 등의 제품으로 알루미늄 용기를 보는 소비자의 눈이 바뀌었으며, 말쑥한 적갈색 병을 버리고 어두운 도로를 택한 맥주의 여정이 의미 있어 보인다. 솔파 시트러스의 꽃향이 나며 카카오 씨의 향도 살짝 느껴진다. 색깔에 속지 말자. 술술 넘어가는 맥주다.

대체 맥주 ★★★ 엘리먼트 양조회사 다크 엘리먼트 Element Brewing Company Dark Element, 헤비 시즈 비어 블랙 캐넌 블랙 IPA Heavy Seas Beer Black Cannon Black IPA, 노스 피크 양조회사 퍼리 블랙 인디아 페일 에일 North Peak Brewing Company Furry Black India Pale Ale, 오터 크리크 양조장 블랙 IPA Otter Creek Brewing Black IPA, 피크 오가닉 양조회사 홉 누아르 Peak Organic Brewing Company Hop Noir, 서던 티어 양조회사 이니퀴티 Southern Tier Brewing Company Iniquity, 유니타 양조회사 두베 임페리얼 블랙 IPA Unita Brewing Company Dubhe Imperial Black IPA

더슈츠 양조장은 오리건 주 벤드에 자리하고 있다. 이 지역은 하이킹, 산악자전 거, 스키, 래프팅 같은 아웃도어 스포츠로도 유명하다.

WHITE IPA

화이트 IPA

여름철, 리넨 정장과 여름 원피스에 가장 어울리는 완벽한 맥주가 바로 이 흰 빛깔의 맥주다. 화이트 IPA는 홉의 개성이 강한 IPA와 밀 위주의 탁한 화이트비어(이 스타일에 관한 자세한 정보는 105쪽 참조)의 차이를 메워주는 혼성 에일이다.

전형적인 비여과식 맥주인 벨기에 화이트비어는 오렌지 껍질과 코리앤더로 양조되는데 이들 원료는 시트러스와 향신료의 매력적인 풍미를 더해준다. 화이트비어는 햇살에 흠뻑 젖은 여유로운 오후가 저녁으로 넘어갈 때 한잔하기 딱 좋은 부드럽고 우아한 맥주다. 양조가들은 화이트비어의 과일 풍미에 잘 어울리는 시트러스 향의 홉을 추가해 완벽을 추구한다. 그 결과, 냉장고에 보관하면 딱 좋은, 약간 쌉쌀하고 목넘김이 수월한 아로마가 탄생한다. 이 혼성 맥주는 이제 막 용틀임을 시작했지만 더운 날씨에 사람들이 가장 많이 찾는 맥주로 빠르게 자리매김할 것 같다.

언제나 그렇듯 옛것은 새로 태어나게 마련. 홉을 양껏 넣은 다크한 색조의 에일은 백 년도 더 전에 영국에서 이미 만들어졌다.

모든 순간은 소중하다

현재 시판되는 인디아 페일 에일 중 가장 도수가 높은 맥주는 도그피시 헤드 사의 120 미니트 IPA 120 Minute IPA다. 한정판으로 생산되는 이 맥주는 IBU는 100 후반이고, ABV는 15~20퍼센트를 기록한다(각 생산분마다 조금씩 다르다). 부탄 함량을 높인 이 맥주는 두 시간의 끓임 공정 중 아로마가 강한 미국산 홉을 계속 투입하고(느리고 지속적인 홉 투입 기술을 통해 깊고 풍부한 풍미가 만들어진다) 이후 몇 개월의 발효와 홉을 추가하는 숙성 과정을 거친다. 그 결과, 적당하게 쌉쌀한 폭탄주가 탄생하는데 병마개를 열자마자 포푸리만큼 강한 시트러스 아로마가 방 안을 가득 메운다. 어떤 브라운 색 증류주보다 속을 따뜻하게 해준다.

WHITE IPA
꼭 시음해볼 두 가지

체인브레이커 화이트 IPA
CHAINBREAKER WHITE IPA

- 더슈츠 양조장Deschutes Brewing
- ABV: 5.6%

체인브레이커는 오리건 주 중부 지역의 바위산에서 벌어지는 산악자전거 경주 이름에서 따왔지만 시트러스, 달콤한 오렌지 껍질, 코리앤더가 펼쳐놓는 풍경을 뻔뻔할 정도로 여유롭게 여행한다. 벨기에 효모의 파일향 풍미가 복합적인 재미를 더해준다.

화이트 IPA
WHITE IPA

- 사라낙 브루어리Saranac Brewery
- ABV: 6%

이 혼성 맥주는 뉴욕 애디론댁 산맥 기슭에서 나왔다. 불투명한 짚 색깔의 에일(밀파 귀리 덕분!)은 감미로운 마우스필과 오렌지 껍질의 파일 풍미가 있고, 시트라 홉 때문에 열대 파일의 아로마도 풍긴다. 이러한 반전이 있어 더운 날에 마시기 좋은 맥주다.

대체 맥주 ★ ★ ★ 앵커리지 양조회사 갤럭시 화이트 IPA Anchorage Brewing Company Galaxy White IPA, 블루 포인트 양조장 화이트 IPA, 하푼 브루어리 화이트 IPA, 노다 양조회사 고스트 홉 화이트 IPA Noda Brewing Company Ghost Hop White IPA, 새뮤얼 애덤스 화이트워터 IPA Samuel Adams Whitewater IPA

도그피시 헤드 양조장의 휴대용 랜들 주니어는 즉석에서 맥주에 풍미와 향을 불어넣기 위해 고안되었다.

드라이 호핑Dry-Hopping

발효가 끝나거나 숙성 중인 맥주에 홉을 첨가하는 공정. 이 단계를 통해 홉 애호가들이 황홀해할 강한 아로마의 맥주가 탄생한다.

홉백Hopback

양조 케틀과 맥아즙 냉각기를 연결하는 격실로, 홉으로 가득 차 있다. 뜨거운 맥아즙이 이 용기를 통과하면서 대개 양조 과정에서 사라지는 신선한 정원의 풍미와 아로마가 밴다. 즉각적으로 맥아즙을 냉각하면 홉의 화합물질이 그대로 남는다.

홉 버스팅Hop Bursting

IPA에 적당한 아로마를 주기 위해 일부 양조장이 택하는 기술. 기본적으로 홉 더미는 끓임 공정 마지막에 추가되어 부드러운 쓴맛을 낸다.

홉 토피도Hop Torpedo

시에라 네바다가 개발한 스테인리스스틸 원통. 홉의 기름기 있는 송진을 잡아내고 쓴맛은 남긴다. 어떻게? 에스프레소 머신을 상상하면 된다. 그대로 말린 통통한 홉꽃으로 가득한 바구니를 홉 토피도(어뢰)에 털어넣고 압력을 가해 밀폐한다. 이 장치는 발효 저장고에 설치되는데, 아로마와 풍미를 최대한 추출하기 위해 맥주를 이 어뢰에 통과시킨다.

랜들 디 에나멜 애니멀Randall The Enamel Animal

델라웨어에 위치한 도그피시 헤드에서 고안한 장치. 시장 출시 후에도 IPA의 풍미에 변화를 줄 수 있다. 이 양조장은 원통형 모양의 물 필터를 개조해 케그의 배출선에 부착했다. 이 필터에다가 잎홉이나 신선한 민트같이 풍미를 내는 물질을 엉성하게 채운다. 맥주를 유리잔에 따르기 전 랜들에 넣으면 알코올을 통해 풍미 있는 오일이 잎에서 추출되어 순식간에 맥주에 스며든다. 도그피시 헤드 양조장은 개인이 사용할

RED IPA

레드 IPA

이 스타일은 간단히 파악된다. 레드 IPA는 캐러멜 맥아의 지출 비중이 상당하다. 캐러멜 맥아를 통해 맥주는 진하고 달콤한 풍미에다 사탕의 옷에서 바로 뽑아낸 듯한 색을 띤다. 이런 특성을 양조가가 선호하는 솔향, 시트러스 향을 풍기는 홉과 풍부한 송진의 풍미와 결합하면 비터 맥주광에게 캣닙catnip(고양이 처음제-옮긴이) 역할을 하는 감미로운 풀바디의 맥주가 만들어진다. 나는 매일 마시는 IPA보다 레드 IPA가 더 만족스러운데, 이 맥주는 아직은 여섯 개들이 팩으로 손쉽게 마실 수 있다. 요즘에 붉은색을 본다는 건 아주 좋은 일이다.

기억하라: 신선함이 최고다

IPA는 되도록 빨리 마실 것. 러시안 리버 양조회사의 아로마 강한 플리니 디 엘더를 지침으로 삼아보자. 병 라벨에 이런 말이 쓰여 있다. "시간이 경과하면 맛이 떨어집니다! 홉 맥주는 숙성시키지 않는 것을 원칙으로 합니다." 이런 맥주는 신선할 때 최고의 맛을 내며 생생한 향은 시간이 지나면서 줄어든다. 각 병에 찍힌 날짜를 확인하고, 냉장고가 아니라 밖에서 더위에 찌든 IPA는 피할 것. 그리고 IPA는 제발, 항상 냉장 보관할 것.

RYE IPA

라이 IPA

이 맥주는 내가 가장 좋아하는 감각적인 혼합 맥주 중 하나다. 법적으로 음주 가능한 연령이 된 후부터(실은 그 축복받은 날보다 한두 해 앞서) 나는 올드 오버홀트Old Overholt나 리튼하우스Rittenhouse 같은 호밀 위스키의 기분 좋은 짜릿함을 음미해왔다. 이들 위스키는 드라이하고 스파이시한 맛을 담고 있어 메이커스 마크 같은

버번위스키의 달콤함과는 신선한 대조를 이룬다. 호밀이 맥주에 사용되면 복합성과 날선 느낌, 미묘한 스파이시함, 상쾌하게 드라이한 끝맛을 더할 수 있다. 다시 말해 호밀의 특성이 기분 좋게 쓴 IPA를 완벽하게 보완해준다.

과학자들은 쌉쌀한 맛이 진화에 공을 세웠다고 믿는다. 많은 독성 식물은 쓴맛이 나서, 한번 맛보면 마음속에서 '먹지 말라'는 경종이 울린다. IPA를 마실 때는 이를 무시할 것.

―――― ★★★ ――――

대부분의 맥주는 쓴맛과 아로마, 풍미를 더해주는 꽃, 홉을 뒤죽박죽 섞어 만든다. 어떤 홉은 향을 내는 데, 또 어떤 홉은 쓴맛을 더해주는 데 좀 더 적합하다. 홉의 강점과 약점을 잘 조합하면 독특한 풍미를 만들어내는 데 도움이 된다. 이런 공정은 향신료의 비율과 배합을 달리해서 요리를 하는 것과 비슷하다. 그런데 최근 양조업체들은 홉을 섞어 맥주를 양조하는 일을 중단했다. 대신 하나의 홉을 넣어 사람들이 각 홉의 고유한 특성을 구별할 수 있게 한다. 이런 맥주는 장기간 유통되지는 않지만, 꾸준히 홉 프로젝트를 진행하는 미켈러, 힐 팜스테드Hill Farmstead, 플라잉 도그, 야주 양조회사Yazoo Brewing Company에서 지속적으로 출시하고 있다.

RED IPA
꼭 시음해볼 두 가지

소크아이 레드 IPA
Sockeye Red IPA

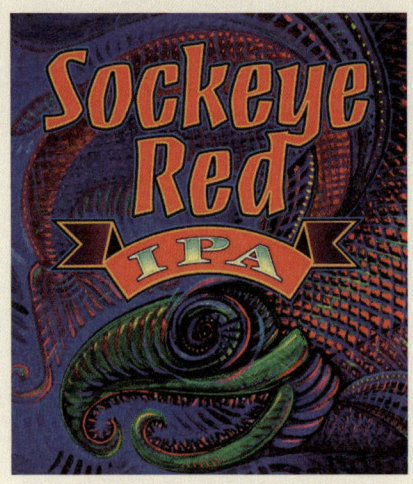

- 미드나이트 선 양조회사Midnight Sun Brewing Co.
- ABV: 5.7%

알래스카 앵커리지의 경이로운 한밤의 태양은 한 연어 품종의 이름을 딴 취침용 소크아이를 탄생시켰다. 연어의 살색과 비슷한 소크아이는 불그스름한 호박빛을 띠며 송진, 농익은 시트러스, 비스킷의 톡 쏘는 향이 뒤에서 올라온다. 송진 향은 자몽과 함께 풍미에 다시 등장하지만 달콤한 캐러멜 향 때문에 무뎌진다.

홉 헤드 레드
Hop Head Red

- 그린 플래시 양조회사Green Flash Brewing Co.
- ABV: 7%

이 맥주의 색은 캐러멜 맥아 덕분인데, 캐러멜 맥아는 진홍색 IPA를 진하게 받쳐준다. 홉 헤드 레드는 이를 발판 삼아 소나무와 자몽으로 들썩이는 쓰디쓴 바닷속으로 뛰어든 후 번지르르한 끝맛을 위해 표면에 떠오른다. P.S: 홉 헤드 레드는 드라이 호핑 공정을 거치기 때문에 아주 강한 꽃향이 난다.

대체 맥주 ★★★ 레이크프런트 브루어리 픽스트 기어Lakefront Brewery Fixed Gear, 오스카 블루스 지나이트 임페리얼 레드 에일Oskar Blues G'Knight Imperial Red Ale, 새뮤얼 애덤스 탭스맨 레드Samuel Adams Tapsman Red, 샌탠 양조회사 카운트 호퓰러 블러드 레드 IPA SanTan Brewing Company Count Hopula Blood Red IPA

위스콘신 주의 밀워키 강둑에 위치한 레이크프런트 브루어리는 1987년부터 시대를 앞서갔다. 이곳은 미국 최초로 공인된 유기농 맥주, 오가닉 E.S.B를 출시했고 천연 원료의 사용을 장려한다. 로컬 에이커 라거Local Acre Lager와 위스콘신 밀맥주는 위스콘신 주에서 재배되는 곡물과 홉으로 만든다. 덤으로 양조장 투어는 정말 재미있다.

캘리포니아의 베어 리퍼블릭 브루잉은 맥주 양조 때 영감을 주는 뮤즈로 호밀을 사용하는 경우가 많다.

2012년, 소셜미디어 전문가 애슐리 루슨(@TheBeer-Wench)과 라이언 로스(@RyanARoss)는 'IPA의 날'을 만들었는데, 이는 해시태그 #IPADay로 연결된 루풀린(홉가루) 애호가들의 가상 모임이다. 행사는 보통 8월에 열린다.

히브루 비터스위트
레니즈 R.I.P.A
HE'BREW BITTERSWEET LENNY'S R.I.P.A

- 슈말츠 양조회사Shmaltz Brewing Company
- ABV: 10%

입이 거친 레니 브루스(미국 코미디언이자 사회비평가. 레니 브루스는 무대에 올랐을 때 부르는 이름이다–옮긴이)의 이름을 딴 이 구릿빛 더블 IPA는 베이지색의 헤드를 갖췄고 캐러멜, 시트러스, 솔, 두툼한 호밀빵을 연상케 하는 향을 풍긴다. 한 모금 마시면서 꿀과 비스킷, 시트러스의 쌉쌀한 세계를 탐험해볼 것. 호밀을 넣은 R.I.P.A는 호밀 위스키를 담았던 오크 통에서 숙성된다.

홉 로드 라이
HOP ROD RYE

- 베어 리퍼블릭 양조회사Bear Republic Brewing Co.
- ABV: 8%

베어 리퍼블릭 사는 종종 호밀을 이용해 실험을 하는데, 그 결과물 중 공격적인 홉 로드Hop Rod 제품이 가장 악명 높다. 홉 로드 라이는 진한 호박색 병에서 시트러스와 솔의 꽃내음을 마구 뿜어대며, 캐러멜과 향신료가 소량 가미된 흔적이 느껴진다. 맛으로 보자면, 쌉쌀함은 달콤하고 스파이시한 맛과 흙 내음 나는 후추의 끝맛이 균형감을 맞춰준다(동네 바에서 호밀이 들어간 벨기에 스타일 IPA 생맥주를 발견하면 한잔 주문해보길 권한다).

대체 맥주 ★★★ 배리어 양조회사 이블 자이언트 IPABarrier Brewing Company Evil Giant IPA, 하푼 브루어리 리치 앤드 댄즈 라이 IPAHarpoon Brewery Rich & Dan's Rye IPA, 래핑 도그 양조장 로켓 도그 라이 IPALaughing Dog Brewing Rocket Dog Rye IPA, 시에라 네바다 양조회사 루스리스 라이 IPASierra Nevada Brewing Co. Ruthless Rye IPA, 스위트워터 양조회사 로라이더 IPASweetWater Brewing Company LowRYEder IPA

너의 도수를 알라

아메리칸 스트롱 에일은 맥주에 관한 온갖 잡다한 아이디어가 모여 탄생했다. 가령 ABV 7퍼센트를 넘는 맥주는 다 모아놓은 스타일이다. 더블 IPA는 스트롱 에일 또는 심지어 발리와인으로도 분류될 수 있다. 그러니 이런 묵직한 맥주를 한 상자 안에 밀어 넣지는 말 것. 스트롱 에일Strong Ale이라는 말마따나 이 맥주는 맹숭맹숭하지 않다는 사실을 알아두면 된다. 이 스타일의 전형적인 제품은 스톤 양조회사의 애러건트 배스터드(건방진 녀석이라는 뜻—옮긴이) 에일 Arrogant Bastard Ale로, 공격적인 풍미와 그에 걸맞은 이름을 가졌다.

슈퍼마켓에서 IPA는 두 번째로 인기 있는 크래프트 맥주 스타일이다.

BELGIAN IPA

영감은 양방향 도로이며, 영감이 양방향으로 맹렬히 달리는 현상이 양조 분야만큼 확실한 곳도 없다. 홉이 풍부하게 들어가는 아메리칸 에일의 부상에 고무되어 벨기에 양조가들은 그들 나름대로 엷은 색의 비터 맥주를 출시하기 시작했다. 벨기에 우르텔의 루이젤레드 Ruiselede 양조장 브루마스터인 힐데가르트 반 오스타덴은 2005년 그레이트 알래스카 비어 앤드 발리와인 페스티벌에서 돌아오자마자 유럽 품종인 노블홉을 넣은 홉-잇Hop-It 더블 IPA를 고안했고, 벨기에 다슈프 양

조장의 우블롱 슈프 도벨랑 IPA 트리펠은 벨기에 효모의 트레이드마크인 과일 향의 에스테르와 시트러스 아로마를 블렌딩한 맥주다.

대서양 너머의 미국 양조가들 역시 이런 퓨전 맥주에 친숙했다. 이들은 벨기에 효모를 사용해 드라이하면서 효모와 과일의 향이 느껴지는 맥주를 만들어냈는데, 자극적인 향의 푹신한 헤드와 묘한 매력의 아메리칸 홉의 부케가 특징이다. 마치 미국이 벨기에와 결혼해 아기를 가진 것 같다.

BELGIAN IPA

꼭 시음해볼 두 가지

레이징 비치 벨지언 스타일 IPA
RAGING BITCH BELGIAN-STYLE IPA

우블롱 슈프 도벨랑 IPA 트리펠
HOUBLON CHOUFFE DOBBELEN IPA TRIPEL

- 플라잉 도그 브루어리Flying Dog Brewery
- ABV: 8.3%

- 다슈프 양조장Brasserie D'Achouffe
- ABV: 9%

플라잉 도그의 20주년 기념 상품인 레이징은 큰 성공을 거둬 연중 내내 양조되는 생산 라인에 포함됐다. 아메리칸 홉 3종 세트인 콜럼버스, 아마릴로, 워리어는 파일 향의 효모와 잘 어울리는 시트러스 부케를 선사한다. 달콤한 맥아와 자몽은 스파이시한 끝맛으로 기분 좋게 이끌어준다.

병의 라벨에 그려진 홉을 추수하는 행복한 작은 요정의 모습은 병 안에서 어떤 아로마와 풍미가 기다리고 있는지 짐작게 해준다. 2006년 처음으로 양조된 병 숙성 비여과 맥주는 드라이하고 생동감 있게 넘어가며, 자극적인 흙 내음과 풍부한 쓴맛이 받쳐주는 기분 좋은 파일 향과 후추 맛을 갖췄다. 더블 IPA와 벨지언 트리펠을 훌륭하게 블렌딩한 맥주다.

대체 맥주 ★★★ 에일 어사일럼 베드램Ale Asylum Bedlam(미국), 클라운 슈즈 머핀 톱Clown Shoes Muffin Top(미국), 뉴 벨지엄 양조장 벨고 IPANew Belgium Brewing Belgo IPA(미국), 스톤 양조회사 칼리-벨지크 IPAStone Brewing Company Cali-Belgique IPA(미국), 테라핀 비어 주식회사 몽크스 리벤지Terrapin Beer Company Monk's Revenge(미국), 우르텔 홉-잇Urthel Hop-It(벨기에), 두벨 트리펠 홉 Duvel Tripel Hop(벨기에)
* 한 가지 맥주는 미국산으로, 다른 한 가지는 벨기에산으로 마셔볼 것.

더 높은 도수를 위하여

트라피스트 에일과 수도원 스타일 에일

유대교 집안에서 자란 나는 맛있다는 말에 먹칠을 하는 음식을 수도 없이 집어삼켰다. 젤리 같은 게필테 피시gefilte fish(송어나 잉어에

달걀, 양파 따위를 섞어 수프처럼 끓인 유대 요리-옮긴이)부터 구운 마분지를 연상케 하는 무교병까지 신앙심은 만족스러운 저녁 만찬, 한마디

로 꼬집어 즐거운 와인 한 잔과는 거리가 멀었다. 유월절 기간에 힘겹게 삼켰던, 어금니가 아리도록 단 마니슈비츠Manischewitz, 바

로 그 와인을 말하는 것이다. 도미노 슈거Domino Sugar(미국 설탕 브랜드-옮긴이) 공장에서 가공한 포도 같은 맛이 났던 그 유대교 와인을

내가 얼마나 증오했던지. 종교적인 술은 나쁜 뒷맛을 남겼는데, 이는 오스트리아, 프랑스, 네덜란드, 벨기에의 수도사들에게는 딴 세

상 얘기였다.

이들 많은 성직자들은 이 세상에서 가장 독보적인, 세속 양조장은 거의 가질 수 없는 고객 명단을 보유한 양조 클럽, 즉 트라피스트

맥주회의 일원이다. 양조라는 행위는 대체로 민주적이다. 충분한 원료와 시간이 있는 경우 숙련된 양조가라면 쓴 IPA나 굴뚝 검댕

색깔의 스타우트를 만들어낼 수 있다. 하지만 트라피스트 맥주를 생산하는 데는 재능 이상의 요소가 필요하다. 전 세계적으로 170

곳 이상의 트라피스트 수도원이 있다. 이 수도회 교단을 꾸려나가기 위해 수도사들은 옷, 치즈 같은 상품을 만들어 팔며, 소수의 공

인받은 수도원에서는 이 세상에서 가장 희귀하고 가장 귀한 대접을 받는 맥주를 만든다.

'트라피스트Trappist'는 트라피스트회에서 생산되는 맥주를 지칭하는 말로, 여기에는 냉각된 맥주까지 포함된다. 어떤 트라피스트 에

일은 짚 색깔을 띠고 갈증을 해소해주는 역할을 하지만, 어떤 것은 드라이하고 쓰며 소울 뮤지션 제임스 브라운보다 더 펑키하다. 트

라피스트 에일은 황금색 사탕 같은 달콤한 맛이 날 수도 있고, 빵 굽는 냄새와 검은색 과일의 향을 가진 진하고 복합적인 어두운 빛

깔의 맥주가 될 수도 있다. 무엇보다도 많은 트라피스트 에일이, 제품군이 점점 늘어나는 일반 양조장의 수도원 스타일 맥주와 마찬

가지로 속을 따뜻하게 해주며 높은 알코올 도수(보통 ABV 6~12퍼센트)를 자랑하기 때문에 달팽이처럼 느리게 조금씩 마셔야 한다.

주의 사항 | 수도사나 이 스타일에 흘딱 반한 사람이 양조한 맥주라고 해서 맛까지 보장되는 것은 아니다. 하수구에 버려지는 맥주

또한 넘쳐난다. 그래도 자신에게 적합한 맥주를 찾아 마시면 종교적 체험을 할 수도 있다.

기도하고
일하라

1664년 프랑스 노르망디의 라 트라프 수도원 원장인 아르망장 르 부티예 드랑세는 로마 가톨릭 교회 시토 수도회의 원칙을 부활시키고 교리를 추가하고자 개혁 운동을 단행했다. 이 운동이 유럽을 휩쓸면서 엄률시토회Order of Cistercians of the Strict Observance가 탄생했고, 그 추종자들은 한 독립한 수도원의 이름을 따서 수도회 이름을 '트라피스트'라고 지었다.

트라피스트회 수도사들은 동료인 시토공동수도회 수도사들과 같이 '성 베네딕트 원칙'이라는 공동체 생활 규칙에 따라 생활한다. 시토회 수도사들은 신을 섬긴다는 변치 않는 믿음 외에 평화와 기도, 육체노동에 전념하는 생활을 한다(트라피스트회의 신조는 '기도하고 일하라'이다). 또한 트라피스트회 수도사는 육식을 삼가는 생활 방식에 따라 농사와 양조를 실천해왔다(기억할 것은 당시에는 식수가 오염되는 일이 많았다는 점이다. 맥주를 양조한 덕분에 병균이 득실거리는 물을 먹고 저 아래 땅속에 묻히는 일이 없어졌다).

중세 시대 수도원에는 양조장이 흔히 딸려 있었고 트라피스트회 수도원이야 말할 것도 없었다. 유럽 전역에 자급자족을 내세우면서 우후죽순처럼 생겨난 수도원들은 양조를 통해 그 맥을 유지했는데, 반(反)가톨릭 프랑스혁명과 양차 세계대전 당시 수도원들이 파괴되지 않았을 때도 자급자족의 원칙은 변하지 않았다(포탄과 총성으로 가득한 나폴레옹의 험난한 통치기에 프랑스를 떠난 양조장 역시 많았다). 수많은 양조장이 하루하루 이를 악물고 버텼고, 재로 사라지거나 구리와 다른 귀금속 때문에 유린되기도 했다. 살아남은 양조장은 2차 대전 이후 득을 보았다. 양차 세계대전 사이, 벨기에의 시메Chimay 맥주를 양조하는 수도사들 덕분에 유명해진 '트라피스트 맥주'는 2차 대전 이후 인기를 얻기 시작해, 뛰어난 장인 수도사의 명성과 피폐한 지역 경제를 재건하겠다는 열망에 힘입어 육성되었다(특히 시메 양조장은 생산량을 급격히 늘렸는데, 이 결정 덕분에 세계 최고 명성의 트라피스트 양조장이 되었다).

트라피스트 정품의 조건

모방이 아첨의 가장 신실한 형태라면, 트라피스트 양조가들은 아첨에 빠져 사는 셈이다. 수도사들이 제조한 맥주의 인기에 영합하기 위해 세간의 양조장들은 자사 맥주를 '트라피스트'라 부르고 제품에 기독교 이미지와 이름을 장식하기 시작했다. 수도사들이 관대한 사람들이긴 해도 저작권 침해 문제는 용납하지 못했다. 고소가 제기되고 재판이 잇따랐다. 최종 결과, 1997년 여덟 곳의 트라피스트회 수도원이 뭉쳐 국제트라피스트협회를 창설했다. 이 조직의 목적은 리큐어, 치즈, 빵, 비스킷, 쿠키, 초콜릿, 맥주 등 양질의 제품을 생산하는 수도사의 명성을 일반 사업체가 거저먹지 못하도록 막는 것이었다. 맥주의 경우, 다음 네 가지 조건을 충족하는 양조장에만 '트라피스트 정품Authentic Trappist Product'이라고 적힌 육각형 모양의 로고를 부여한다.

1. 수도원 안에 양조장이 있어야 하고, 반드시 수도사나 이들의 감독 아래 맥주가 양조되어야 한다 (물론 일반 노동자의 양조도 허용된다).
2. 양조가 절대 수도사의 주요 관심사가 되어서는 안 된다.
3. 양조를 통한 수입은 수도사의 생활비, 수도원과 원내 유지 보수에 충당하며, 그 외의 수익은 반드시 자선 목적으로 기부해야 한다.
4. 완전무결한 품질을 보증하기 위해 트라피스트 맥주는 계속 협회의 감독을 받아야 한다.

AUTHENTIC TRAPPIST PRODUCT

엄률시토회의 수녀를 보통 '트라피스틴Trappisttine'이라고 부른다.

★ ★ ★

170여 곳의 트라피스트 수도원이 아르헨티나부터 호주, 브라질, 체코, 칠레, 대만, 인도네시아, 심지어 이스라엘에 이르기까지 세계 각지에 흩어져 있다.

★ ★ ★

'시토수도회Cistercian'라는 말은 프랑스 마을 시토Citeaux의 라틴어 이름인 '시스테르시움Cistercium'에서 유래했다. 시토수도원은 베네딕트회 수도원장인 몰레스메 로베르투스가 1098년에 세웠는데, 이 수도원장과 수도사들은 시토수도회를 창시해 성 베네딕트의 규율을 가장 엄격하게 해석하고 실천했다.

수도원의 풍미,
세속 양조장의 제조

엄격한 규제를 받는 수도원 집단만이 트라피스트 맥주를 법적으로 제조할 수 있지만, 수도원 스타일의 맥주 생산을 금지하는 법은 전혀 없다. 벨기에와 미국의 무수히 많은 일반 양조업체들은 종교 맥주의 복제품을 만들어 행복한 수사와 성인의 이미지, 가짜 수도원 이름, 또는 사제와 수도사 같은 단어로 제품의 라벨을 장식한다.

일반적으로 수도원 스타일 맥주의 라벨에는 "이 맥주는 수도원 맥주Bières d'abbay입니다", 아니면 심지어 "벨기에 스타일 맥주입니다"라는 문구가 적혀 있다. 메인 주의 앨러거시와 뉴욕의 브루어리 오므강 같은, 벨기에로부터 영감을 받은 미국의 일반 양조업체 제품과 비(非)트라피스트 수도원이나 다른 수도원과 제휴를 맺어 일반 양조업체에서 생산되는 제품은 모두 수도원 스타일 맥주로 지정된다.

그런데 뭔가 논리가 뒤죽박죽되었다는 느낌이 드는 이유는 바로 여기에 있다. 1999년, 벨기에 양조업체연맹Union of Belgian Brewers은 국제트라피스트협회의 단속에 대응해 벨기에 수도원 맥주 공인 상표제를 도입했는데, 이 상표는 기존 수도원이나 폐쇄된 수도원(비트라피스트 수도원도 포함)과 관련된 맥주에 부착한다. 맥주에 이 로고를 집어넣으려면 양조업체는 반드시 수도원 또는 교단에 로열티를 지급해야 하며, 이렇게 마련된 기금은 교단의 자선 활동이나 수도원의 문화 보존과 관련된 활동을 지원하는 데 사용되어야 한다.

벨기에 맥주 애호가들이여, 서쪽으로 가라

베스트블레테렌의 성 식스투스 수도원 수도사들은 정기적으로 세계 최고 맥주로 선정되는, 어두운 색 과일에 푹 전 풍미 진한 쿼드루펠의 구입 절차를 까다롭게 해놓았다(이 맥주는 괜찮긴 하지만 첫 아이와 맞바꿀 정도는 아니다). 고객은 끝없는 통화중 신호를 참고 견디면서 반드시 예약해야 하며 자신의 차량 번호를 제공한 다음 맥주를 되팔지 않겠다는 서약을 해야 한다. 2012년 수입 업체 셸턴 브라더스Shelton Brothers와 마네켄 브뤼셀Manneken-Brussels은 베스트블레테렌 기프트 팩을 판매해 '12'의 구입을 조금 수월하게 해주었다. 이 기프트 팩 덕분에 발생하는 수익금은 수도원 복원에 쓰인다.

여덟 곳이면 충분하다

트라피스트 맥주 양조 수도원을 찾아서

트라피스트 맥주는 세상에서 가장 독보적인 양조의 한 파벌이다.
2013년 현재 여덟 곳의 수도원에서 생산하는 맥주에만 법적으로 트라피스트 정품 로고를 붙일 수 있다.
다음은 엄격한 기준을 통과한 여덟 개 양조장이다.

비에르 드 시메Bières De Chimay

벨기에 남부, 노트르담 드 스쿠르몽 수도원의 수도사들은 1862년부터 양조를 시작했는데, 이때부터 시메는 세계 최고 트라피스트 브랜드로 인정받았다. 이 수도원의 우물물은 과일 향이 나는 어두운 색의 시메 루주Chimay Rouge(빨간색 마개), 도수가 높고 약한 로스팅 풍미가 있는 시메 블뢰Chimay Bleue(파란색 마개), 황금색의 시메 트리펠Chimay Tripel 등 수도원 대표 3종 맥주의 기반이다(750밀리리터 병으로 판매되는 루주는 프르미에르 Première, 블뢰는 그랑드 레제르브Grande Réserve, 트리펠은 생크 상Cinq Cents이라는 이름으로 불린다). 양조에 쓰인 곡물 찌꺼기는 사제가 기르는 소에게 먹이고 이들 소가 생산하는 우유는 시메의 탁월한 4종 치즈를 만드는데, 그중에는 린드Rind(치즈 표면의 얇은 표피-옮긴이)를 맥주에 푹 절인 치즈도 있다.

오르발 양조장Brasserie D'Orval

벨기에의 곰Gaume 남부 지역 깊숙한 곳에 노트르담 오르발 수도원이 자리하고 있다. 이곳은 9백 년 전 건립된 이후 철거되었다가 1931년까지 수차례 재건됐다. 오르발('황금 골짜기'라는 뜻)은 건립 이듬해부터 맥주를 유통하기 시작해 벨기에 지역에 맥주를 공급하는 최초의 수도원이 되었다. 이 수도원의 트레이드마크인 볼링 핀 모양의 병에는 수도원의 유일한 제품인, 청량하고 홉의 특성이 강하며 약간 펑키한 오르발 페일 에일이 담겨 있다. 이 양조장은 1년에 단 두 번, 보통 9월에 방문객에게 문을 개방한다.

로슈포르 양조장Brasserie de Rochefort

노트르담 드 생레미 수도원 양조장에는 신비로운 기운이 감돈다. 이곳 수도사들은 1595년부터 비밀리에 맥주를 생산했다. 현재 이 수도원은 과일 향의 캐러멜 맛에 집중한 로슈포르 6(빨간색 뚜껑), 좀 더 도수가 높고 과일 향이 강한 로슈포르 8(초록색 뚜껑), 무화과 열매 맛에 크리미하고 맛이 진하며 도수가 높은 로슈포르 10(파란색 뚜껑)의 세 가지 맥주만 생산한다.

베스트말레 트라피스트 수녀회 양조장
Brouwerij Der Trappisten Van Westmalle

베스트말레 수도원은 1794년 설립되었지만 1836년에야 트라피스트 수도원이 되었다. 그해 신출내기 수도사들은 양조를 시작하기로 결심한 뒤 라이트하고 달콤한 맥주를 고안해냈다. 수십 년 후, 이들은 두벨의 초석을 깔아준 어두운 색의 도수 높은 맥주를 추가로 생산했고 그로부터 백 년 후 트리펠 라벨을 단 최초의 스트롱 페일 에일을 양조했다. 베스트말레의 두 가지 주요 제품은 베스트말레 두벨Westmalle Dubbel과 베스트말레 트리펠Westmalle Tripel이다.

(오른쪽 위) 벨기에 노트르담 도르발 수도원의 숲으로 둘러싸인 그림 같은 부지에 건초 꾸러미들이 여기저기 놓여 있다. 이 수도원의 사제들은 지역 농장에서 수거한 우유로 치즈를 만드는 것은 물론 오르발 페일 에일도 생산한다.

(왼쪽) 엽서에 나옴 직한 이 완벽한 풍경은 벨기에 노트르담 드 스쿠르몽 수도원으로, 시메 맥주의 탄생지로 알려져 있다. 맥주는 수도원에서 생산되지만 대형 트럭으로 옮겨 근처 병 공장에서 상품화된다.

베스트블레테렌 양조장Brouwerij Westvleteren

트라피스트 맥주든 아니든, 세계인이 가장 열망하는 몇몇 맥주는 벨기에의 홉 재배 도시 포페링에 인근에 위치한 베스트블레테렌 성 식스투스 수도원에서 양조된다. 이곳 수도사들은 1838년에 양조를 시작했지만 1931년까지는 일반인에게 맥주를 판매하지 않았다. 드문 경우를 제외하고 한정 수량으로 생산되는 라벨 없는 제품은 수도원에서만 판매된다. 이런 제품으로는 초록색 뚜껑의 베스트블레테렌 블론드Westvleteren Blonde, 좀 더 도수가 높은 파란색 뚜껑의 베스트블레테렌 8, 도수가 강력하며 열렬한 사랑을 받는 노란색 뚜껑의 베스트블레테렌 12가 있는데 늘 세계 최고라는 평가를 받는다.

성 베네딕트 수도원 양조장 / 아헬
Brouwerij Der Sint-benedictusabdij de Achelse Kluis / Achel

성 베네딕트 수도원의 수도사들은 1998년부터 양조를 시작했지만 그 역사는 1648년으로 거슬러 올라간다. 당시 네덜란드 수도사들이 벨기에 아헬에 성당을 지었는데, 프랑스혁명 때 소실된 후 재건되었다가 1871년에 트라피스트 수도원이 되었다. 1차 세계대전까지는 양조 작업을 일상적으로 했지만, 전쟁 당시 수도사들이 수도원을 버리고 도망가는 바람에 독일군이 구리로 된 양조 장비를 약탈해 갔다. 1998년 수도사들은 양조를 재개했고, 2001년에는 현재 널리 유통되고 있는 두벨인 트라피스트 아헬 8 브라운Trappist Achel 8 Bruin과 트리펠인 트라피스트 아헬 8 블론드Trappist Achel 8 Blond, 스트롱 다크 에일인 아헬 트라피스트 엑스트라Achel Trappist Extra를 공급하기 시작했다.

코닝스후벤 양조장 / 라 트라프
Brouwerij De Koningshoeven / La Trappe

1999년, 네덜란드 코닝스후벤 수도원 안에 자리한 트라피스트 양조장은 국제트라피스트협회와 불협화음을 일으켰다. 이 협회는 1884년에 설립된 수도원이 거대 라거 양조업체인 바바리아Bavaria에 매각되었다는 사실을 달갑게 여기지 않았다. 그 후 불화는 해소되었고, 2005년 이곳은 트라피스트 수도원으로 재지정되었다. 이 양조장 제품군에는 라 트라프 블론드La Trappe Blond, 이지도르Isid'or 페일 에일, 두벨, 트리펠, 쿼드루펠, 그리고 유일한 트라피스트 화이트비어가 있다.

스티프트 엥겔스첼Stift Engelszell

뮌헨 동쪽으로 190킬로미터 이상 떨어진 아주 작은 부지에 오스트리아에서 유일한 트라피스트 수도원인 스티프트 엥겔스첼이 자리 잡고 있다. 이 수도원은 1293년에 건립되었지만 2012년이 되어서야 수도원 벽화와 그림 복원 비용을 마련하기 위해 양조를 시작했다(이 수도원의 수도사들은 예전에 트라피스트 공인 리큐어를 만들었다). 처음 출시된 제품은 그레고리Gregory라고 알려진 어두운 빛깔의 묵직한 에일로, 수도회의 존경받는 수도원장 그레고리 아이스보겔의 이름을 땄다. 스티프트 엥겔스첼은 또 다른 수도원장의 이름을 딴 스트롱 페일 에일인 벤노Benno도 생산한다.

찾아가볼 만한
전 세계 수도원 양조장

벨기에 국경 부근인 프랑스 북부 고드베르스벨드('신의 평원') 마을의 작은 언덕에는 몽 데 카(Mont des Cats) 수도원이 자리 잡고 있다. 이곳 수도사들은 지역 농장의 유제품을 사용해 치즈를 생산하는 것으로 유명하다.

현재 이 수도원은 더 이상 양조장을 운영하지 않고, 시메 양조장이 대신 몽 데 카 맥주를 생산한다.

성 요셉 수도원 Saint Joseph's Abbey

트라피스트회가 1800년대 초반 캐나다 노바스코샤 주에 프티트 클레르보Petite Clairvaux 수도원을 세운 이후, 이 수도원은 몇 차례 큰 화재로 로드아일랜드로 이전했다가 최종적으로 매사추세츠 주 스펜서에 자리를 잡았고, 1950년에 수도사들이 이곳에 정착했다. 이들은 오랫동안 잼과 젤리를 전문적으로 만들어왔으며, 현재는 양조장을 세워 양조 분야로 사업을 확장하고 있다. 이곳 사제들은 시메 수도원 출신 수도사들의 도움을 받아 2013년 가을부터 맥주 생산을 시작한다는 목표를 세웠다.

몽 데 카 Mont des Cats

프랑스 몽 데 카 수도원 소속 수도사들은 캐러멜의 달콤함과 쌉쌀함이 가미된 훌륭한 앰버 맥주를 생산하지만, 공인 트라피스트 맥주는 아니다. 이 맥주는 벨기에 시메에서 양조되는데, 트라피스트 맥주는 반드시 수도원 담장 안에서 생산되어야 한다는 원칙을 깼기 때문이다.

마리아 투블뤼흐트 수도원 Abbey of Maria Toevlucht

네덜란드의 클레인쥔더르트에서 곧 두 번째 공인 트라피스트 양조장이 탄생할 것 같다. 이곳 마리아 투블뤼흐트 수도원 수도사들은 수도원 안에 맥주 매장을 세우기 위해 구슬땀을 흘리고 있다. 이곳 수도사들은 양조를 위해 새로운 구성원들을 수도원으로 영입한다.

뉴 클레르보 수도원 Abbey of New Clairvaux

1931년 '신문왕' 윌리엄 랜돌프 허스트는 1190년 스페인 트릴로 마을 근처에 세워진 중세 교회, 산타 마리아 드 오빌라를 사들여 캘리포니아 북부로 선적해왔다. 이곳에서 허스트는 해체한 수도원을 다시 건립할 계획으로 수도원 돌을 샌프란시스코에 양도했다. 1994년 뉴 클레르보 수도원(1955년 건립)의 트라피스트회 수도사들은 윌리엄 허스트가 구입한 스페인 중세 교회의 소유권을 획득하고 해체된 교회의 돌을 하나하나 쌓아 이를 재건축했다. 이들을 돕기 위해 근처의 시에라 네바다 양조회사는 수도사들과 손을 잡고 트라피스트 스타일 수도원 에일인 오빌라Ovila 라인을 생산했으며, 수익금의 일부는 수도회로 귀속되었다.

사막의 그리스도 수도원 Monastery of Christ In The Desert

뉴멕시코 주에 자리 잡은 이 수도원의 베네딕트회 수도사들은 애비 비버리지 주식회사Abbey Beverage Co.를 운영하는데, 이곳은 몽크스 에일Monk's Ale, 몽크스 트리펠Monk's Tripel, 몽크스 위트Monk's Wit를 수도원과 지역 양조장에서 생산한다. 수도사들은 '정성과 기도로' 맥주를 개발한다고 공언한다.

상품에 라벨을 붙이지 않던 시대에 트라피스트 양조장은 색깔을 달리한 병뚜껑으로 맥주를 구별했다. 이런 전통은 오늘날까지 계속된다.

＊＊＊

양차 세계대전 때 대부분의 트라피스트 양조장이 군수 물자 생산이 목적인 독일군의 습격을 받아 구리 케틀을 몰수당했다. 베스트블레테렌은 케틀을 지킨 유일한 양조장이다.

시음 전, 도수에 대한 주의 사항

잠시 후 싱글(또는 엥켈), 두벨, 트리펠, 쿼드루펠로 분류되는 트라피스트 맥주를 자세히 파헤쳐볼 것이다. 우리 뇌는 이들 단어를 보고, 두벨('두 배'를 뜻하는 플라망어)은 싱글보다 도수가 두 배는 강하고, 쿼드루펠은 싱글을 훨씬 능가해서 도수가 네 배는 더 강할 것이라고 예측한다. 다시 한 번 말하지만 이런 논리는 틀렸다. 물론 이들 맥주가 이름에 따라 알코올 도수가 한 단계씩 위이긴 하지만, 서서히 도수가 올라가기 때문에 구구단표에 맞춰 알코올 함량을 꼬집어낼 필요는 없다. 두벨은 싱글에서 사용하는 맥아량의 두 배를 사용하고 트리펠은 일반 맥아 비용보다 세 배가 더 들어간다는 개념만 대충 생각하면 된다. 알겠는가? 이제 앞으로!

SINGLE

싱글

천국이라면 나는 네 종의 트라피스트 맥주를 전부 따른 다음 여러분에게 어떤 때는 황금색 에일을, 또 어떤 때는 다크 에일을 주면서 수도사가 만든 맥주들을 마음껏 즐기게 하겠다. 물론 충분히 말이 되는 생각이지만 이것이 현실에서 이루어질 수 없는 결정적인 이유가 있다. 싱글로 알려진 맥주는 이제 더 이상 존재하지 않는다는 것.

트라피스트회 수도사들은 19세기 초반 양조를 시작하면서 저알코올 맥주(ABV 3퍼센트 이하)에 집중했다. 이런 맥주가 엥켈enkel, 즉 싱글로 알려졌고 수도원의 군더더기 전혀 없는 기본 레시피에 따라 양조되었다. 이 순한 맥주는 널리 유통되지 않고 수도사와 수도원을 찾

시토수도회 수도사들은 대부분 조용히 하루를 보낼지 모르지만 침묵을 지키겠다고 맹세한 건 아니다. 사실 엄률시토회에 따르면 일하는 시간, 영적인 교감의 시간, '특별한 행사에서의 자발적인 대화'의 시간 등 대화가 허용되는 시간이 크게 세 번 있다.

도수 알아내기

많은 벨기에 맥주는 이름 대신 로슈포르 6, 8, 10 같은 숫자로 간단히 쉽게 구별한다. 이는 맥주의 도수를 도(°)로 나타내는 벨기에의 이전 시스템을 따른 것이다. 한마디로 맥주의 비중(발효가 끝난 후 물에 대한 맥주의 밀도)에서 1을 빼고 여기에 100을 곱하면 도수를 구할 수 있다. 예를 들어 최종 비중이 1,080일 경우는 8도가 된다. 수치가 클수록 맥주의 도수도 세지만, 도수가 알코올 함량과 비례하지는 않는다. 로슈포르 8은 ABV가 9.2퍼센트로 묵직하게 느껴진다.

벨기에 수도원 맥주 여행

짐을 꾸리고 벨기에행 비행기표를 예약해서 아래 수도원들의 희귀하고 순한 맥주를 마셔보자.

베스트블레테렌 블론드Westvleteren Blond
(베스트블레테렌 성 식스투스 수도원)

베스트블레테렌의 모든 맥주와 마찬가지로 5.8퍼센트의 이 황금색 에일을 구입하려면 벨기에의 성 식스투스 수도원으로 가야 한다.

아헬 블론드Achel Blonde 5°, 아헬 브라인 Achel Bruin 5°
(아헬세 클라위스 성 베네딕트 수도원 양조장)

생맥주로만 마실 수 있는 골든 에일 또는 브라운 에일(둘 다 ABV 5퍼센트)을 맛보려면 수도원을 직접 찾아가야 한다. 이보다 도수가 높은 아헬 엑스트라 블론드Achel Extra Blonde 역시 수도원에서만 판매된다.

시메 도레Chimay Dorée
(노트르담 드 스쿠르몽 수도원)

'골든 시메'로 번역되는 이 엷은 색의 4.8퍼센트짜리 에일은 수도원이나 수도원 부속 호스텔인 오베르주 드 포토프레Auberge de Poteaupré에서만 구입할 수 있다. 이곳까지 멀리 왔다면 하룻밤 자고 가는 게 좋다.

프티트 오르발Petite Orval
(오르발 수도원)

믿기지 않을 정도로 청량하고 드라이한 3.5퍼센트의 프티트 오르발은 가끔 수도원과 수도원 소유의 펍인 '수호천사에게A l'Ange Gardien'에서 구입할 수 있다.

베스트말레 엑스트라Westmalle Extra
(베스트말레 트라피스트 수녀회 양조장)

1년에 단 두 번 양조되는 이 5퍼센트 맥주는 수도사와 수도원 손님들이 점심식사에 곁들여 마실 수 있다.

는 손님들과, 궁핍한 사람들을 위해 마련되었다. 해가 거듭되고 수도사들이 도수 높은 맥주를 양조해 일반인에게 판매하기 시작하면서 엥켈은 서서히 그 자취를 감췄다.

엥켈 대신, 이와 동일하게 특정인만 점유하는 맥주로 파테르비어Patersbeer가 있다. 스타일이라기보다는 일반적인 기호 때문에 생겨난 파테르비어('신부님 맥주')는 수도사가 개인적인 용도나 축하용으로 양조하는 도수 약한 맥주다. 이들 맥주는 가끔 수도원 시음실에서 일반인들에게 제공되지만 절대 수도원 담장 밖으로 유통되지는 않는다.

오늘날 트라피스트 양조장의 가장 라이트한 맥주를 묘사하는 문구는 없다. 대신 양조장의 맥주 포트폴리오에서 가장 작은 숫자(예를 들어 아헬 5)나 블론드(blond 또는 blonde) 같은 형용사를 볼 것. 그렇다고는 해도 맥주의 '라이트'함은 주중의 요일만큼이나 제각각이다. 트라피스트 로슈포르 6는 도수 높은 어두운 색의 맥주로 ABV가 7.5퍼센트 전후이며 토피와 검은색 과일의 향이 감돈다. 이와 대조적으로 코닝스후벤의 라 트라프 블론드는 탁하고 과일 향과 정향 향이 나고, 베스트블레테렌 블론드는 드라이하고 거품이 풍부하며 풀 같은 쌉쌀한 맛의 청량감이 있다. 이들 '라이트' 맥주는 고양이와 개의 공통점만큼이나 닮은 데가 없고, 단독으로 있을 때 최고의 평가를 받는다.

코닝스후벤은 '왕의 정원'이란 뜻으로, 네덜란드 왕이 수도사에게 대지를 기증했고 이들이 노르망디의 라 트라프 수도원에서 왕이 기증한 땅으로 수도원을 이전한 데서 붙은 이름이다.

──── ★★★ ────

1946년, 갈망의 대상인 베스트블레테렌 에일을 양조하던 성 식스투스 수도원은 벨기에의 성 베르나르두스St. Bernardus 양조장에서 성 식스투스St. Sixtus라는 이름이 들어간 맥주를 생산하도록 허가해주었다. 이들 사이의 계약은 1992년 종료되었지만, 이 세속 양조장이 생산한 수도원 맥주는 구매하기 어려운 베스트블레테렌의 에일과 매우 유사한 맥주로 여전히 평가받고 있다.

DUBBEL

두벨

긴가민가한 이야기와 아리송한 역사의 찌꺼기를 헤치고 나아가야 하는 맥주 기고가에게, 역사가들의 결투를 야기하지 않는 맥주 스타일의 기원사를 발굴하는 것은 기분 좋은 일이다. 두벨의 깔끔한 이야기가 바로 그렇다. 이 맥주는 벨기에 안트베르펜 동쪽, 베스트말레 마을 인근의 평탄한 시골 지역인 칸사스의 로마성심성묘교회Our Lady of the Sacred Heart라는 수도원에서 처음 만들어졌다. 수도원 담장 안에는 벨기에의 가장 혁신적인 트라피스트 양조장으로 꼽히는 베스트말레가 있다.

1856년 어느 날, 이곳 수도원의 수도사들은 새로운 맥주를 양조하기로 결정했다. 그들은 수십 년 동안 제조한 라이트하고 다소 달콤한 화이트비어 대신, 도수가 높고 결정적으로 과일 향이 나는 다크 브라운 에일을 만들어냈다. 아마도 브라운 에일이라는 말이 삽시간에 퍼졌을 테지만 수도사들은 시판할 생각까지는 않다가 1921년이 되어서야 거래 업체에 맥주를 팔기 시작했다. 몇 년 후인 1926년, 베스트말레 수도사들은 브라운 에일의 레시피를 강화하고 한층 도수를 높여서 두벨이라고 알려진 모델을 선보였다.

두벨은 상당히 묵직한 맥주로 ABV가 6~8퍼센트이며, 갓 경작한 토양에 붉은색 진흙이 섞인 듯한 색깔이 난다. 두벨의 바디는 누가 봐도 무겁다. 풍미는 달콤하면서 진하고, 어두운 색 과일 쪽에 가까우며 송진, 자두, 바나나 또는 초콜릿을 연상케 하는 아로마가 이를 보완해준다. 홉은 학교 댄스파티에서 파트너 없는 사람처럼, 존재하되 두드러지진 않는다.

전형적인 두벨을 맛보려면 벨기에 수도원에서 양조한 것을 구입하거나, 솔직히 말해 벨기에 안의 어느 양조장에서나 생산한 것을 사도 된다. 치열한 경쟁으로 인해 두벨의 품질이 떨어지다 보니, 아무래도 빨리, 외로이 사장될 것 같다. 대서양 반대편의 미국 두벨은 품질이 그다지 좋은 것 같지는 않다. 양조업체들

이 이 스타일의 대표 주자를 모방하는 데 급급한 나머지 혁신을 추구하는 본능적인 성향을 포기했기 때문이다. 그래도 오하이오 농장을 기반으로 하는 록밀 브루어리Rockmill Brewery의 두벨, 캘리포니아 로스트 애비에서 생산되는 로스트 앤드 파운드 애비 에일, 구스 아일랜드 비어 주식회사의 페르 자크Père Jacques(시카고 양조가에게 양조장 투어를 시켜준 벨기에 수도원장의 이름을 딴 맥주로, 맥아와 과일 향이 경이롭다)는 눈여겨볼 만하다.

휴우. 이 정도 정보면 소화할 만할 거다. 이제 고블릿을 들고 빨리 한 잔 마셔보길.

벨기에의 영감을 받은 썩 괜찮은 미국 4대 양조장
다음 양조장 중 아무 곳이나 한 곳 선택해서 맥주를 주문하면 절대 실망하지 않는다.

1. 브루어리 오므강Brewery Ommegang
리프만스 크리크Liefmans Kriek(체리를 넣어 만든 자연발효 맥주)와 혼합된 스리 필러서퍼Three Philosophers는 체리 맛을 강조한 독특한 쿼드루펠이다.

2. 더 브루어리The Bruery
크리스마스 시리즈 중 독창적인 트웰브 데이즈/이어즈12 Days/Years는 도수 높은 벨기에 스타일의 다크 에일에서 영감을 얻었다.

3. 더 로스트 애비The Lost Abbey
건포도 퓌레로 만든 로스트 앤드 파운드 애비 에일Lost & Found Abbey Ale은 언제든 마실 수 있는 최고의 두벨 목록에서 상위권 자리를 지킨다.

4. 브루어리 비방Brewery Vivant
벨기에의 영향을 받은 이 양조장 맥주 중 뛰어난 제품으로는 수도원 스타일의 솔리튜드Solitude 다크 에일과 트라이엄프 벨지언 IPATriomphe Belgian IPA가 있다.

베스트말레 두벨은 유일하게 생맥주로 마실 수 있는 어두운 색의 트라피스트 맥주다.

DUBBEL
꼭 시음해볼 두 가지

베스트말레 두벨
WESTMALLE DUBBEL

- 베스트말레 양조장Brouwerij Westmalle
- ABV: 7%

베스트말레의 이 상징적인 에일 없이는 두벨이라는 타락한 세계로의 여행이 완벽할 수 없다. 1926년 이곳 수도사들이 원래 브라운 에일의 도수를 높인 뒤로 이 맥주는 많은 모방가들에게 영감을 주었다. 물론 괜찮은 제품도 많지만 입속에서 부드럽게 활개 치는 붉은 갈색의 이 맥아 폭탄을 뛰어넘는 제품은 거의 없다. 견과류와 송진, 바나나 향이 풍기며 이는 캐러멜과 맥아의 진하고 풍부한 풍미와 조화를 이룬다. 한 가지 주목할 사항: 두벨은 대용량 750밀리리터 병에서는 다르게 숙성된다. 뒷맛이 약간 더 미묘하다.

파테르 두벨
PATER DUBBEL

- 코르센동크 양조장Brouwerij Corsendonk
- ABV: 7.5%

14세기 후반 세워진 벨기에 북부의 코르센동크 소(小)수도원에는 한때 상당한 규모의 양조장이 있었다. 1600년대부터 맥주를 생산했지만, 1784년 오스트리아 황제 요제프 2세가 이 수도원을 폐쇄하면서 생산이 중지되었다. 2백 년의 세월이 쏜살같이 흘러 코르센동크 맥주는 다시 생산되었지만 수도사는 양조에 참여하지 않았다. 하지만 두벨 스타일의 애비 브라운 에일Abbey Brown Ale 등 수도원의 영향을 받은 제품을 찾아볼 수 있다. 생동감 있는 루비 빛깔의 이 맥주는 스파이시한 향을 풍기며 흑설탕과 구운 빵 맛이 말린 자두, 건포도 맛과 한데 어우러진다. 마시기에 즐거운 맥주다.

대체 맥주 ★★★ 생 퓌이앵 브륀 양조장Brasserie St. Feuillien Brune, 비어브라우리 드 코닝스후벤 라 트라프 두벨Bierbrouwerij de Koningshoeven La Trappe Dubbel, 두벨 무르트가트 마레드수스 8 양조장Brouwerij Duvel Moortgat Maredsous 8, 시메 프르미에르 Chimay Première(빨간색 뚜껑)

앨러거시 양조회사
Allagash Brewing Company

메인 주, 포틀랜드

앨러거시 양조회사의 창립자 롭 토드가 대표 맥주인 화이트를 잔에 따르고 있다.

대학을 갓 졸업한 수많은 사람들과 마찬가지로 롭 토드도 미래가 밝지 않았다. 그는 버몬트 미들버리 칼리지에서 지질학 학위를 따고 콜로라도에서 여러 임시직을 전전하다가 미들버리로 다시 돌아왔다. 대학원에 진학할 생각이었다. 학비를 벌기 위해 그는 인근의 오터 크리크 양조회사에서 케그 닦는 일을 시작했다. 며칠 후, 박사 학위를 따겠다는 그의 계획은 사라졌다. "양조에 푹 빠져들었죠." 토드는 이렇게 말한다. 그는 정식으로 양조 교육을 받지 않았지만, 형식에 구애받지 않는 벨기에 스타일 맥주에 중점을 두는 양조장을 조만간 열기로 결심했다.

이런 생각은 늘 그렇듯 우연히 찾아왔다.

어느 날 토드는 맥주 스타일의 구세주 피에르 셀리스가 양조한 벨기에 화이트비어인 셀리스 화이트를 무심코 샀다. 처음에는 맛이 이상하다 못해 영 아니라는 생각이 들었지만 몇 병 더 마셔보니 생각이 바뀌었다. 그는 다른 사람들도 자신이 느낀 것과 비슷한 과정을 통해 깨우쳐주고 싶었다. "1년의 시간을 들여 양조장을 짓고 운영하는 동안 사람들에게 뭔가 독특한 것을 제공하는 게 중요했다고 여겨졌어요." 토드는 말한다. 1995년 여름, 처음으로 케그를 닦은 지 1년 후, 토드는 메인 주 포틀랜드로 가서 앨러거시 양조회사(메인 주

북부의 한 마을의 이름을 따서 지은 이름)를 열었다. 토드가 처음 만든 약간 탁한 빛깔의 맥주는 코리앤더와 쿠라소 오렌지 껍질로 스파이시한 향을 낸, 전형적인 화이트비어를 그만의 해석을 곁들여 만든 제품이었다. 사람들은 이것을 간단히 '화이트White'라고 불렀다.

화이트의 첫 출시 이후, 앨러거시는 벨기에의 영감을 받은 미국 양조장 중 손꼽히는 양조장으로 거듭났다. 핵심적인 제품군에는 견과류 맛이 나고 맥아 성질이 강한 두벨, 드라이하면서 도수가 기만적으로 강한 트리펠과 검은색 과일의 풍미에 전 쿼드

루펠인 포Four가 있다. 또한 앨러거시는 오크 통 숙성 기간을 늘린다. 가장 인상적인 점은 냉각조coolship(266쪽 사진 참조)를 가동해 자연발효된 맥주를 생산한다는 점이다. 이는 미국의 즉흥성과 메인 주의 환경이 벨기에 기술과 합쳐진 결과물이다.

화이트의 탄생 비화

화이트는 앨러거시 제품군을 모두 장악하고 있으며 이 양조장 매출의 거의 80퍼센트를 차지한다. 화이트는 미국 동북부 지방에서 가장 흔한 생맥주(화이트비어는 해산물과 잘 어울린다)로, 미국 전역의 펍에서 팔리고 있다. 하지만 이런 인기가 하루아침에 이루어진 건 아니다. "우리가 처음 화이트를 출시했을 때 사람들은 실험적인 맥주라고 생각했어요. '왜 이 맥주는 탁하죠?' '왜 이렇게 이상해 보여요? 맛은 왜 이렇죠?' 하는 질문을 받았어요." 토드는 이렇게 말하며 그때의 기억을 떠올린다.

토드가 화이트를 잘못 양조했던 것일까? 화이트비어를 생산하는 동료 양조업자가 거의 없는 상황에서 조언해줄 사람이 마땅치 않았기 때문에 토드는 시행착오를 통해 배워나갈 수밖에 없었다. 그 과정에서 효모를 적절히 관리해 사람들이 마실 만한 제품으로 출시하는 방법을 터득했다. 교육 이벤트와 맥주 디너파티를 주기적으로 주최하는 토드는 이렇게 말한다. "첫 12년간은 화이트를 공급할 수 없었어요. 무모한 짓을 하고 있었던 거죠." 밀러쿠어스의 블루 문이 미 전역에서 성공을 거두자 전환점이 찾아왔다. 광고비와 자원이 만족스럽고 보편적인 탁한 맥주를 만드는 데 쏟아

졌던 것.

앨러거시의 또 하나의 차별화 전략은 네 개들이 팩 포장이었다. 포장 단위를 줄이자(여섯 개들이 팩 포장이 일반적이다) 고객들은 화이트와 트라피스트 맥주의 영감을 받은 좀 더 저렴한 후속작, 두벨을 맛볼 수 있었다. 2001년 새로운 포장 방식이 또다시 선을 보였다. 토드가 벨기에 전통을 도입해 삼페인 포장처럼 병 숙성이 가능하도록 맥주에 코르크 마개와 케이지를 씌워 판매하기로 결정했던 것. 비록 값비싼 결정이었지만("코르크 자체 가격만 해도 12온스 병 원가와 맞먹는다"고 토드는 밝혔다), 이런 시도와 추가 공정은 고객 입장에서 고급스럽고 우아한 제품을 탄생시켰다.

곧 저녁식사 자리에 코르크 마개를 씌운 부드럽고 솜털 같은 거품의 도수 높은 트리펠과 우연히 태어난 트리펠의 쌍둥이 맥주가 놓인 모습을 흔하게 볼 수 있었다. 이 쌍둥이 맥주는 2004년, 맥주병의 입고가 늦어지자 하는 수 없이 트리펠을 비어 있는 짐 빔Jim Beam 버번위스키 통에 보관하면서 탄생했다. 이틀 후에 토드가 맛본 이 황금색 에일은 전혀 새로운 맥주로 탈바꿈해 있었다(새 이름은 퀴리외Curleux).

차가운 맥주의 탄생

앨러거시는 양조업체들에게 선망의 대상이다. 화이트가 꾸준한 수익을 내자, 이 양조장은 양조의 여러 분야를 탐험할 수 있었고 또 그렇게 해야겠다는 자극도 받았다. 앨러거시 양조업자들은 훈내 향이 나도록 그을린 미국 오크 통에서 숙성되는 다크 밀맥주인 오디세이Odyssey, 샤르도네

포도로 만드는 벨기에 스트롱 에일인 빅토리아 에일Victoria Ale, 지역 라즈베리와 집에서 재배한 브레타노미세스 효모와 함께 프랑스 오크 통에서 숙성되는 벨기에 스타일 사우어 에일인 가가멜Gargamel에서 창의성을 발휘했다.

야생 효모는 앨러거시에서 가장 선호하는 원료다. 야생 효모는 컨플루언스 에일Confluence Ale과 빅터 프랑켄슈타인Victor Francenstein(카베르네 프랑 포도와 시큼한 맛을 내는 락토바실루스 박테리아로 만들고 프랑스 오크 와인 통에서 숙성된다)에도 등장하지만, 앨러거시 양조장은 2008년 냉각조(깊이가 얕은 큰 냄비로, 효모가 식어가는 맥아즙에 자연적으로 주입되도록 만들었다)를 만들어 수세기 동안의 벨기에 전통 방식인 자연발효 맥주를 미국에서 처음 만들었다.

화이트는 쉽게 구할 수 있지만, 냉각조 제품은 귀하고 수량도 매우 한정적이다. 체리와 라즈베리 같은 과일의 풍미가 나는 화이트는 오크 통에서 수년간 숙성되면서 자연 효모와 박테리아로 인해 풍미의 특성이 바뀔 수 있는데 그 결과, 벨기에의 뛰어난 람빅처럼 펑키한 에일이 만들어진다. 맥주가 처음 출시될 때는 양조장 한정 제품에 대한 기대가 너무 커서 수백 병이 수시간은 아니더라도 수일 만에 사라진다.

토드는 앨러거시의 혁신은 끝이 없다고 말한다. "벨기에의 양조 전통에 힘입어 우리는 실험을 중시하고 원료가 가진 무한한 가능성에 중점을 둡니다. 항상 새로운 것을 추구하는 자세는 저의 개성이자 이곳 양조장의 문화죠."

앨러거시 양조회사의 배럴 통들은 짐 빔 통에서 숙성되는 벨지언 트리펠인 퀴리외로 가득 차 있다.

TRIPEL

전 세계적으로 1919년은 알코올에게 끔찍한 해였다. 핀란드는 '킬톨라키kieltolaki'라는 금주법을 제정했고, 미국은 볼스테드 법Volstead Act을 통과시켜 금주령 시대의 막을 올렸다. 벨기에에서는 반데르벨데 법Vandervelde Act이 통과되었다. 만연해 있던 알코올 남용을 근절하기 위해 법무장관 에밀 반데르벨데는 카페, 술집을 포함한 공용 장소에서 증류주를 판매하지 못하게 했고, 독한 술은 한 번에 2리터를 구입할 경우에만 허용했지만, 대다수 노동자들로서는 한 번에 2리터 술값을 감당할 수 없었다.

반데르벨데는 자신의 복지국가 법을 통과시키는 데 성공했지만(이 법령은 1983년까지 문헌에 남아 있었다), 허점이 드러났다. 와인과 맥주는 이 법에 포함되지 않았던 것. 정부 때문에 술 마시는 게 힘들어졌을지언정 벨기에 사람들이 독주에 대한 취향을 잃어버린 것은 아니었을 터. 도수 높은 주류에 대한 갈증을 해결하기 위해 양조가들은 맥주의 알코올 함량을 늘리는 데 힘썼다.

자극적인 두벨이 성공하자, 베스트말레 수도사들은 곧바로 양조 케틀로 돌아갔다. 그 후 몇 년 동안 이들은 이따금씩 블론드 에일을 양조하면서 표준 레시피에 사용되는 맥아의 양을 세 배 정도 늘리기로 결정했다. 그 결과, 1934년 황금색의 도수 높은 '슈퍼비어'가 탄생했다. 누구나 인정하듯 이름은 훌륭했지만 레시피는 정해진 게 없었다. 그 후 22년에 걸쳐 양조가들은 원료를 이리저리 배합하고 홉을 추가한 끝에 1956년, 맥주 이름을 베스트말레 트리펠로 변경했다.

베스트말레 트리펠은 이 스타일 중 균형감이 탁월한 기조 맥주로, 시트러스와 허브의 쌉쌀함, 건초, 과일의 스파이시함과 탁한 황금빛의 어울림, ABV 9.5퍼센트를 감안할 때 놀랍고도 다소 불안하게, 드라이하게 넘어간다(비법은 특별한 형태로 첨가한 설탕이 효모에 지속력을 제공해 맥주의 바디에 영향을 주지 않고도 알코올 함량을 늘려주는 것). 지난 반세기 동안 트리펠은 가장 인기 있는 트라피스트 스타일 에일로 손꼽혀왔고, 수많은 모방가들이 달려든 탓에 약간 더 어두운 색조와 좀 더 풍성한 바디감, 균형 잡힌 마우스필로 골든 스트롱 에일과 차별화되었다.

벨기에 내에서 헤트 양조장Brouwerij Het의 앵커스 샴페인Anker's Champagne과 살구 같은 하우덴 카롤루스 트리펠Gouden Carolus Tripel 등의 트리펠은 눈만 뜨면 볼 수 있는 맥주다. 도수 높은 에일에 대한 미국 시장의 친밀감을 고려할 때, 이 스타일이 늦은 봄, 비 온 후의 잔디처럼 빨리 성장했다는 사실은 그리 놀라운 일이 아니다. 불바드 양조회사의 롱 스트레인지 트리펠, 그린 플래시 사의 트리펠 에일 또는 미드나이트 선의 이름도 낮 뜨거운 팬티 필러Panty Peeler의 마개를 따는 일은 큰 즐거움이다. 이들은 알코올 도수와 음용성이 균형을 이룬 트리펠이며 충치를 만드는 단맛으로 이를 감싸지 않고도 기분을 좋게 해준다.

튤립 잔을 들라. 이제 여행을 떠날 시간이다.

베스트말레가 레시피를 수정해 1956년 마지막으로 황금색 색조의 트리펠을 선보이기 전, 일부 트리펠 스타일 맥주는 색이 어두웠다.

TRIPEL
꼭 시음해볼 두 가지

트리펠
TRIPEL

라 팽 뒤 몽드
LA FIN DU MONDE

- 비에르 드 시메Bières de Chimay
- ABV: 8%

이 맥주의 트레이드마크인 눈처럼 하얀 마개를 따면 홉의 갓 구운 빵 냄새 같은 아로마가 발산되며 향나무, 살구, 설탕에 조린 오렌지 껍질의 풍미가 느껴진다. 챌리스 잔에 따른 트리펠은 탁한 황금빛 바디와 목화꽃을 연상케 하는 헤드를 선사한다. 트리펠은 드라이하고 부드러운 듯 쌉쌀하게 넘어가면서 너른 초원을 연상케 하며, 달콤한 맛은 입맛을 다시며 또 한 모금을 기대하게 만든다. 750밀리리터 병 포장의 트리펠은 '생크 상'이라고 부른다. 한 병 사서 친구와 나눠 마셔보길.

- 유니브루Unibroue
- ABV: 9%

이 트리펠 맥주를 처음 접한 것은 8년 전 맥주 축제에서였다. 술에 취한 듯한 열정적인 양조장 관계자가 계속 소리쳤다. "이걸 마시면 말세가 닥칩니다. 그래도 한 번 더 맛보려고 다시 올걸요." 궁금해서 가까이 다가가보니 퀘벡에서 양조한 라 팽 뒤 몽드, 프랑스어로 '말세'라는 의미의 맥주였다. 이 크림 같은 에일은 샴페인 거품, 갓 구운 빵과 꽃의 아로마가 자연스럽게 섞인 덕분에 캐나다에서 메달을 가장 많이 수상한 맥주로, 목넘김이 드라이하면서 프랑스 픽업아티스트보다 더 부드럽다.

대체 맥주 ★★★ 보스테일스 양조장 트리펠 카르멜리트Brouwerij Bosteels Tripel Karmeliet, 란케 양조장 윌덴버흐Brouwerij de Ranke Guldenberg, 아헬세 세인트 베네딕투스아브디 양조장 트라피스트 아헬 8。 블론드Brouwerij der St. Benedictusabdij de Achelse Trappist Achel 8' Blond, 베스트말레 양조장 트라피스트 트리펠Brouwerij Westmalle Trappist Tripel, 피스가 양조회사 솔스티스Pisgah Brewing Co. Solstice

QUADRUPEL

별것 아닌 '크리넥스Kleenex'를 잠깐 생각해보자. 1924년 미국 시장에 상륙했을 때, 이 화장용 티슈는 혁신으로 새로운 일회용 시대의 문을 열었다. 20세기를 거치면서 크리넥스라는 브랜드는 옛날 화장용 티슈의 통칭이 되었다.

이런 맥락에서 쿼드루펠을 한번 보자. 1991년 네덜란드의 코닝스후벤 양조장은 독특한 라 트라프 쿼드루펠La Trappe Quadrupel을 제조했다. 이것은 달콤한 괴물 맥주로, 어두운 적갈색에 무화과, 체리, 건포도의 풍미로 채워졌으며 유럽의 추운 겨울을 견딜 정도의 알코올 함량을 갖췄다. 사실 쿼드루펠은 본래 겨울철에만 양조되었는데 인기가 있다 보니 수도사들이 1년 내내 만들게 된 제품이다. 성공은 모방을 낳고 양조가들 또한 너나 없이 앞다퉈 코닝스후벤 맥주의 멋진 이름을 빌려 썼다. 그러다가 그만 쿼드루펠은 고유명사로서의 첫 대문자를 잃고 말았는데, 벨기에에에서는 데 할베 만De Halve Maan의 스트라페 헨드릭 쿼드루펠Straffe Hendrik Quadrupel과 반 스테인베르허 양조장Brouwerij Van Steenberge의 훌덴 드락 9000 쿼드루펠Gulden Draak 9000 Quadrupel을 찾아볼 수 있다.

재미있는 점이 여기 있다. 트라피스트 양조장들은 오랫동안 시메 블루(또는 그랑 레제르브), 트라피스트 베스트블레테렌 12, 트라피스트 로슈포르 10과 같은 묵직한 맥주를 양조해왔는데, 이들은 너무 묵직해서 두벨이라 부를 수 없고 색은 색대로 어두워서 트리펠에 속할 수 없었다. 따라서 다크 스트롱 에일이라 불릴 뿐(애매모호하긴 하지만 유용하다), 그 외의 어떤 범주에 딱히 속하지 못했다. 오늘날 벨기에를 비롯해 전 세계적으로, 이들 다크 스트롱 에일은 쿼드루펠, 또는 간단히 줄여서 쿼드라고 부른다(묵직한 맥주는 압트Abt라 불리기도 한다. Abt는 네덜란드어로 '수도원장'을 나타내는 단어다).

돌이켜 보면, 기존 맥주에 라벨을 붙이는 것은 무엇보다 자유자재로 바뀌는 양조의 특성상 바보짓으로 보인다. 담백하고 쌉쌀한 아메리칸 IPA를 한번 보자. 이 맥주는 맥아 성질이 강한, 흙 내음의 영국 원조 제품과 비교했을 때 30년 만에 180도 바뀌었다. 자, 쿼드루펠을 소금과 함께, 되도록 고블릿에 따라 마셔보라. 속이 따뜻해지는 이 에일은 알코올과 맥아의 달콤함 면에서는 부끄러울 게 없고, 초콜릿과 캐러멜, 어두운 색의 말린 과일 풍미로 꽉 차 있어 하이킹 배낭에 채워 가기에도 적합하다.

트리펠의 기원

불분명한 양조 역사의 특성상, 트리펠을 처음 만든 양조장을 놓고 왈가왈부하는 것은 새삼스러울 것도 없는 일이다. 양조 전문가 마이클 잭슨은 벨기에의 세속 양조장 데 드리 린덴De Drie Linden의 헨드릭 베를린덴이 1930년대 초에 체코의 필스너와 경쟁하기 위해 이 황금색 스타일을 처음 개발했다고 믿었다. 베를린덴이 종종 베스트말레 수도사 곁에서 양조를 도와주었다고 하니 이 이야기에는 어느 정도 신빙성이 있어 보인다. 아무래도 괜찮다. 베를린덴이 마지막으로 남긴 역사적 자취는 다음과 같다. 그는 비트카프 파테르Witkap Pater가 트라피스텐비어Trappistenbier와 같다며 상표등록을 했고 이를 통해 그가 운영하는 양조장은 수도사의 이름을 최초로 등에 업게 되었다. 비트카프 파테르 브랜드(현재는 슬레이무일더 양조장Brewery Slaghmuylder에서 양조한다)는 이제 더이상 트라피스텐비어 로고를 달지 않지만, 풍미가 진하고 손색 없는 품질의 트리펠 등 여전히 수도원 스타일 에일에 집중한다.

QUADRUPEL
꼭 시음해볼 두 가지

트라피스트 로슈포르 10
TRAPPISTES ROCHEFORT 10

- **로슈포르 양조장**Brasserie de Rochefort
- **ABV: 11.3%**

이곳 수도원의 번호가 매겨진 3종 맥주(도수가 높고 색이 어두운 6파 두벨 8 포함) 중 파란색 뚜껑의 10은 이곳 수도사들의 의심할 나위 없는 걸작이다. 도수 높은 쿼드루펠(이보다 더 높은 게 있을까?)은 가죽 같은 브라운 색조에 루비의 붉은빛이 돋보이고 캐러멜, 무화과, 크리스마스 파일 케이크 맛이 나며 세상에서 가장 맛있는 물감처럼 입안을 감싸는 크림의 질감을 갖췄다. 출시된 지 얼마 안 되는 10도 훌륭하지만 그 이상을 경험하려면 숙성된 제품을 시음해볼 것.

라 트라프 쿼드루펠
LA TRAPPE QUADRUPEL

- **코닝스후벤 양조장**Bierbrouwerij de Koningshoeven
- **ABV: 10%**

선두 주자가 항상 최고의 제품을 만든다는 법은 없지만 코닝스후벤은 1991년 시장에 처음 진출해 쿼드루펠에 대한 열망에 시동을 건 이후, 이 맥주로 여전히 최고의 자리를 지키고 있다. 거품 입자가 큰 호박 빛깔의 이 맥주는 검은색 파일과 바나나의 풍미를 온전히 드러내며 달콤함과 스파이시함이 조화를 이루는데, 이 모든 요소가 총체적으로 높은 알코올 도수를 감춰준다. 코닝스후벤 양조장을 방문한다면 오크 통에서 숙성된 쿼드루펠을 구입할 수 있는데 상당한 시간 동안 포트나 화이트와인, 버번 통에서 숙성된 것들이다.

대체 맥주 ★★★ 에이버리 양조회사 더 레버런드Avery Brewing Company The Reverend, 신트 베르나르뒤스 압트 12 양조장 Brouwerij St. Bernadus Abt 12, 데 레허르트 브라우리엔 우르텔 사마란트De Leherth Brouwerijen Urthel Samaranth, 데 스트라위세 브라우어스 팬포트De Struise Brouwers Pannepot, 카를 스트라우스 양조회사 투 토르투거스 홀리데이 쿼드루플 에일Karl Strauss Brewing Company Two Tortugas Holiday Quadruple Ale, 사우샘프턴 퍼블릭 하우스 애벗 12 Southampton Publick House Abbot 12

어둠을 밝혀라

스타우트, 포터, 그 외의 칠흑같이 검은 맥주의 즐거움

All About Beer

다람쥐 쳇바퀴 돌듯, 값싸고 시원한 라거를 밤새워 동틀 무렵까지 들이켜던 시절, 나는 취기의 안전지대를 벗어나본 적이 거의 없다.

술값과 음주량은 머리 둘 달린 주인님이라 맥주는 엄격하게 진열대 맨 아래칸에서만 고를 수밖에 없었다. 하지만 여윳돈이 바지 주머니에서 짤랑거릴 때면 퀸스의 아파트(카펫을 깔면서 바퀴벌레가 두 배는 많아진 기분 나쁜 곳)에서 잠깐 나와 길 건너 인근의 아이리시 펍으로 갔다. 그곳에서 기네스를 주문하면 눈썹이 친근한 흰색 애벌레 같은 바텐더가 몸이 꽁꽁 얼어붙은 사람처럼 천천히 맥주를 따라주었다.

"애송이, 건배." 바텐더가 이렇게 건배를 제안하면 어린아이 취급해도 개의치 않았다. 나는 흑단 빛깔의 맥주를 천천히 홀짝이면서 크리미한 거품과 볶은 풍미의 맛을 음미했다. 나의 스타우트 세계로의 첫 진출은 그저 기억에 남는 정도였다.

대량생산되어 여기저기 퍼져 있는 맛있는 기네스Guinness가 없었다면 수백만 명의 맥주 애호가들은 라이트하고 청량한 라거에서 벗어나는 첫걸음마도 떼지 못한 채, 다크 맥주의 세계에는 발도 들여놓지 못했을 것이다. 기네스가 대단하긴 하지만, 이 아일랜드 맥주가 스타우트와 이들의 전신인 포터를 상징하는 고유명사는 절대 아니다.

2백 년 전, 약간 시큼한 블렌딩 에일 포터는 영국 노동자 계층이 선호하는 음료로, 감미로운 밀크 스타우트, 짭짤한 굴 스타우트, 강력한 도수의 러시아 임페리얼 스타우트, 스칸디나비아인과 러시아인이 나중에 현지 토착 맥주로 재해석한 발틱 포터같은 아류 제품이 이 포터에서 쏟아져 나왔다. 이들 맥주를 맛볼 때는 외관에 따라 맛이 어떨 것 같다는 고정관념에서 벗어나길. 비록 겉보기엔 다 쓴 자동차 엔진오일 같아도, 깃털처럼 가볍게 넘어가는 것들이 많다.

이제 블랙의 마법을 시험해볼 시간이다.

마법의 시작,
검게 볶다

스타우트와 포터를 한데 엮어주는 실은 '색'이다. 이들 맥주의 색은 컬러 스펙트럼 중 어두운 쪽의 맨 끝부분을 차지하는데, 농부가 신는 진흙투성이 장화의 깊고 진한 갈색 또는 고트족의 검게 염색한 머리채와 같은 빛깔이 난다. 이렇게 어두운 밤의 빛깔과 코코아나 커피 같은 풍미를 내는 것은 성질이 서로 다른 볶은 맥아와 볶은 보리 때문이다.

앞서 소개했다시피 맥아는 뜨거운 물에 푹 담가둔 보리로, 발아를 시작하면서 효소를 생성하는데 이 효소를 통해 단백질과 전분이 발효 가능한 당분으로 전환된다. 발아가 일어나지 않으면 보리의 당분은 자물쇠에 갇힌 것처럼 빠져나오지 못한다. 맥주를 만들 때 발아를 거치지 않은 볶은 보리를 사용하는 것은 몇 가지 이점이 있기 때문이다. 이 어두운 브라운 색 곡물은 한밤중 같은 빛깔과 떫은맛에 가까운 날 서고 씁쓸한 풍미(굳이 비유하자면 검게 볶은 한 잔의 커피)는 물론, 광채 나고 오래 지속되는 새하얀 거품을 생성하는 데 그만이다.

볶은 보리는 혼자서는 대접받지 못한다. 양조가들은 볶은 보리를 검게 볶은 맥아와 함께 사용하거나, 아

예 볶은 보리는 멀리하고 볶은 맥아에만 의존해 색과 풍미를 낸다. 이런 맥주는 거품의 색이 좀 더 어둡고 에스프레소 풍미가 더욱 두드러지며, 까맣게 태운 성질, 즉 코코아나 견과류 풍미가 나는 것이 특징이다.

검은색은 모든 색의 부재를 나타낼 수도 있지만, 포터와 스타우트의 경우 그 특별한 색조는 아로마와 풍미가 가득함을 상징한다.

BRITISH PORTER

모든 것의 시작
: 브리티시 포터

맥주 얼룩이 지고 홉향이 밴 양조 역사의 기록 중에서, 이번 수업에서 배우게 될 영국의 포터만큼 그 기록이 변변찮고 오해의 소지가 있으며 비꼬인데다 어딜 봐도 잘못된 스타일이 또 있을까. 이야기는 단순한 이름의 브라운 맥주로 시작된다. 17세기 후반과 18세기 초, 이 중후하고 달콤한 맥주는 런던 시를 지배하는 스타일이었다. 하지만 그 명성은 그리 좋지 않아, 새로운 맥주에게 시장점유율을 빼앗길 판이었다.

18세기 초, 런던에서는 최신 유행의 엷은 색 페일 에일이 인기를 얻기 시작했다. 경쟁력 있는 제품을 생산하기 위해 양조가들은 기존 레시피를 수정했고, 긴 발효 시간 덕분에 덜 달콤하면서 수준 있는 홉 성향의 브라운 맥주를 양조해냈다. 이 맥주는 통에 담겨 여러 달 숙성되었는데, 이 공정은 내용물을 부드럽게 하는 데 도움이 되었다. 이 시대 양조장의 위생 상태(다소 비위생적인 상태)를 고려했을 때 박테리아와 야생 효모인 브레타노미세스가 틀림없이 나무통 안에 존재했고, 시간이 흐르면서 이들 미생물로 인해 맥주는 시큼해졌고 약한 젖산의 성질을 갖게 되었다. 런던 사람들, 특히 무거운 짐을 배에서 내리고 소포와 상인의 물건을 여기저기 나르는 짐꾼, 즉 포터는 이 맥주를 거리낌없이 마셨다.

짐을 운반하는 일은 정말 등골이 휘고 힘이 다 빠지

포터의 역사에 관한 읽을거리 중 괜찮은 것을 찾는다면, 론 패틴슨이 제목을 맞춤하게 붙인 《포터Porter》를 정독해볼 것.

★ ★ ★

영국에서는 에일과 맥주가 항상 일심동체는 아니었다. 맥주는 에일보다 홉의 성질이 뚜렷한 주류였다. 이런 차이는 19세기에 좁혀졌는데, 홉을 강화한 오늘날의 인기 맥주, 인디아 페일 에일의 부상 덕분이다.

P.S: 포터는 원래 맥주로 간주되었다.

곰팡이가 우리 주변에

1903년경, 덴마크의 양조 과학자이자 코펜하겐의 칼스버그 브루어리 연구소장이었던 닐스 엘테 클라우센은 영국 '저장 맥주Stock Beer'(만든 지 얼마 안 된 맥주와 블렌딩해 숙성된 풍미를 내는 데 사용되는 강한 도수의 숙성 맥주) 샘플을 조사하다가 상당히 재미있는 발견을 했다. 양조장 안에 저장된 이 맥주 안에 그리스어로 '영국 곰팡이'라는 의미의 특이한 브레타노미세스 효모가 들어 있었던 것. 이 효모는 영국인에게 아주 새로운 것은 아니었다. 일반적인 양조 효모인 사카로미세스는 '설탕 곰팡이'로 번역되기 때문이다. 이리저리 돌아다니며 게걸스럽게 먹어치우는 브레타노미세스가 람빅, 사우어 에일이나 와일드 에일에 미치는 펑키한 풍미에 관해서는, Class 10 앞부분을 참조할 것.

는 중노동으로, 지속적인 에너지 충전이 필요했다. 역사가 마틴 코넬에 따르면 짐 나르는 노새를 끄는 사람들은 지역 펍에서 맥주를 마시면서 탄수화물과 칼로리를 보충해 에너지를 얻었다. 펍의 실외에는 벤치와 테이블이 있어 포터들은 맥주를 마시는 동안 짐을 보관할 수 있었다. 이토록 노동자와 밀접하게 연관되어 있다 보니 1721년경에는 이들의 직업명, 즉 포터라는 이름으로 이들의 술이 문헌에 등장하기 시작했다.

포터의 시대는 이렇게 시작됐다. 소규모 회사로 시작한 양조장은 대규모로 운영되면서 포터를 대량생산했고 산업혁명의 자랑스러운 제품이자 쉴 새 없이 일하는 노동자들의 연료를 만들어냈다. 영국 사람들의 사랑을 받는 것과 동시에 이 맥주는 곧 식민지로 공급되었고, 당시 주된 무역 경로를 통해 아일랜드, 덴마크, 러시아, 스칸디나비아, 인도에 상륙했다. 수요를 감당하기 위해 통 제조업자들이 전보다 훨씬 큰 양조 숙성 통을 제작하는 바람에 시장은 제품으로 넘쳐났고 런던도 예외가 아니었다. 1814년 뫼즈 브루어리Meux's Brewery에서는 부식된 숙성 통 테두리가 갑자기 터지는 바람에 20만 갤런의 포터가 쏟아져 나와 가옥이 파괴되고 여덟 명이 사망할 정도였다.

BRITISH PORTER
꼭 시음해볼 두 가지

런던 포터
LONDON PORTER

- **민타임 양조회사**Meantime Brewing Company
- **ABV: 6.5%**

민타임은 런던의 신세대 양조장에 속하지만, 이곳의 양조가들은 과거로 깊이 파고 들어가 (볶은 보리 없이 양조된) 런던 스타우트, 일곱 가지 맥아와 흙 내음의 푸글스 홉이 대량으로 들어간 이 포터를 포함해 역사적인 영향을 받은 라거와 에일로 제품 라인업을 구성했다. 깊은 브라운 빛깔의 맥주가 내는 살짝 볶은 맥아와 코코아의 아로마는 커피와 토피, 이탄 연기의 풍미를 이리저리 헤쳐나가도록 이끌어준다. 런던 포터는 부드럽고 크리미하게 시작해 드라이하고 다소 씁쓸한 맛으로 마무리된다.

풀러스 런던 포터
FULLER'S LONDON PORTER

- **풀러 스미스 앤드 터너 PLC**Fuller Smith & Turner PLC
- **ABV: 5.4%**

"진하고 다크하고 다채로운 맛"은 이 대접받는 영국 맥주의 슬로건. 이 맥주는 파일과 야채 맛이 나는 푸글스 홉과 크리스털, 초콜릿, 브라운 맥아로 만들어졌다. 멋진 다크 브라운 색의 맥주에선 한 줄기 붉은 루비 빛이 부각되고 그 노즈는 이렇게 외친다. "맥아는 여기 있습니다. 파이프 담배와 토피 캔디도 같이요!" 한 모금씩 마실 때 달콤함이 느껴지는데, 토스트에 누텔라 초콜릿 잼을 발라 먹으며 하루를 시작하고픈 사람들에게 전율을 일으킬 정도로 초콜릿과 빵 냄새가 난다.

대체 맥주 ★★★ D.L. 기어리 양조회사 기어리즈 런던 포터D.L. Geary Brewing Company Geary's London Porter, 그린포트 하버 양조회사 블랙 덕 포터Greenport Harbor Brewing Company Black Duck Porter, 설로피언 브루어리 엔타이어 버트 잉글리시 포터Salopian Brewery Entire Butt English Porter, 새뮤얼 스미스 올드 브루어리 더 페이머스 태디 포터Samuel Smith Old Brewery The Famous Taddy Porter, 세인트 피터스 브루어리 올드 스타일 포터St. Peter's Brewery Old-Style Porter, 윌리엄스 브로스 양조회사 미드나이트 선Williams Bros. Brewing Co. Midnight Sun

드디어
스타우트가 오다

수십 년, 수세기가 흐르면서 포터는 서서히 그 본좌에서 밀려났다. 페일 에일이 좀 더 달콤한 맥주와 함께 점차 인기를 얻게 된 것. 포터의 후손인 드라이한 아이리시 스타우트가 서서히 그 아비를 앞질렀는데 스타우트 포터가 원래 매우 강한 도수의 포터를 의미하는 말이었기 때문에 사실 치욕적이었다. 포터의 레시피는 세월이 가면서 변하더니 급기야 수준 이하로 떨어졌다. 20세기 중반이 되자 포터는 구두쇠 노인네가 들이켜기에 적합한 값싼 술이 되었고, 미천한 사람의 음료로 전락했다. 이 스타일은 쓰레기통으로 갈 운명인 듯 보였고 어찌 보면 그곳이 포터가 있어야 할 자리였다. 이제 이 시큼한 포터를 짧은 시간에 옛날 양조업자가 하듯 박테리아 감염 방식으로 제조하는 양조장은 거의 찾아볼 수 없다.

오늘날 이 스타일은 원래 제품과 많이 달라져, 스타우트와 거의 구분할 수 없게 되었다. 맥주 공인 인증기관의 공식적인 스타일 지침에 따르면 스타우트와 포터를 구분할 수 있는 유일한 차이점은 스타우트가 볶은 보리를 사용한다는 점이지만, 이 또한 항상 그렇지는 않다. 사실 양조 역사가 론 패틴슨이 얘기하는 것처럼, 19세기 초 영국의 포터와 브라운 스타우트는 대개 동일한 레시피를 사용했다. 유일한 차이점이라면, 스타우트를 만들 때 좀 더 도수를 높이기 위해 물을 적게 사용했다는 것이다.

블렌딩 포터 기법을 아직도 사용하는 몇 안 되는 양조장 중에 영국의 그린 킹 Greene King이 있다. 이곳에서는 오크 통에서 적어도 2년간 숙성된 ABV 12퍼센트의 시큼한 올드 5X 에일을, 만든 지 얼마 안 된 어두운 색의 BPA와 블렌딩해 스트롱 서퍽 빈티지 에일 Strong Suffolk Vintage Ale을 만든다.

AMERICAN PORTER

새로운 돌파구
: 아메리칸 포터

그렇다면 오늘날 우리가 맛보는 포터는 어떤가? 마시고 있는 맥주가 약간 시큼하고 어두운 색이 아니라면 역사적으로 정확하게 재현한 포터가 아니다. 현대에 와서 포터를 수도 없이 재해석했지만, 보통은 스타우트보다 살짝 라이트하고 어두운 브라운 색에 떫은맛이 덜한, 볶은 풍미의 특성을 나타낸다. 브리티시 포터는 그 본성을 잘 보여주지 않는 편인데, 캐러멜이나 토피의 달콤한 풍미에 알코올은 드러나지 않고 볶은 맥아의 순한 기운이 느껴진다.

1970년대 후반과 1980년대에 크래프트 맥주 운동의 물결이 처음 일었을 때 가장 인기 있는 대열에 속했던 아메리칸 포터는 브리티시 포터보다 좀 더 창의적이고 즉흥적이며, 훈제 맥아, 많은 양의 홉, 과일, 초콜릿, 커피 등 그야말로 주방 싱크대 빼놓고 온갖 재료를 사용한다. 하와이의 마우이 양조회사는 자사의 코코넛 포터CoCoNut PorTeR에 손으로 볶은 코코넛을 사용해 열대 과일의 풍미가 깃든 실크 같은 초콜릿 맛의 제품을 만들어냈다. 클라운 슈즈는 피칸 파이 포터Pecan Pie Porter에서 맛있는 가을 디저트를 재창조한다. 플로리다 주, 보카레이턴의 펑키 부다 라운지 앤드 브루어리Funky Buddha Lounge & Brewery는 식품에 더욱 심취해 메이플 베이컨 커피 포터Maple Bacon Coffee Porter를 고안했다. 이 맥주는 아주 좋게 표현해서 아침식사가 병 안에 들어 있는 느낌이다.

그 옛날 짐꾼처럼, 여기까지 읽었으면 여러분도 이미 꽤나 고된 일을 한 셈이다. 이젠 보상을 받을 차례다.

AMERICAN PORTER
꼭 시음해볼 두 가지

덕래빗 포터
DUCK-RABBIT PORTER

- 덕래빗 크래프트 브루어리Duck-Rabbit Craft Brewery
- ABV: 5.7%

다크 맥주는 노스캐롤라이나 덕래빗 양조장의 기본 맥주다. 나는 수준 이하의 덕래빗 맥주를 맛본 적이 한 번도 없다. 그래서 누구나 이 보기 좋은 묵직한 포터를 즐기게 될 거라 믿는다. 맛은 다크 초콜릿 과자를 겉에 입힌 콜드 브루 커피 맛이 나며, 몇 숟가락 첨가된 귀리는 부드럽고 매끄러운 식감을 보충한다. 일단 맛보면 마니아가 될 수도 있다.

블랙 버트 포터
BLACK BUTTE PORTER

- 더슈츠 브루어리Deschutes Brewery
- ABV: 5.2%

더슈츠 양조장은 쉬운 길을 택하지 않았다. 오리건 주의 이 양조장은 1988년 처음 설립되었을 때 어두운 색의 블랙 버트 포터로 론칭하는 과감한 시도를 했다. 이는 매우 현명한 결정이었을지도 모른다. 초콜릿 맛의 이는 이후 더슈츠 양조장의 대표 맥주가 되었는데, 대체로 부드러운 밀 주도의 마우스필과 끝에 남아도는 홉의 쌉쌀한 기운 덕분이다.

대체 맥주 ★★★ 덴버 비어 주식회사 그레이엄 크래커 포터Denver Beer Co. Graham Cracker Porter, 그레이트 레이크 양조회사 에드먼드 피츠제럴드 포터Great Lakes Brewing Company Edmund Fitzgerald Porter, 힐 팜스테드 브루어리 에버렛Hill Farmstead Brewery Everett, 론라이더 브루잉 데드아이 잭 포터Lonerider Brewing DeadEye Jack Porter, 내러갠싯 포터Narragansett Porter, 스피키지 에일 앤드 라거 페이백 포터Speakeasy Ales & Lagers Payback Porter

세 가지의 위력

포터의 기원에 대해 오래전부터 내려오는 또다른 전설에 따르면, 이 맥주를 랠프 하우드라는 신사가 만들었다고 한다. 그는 스리 스레즈Three Threads라는 블렌딩 맥주(세 가지 스타일, 즉 에일, 홉 함량이 높은 맥주, 도수가 상당히 높은 페일 에일인 투 페니Twopenny를 각각 동일한 분량으로 블렌딩한 맥주)를 그대로 재현하려고 했다. 이 얘기는 전혀 신빙성이 없는 것으로 밝혀졌다.

포터는 원래 108갤런 용량의 나무 캐스크인 버트 butt(큰 술통. '엉덩이'란 뜻도 있다-옮긴이)에서 숙성되었다. 딴 생각 하지 말 것.

— ★ ★ ★ —

내가 이제껏 맛본 포터 중 가장 이상하면서도 맛이 좋았던 것은 미시건 주, 라이트 브레인 브루어리Right Brain Brewery의 만갈리차 피그 포터Mangalitsa Pig Porter다. 각 생산분에는 뇌를 제거한 뒤 냉온 훈제한 만갈리차돼지 머리 네 개와 돼지뼈 여러 개가 들어간다. 이 맥주는 훈제 맛의 오묘함이 느껴진다.

덕래빗 크래프트 브루어리
Duck-Rabbit Craft Brewery

노스캐롤라이나 주, 팜빌

노스캐롤라이나 동부에 위치한 팜빌의 여름은 1분 안에 아이스바를 녹일 정도다. 그린빌 외곽의 담배밭이 쭉 늘어선 이 작은 농지 마을은 여름 평균 최고기온이 섭씨 32도를 육박하고 습도가 높아 조금만 걸어도 셔츠가 땀에 젖는다. 두말할 것 없이 맥주 애호가들이 얼음같이 찬 필스너, 차가운 쾰쉬, 아니면 라거 캔으로 갈증을 푸는 꿈을 꿀 수밖에 없는 그런 날씨다. 위에 열거한 제품 중 덕래빗 크래프트 양조장에서 제공하는 것은 하나도 없다. 2004년 8월, 폴 C. 필리폰(사진)이 이 양조장을 세운 이후 덕래빗은 전적으로 어두운 색의 맥주에만 전념해왔다. 제품군에는 귀리가 들어간 실키한 포터, 홉의 성질이 매혹적

으로 강하고 쌉쌀한 브라운 에일, 로스팅 풍미의 청량한 슈바르츠비어, 점잖게 달콤하고 부드러운 밀크 스타우트, 대용량의 래비드 덕 러시안 임페리얼 스타우트Rabid Duck Russian Imperial Stout가 있다.

상식적으로 이들 맥주는 눈보라 치는 겨울 날 저녁에 적격일 것 같지만, "다크 맥주가 갈증을 해소해주지 못할 거라는 생각은 오해"라고 필리폰은 말한다. "우리 양조장에서 가장 잘 팔리는 맥주는 밀크 스타우트입니다. 이 맥주는 1년 열두 달, 아주 뜨거운 여름에도 쉬지 않고 만듭니다"라고 필리폰은 덧붙인다. 생각해보라, 라거나 필스너는 차게 해야 제맛이다. 햇빛에 미지근해진 버드와이저를 마셔본 적이 있

는가? 기분이 상당히 불쾌하다. 이와 대조적으로 다크 맥주는 온도가 올라갈수록 득을 보는데, 아로마와 풍미가 순서가 뒤바뀐 종이 접기 작품처럼 펼쳐진다. "축축한데 상쾌하다면 그건 정말 축축해도 상쾌한 겁니다. 흑맥주는 마음을 열고 접근한다면 두려울 게 전혀 없죠."

철학과 교수가 만든 맥주

이렇게 필리폰이 사회 통념 뒤집기를 즐기게 된 건 결코 우연이 아니다. 그는 전직 철학과 교수로, 이스턴 미시건 대학 등에 재직했다. 그러나 학계는 종신직을 확보하기 위해 오랜 시간 공을 들여야 하는 힘든 분야였다. "장기적인 직업 전망이 생각만

큼 대단치 않은 일을 했던 셈이죠." 그는 고백한다. 이제 다른 일을 선택할 때였다.

필리폰은 1987년 이후로 자가 양조 일을 열정적으로 해왔는데, 여름에 한 연구 농장에서 일을 하면서 시작된 여정이었다. 어느 날, 하루 일과가 끝난 후 그의 상사가 집에 가서 맥주를 만들어야겠다고 말했다. "순간 제 머리에 사이렌이 울렸어요. 그날 처음으로 집에서 맥주를 만든다는 말을 들었거든요." 필로폰은 말한다. 그 직후 필리폰은 자가 양조 도구를 사면서 취미 생활을 시작했고 갈수록 그 일에 중독되었다. 이 취미는 학계 열차를 탄 그가 잠시 쉬어갈 때 그를 지켜주었다.

돌파구를 찾기 위해 필리폰은 시카고의

저명한 시벨 기술연구소Siebel Institute of Technology에 입학해 양조 공정 실력을 갈고닦았다. 졸업 후 그는 양조장에 이력서를 보내 신시내티의 한 양조 펍에서 일자리를 얻었다. "나와 같이 일하던 사람들은 놀라지 않았어요. 이들은 내가 하는 자가 양조에 꽤 자주 동참해줬어요." 필리폰은 웃으며 말한다. 이 오하이오 브루펍에서의 경험은 켄터키 주 루이빌의 핍킨 브루어리Pipkin Brewery(나중에 블루그래스 양조장에서 매입)에서 잠깐 일하는 데 도움이 되었다. 2000년 필리폰은 팜빌의 윌리엄스빌 양조장 창업을 위해 채용되었다. 2003년 말, 윌리엄스빌의 소유주는 사업을 접고 싶어했다.

"절호의 기회가 찾아온 거였죠. 저는 은행으로 가서 거액의 융자를 받았어요." 필리폰은 양조장을 매입했지만 그곳 레시피는 사지 않고 양조장 이름을 덕래빗 크래프트 브루어리로 바꿨다. 이 이름과 오리나 토끼를 연상케 하는 로고는 루트비히 비트겐슈타인의 《철학 연구Philosophical Investigations》에서 착안한 것이다. 철학과 맥주, 필리폰의 과거와 어두운 색의 맛있는 미래가 교차한 것이다.

생각의 낟알

미국의 성공한 크래프트 양조장들은 대부분 공통된 맥락(앨러거시의 벨지언, 스톤의 무지막지한 홉 에일)으로 맥주를 만들어낸다는 것을 깨달은 필리폰은 덕래빗 양조장의 무기로 자신이 오랫동안 매혹되었던 다크 맥주를 내세우기로 결정했다.

"저는 다크 맥주에 쓰이는 여러 가지 풍미를 사랑합니다. 양조의 재미는 특별한 풍미를 상상한 다음 다양한 맥아와 기술을 결합해 그 풍미의 특성을 만들어낼 레시피를 완성하는 거죠." 필리폰은 양조장을 시작한 이후, 2009년 미국 맥주대축제에서 발틱 포터Baltic Porter(매년 가을 출시)로 금메달을, 밀크 스타우트로 동메달을 수상하면서, 자신의 흑색 창조물로 여러 차례 메달을 거머쥐었다. 하지만 고객을 그의 다크 맥주에 다가오게 하는 일은 쉽지 않다.

처음에 브라운 에일은 인기가 없었다. 필리폰의 표현대로 "아메리칸 스타일"의 이 브라운 에일은 시트러스의 쌉쌀함과 아마릴로, 사츠 홉에서 나오는 꽃의 아로마를 풍긴다. "대체로 이런 반응이었어요. '맛은 있지만 브라운 에일 맛이 아니네요.'" 필리폰은 이렇게 회상한다. 비록 늦게 붙어 붙었지만 브라운Brown은 현재 효자 상품 노릇을 톡톡히 해, 기만적으로 쌉쌀한 호피 버니 아메리칸 블랙 에일Hoppy Bunny American Black Ale 대열에 합류했다.

오늘날 필리폰의 최대 난제는 맥주의 수요, 특히 밀크 스타우트의 수요를 감당할 수 있도록 생산량을 늘리는 것. 이를 위해 양조장은 최근 시설을 확장했는데, 현상타개를 즐기는 이 양조가에게는 만족스러운 과정이었다. 필리폰은 이렇게 말한다. "노스캐롤라이나에서 다크 맥주를 양조하는 일이 좀 미친 짓이라는 건 저에게 통하지 않았어요. 흐름에 역행할 때 저는 도리어 맘이 편하거든요."

DRY IRISH STOUT 드라이 아이리시 스타우트

러시아 생리학자 이반 파블로프의 침 흘리는 개 실험에서는 맥주와 관련지어서도 많은 것을 배울 수 있다. 파블로프는 호루라기와 소리굽쇠, 벨을 사용해 개가 먹이를 기대하면서 침을 흘리도록 유도했다. 이와 비슷한 조건반사는 매년 3월 17일에도 일어난다. 해마다 성 패트릭의 날Saint Patrick's Day이 되면 전 세계 맥주 애호가들은 초록색 의상을 차려입고 흑색 기네스가 담긴 시원한 잔을 집어든다. 이걸 집단행동이라고 불러보자.

지금까지 수세기에 걸쳐 수백만 개의 크리미한 기네스 파인트 잔이 소비되었지만(틀림없이 여러분도 그중 몇 잔은 마셨을 것이다), 잠시 멈추고 이 드라이 스타우트의 유래를 생각해본 사람은 거의 없을 것이다. 18세기 초반 포터의 인기는 대영제국과 아일랜드를 휩쓸어, 아일랜드인 아서 기네스 같은 양조가에게 흑색의 골드러시 열풍을 일으켰다. 아서 기네스는 1759년 더블린에 위치한 성 제임스 게이트St. James's Gate의 미사용 양조장을 점유해 맥주를 생산한 사람이다.

처음에 그는 그 시대에 인기 있었고 그 강력한 도수를 묘사하기 위해 종종 스타우트라고 불렸던 영국 포터를 그만의 버전으로 양조했다. 19세기 초, 맥아를 검게 만드는 새로운 기술이 개발되어 소위 특허 맥아가 생산되었다. 양조가들은 이 특허 맥아와 엷은 색의 맥아를 섞어 다크 맥주를 만들 수 있었고, 이런 공정을 거치면서 맥주에 미묘한 볶은 풍미가 전해지고 일반적인 브라운 색 맥아로 양조할 때보다 발효 후의 단맛이 덜 남아서 결과적으로 좀 더 드라이한 맥주가 탄생했다. 1821년 아서 기네스 2세는 이러한 발전을 기회 삼아 어두운 색의 곡물을 이용해 '검은색 맥주'를 만드는 레시피를 공식화했고, 매해 성 패트릭의 날뿐만 아니라 그 외 나머지 364일에도 이 맥주를 즐겼다(20세기 중반, 기네스는 서서히 특허 맥아의 양을 줄이기 시작하고 대신 볶은 비발

아 보리를 써서 드라이하고 쌉쌀한 맛을 늘렸다).

드라이 아이리시 스타우트는 직관에 어긋나는 맥주다. 드라이 스타우트는 천연 아스팔트인 라 브레아La Brea 타르 갱의 색상이지만 은근히 라이트한 바디에 매력적인 쌉쌀함(볶은 보리 덕분)이 있고 커피 비슷한 분위기를 내며 질소를 이용해 따랐을 때 생일 케이크 위에 얹은 프로스팅(아이싱icing이라고 부르는 설탕으로 만든 달콤한 혼합물-옮긴이) 같은 괜찮은 크림이 생성된다(1950년대 후반과 1960년대에 생맥주 판매에 박차를 가하기 위해 회사는 질소를 액체에 도입하는 질소화 기술을 완성해 좀 더 지속적으로 오래 유지되는 헤드를 생성했다). 기네스 이외에 드라이 아이리시 스타우트의 전형적인 예로 아일랜드의 머피즈Murphy's와 블레미시 아이리시 스타우트Blemish Irish Stout가 있고, 생맥주로 나갈 때는 질소를 충전해 공급된다. 그런

기록이 시작되다

기네스 세계기록 특허는 사실 양조장과 관련이 있다. 세계기록과 그 세부 사항을 책으로 엮어보자는 발상은 1951년 아일랜드의 사냥 여행에서 나왔다. 당시 기네스 양조장의 총지배인이었던 휴 비버 경은 유럽에서 가장 빠른 사냥감 새가 뇌조냐 아니면 검은가슴물떼새냐를 놓고 논쟁을 벌였다. 적절한 답을 찾을 수 없었던 휴 비버는 매일 밤 아마도 이런 식의 논쟁이 술하게 벌어질 것이니 실제 세계기록을 다룬 책의 수요가 있을 거라 판단했다. 이렇게 해서 1955년 《기네스북 오브 레코드The Guinness Book of Records》가 출간되었고, 적어도 스마트폰이 등장하기 전까지는 이 책이 궁극적으로 술자리 논쟁 해결사 역할을 했다.

스타우트 맥주에 관해 언급한 최초의 기록은 《에거턴 원고Egerton Manuscripts》에서 발견된 1677년 편지에 담겨 있는데, 이 문헌은 이탈리아와 프랑스의 역사와 문학을 주로 다룬 텍스트 모음집이다(이 원고는 브리지워터의 여덟 번째 백작인 프랜시스 헨리 에거턴이 대영박물관에 양도했다). 편지에는 이런 문장이 들어 있다. "우리는 스타우트와 최고의 와인으로 당신의 건강을 위해 건배한다."

기네스 드래프트
GUINNESS DRAUGHT

- **기네스 주식회사**Guinness Ltd.
- **ABV: 4.2%**

기네스 신화에 내가 굳이 덧붙일 얘기는 많지 않다. 기네스는 밤을 지새워 아침까지 즐기는 크림의 기쁨이다. 그다음에 먹는 브런치 파인트 잔에 에스프레소 수중폭탄 몇 개를 투하해보라. 비밀스러운 기네스는 이 사실을 발설하지 않겠지만, 이 맥주의 익숙한 향으로 보아 분명 3퍼센트 사우어 맥주와 블렌딩됐다. 이 사우어 맥주는 모든 형태의 동식물이 우글거리는 고릿적 오크 통에서 숙성되었으니. 사실일까? 허구일까? 맛만 있으면 됐지 그게 무슨 상관인가?

다크 스타 스타우트
DARK STARR STOUT

- **스타 힐 브루어리**Starr Hill Brewery
- **ABV: 4.2%**

미국 버지니아 연안을 여행하는 중이라면 가까운 맥주 매장에 가서 스타 힐 제품을 되도록 많이 구입하라고 자신 있게 권유한다. 브루마스터 마크 톰슨은 침착하게 풍미를 지키면서 알코올 도수는 낮은 맥주를 탐색한 끝에 ABV 5퍼센트 미만으로도 기쁨의 산물을 고안했다. 그중 하나가 바로 다크 스타. 국가대표 수영 선수 마이클 펠프스만큼이나 많은 메달을 수상했다. 스타는 커피 분말(좋은 뜻으로)과 으깬 다크 초콜릿으로 코팅된 캐시미어처럼 넘어간다.

대체 맥주 ★★★ 크리스전 모어레인 양조회사 프렌드 오브 언 아이리시맨 스타우트Christian Moerlein Brewing Company Friend of an Irishman Stout, 퍼더모어 비어 스리 피트 딥Futhermore Beer Three Feet Deep, 그리티 맥더프스 양조회사 블랙 플라이 스타우트Gritty McDuff's Brewing Company Black Fly Stout, 맨도시노 양조회사 블랙 호크 스타우트Mendocino Brewing Company Black Hawk Stout, 슬라이 폭스 양조회사 오라일리스 아이리시 스타우트Sly Fox Brewing Company O'Reilly's Irish Stout

데 드라이 아이리시 스타우트가 유럽의 전유물은 아니다. 위대한 미국 버전은 메인 주에 위치한 십야드 양조회사의 블루 핀 스타우트Blue Fin Stout부터 캘리포니아 포트 브래그에 위치한 노스 코스트 양조회사의 올드 넘버 38 스타우트Old No. 38 Stout까지 미 전역에서 구할 수 있다. 아이리시 스타우트의 행운은 눈길 닿는 곳마다 있다.

오이스터 스타우트Oyster Stout

굴은 드라이 스타우트와 전형적인 찰떡궁합 음식으로, 굴의 짭짤한 맛이 드라이 스타우트가 가진 풀바디감의 크리미한 맛을 보완해준다. 이 탁월한 궁합을 강조하기 위해 양조가들은 갓 껍질을 깐 굴과 그들의 독주를 양조 케틀에 던져 넣어, 한 발은 바다에 담그고 나머지 한 발은 바에 담근 묘한 매력의 에일을 만들어냈다. 굴을 먹을 때 오이스터 스타우트를 곁들여 마셔보면 조개류와 결합한 스타우트의 부드럽고 달콤한 초콜릿 향과 함께 크림의 마법을 경험할 수 있다. 굴은 바다의 톡 쏘는 맛이 오래 남게 해주는데, 맥주는 굴의 달콤함을 끌어내고 굴은 맥주의 짭짤함을 끄집어낸다. 노스캐롤라이나 애슈빌에 들른다면, 오이스터 하우스 양조회사Oyster House Brewing Company에서 만든 굴을 넣은 문스톤 스타우트Moonstone Stout를 로브스터 트랩Lobster Trap 레스토랑과 시내 주변에서 생맥주로 맛볼 수 있다. 포터하우스 양조회사Poterhouse Brewing Co.의 실키한 오이스터 스타우트와 플라잉 도그 브루어리의 펄 네크리스 오이스터 스타우트 Pearl Necklace Oyster Stout 등 몇 가지 훌륭한 병 제품도 있다. 그런데 이렇게 음식과 맛있게 궁합을 맞춘 맥주는 양조장에서 보통 일회성 시제품으로 생산된다. 양조가들이여, 제 간청을 들어주세요. 저는 굴을 사랑합니다. 오이스터 스타우트는 두 배로 사랑하고요. 그러니 제발 좀 더 만들어주세요.

BROWN ALE

브라운 에일

비록 런던에서는 포터와 스타우트가 브라운 맥주를 대신했지만 이 스타일은 무덤에 영원히 머물러 있지 않았다. 단지 숨어서 획기적인 성형수술을 받았던 것일 뿐, 마침내 브라운 에일은 20세기 전환기에 새로운 모습을 뽐내면서 무대에 재등장했다. 양조가 토머스 웰스 토프는 브라운 에일을 수정해 다크한 색조에 달콤하면서 알코올 도수가 낮은(ABV 단 2.7퍼센트) 맨즈 브라운 에일Mann's Brown Ale을 만들어냈다.

이 에일은 성공하기까지 20년 가까이 걸렸다. 1차 세계대전 당시 원료를 아끼기 위해(그리고 덧붙이자면 아마도 음주를 줄이기 위해) 영국 정부는 약한 맥주를 권장하면서 알코올 도수에 제한을 두기 시작했다. 이런 정책은 뜻하지 않은 결과를 낳았다. 도수 높은 맥주는 오랫동안 신선하게 유지되는 반면 저도수 맥주는 쉽게 부패했다. 펍에서 마시는 생맥주들은 금방 상했는데, 특히 볶은 맥아에서 풍미와 색조를 얻는, 당시 시장을 지배하던 다크 마일드 에일이 그랬다('마일드'란 말은 단지 신선한 비숙성 맥주를 의미했다). 사람들은 방법을 찾았다. 다크 마일드의 그 형편없는 품질을 감추기 위해 상온에 두어도 오랫동안 상하지 않는 병맥주, 즉 고향 친구인 브라운 에일과 혼합한 것.

영국 전역의 사람들이 '브라운과 마일드의 혼합 맥주'를 들이켜게 되면서 브라운 맥주의 양조 열풍이 공식적으로 시작되었다. 이 스타일은 20세기 중반 상당 기간 동안 마일드 에일과 그 운명을 같이했지만, 1960년대에 이르러 마일드의 판매가 곤두박질치기 시작했다. 오늘날 마일드 에일의 판매는 영국 맥주 레이더망에 잠깐 잡힐 뿐이지만 브라운 에일 병사는 계속 진격 중이다. 영국에서 브라운 에일 스타일은 새뮤얼 스미스의 너트 브라운 에일Nut Brown Ale에서 보듯 맥아 성질이 좀 더 강하고 더 달콤하며 견과류 맛이 살짝 느껴진다. 미국의 경우, 피츠버그에 있는 이스트 엔드 양조회사East End Brewing Company의 팻 게리즈 너트 브라운 에일Fat Gary's Nut Brown Ale이 있다.

전반적으로 브라운 에일에 심취한 미국 양조업체들의 공통적인 특징은 혁신이다. 맥아의 달콤함을 줄이고 홉의 함량을 높이면서 견과류, 향신료, 과일, 커피 등을 넣는 것이 미 전역에서 유행하고 있다. 이는 로스트 코스트 브루어리의 라즈베리 브라운Raspberry Brown, 모닝커피와 오후의 맥주가 하나로 합쳐진 설리 양조회사의 커피 벤더Coffee Bender에서 확인할 수 있으며, 미시시피의 레이지 매그놀리아Lazy Magnolia는 서던 피칸 너트 브라운 에일Southern Pecan Nut Brown Ale에 통째로 볶은 피칸을 추가한 맥주다.

이런 맥주를 몇 잔 마시다 보면 곧 브라운 색을 가장 좋아하게 될 수도 있다.

> 1950년대 후반까지 기네스 생맥주 파인트 한 잔에는 두 가지 다른 캐스크의 맥주, 즉 하나는 만든 지 오래되고 숙성된 것, 다른 하나는 만든 지 얼마 안 되고 신선하며 탄산이 좀 더 들어간 맥주가 섞여 있었다.

BALTIC PORTER

발틱 포터

18세기 후반 대영제국의 양조가들은 근면하고 진취적인 사람들이었다. 자기네 동포들을 포터 잔에 매어

BROWN ALE
꼭 시음해볼 두 가지

뉴캐슬 브라운 에일
NEWCASTLE BROWN ALE

- 더 캘리도니언 양조회사
  The Caledonian Brewery Company Limited
- ABV: 4.7%

나의 19세 여름은 런던에서 보냈는데, 이 말인즉 그때 내가 법적으로 음주를 할 수 있었다는 뜻이다. 흥겨운 분위기의 펍에서 보낸 하룻밤을 생각하면 지금도 즐겁다. 그곳에서 우연히 내 또래 두 명을 만났는데 그들은 훔친 전자제품 판 돈을 흥청망청 쓰고 있었다. 기념이랍시고 나에게 뉴캐슬을 연거푸 사주기도 했다. 나는 캐러멜과 달콤한 맥아 맛에, 같이 있는 애들을 생각하면 은근히 견과류 맛도 나는('견과류 맛이 난다'는 '제정신이 아닌', '미친'이라는 뜻도 있다-옮긴이) 사랑스러운 라이트바디의 에일을 음미하면서 그날 밤을 보냈다.

코코 브라운
KOKO BROWN

- 코나 양조회사Kona Brewing Co.
- ABV: 5.5%

초등학교 시절에 나는 초콜릿 입힌 코코넛 캔디바 '아몬드조이'에 빠져 있었다. 하와이에 위치한 코나 양조회사의 코코 브라운을 한 모금 마셔보면 어린 시절 캔디바에 대한 추억이 생각난다. 이 브라운 에일의 비스킷 풍미는 견과류 맛의 구운 코코넛 물결로 보완되고, 혀를 단맛으로 압도하지 않으면서 확 씻겨준다. 마치 미뢰를 해변으로 데려가 호강시켜주는 느낌이랄까.

대체 맥주 ★★★ 빅 스카이 양조회사 무스 드룰 브라운 에일Big Sky Brewing Company Moose Drool Brown Ale, 굿 피플 양조회사 브라운 에일Good People Brewing Company Brown Ale, 이타카 비어 주식회사 너트 브라운 에일Ithaca Beer Company Nut Brown Ale, 롱 트레일 양조회사 하비스트Long Trail Brewing Co. Harvest, 식스포인트 브루어리 브라운스톤Sixpoint Brewery Brownstone, 토미노커 브루어리 메이플 너트 브라운 에일Tommyknocker Brewery Maple Nut Brown Ale

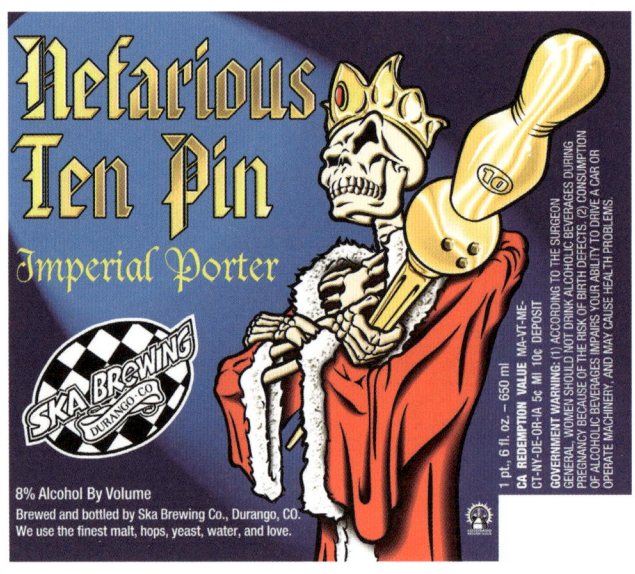

스카 양조회사의 니페리어스 텐 핀 임페리얼 포터의 라벨

영국에서 뉴캐슬 브라운 에일은 '도그'라는 애칭으로 불린다. 이것은 브라운 에일을 마시기 위해 개를 데리고 펍으로 갔을 때 양해를 구하는 완곡한 표현에서 나왔다.

둔 것은 물론 이 다크 맥주를 인도와 추운 발트 해 너머 스칸디나비아, 동유럽, 러시아까지 수출했다. 진하고 묵직한 이 에일(러시안 스타우트로 알려진 이보다 도수가 더 높은 버전)은 눈 덮인 추운 기후 지역에 적격이었고, 포터가 수출 시장에서 꽤 인기가 있다 보니 이곳 양조가들은 자기들만의 토착 버전을 만들어보기로 결심했다. 그리고 바로 여기서 영국이 뒤처지게 된다.

이 시기에 대부분의 영국 양조장들은 상면발효 에일 효모를 써서 트레이드마크인 과일 성질을 부각시켰다. 그러나 영국과 아일랜드를 제외한 유럽 대륙에서는 추위를 좋아하는 하면발효 라거 효모를 더 선호했다. 그 때문에 핀란드와 러시아의 양조가들은 런던에서 건너온 수입 맥주를 자기들 버전으로 만들어내기 시작했을 때 라거 효모를 사용하기로 결정했고, 이렇게 해서 발틱 포터가 탄생했다(뜻하지 않게도 포터가 이들 지역에 수출되었을 때, 엄동설한 발트 해의 여정은 부드럽고 청량한 맥주를 만들어내는 데 중요한 역할을 하는 저온 숙성 공정과 비슷했다. 오늘날 일부 양조장들은 여전히 에일 효모를 사용하고 맥주를 저온 발효시켜 쾰쉬를 만든다.)

오늘날 발틱 포터 스타일은 발트 해가 국경인 폴란드, 러시아, 라트비아, 핀란드 같은 나라에서 여전히 인기 있다. 이 맥주는 붉은 루비 색부터 어두운 브라운 색까지 매력적인 색을 나타내고 토피와 말린 과일, 초콜릿을 연상케 하는 맥아의 달콤한 향을 풍기며, 어두운 색의 맥아와 입맛을 다시게 하는 달콤함이 주도하는 부드러운 로스팅 풍미가 있다. 포터를 종종 괴롭히는 거칠고 탄 성질은 심문받는 스파이만큼이나 발틱 포터에서 조심해야 할 요소다.

미국 양조가들은 이 혼성 스타일에 흥미를 갖고 발틱 포터에 손을 대기 시작했다. 스머티노즈 발틱 포터Smuttynose Baltic Porter, 플라잉 도그 브루어리 곤조 임페리얼 포터Flying Dog Brewery Gonzo Imperial Porter, 스카 양조회사 니페리어스 텐 핀 임페리얼 포터Ska Brewing Nefarious Ten Pin Imperial Porter에서 거장의 솜씨가 느껴질 것이다. 하지만 발트 해로 처음 떠나는 여행이라면 유럽 포터를 선택할 것.

BALTIC PORTER

꼭 시음해볼 두 가지

넘버 식스 포터
No. 6 Porter

- 발티카 브루어리Baltika Breweries
- ABV: 7%

뉴욕에 사는 즐거움 중 하나는 대서양과 접한 브라이턴 비치의 러시아 마을 같은 곳이 많아서 다양한 민족의 문화를 접할 수 있다는 점이다. 여름의 태양이 작열할 때면 나는 그곳 해변으로 가서 발티카 양조장 제품 중에서도 특히 이 포터로 더위를 식힌다. 비상식적으로 들릴 수도 있지만 라거는 기온이 올라가면 매력이 떨어진다. 발티카의 No. 6는 기온이 올라가도 여전히 달콤하고 매끄러우며, 블랙체리와 코코아, 거센 파도에 뛰어들 정도의 후끈한 알코올을 제공한다.

시네브뤼쇼프 포터
Sinebrychoff Porter

- 오위 시네브뤼쇼프 앱Oy Sinebrychoff Ab
- ABV: 7.2%

알다시피 발틱 포터는 라거 효모와 에일 효모, 이렇게 두 방향이다. 러시아 이주자가 세운 이 핀란드 양조장은 상면발효 방식을 택해 기네스 효모로 포터를 생산한다(이 양조장이 원래 사용하던 효모는 1919~1932년에 실시된 핀란드 금주령 기간에 소멸했다). 이 비여과 방식의 결과, 못 쓰게 된 빅펜Bic pen보다 더 검은 색의 맥주가 탄생했으며, 풍부한 초콜릿케이크의 아로마와 건포도와 무화과, 그리고 커피를 끼얹은 달콤쌉싸름한 초콜릿의 풍미를 자랑한다. 풍부한 알코올은 카멜레온처럼 자신을 숨긴다.

대체 맥주 ★★★ 플로스무어 스테이션 레스토랑 앤드 브루어리 킬러 카포우스키Flossmoor Station Restaurant & Brewery Killer Kapowski(샘맥주는 킬러 코발스키Killer Kowalski라고 부른다), 풋힐스 양조회사 발틱 포터Foothills Brewing Company Baltic Porter, 레 트루아 무스크테르 포터 발티크Les Trois Mousquetaires Porter Baltique, 라이트닝 브루어리 블랙 라이트닝 포터Lightning Brewery Black Lightning Porter, 언커먼 브루어즈 발틱 포터Uncommon Brewers Baltic Porter, 지비에츠 브루어리즈 포터Zywiec Breweries Porter

옛것을 다시 새것으로

맥주를 머나먼 옛날로 인도하는 일은 시간과 인내가 필요하다. 이미 사라진 옛 맥주를 되살리는 일은,
글쎄 한번 논의해봄직한 마법과도 같은 묘기다. 맥주의 스타일은 옷과 음악처럼 항상 유행을 타다가 사라지길 반복하며
시간과 장소의 흔적을 남긴다. 이제까지 만들어진 모든 맥주 샘플을 보관해놓은 창고가 없는 탓에,
용감무쌍한 과학자와 연구원, 양조가들은 과거의 맛으로 빈병을 채우기 위해 각자 알아서 노력해왔다.
여기, 시간 여행을 할 수 있는 몇 가지 괜찮은 술을 소개한다.

고대의 에일

1999년 델라웨어의 도그피시 헤드 양조장은 고대 음료 전문가인 패트릭 맥거번 박사와 협력해 사라진 음료에 생명을 불어넣기 시작했다. 그 결과로 출시된 시리즈에는 9천 년 된 중국 도자기에서 발견된 내용물에 근거해 만든 살짝 달콤하고 과일 향이 나는 샤토 자후Chateau Jiahu가 있다. 미다스 왕의 무덤에서 출토된 술잔은 꽃향의 우아한 맥주, 미다스 터치Midas Touch를 만드는 데 영감을 주었다. 아즈텍 카카오 분말, 카카오 떡잎, 꿀, 칠리, 안나토 관목 씨로 만든 테오브라마Theobrama('신의 음식')는 과학자들이 온두라스의 도기 조각을 분석해 초콜릿 기반의 알코올음료를 발견한 것을 계기로 출시됐다.

옛날 옛적에

맥주 역사가 론 패틴슨은 지나간 레시피를 발굴해서 부부가 함께 운영하는 양조장인 프리티 싱즈 비어 앤드 에일 프로젝트Pretty Things Beer & Ale Project와 공동으로 1832 XXXX 마일드 에일과 드라이하고 다크한 색조에 행복을 주는 1901 KK(oldbeers.com) 등을 부활시키고 있다. 또한 패틴슨은 네덜란드의 몰렌 양조장Brouwerij de Molen과 손잡고 런던 스타일의 1914 포터와 1914 트리플 스타우트 SSS를 생산한다.

과거의 명장들

1845년 이후 영국의 유명한 풀러스 양조장은 양조 기록서에 모든 레시피를 적어놓았다. 오늘날 풀러스는 패스트 매스터스Past Masters 시리즈로 과거의 레시피를 되살리기 시작했다. 진하고 몸을 따뜻하게 덥혀주는 XX 스트롱 에일(1891년 9월 2일 첫 양조), 크리미하고 과일 향과 초콜릿 맛이 나는 더블 스타우트(1893년 8월 4일 첫 탄생)가 과거 명장 시리즈의 대표 제품이다.

MILK STOUT

밀크 스타우트

약간 달콤한 스타우트를 좋아한다면 밀크 스타우트(스위트 또는 크림 스타우트라고도 불린다) 계열을 찾아볼 것. 여기 들어가는 문제의 우유는 크림 반 우유 반이 아닌 락토스로, 일반적으로 유제품에 들어가는 비발효 설탕이다. 락토스는 맥주에 넣었을 때 바디감을 더 채워주고 단맛을 내주어 볶은 맛의 균형을 잡아준다.

밀크 스타우트는 처음에 스타우트 포터(당시 도수가 더 높다고 알려졌다)와 상당량의 우유를 말 그대로 섞어서 만들기 시작했는데, 당시 노동자들이 하루의 남은 시간을 버티게 해주는 점심시간 원기 회복제(에너지 음료인 5-아우어 에너지5-Hour Energy와 같은 종류) 역할을 했다. 점차 양조가들은 발효 단계에서 맥주에 우유를 직접 첨가한 다음 락토스를 위해 제조 공정에서는 발효 과정을 생략하기 시작했다(이 맥주는 발효될 수 없기 때문에 효모에 어떤 연료도 공급하지 않는다).

밀크 스타우트는 20세기 초반 영국에서 인기를 끌었고, 양조업체들은 이 맥주를 영양가 높고 때로 의사도 처방하며, 수유하는 엄마에게 적합한 강장제라고 광고했다(기네스 역시 모유 수유하는 엄마들에게 제공되었기 때문에 스타우트에 '엄마의 우유'라는 별명이 붙었다). 매키슨 밀크 스타우트Mackeson Milk Stout의 원래 라벨에서는 "파인트 한 잔에는 순수한 목장 우유 약 300밀리리터의 원기 충전 탄수화물이 들어 있습니다"라고 떠벌렸다. 1907년 처음 양조된 이 맥주는 최초이자 가장 오랫동안 생산된 밀크 스타우트였다(현재 이 브랜드는 안호이저-부시 인베브 사에서 소유하고 있다. 트리니다드 토바고 공화국에서 양조된 ABV 4.9퍼센트 버전은 매키슨 트리플 XXX 스타우트Mackeson Triple XXX Stout이며, 영국에서 양조된 매키슨 스타우트는 ABV가 약 3퍼센트다).

한 세기가 지나자 밀크 스타우트의 인기는 서서히 시들어갔고 끝내 그 별명마저 쓰이지 않게 되었다. 2차 세계대전 이후 식량 배급 기간이 끝나면서 영국 정부는 양조업체들에게 광고와 제품 라벨에 '우유'라는 단어를 쓰지 못하게 하고 스타우트가 '건강 음료'라고 과장하지 못하게 했다고 한다. '매키슨' 브랜드는 과장된 유제품 이미지 광고(씩씩한 맥주 통이 구애하는 우유 통을 끌어안는 그림이 당시 유명한 광고였다)를 곧 중단했고, 밀크 스타우트는 단순히 스위트 스타우트라는 일반화된 범주에 들어가게 되었다.

미국은 라벨 광고에 대한 규제가 덜 엄격했다. 미국의 밀크 스타우트는 유제품으로 지정된 것을 자랑스럽게 떠벌리고 양조가들은 색다른 재료를 추가해 이 스타일에 미친 듯이 집착해왔다. 조지아 주의 테라핀 비어는 무-후 초콜릿 밀크 스타우트Moo-Hoo Chocolate Milk Stout를 만든다. 미시시피의 레이지 매그놀리아는 생맥주 전용인 제퍼슨 스타우트Jefferson Stout 안에 고구마를 넣는다. 뉴저지의 리버 호스River Horse는 맥주에 귀리를 추가해 오트밀 밀크 스타우트Oatmeal Milk Stout를 생산한다. 너무 괜찮아서 아침식사로 한 잔 마신다 해도 그럴 듯하게 들릴 정도다.

> 밀크 스타우트가 처음으로 언급된 것은 1875년으로 거슬러 올라간다. 이때 존 헨리 존슨이라는 양조가가 유장(乳漿), 홉, 락토스가 들어간 맥주의 특허를 신청했다.

MILK STOUT
꼭 시음해볼 두 가지

밀크 스타우트 니트로
MILK STOUT NITRO

- 레프트 핸드 양조회사Left Hand Brewing Co.
- ABV: 6%

질소(기네스 생맥주에 크리미한 거품을 제공하는 가스) 압력 포장된 이 스타우트의 미세한 거품 입자는 다 이 병 덕분으로, 거품이 쏟아져 내려 천사의 베개처럼 호화로운 두툼한 거품을 형성한다. 감미로운 크림 맛, 볶은 풍미와 더불어 밀크 초콜릿 맛을 기대하라. 전문가의 도움말: 맥주병을 거꾸로 세운 다음 하인즈 57 병에서 케첩을 흔들어 따르듯 맥주를 따를 것. 절대 거품이 넘쳐흐르지 않는다고 장담한다.

영스 더블 초콜릿 스타우트
YOUNG'S DOUBLE CHOCOLATE STOUT

- 웰스 앤드 영스 양조회사Wells & Young's Brewing Company
- ABV: 5.2%

초콜릿 풍미의 이 브리티시 스타우트의 마개를 열 때는 브라우니와 아이스크림을 준비하라. 초콜릿 풍미가 얼마나 좋았으면 이름에 두 배double라는 말이 들어갔을까. 상당한 양의 초콜릿 맥아는 실제 다크 초콜릿과 초콜릿 엑기스, '특수한 설탕 혼합물'(쉿… 사실 이건 락토스다)과 힘을 합쳐 놀랍게도 캔디 가게 제품만큼 달지 않으면서도 육감적이며 칠흑같이 검은 묘약을 만들어낸다. 초콜릿을 좋아한다면, 정말이지 그 부드러움이 끝내준다.

대체 맥주 ★★★ 버터너츠 비어 앤드 에일 무 선더 스타우트Butternuts Beer & Ale Moo Thunder Stout, 하디우드 파크 크래프트 브루어리 진저브레드 스타우트Hardywood Park Craft Brewery Gingerbread Stout, 키건 메일즈 마더스 밀크 스타우트Keegan Ales, Mother's Milk Stout, 랭커스터 양조회사 밀크 스타우트Lancaster Brewing Company Milk Stout, 톨그래스 양조회사 버펄로 스웨트 스타우트Tallgrass Brewing Company Buffalo Sweat Stout, 스리 플로이즈 양조회사 몰로코Three Floyds Brewing Co. Moloko

OATMEAL STOUT

오트밀 스타우트

레스토랑에 디저트 메뉴가 생긴 지 얼마 지나지 않았을 때부터 아내는 나의 어쩔 수 없는 선천적인 결점을 꼬집고 싶어한다. "어떻게 당신은 단것을 좋아하지 않을 수 있어요?" 아내는 이렇게 말하며 나라면 결코 주문하지 않을 더블 초콜릿의 화산 케이크에서 눈길을 떼지 못한다. 맞는 말이다. 나는 단것보단 구미를 돋우는 음식이 더 좋다. 이것은 DNA에 저장된 취향으로 나의 맥주를 고르는 데도 영향을 주는데, 내가 왜 그렇게 오트밀 스타우트를 흠모하는지 그 이유가 될 수 있다.

오트밀 스타우트는 이름만 들어도 금방 알 수 있는 맥주다. 특별히 귀리를 추가해 만든 일반 스타우트로, 락토스로 단맛을 더하지 않고도 귀리가 크리미한 풀바디감의 실크 란제리 같은 맥주를 만드는 마법을 부린다. 오트밀 스타우트는 설탕을 넣지 않고 해프 앤드 해프half and half(유지방이 10~12퍼센트가 되도록 만든 크림-옮긴이)만 재빨리 부어준 진한 블랙커피와 같다. 귀리는 이제까지 영국 북부와 스코틀랜드의 주요 작물이었고 해기스(양의 내장으로 만든 순대 비슷한 스코틀랜드 음식-옮긴이)의 주요 원료지만, 양조가들은 20세기 초가 되어서야 밀크 스타우트의 높은 인기에 대응해 스타우트에 귀리를 다량으로 추가하기 시작했다.

변해가는 소비자의 입맛에 부응해 귀리는 매력적인 단맛을 살짝 더해주었지만, 이 곡물의 주된 역할은 마우스필을 어루만지고 복합적인 층을 추가하는 것이었다.

밀크 스타우트처럼 오트밀 스타우트 역시 2차 세계대전 중 인기 있는 영국 주류였지만 이후 그 인기가 급속도로 추락했다. 디스코가 유행하던 1970년대에 이 스타일은 거의 사장되다시피 했지만, 1980년 새뮤얼 스미스 양조장이 오트밀 스타우트를 무덤에서 발굴해 새로 출시하면서 이 스타일이 다시 박동하게 했

고 다른 영국 양조업체, 그리고 곧이어 미국 양조업체까지 자극받아 아침식사에 적합한 이 곡물을 이용하게 됐다.

오늘날 맥주 전문 매장에서는 오트밀 스타우트를 흔하게 볼 수 있다. 캘리포니아에는 로스트 코스트 브루어리의 8볼 스타우트8 Ball Stout와 파이어스톤 워커의 벨벳 멀린Velvet Merlin이 있고, 세인트 루이스 브루어리Saint Louis Brewery는 슐래플리 오트밀 스타우트Schlafly Oatmeal Stout를, 매사추세츠의 입스위치 에일 브루어리Ipswich Ale Brewery는 벨벳같이 부드러운 오트밀 스타우트를 생산한다. 이런 부활 덕분에 귀리 농사가 맛있는 의미를 새로이 갖게 되었다.

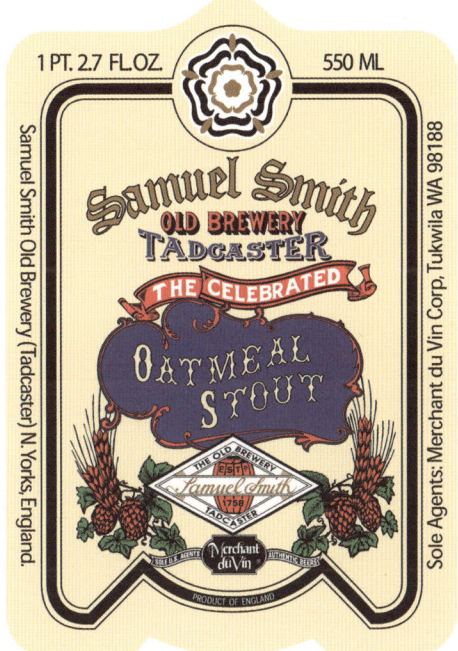

1 PT. 2.7 FL.OZ.   550 ML

Samuel Smith Old Brewery (Tadcaster) N. Yorks, England.

Samuel Smith
OLD BREWERY
TADCASTER
THE CELEBRATED
OATMEAL STOUT

Sole Agents: Merchant du Vin Corp. Tukwila WA 98188

원래 오트밀 스타우트는 건강 음료로 광고되었다. 1904년 영국 양조장 워커 앤드 홈프레이즈Walker and Homfray's는 자사의 오트밀 스타우트가 "환자에게 특히 좋다"고 광고했다.

★ ★ ★

처음에 파이어스톤 워커 사는 자사의 오트밀 스타우트를 벨벳 머킨!Velvet Merkin이라 불렀는데, 이는 직업여성들이 한때 머리를 다 밀어버리고 썼던 가발을 가리키는 말이었다. 도덕적인 문제가 있다며 항의가 일자 이 양조장은 이 스타우트의 이름을 벨벳 멀린으로 바꿨다.

울러버스 오트밀 스타우트
WOLAVER'S OATMEAL STOUT

- 울러버스 파인 오가닉 에일즈Wolaver's Fine Organic Ales
- ABV: 5.9%

유기농 맥주에 대한 나의 지론으로 말하자면, 아무리 생태 환경상으로 적합하고 환경 파괴 없이 재배하는 원료라도 양조업자가 형편없는 맥주를 만든다면 아무 소용이 없다는 것이다. 버몬트에 위치한 울러버스는 그렇지 않다. 이 양조장의 첫 다크 맥주 진출작은 엑슨Exxon 사의 유출된 기름보다 더 검고, 언뜻 보기에 레디윕Reddi-wip 휘핑크림 캔에서 분사된 것 같은 크리미한 헤드가 있다.

맛: 견과류와 에스프레소, 달콤쌉싸름한 초콜릿 바다를 부드럽게 미끄러져 가는 느낌.

오티스 오트밀 스타우트
OATIS OATMEAL STOUT

- 닌카시 양조회사Ninkasi Brewing Company
- ABV: 7.2%

수메르의 맥주 여신의 이름을 딴 닌카시는 오리건 주의 공업 도시 유진의 자랑거리이며, 홉을 아끼지 않는 양조가 제이미 플로이드의 접근 방식 덕분에 미 태평양 연안 지역인 웨스트 코스트에서 가장 빠르게 성장한 양조장으로 꼽힌다. 토털 도미네이션 IPATotal Domination IPA와 트리세라홉스 더블 IPATricerahops Double IPA가 이미 최고로 평가받지만, 나는 호텔 허니문 스위트룸의 실크 이불만큼이나 부드러운 크리미한 오트밀 스타우트, 오티스를 즐긴다. 대부분의 오트밀 스타우트보다 용량이 크고 기분 좋게 쌉쌀한 맛이 무게를 잡아주며, 풍부한 로스팅 향과 초콜릿이 드라이한 끝맛으로 이끌어준다.

대체 맥주 ★★★ 앤더슨 밸리 양조회사 바니 플래츠 오트밀 스타우트Anderson Valley Brewing Company Barney Flats Oatmeal Stout, 맥오슬란 양조장 생탐브루아즈 오트밀 스타우트McAuslan Brewing St-Ambroise Oatmeal Stout, 오크셔 양조회사 오버캐스트 에스프레소 스타우트Oskshire Brewing Company Overcast Espresso Stout, 새뮤얼 스미스 올드 브루어리 오트밀 스타우트Samuel Smith Old Brewery Oatmeal Stout, 쇼츠 양조회사 쇼츠 브루 우버 구버 임페리얼 오트밀 스타우트Short's Brewing Company Short's Brew Uber Goober Imperial Oatmeal Stout

FOREIGN EXTRA STOUT

포린 엑스트라 스타우트

2년 전, 나는 브루클린의 가나 레스토랑, 메이텍스 라운지Meytex Lounge에 앉아 있었다. 푸푸(바나나, 참마 또는 호박으로 만든 아프리카 요리-옮긴이), 생선, 많은 스튜 요리 외에 이곳의 특별한 점은 사우스 아프리칸 브루어리South African Brewery의 달콤하고 커피 향이 강조된 캐슬 밀크 스타우트Castle Milk Stout와 목넘김이 수월한 굴더 라거Gulder Lager 같은 암시장 유통 아프리카 맥주가 있다는 거였다. 내 맘에 가장 들었던 맥주는 기네스 포린 엑스트라 스타우트.

포린 엑스트라 스타우트(FES)와 아이리시 펍에서 마실 수 있는 기네스 맥주에는 어떤 차이가 있을까? 진하고 크리미한 전형적인 기네스와 달리, FES는 더운 열대 나라로 수출하기 위해 만든 것이다. 더운 여정을 견뎌야 하기 때문에 도수가 높고 좀 더 독한 FES(ABV 7.5퍼센트)는 홉의 함량이 높고 볶은 성질이 강하게 드러난다. 일반적인 기네스가 디너 커피 한 잔이라면 FES는 에스프레소 더블 샷에 해당한다. 심장이 약한 사람들에게는 좋지 않다. 컵에 따르면 검은 갈색에 두꺼운 황갈색 헤드가 나온다. 아로마는 커피 로스팅 공장에 있는 듯한 착각이 들며, 풀바디감의 풍미는 달콤쌉싸름한 초콜릿을 한 조각 베어 먹은 것 같다.

강렬하지만 부드럽고 혀를 감싸주는 최상의 IPA처럼 끝에 홉의 쌉쌀함이 가득 감돈다(발틱 포터와 마찬가지로 FES를 들여온 나라들, 특히 카리브 해 인근 국가들은 결국 자체 제품을 만들기 시작했다).

내 입맛에 포린 엑스트라 스타우트(포린 엑스포트 스타우트도 무방하다)는 육중한 러시아 임페리얼 스타우트와 잘 구분되지 않는다. 그래도 차이점을 들여다보자면, 포린 엑스포트 스타우트는 밀크 스타우트나 드라이 스타우트 혹은 홉의 아로마가 덜 강한 임페리얼 스타우트에 터보차저Turbocharger가 달린 셈이다. 스리랑카의 라이언 스타우트와 자메이카의 드래곤 스타우트 같이 열대 국가에서 판매되는 엑스포트 스타우트는 좀 더 달콤한 쪽으로 기운다면, 시애틀의 파이크 스트리트 XXXXX 스타우트Pike Street XXXXX Stout 같은 다른 버전은 좀 더 드라이하고 확실히 쌉쌀하다.

이런 맥주를 한번 맛보면 이국적인 것이 곧 친근하게 다가온다.

기네스 포린 엑스포트 스타우트는 1817년부터 1920년까지 미국에 수출되었고, 그후 금주령으로 수출에 제동이 걸렸다. 2010년이 되어서야 수출이 재개되었다.

AMERICAN STOUT

아메리칸 스타우트

아메리칸 스타우트는 진화와 영감의 최종 결과물이다. 영국의 약간 시큼한 포터가 아일랜드의 드라이한 스타우트를 낳았듯이, 미국 양조가들은 이 아일랜드 창조물을 발판 삼아 그 범주를 쉽게 정할 수 없는 스타우트를 만들어냈다.

아메리칸 스타우트는 보통 볶은 성질을 가지고 있어 커피나 달콤쌉싸름한 초콜릿을 연상시키며, 너무 좋아해서 때가 탄 축구공같이 검은색에 가까운 브라운색을 띤다(경험상 스타우트를 포터와 구분하는 간단한 방법은, 스타우트는 볶은 맥아의 트레이드마크인 드라이하고 커피와 비슷한 쓴맛이 두드러진다는 것). 알코올 함량은 ABV가 최대 6~7퍼센트로 치솟기도 하지만 4~5퍼센트 언저리를 맴돈다. 양조업체들이 특별한 달성 목표 없이, 마치 자유재량을 부여받고 그저 '어두운 색의 맛있는 맥주를 만들라'는 명령을 들은 것 같다.

이런 지령에 부응하기 위해 양조가들은 첨가물 무기고를 활짝 열었다. 도그피시 헤드는 자사의 치커리 스타우트Chicory Stout를 위해 멕시코 커피, 볶은 치커리, 감초 뿌리와 심지어 기분을 좋게 한다고 알려진 세인트존스워트 약초 즙을 넣는다. 콜로라도 주의 트위스티드 파인 양조회사Twisted Pine Brewing Company와 밀워키의 레이크프런트 브루어리Lakefront Brewery는 각각 빅샷 에스프레소 스타우트Big Shot Espresso Stout와 퓨얼 카페Fuel Cafe에서 본래 스타일에 내재된 커피 품질을 높였다(커피를 넣은 스타우트는 특히 놀라운 트렌드다). 미시건

주의 벨스 브루어리는 지역에서 재배한 몽모랑시체리로 체리 스타우트를 만든다. 초콜릿을 좋아한다고? 캘리포니아 주에 있는 비손 양조장Bison Brewing의 오가닉 초콜릿 스타우트Organic Chocolate Stout와 브루클린 브루어리의 블랙 초콜릿 스타우트Black Chocolate Stout를 맛본다면 행운이다. 세상에, 홉 함량이 높은 맥주를 좋아하는 사람들도 시카고 레볼루션 양조장Revolution Brewing의 라이즈 아메리칸 스타우트Rise American Stout에서 그 좋아하는 꽃향과 시트러스 아로마를 느낄 수 있다.

좋아하는 풍미를 대기만 해라. 틀림없이 그 풍미가 부각된 스타우트를 찾을 수 있다.

내가 소개하는 두 가지 맥주(221쪽 참조)로 시작해보면 된다.

임페리얼 스타우트는 통 숙성에 가장 적합한 후보로 꼽힌다. 이 기술에 관한 자세한 내용은 'Class 9-통 숙성을 거치며'를 참조할 것.

★ ★ ★

1년에 한 번, 인디애나 주의 스리 플로이즈 사는 양조장을 개방해 다크 로드 데이Dark Lord Day를 개최한다. 추종자 많은 다크 로드 임페리얼 스타우트의 출시를 축하하는, 밴드와 맥주가 어우러진 큰 파티가 열리는 날이다. 미국 사람들이 가장 많이 찾는 크래프트 맥주는 임페리얼 스타우트다. 설리 양조회사의 다크니스Darkness, 더 브루어리의 블랙 튜즈데이Black Tuesday, 시거 시티 양조장의 후나푸즈 임페리얼 스타우트Hunahpu's Imperial Stout, 풋힐스 양조장의 섹슈얼 초콜릿 임페리얼 스타우트Sexual Chocolate Imperial Stout도 매년 대규모의 요란한 론칭 파티를 연다.

IMPERIAL STOUT

임페리얼 스타우트

현대의 크래프트 양조에서 많은 사람들 입에 오르내리는 가장 인기 있는 형용사는 임페리얼Imperial이다. 홉의 특성이 강한 IPA에 붙든, 청량한 필스너나 맥아의 특성이 강한 레드 에일에 붙든, 이 형용사가 쓰이면 그 맥주는 묵직하다는 선언으로, 강한 알코올과 풍미가 병마개까지 차오른 건장한 술이다. 임페리얼 에일은 '묵직할수록 좋다'라고 여겨지는데 이는 취기가 빨리 오르는 맥주가 대체로 높은 점수를 얻어 최고의 맥주로 선정된다는 생각이 반영된 결과다.

이런 경향의 출발점을 알아내려면 우리의 흐리멍덩한 눈을 18세기, 즉 영국 양조업자들이 목마른 러시아 국민들에게 포터를 팔아 많은 돈을 번 시대로 돌려야 한다. 이 어두운 색의 에일을 좋아한 부류 중에 러시아

왕실이 있었다. 부유하고 힘 있는 사람들이 으레 그렇듯, 러시아 왕족은 최고와 최강이 동일시된 최상의 맥주를 요구했다. 1760년대 런던의 앵커 브루어리(당시 그 유명한 스레일Thrale 양조 가문이 소유했다)는 이 요구에 응해 아찔한 도수의 스타우트(가장 높은 도수의 포터를 칭하던 용어)를 보냈다. 전설에 따르면 예카테리나 여제가 도수가 강화된 이 맥주를 매우 좋아해서 러시아에 계속 수출되었다(스레일 가문의 양조장은 영국 양조장인 바클레이 퍼킨스 주식회사Barclay, Perkins & Co.가 매입했고 결국 커리지 브루어리Courage Brewery와 합병되었다. 1993년 생산이 중단될 때까지 이 양조장은 커리지 러시안 임페리얼 스타우트Courage Russian Imperial Stout로 알려진 맥주를 계속 생산했다. 다행히도 영국 양조업체 웰스 앤드 영스가 2011년에 이 브랜드를 부활시켰다).

러시아 임페리얼 스타우트, 즉 임페리얼 스타우트
(일부 사람들은 이 둘이 같지 않다고 말할지 몰라도 나에게는 동일
한 맥주다)는 탄생 이후 흥망성쇠를 겪었다. 20세기가
저물기 시작하자 임페리얼 스타우트는 외견상 한물 간
제품으로 전락해 역사책 속으로 사라진 또 하나의 에
일이 되었다. 그러다 1980년대, 야키마 브루잉 앤드 몰
팅 주식회사Yakima Brewing and Malting Co.의 태평양 북서
부 지역 양조 개척자인 버트 그랜트는 사람들의 혼을
쏙 빼놓는 임페리얼 스타우트를 개발했다. 이 다크 맥
주는 ABV가 상대적으로 낮은 6퍼센트였지만, 스타우
트의 상당한 쓴맛이 미국식 임페리얼 스타우트의 견본
을 만드는 데 도움이 되어 극단적인 맥주 스타일의 대
표적인 주류가 되었다.

오늘날의 임페리얼 스타우트는 철저히 미국적이다.
무게감이 상당한 예술 작품으로 월식만큼이나 어둡고,
대개 볶은 맛과 초콜릿 풍미를 보완하고 균형감을 주
기 위해 두 배의 폭발적인 쓴맛이 나며, ABV는 최고
10퍼센트를 웃도는 경우가 많다. 눈사람 만드는 계절
이 오면 임페리얼 스타우트는 양조장의 핵심 생산 제
품이 되고, 맛을 본다고 딱 하나만 고르는 일은 부모가
제일 예쁜 자식 한 명만 고르는 일만큼이나 어렵다(엄
마 아빠, 그건 나잖아요. 그렇죠?). 솔직히 말해 쉽게 구할 수
있는 베어 리퍼블릭 양조회사의 빅 베어 블랙 스타우
트Big Bear Black Stout의 마개를 따든, 하도 대접받는 맥
주라 출시되면 하루 종일 축하를 해야 하는 스리 플로
이즈 다크 로드 임페리얼 스타우트Three Floyds Dark Lord
Imperial Stout의 귀한 병맥주 마개를 열든, 아마 두 맥주
에 똑같이 전율을 느낄 것이다. 자, 이제 어두운 쪽에
굴복하라.

FOREIGN EXTRA STOUT
꼭 시음해볼 두 가지

라이언 스타우트
LION STOUT

- **라이언 브루어리 주식회사** Lion Brewery Limited
- **ABV: 8%**

라이언의 도수가 과하긴 해도 교묘한 균형감을 망치진 않는다. 이 스리랑카 태생 정글의 왕은 컵에 따르면 액화된 흑요석 같고, 건강한 브라운 빛깔의 헤드를 자랑하면서 크리미한 모카커피 향을 풍긴다. 풍미는 말도 안 되는 무지방 우유가 아니라 지방을 빼지 않은 진한 초콜릿 우유를 연상시키며, 무화과와 감초의 풍미, 그리고 높은 알코올 도수를 감춰주는 미디엄바디의 음용성을 자랑한다. 라이언 스타우트는 으르렁거리기는 해도 물진 않는다.

엑스트라 엑스포트 스타우트
EXTRA EXPORT STOUT

- **돌레 브라우어즈 양조장** Brouwerij De Dolle Brouwers
- **ABV: 9%**

양조업체들은 보통 자사 방침대로 사업을 진행하지만, 이 엑스포트 스타우트는 시골풍 벨기에 양조장의 수입업체인 B. 유나이티드 인터내셔널 B. United International 의 요청으로 생산되었다. 벨기에의 돌레 브라우어즈 양조장의 소규모 생산분 제품에는 둘레 테베 트리펠 Dulle Teve, 도수 높고 색이 검은 오어비어 Oerbier, 그리고 이 거품 좋고 도수가 특히 높은 엑스포트 스타우트가 있다. 시큼하고 드라이하면서 반역자의 키스만큼이나 쓰고 검은 감초와 진하게 볶은 커피의 매력적인 풍미를 낸다.

대체 맥주 ★★★ 앨러미다 양조회사 블랙 베어 XX 스타우트 Alameda Brewing Co. Black Bear XX Stout, 쿠퍼스 브루어리 베스트 엑스트라 스타우트 Coopers Brewery Best Extra Stout, 데스노 앤드 제드 양조회사 드래곤 스타우트 Desnoes & Geddes Limited Dragon Stout, 기네스 포린 엑스트라 스타우트 Guinness Foreign Extra Stout, 스네이크 리버 양조장 좀커 스타우트 Snake River Brewing Zonker Stout

AMERICAN STOUT
꼭 시음해볼 두 가지

오가닉 서바이벌
7-그레인 스타우트
ORGANIC SURVIVAL 7-GRAIN STOUT

- 홉워크스 어번 브루어리Hopworks Urban Brewery
- ABV: 5.3%

보리, 밀, 귀리, 아마란스, 퀴노아, 스펠트밀, 카뮤(다시 말해 '7가지 곡물')로 양조한 서바이벌은 장례식 장막만큼 색이 검지만 크리미한 모카 거품이 일품이다. 카카오와 짙은 로스팅 커피 향이 나는 이 맥주는 인기가 식을 줄 모르는 스텀타운Stumptown 커피 전문점의 저온 압착 유기농 홀러 마운틴Holler Mountain 커피의 끝맛이 난다. 로스팅된 자바커피 향이 풍부한 서바이벌은 여전히 천사의 가운만큼 풍성하고 실크처럼 부드러우면서, 홉이 기분 좋게 달콤쌉쌀한 끝맛을 낸다. 서바이벌과 함께라면 며칠간 행복하게 살 수 있겠다.

트레스 블루베리 스타우트
TRES BLUEBERRY STOUT

- 다크 호스 양조회사Dark Horse Brewing Co.
- ABV: 다양함

나는 여름은 뜨겁고 겨울은 혹독하고 인정사정없는 땅인 미 중서부에서 자랐다. 이런 기후에 유일한 위안은 12월 하늘만큼이나 어두운 색의 맥주를 양껏 들이켜는 것. 계절성 우울증을 이겨내라고. 미시건의 다크 호스 양조장은 스타우트 5종, 즉 오트밀 스타우트, 크림 스타우트, 훈제 스타우트, 임페리얼 스타우트, 그리고 가장 맛있는 블루베리 스타우트를 만들어냈는데 모두 추천할 만하다. 맛깔나게 잘된 DNA 실험처럼 파일이 초콜릿과 볶은 맥아의 풍미와 잘 어우러져 독특하고도 경이로운 혼성 맥주가 탄생했다.

대체 맥주 ★★★ 에이버리 양조회사 아웃 오브 바운즈 스타우트Avery Brewing Company Out of Bounds Stout, 바 하버 양조회사 캐딜락 마운틴 스타우트Bar Harbor Brewing Company Cadillac Mountain Stout, 매드 리버 양조회사 스틸헤드 엑스트라 스타우트Mad River Brewing Company Steelhead Extra Stout, 메인 비어 주식회사 민 올드 톰Maine Beer Company Mean Old Tom, 시에라 네바다 양조회사 스타우트Sierra Nevada Brewing Co. Stout

올드 라스푸틴
러시안 임페리얼 스타우트
OLD RASPUTIN RUSSIAN IMPERIAL STOUT

- 노스 코스트 양조회사North Coast Brewing Co.
- ABV: 9%

뜨거운 보르시치(러시아, 폴란드 사람들이 먹는 비트 수프-옮긴이) 한 그릇 살 돈을 감안했을 때, 올드 라스푸틴보다 더 맛있고 저렴한 러시아 임페리얼 스타우트는 찾아보기 힘들 거라 장담한다. 라스푸틴은 석탄 광산에서 길을 잃은 까마귀보다 더 검고, 더블 에스프레소 안에서 배영하는 레이지네츠Raisinets 초콜릿과 비슷한 향이 난다. 예상 밖으로 쓴맛이 강하지만 기꺼이 게걸스럽게, 잉크빛 내용물의 마지막 한 방울까지 다 비울 것이다. 크래프트 맥주 중 가장 저렴한 맥주에 속한다.

예티 임페리얼 스타우트
YETI IMPERIAL STOUT

- 그레이트 디바이드 양조회사Great Divide Brewing Company
- ABV: 9.5%

히말라야 산맥을 돌아다닌다는 원숭이처럼 생긴 설인(雪人), 예티 얘기부터 해야겠다. 이건 거짓이다. 예티는 눈이 많이 오는 콜로라도 주 덴버에서 발견되었는데, 발견된 괴물은 사실 혀를 타고 올라가 볶은 맥아, 캐러멜, 토피로 혀를 강타한 다음 악문 홉을 풀어내는 임페리얼 스타우트다.

P.S: 예티를 좋아한다면 그레이트 디바이드 사의 다른 제품도 시음해볼 것. 벨지언-스타일 예티Belgian-Style Yeti, 오크 에이지드 예티Oak Aged Yeti, 에스프레소 오크 에이지드 예티Espresso Oak Aged Yeti, 초콜릿 오크 에이지드 예티Chocolate Oak Aged Yeti가 있다. 모두 굉장하다.

대체 맥주 ★★★ 에일스미스 양조회사 스피드웨이 스타우트AleSmith Brewing Company Speedway Stout, 컨 리버 양조회사 클래스 V 스타우트Kern River Brewing Company Class V Stout, 킬비솔트 브루그후스 라바Olvisholt Brugghus Lava, 오스카 블루스 브루어리 텐 피디 임페리얼 스타우트Oskar Blues Brewery Ten Fidy Imperial Stout, 스톤 양조회사 임페리얼 러시안 스타우트Stone Brewing Co. Imperial Russian Stout, 서스티 도그 양조회사 사이베리언 나이트 임페리얼 스타우트Thirsty Dog Brewing Company Siberian Night Imperial Stout

스타우트 기념행사

어두운 색의 흑맥주는 종종 그 존재 자체만으로도 축하할 이유가 충분하다.
시간 내서 참가해볼 만한 스타우트 기념행사를 소개한다.

국제 스타우트의 날
International Stout Day

- stoutday.com

11월 하루, 전 세계의 바와 양조장, 레스토랑이 손을 잡고 스타우트 기념행사를 연다. 맥주와 초콜릿 짝짓기부터 귀한 캐스크 에일 탭 따기, 특별 스타우트 출시 행사까지 다양한 행사가 열린다.

더슈츠 브루어리의 심연의 출시
The Abyss Release At Deschutes Brewery

- 오리건 주, 포틀랜드와 벤드

- deschutesbrewery.com

감초와 당밀을 넣고 오크 통과 버번위스키 통에서 부분 숙성시킨 이 임페리얼 스타우트의 가을 출시를 축하하기 위해, 더슈츠 양조장은 벤드와 포틀랜드의 자사 펍에서 온종일 흥겨운 파티를 연다. 깊은 바다의 맛이 스며 있는 음식과 참여할 기회가 흔치 않은 빈티지 수직 시음(한 종류의 술을 여러 빈티지의 것으로 시음하는 것-옮긴이)도 기대해볼 것. 한 번쯤 필름이 끊기는 경험을 해보기를 권한다.

조니 브렌다의 스타우트 브런치 연례행사
Johnny Brenda's Annual Stout Brunch

- 펜실베이니아 주, 필라델피아

- johnnybrendas.com

매년 3월이면 로커 바(지역 로커들이 출연하는 저렴한 술집-옮긴이), 레스토랑, 크래프트 맥주 바, 콘서트홀을 결합한 형태의 레스토랑이 오전 11시에 개장하고, 감미로운 다크 스타우트와 굴을 곁들인 아일랜드 정식 아침식사 메뉴가 공개된다.

포트 조지 브루어리 앤드 퍼블릭 하우스의 스타우트의 달
Stout Month at Fort George Brewery & Public House

- 오리건 주, 애스토리아

- fortgeorgebrewery.com

칭송이 자자한 이 양조장에게 쾌청하지 않은 음울한 2월은 '포터의 도수 높은 버전이라고만은 정의할 수 없는 그런 맥주 스타일을 축하'하는 시기다. 매년 양조가들은 고추, 훈제한 검은 호두, 버터너트, 아콘스쿼시(도토리호박) 등의 특이한 재료를 가지고 스타우트를 양조한다.

마운틴 선 펍 앤드 브루어리의 스타우트의 달
Stout Month At Mountain Sun Pub & Brewery

- 콜로라도 주, 볼더와 덴버

- mountainsunpub.com

1994년부터 콜로라도 주의 메달 수상 양조장인 마운틴 선은 매년 2월을 스타우트의 달로 정해왔다. 이 양조장의 펍 삼총사에서는 체리 딥 스타우트Cherry Dip Stout, 홉 성질이 강한 트릭스터 스타우트Trickster Stout를 포함해 임페리얼 스타우트처럼 흑단같이 검은 영약을 많이 찾아볼 수 있다. 이 축하 행사에서는 스타우트 자가 양조 경연대회도 열린다.

비어 레볼루션의 임페리얼 스타우트 페스티벌
Imperial Stout Festival At Beer Revolution

- 캘리포니아 주, 오클랜드

- beer-revolution.com

매우 세련된 스티커로 뒤덮인 오클랜드의 크래프트 맥주 바에서는 언제나 펑크록이 울려 퍼진다. 이곳은 3월 축제를 위해 정성스럽게 양조된 47가지의 생맥주 대부분이 정신 줄 놓게 하는 임페리얼 스타우트다. 현명한 분들에게 전하는 조언 한마디: 자가용 말고 대중교통을 이용할 것.

Pilgrim's Dole
WHEATWINE ALE
ALE AGED IN BOURBON BARRELS
The High Gravity Series from
NEW HOLLAND
BREWING

HAIR of the DOG
BREWING COMPANY
SAVOR • SWIRL
FAMILY • FRIENDS
PORTLAND OREGON

SMUTTYNOSE
Brewing Co.
1 PINT 6 FL

• The Smuttynose Big
Beer Series: big beers
in big bottles, released
seasonally in very
limited

The Smuttynose BIG BEER Series
Wheat Wine Ale
MALT BEVERAGE BREWED FROM 53% WHEAT, 47% BARLEY

BLUNDERBUSS
BARLEYWINE

CBC

BREWED & BOTTLED BY SMUTTYNOSE
PORTSMOUTH, NH •

J.W. LEES
MANCHESTER
BREWERS SINCE 1828

HARVEST
ALE 2006
VINTAGE LIMITED EDITION

11.5% vol

GEBRAUT NACH DEM BAYR. REINHEITSGEBOT
WEIZEN-EISBOCK

AVENTINUS
WEIZEN
EISBOCK

THE ORKNEY BREWERY

Skull Splitter

THE AUTHENTIC ORCADIAN ALE
HAND CRAFTED IN SMALL BATCHES

THE ORKNEY BREWERY

SKULL SPLITTER IS OUR STRONGEST ALE WHICH IS NAMED AFTER THORFINN EINARSSON WHO WAS THE
7TH VIKING EARL OF ORKNEY. SOPHISTICATED, SATINY SMOOTH WITH A DECEPTIVELY LIGHT CHARACTER,
IT IS A TRIBUTE TO OUR COLOURFUL FORBEAR. ON THE NOSE, THIS STRONG BEER HAS A FRUITY MALT
CHARACTER. WITH HINTS OF DARK FRUIT, SPICY HOP, DATES AND FIGS ON THE PALATE, RICH AND COMPLEX
WITH SWEET TOASTED MALT, MOLASSES, FRESH AND DRIED FRUIT AND HINTS OF WARMING SPICES.

APPEARANCE
A crystal-clear, rich tawny-red colour beer; a tight,
smooth head with hints of red and amber colour

AROMA
Juicy, almost fruity malt character, together with a
medley of fresh and dried fruits, dates and figs, hints
of ginger and cinnamon spice, hints of vanilla

PALATE
A rich, fruity, wine-like complexity on the palate
includes fresh and dried fruits, warm exotic spices,
and light summer citrus fruits

KEY INGREDIENTS
Very best pale ale malt – and plenty of it – together
with crystal and chocolate malts provide a rich, fruity
backbone which is perfectly balanced by the spicy
herbal character of East Kent Goldings hops

Bottle UPC - 7 98100 50012 3

ST. KILLIAN
IMPORTING
WORLD CLASS ALES & LAGERS
EST 1863

추위를 물리치는 특효 맥주

발리와인과 몸을 녹여주는 겨울철 주류

All About Beer

겨울의 즐거움은 어린 시절 추억이 백미러 속으로 아련히 멀어지듯 늘 사라지게 마련이다. 거센 눈보라는 더이상 학교를 하루 쉬는 구실이 아니라 삽과의 등골 빠지는 데이트다. 겨울날 한파는 바보상자 TV 앞 안락의자에 기대앉을 구실이 아니라 보일러를 놓고 전전긍긍하는 이유가 된다. 그렇다. 핫 초콜릿은 모든 세대가 사랑하는 전통적인 겨울 음료지만 가끔, 아니 종종, 우리는 이 얼어 죽을 것만 같은 계절을 견뎌낼 좀 더 강력한 것을 원한다. 내가 기대를 거는 것은 배 속이 뜨뜻해지는 발리와인이다. 발리와인barley wine 이란 말은 영어에서 가장 맛있는 모순 어법일지 모른다.

'드라이브웨이에 주차를 한다People park in the driveway.' '파크웨이에서 드라이브를 한다They drive on the parkway.' 이 모순 어법의 목록에 포도가 전혀 들어 있지 않은 발리와인을 추가하겠다. 사실 이 에일은 보통 두 자릿수로 올라가는 알코올 함량 빼고는 발효된 포도주스와도 공통된 특성이 거의 없다. 발리와인은 그 도수와 진한 풍미가 비례한다. 어떤 것은 과일 향이 강하고 어떤 것은 쌉쌀하

나를 믿어라
이 발리와인이 몸을 녹여줄 것이다

다. 오크 통에서 숙성되는 것도 있다. 무엇보다 이 맥주는 걸쭉하고 마시면 후끈 달아올라, 드라이브웨이에서 또 한 번 눈을 치울 수 있게 해줄 취기를 제공한다.

IPA처럼 발리와인은 수백 년 전 영국에서 탄생했지만 시간이 지나면서 빛을 잃고 서서히 도태되기 시작했다. 미국 양조업자들은 홉 에일에 시도했던 동일한 레시피를 따라 하면서 이 스타일에 애착을 갖게 되었고, 원료 비율과 원료 자체에 변화를 주었다. 이들은 이 도수 높은 브리티시 에일에 매력적인 쌉쌀한 맛을 가미하고 탄산을 넣어 새롭게 출시하면서 맥주계의 세인트버나드 구조견처럼 겨울철의 중요한 역할을 맡겼다. 발리와인을 한 모금 마시면서 복합적인 풍미에 집중하고 맥주가 몸을 덥혀주면서 맛이 어떻게 펼쳐지는지 주의 깊게 느껴보라. 이 훌륭한 와인(사실은 와인이 아니다)에 대해 할 얘기가 있다.

영국, 모순의
출발점

차가운 맥주를 손에 쥐고 타임머신에 올라타, 나와 함께 18, 19세기 영국으로 가보자. 이 시기 영국 제도와 유럽에는 농가 양조장이 수두룩했고, 이들은 양조 케틀을 보리 맥아로 가득 채워 파티가일parti-gyle 공정(전통적인 맥아즙 분리 방법-옮긴이)을 통해 같은 곡류로 여러 가지 맥주를 만들어냈다(이 기술은 이후 인기가 떨어져 현대 양조장들은 개별 맥주에 각각 고유한 곡물을 사용한다). 파티가일 양조 공정을 생각할 때, 한 번 쓴 티백을 다시 쓰는, 동전 하나라도 벌벌 떠는 할머니를 연상하면 도움이 될지도 모르겠다. 첫 번째 생산분에서 가장 도수 높은 맥주가 나오고 그다음부터는 뜨거운 물을 부을 때마다 도수가 점점 약해진다.

첫 번째에 나오는 산물이 맥아즙인데, 여기엔 발효 가능한 알짜배기 당분이 들어 있어 효모가 이를 알코올로 바꿔준다. 두 번째 공정에서는 '보통 맥주'가, 그리고 세 번째 공정에서는 당분이 충분히 남아 있을 경우 '스몰Small'이라는 맥주가 만들어졌다.

도수가 덜 센 맥주는 빨리 부패하기 때문에 먼저 소비되었다. 반면 첫 번째 공정에서 나온 도수가 가장 높은 맥주는 보존력이 있어 나중에 소비되었다. 높은 ABV가 부패를 방지했기 때문이다.

이제 대략 감이 올 것이다. 동료 양조업체들과의 경쟁에서 한 발 앞서기 위해, 아니면 맥주의 부패를 막기 위해 영국 맥주 제조업체들은 맥주의 알코올 함량을 지속적으로 높였다.

이는 결코 쉽지 않은 일이었다. 사람과 마찬가지로 효모도 알코올 도수가 높은 상태에서는 제대로 기능하지 못한다. 취해 곯아떨어진 곰팡이를 깨우기 위해 양조 직원들은 양조장에서 맥주통을 이리저리 굴리거나 통 안에 산소를 주입하기도 한다. 이렇게 해서 깨어난 효모는 서서히 그리고 꾸준히 섬세한 마법을 계속 부

렸다. 길어진 발효 숙성 과정은 기적을 일으켜 고도수 맥주의 결정판인 깊은 풍미의 발리와인이 만들어졌고, 포도에서 발효된 그 어떤 것 못지않게 복잡하고 다면적인 풍미층이 형성되었다.

만약 1800년대에 한 바에서 발리와인을 주문했다면 이상한 눈총을 받았을 것이다. 이 우람한 맥주(복합적인 풍미를 위해 약한 도수의 맥주와 혼합되는 경우도 있었다)는 스트롱 에일Strong Ale, 윈터 워머Winter Warmer, 스톡 에일Stock Ale, 올드 에일Old Ale 등 와인이란 말이 들어가지 않는 여러 가지 별칭으로 불렸고, 숙성용 나무통에 간단히 X를 여러 개 그어놓는 경우도 꽤 많았다. 이것이 오늘날 우리가 발리와인이라 여기는 것의 전부였을까? 전혀 그렇지 않지만 어쨌든 발리와인은 눈이 돌아갈 정도로 도수가 강했다. 사실 발리와인은 1903년이 되어서야 상업적으로 사용되었고, 당시 지금의 배스 브루어스 사가 배스 넘버 1 발리와인Bass No.1 Barley Wine을 출시했다. 의학 저널에 실은 광고에서 배스 사는 자사의 이 "왕실 토닉"이 수유하는 엄마뿐 아니라 소화불량, 불면증, 빈혈, "허약 체질" 등 온갖 질환에도 적합하다고 광고했다.

앵커 양조회사는 자사의 올드 포그혼Old Foghorn 발리와인의 재탕 공정에서 라이트한 저도수 맥주, 앵커 스몰Anchor Small을 생산한다.

＊＊＊

배스 사는 1995년 발리와인의 생산을 중단했다.

＊＊＊

발리와인 스타일을 깊이 파헤치려면 《파이 앨런과 딕 캔트웰의 멋진 발리와인: 역사, 양조 기법, 레시피 Fai Allen and Dick Cantwell's terrific Barley Wine: History, Brewing Techniques, Recipes》를 읽어볼 것. 참고로, 캔트웰은 시애틀의 우수 양조장인 일리전 양조회사Elysian Brewing Company의 공동 창업자이자 수석 양조가다.

ENGLISH-STYLE BARLEY WINE

잉글리시 스타일 발리와인

시간이 흐르면서 영국의 발리와인은 고유한 특성을 잃었다. 오늘날의 맥아음료와 거의 똑같이 풍미보다는 알코올 도수만으로 판매되었고, 심지어 발리와인의 대명사 배스 넘버 1은 생산이 중단되었다. 이해가 되는 것이 발리와인은 높은 맥아 함량으로 양조하는 데 비용이 많이 드는데다 영국 맥주는 알코올 함량에 따라 세금이 붙어, 양조장으로서는 높은 도수의 맥주를 생산하기가 힘들었다. 이런 어려움에도 불구하고, 비록 인기는 시들해졌지만 J.W. 리즈Lees와 리지웨이Ridgeway 같은 영국계 양조장과 펜실베이니아 주의 웨이어바허Weyerbacher(블리더링 이디어트Blithering Idiot) 같은

미국계 양조장은 이 강한 스타일을 지속적으로 생산하고 있으며, 오리건 주의 펠리컨 펍 앤드 브루어리Pelican Pub & Brewery(마더 오브 올 스톰즈Mother of All Storms) 역시 맥아 성향이 강한 영국 스타일을 양조한다.

보통 브랜디 잔에 따라 마시는 잉글리시 발리와인은 1센트짜리 동전 색부터 구두약의 브라운 색까지 다양한 색을 나타내며 과일 아로마를 풍기고 쓴맛은 일반적으로 덜한 편이다. 영국 발리와인은 균형이 잡히고 안정됐으며 미국 발리와인보다 도수는 약하고 쓴맛도 덜할 수 있다. 놀랄 것 없다. 성질 급하고 용감하기로는 미국이 최고니까.

AMERICAN-STYLE BARLEY WINE

아메리칸 스타일 발리와인

헤어 오브 더 도그 사에 따르면, 도기 클로즈는 태평양 북서부 연안에서 재배된 심코와 센터니얼 홉을 넣었으니 "웨스트 코스트(태평양 북서부) 스타일"이란다. 이스트 코스트 발리와인과 웨스트 코스트 발리와인의 사소한 차이는 신경 쓰지 말 것.

미국의 경우 발리와인을 마셔본 사람이 거의 없었는데, 1975년 샌프란시스코의 앵커 양조회사에서 올드 포그혼 발리와인 스타일 에일을 처음 출시했다. 이 회사는 새로운 영역을 탐험하면서 아메리칸 페일 에일과 IPA의 결정적인 풍미를 내는 꽃향의 캐스케이드 홉을 다량으로 사용했다. 이렇게 개척의 나팔이 울려퍼진 상황에서 미국과 캐나다 양조업체들은 임페리얼 IPA와 달리 맥아를 강하게 부각시키면서 홉 역시 다량으로 사용했다. 이는 미국을 휩쓴 발리와인 스타일의 결정적인 요소가 되어 화로에 불붙듯 사람들에게서 열광적인 반응을 얻었다.

예를 들어 헤어 오브 더 도그 양조회사의 도기 클로

즈Doggie Claws는 IBU 70에 ABV 11.5퍼센트이며, 로그 에일즈의 XS 올드 크러스테이션은 IBU 100 이상에 ABV 11.5퍼센트이고, 풀 세일 양조장의 올드 보드헤드 발리와인 에일Old Boardhead Barleywine Ale은 IBU 91, ABV 9퍼센트를 과시한다. 22온스(약 650밀리리터) 한 병을 들이켜면 그 사람의 미뢰는 끝장이다(높은 ABV에는 많은 양의 홉이 들어가야 달콤한 맛과 균형을 맞출 수 있다).

하지만 북미 발리와인은 다량의 홉이 들어간 괴물로 분류할 수 없다. 리얼 에일 양조회사에서 만드는 호밀 베이스의 시시포스 발리와인 스타일 에일Sisyphus Barleywine Style Ale 등 일부 발리와인은 스파이시한 면이 있다. 퀘벡의 미크로브라스리 아 라브리 드 라 탕페트

ENGLISH-STYLE BARLEY WINE
꼭 시음해볼 두 가지

빈티지 하비스트 에일
VINTAGE HARVEST ALE

- **J.W. 리즈 주식회사**J.W. LEES & Co.
- **ABV: 11.5%**

1년에 한 번 돌아오는 날은 뭘까? 생일, 그리고 J.W. 리즈의 빈티지 하비스트 에일이 출시되는 12월 1일이다. 매년 출시되는 이 묘약은 그해 생산된 보리와 홉으로 양조되어 실크 넥타이처럼 부드럽고, 풍미는 토피와 흑설탕, 메이플 시럽으로 마무리한 위스키가 연상된다.

크리미널리 배드 엘프
CRIMINALLY BAD ELF

- **리지웨이 양조장**Ridgeway Brewing
- **ABV: 10.5%**

이 영국 양조장에서는 크리스마스의 환호(아니면 조롱일까?)가 끝없이 터져나온다. 바로 피클드 산타 Pickled Santa(고주망태 산타), 레인디어즈 리볼트Reindeer's Revolt(사슴의 반란), 크리미널리 배드 엘프(죄질 나쁜 요정) 같은 짓궂은 에일 때문이다. 이 구릿빛의 장난꾸러기 발리와인은 사과의 좋은 향과 볶은 캐러멜 향이 나고 꿀, 자두가 첨가되어 질감이 크리미하면서 취기가 확 오른다.

대체 맥주 ★★★ 아카디아 에일즈 시리얼 킬러 발리와인 에일Arcadia Ales Cereal Killer Barleywine Ale, 플랫 어스 양조회사 윈터 월록 골든 잉글리시 발리와인 에일Flat Earth Brewing Co. Winter Warlock Golden English Barley-Wine Ale, 풀러 스미스 앤드 터너 PLC 풀러스 빈티지 에일Fuller, Smith & Turner P.L.C. Fuller's Vintage Age, 헤비 시즈 비어 빌로 덱스 발리와인 스타일 에일Heavy Seas Beer Below Decks Barleywine Style Ale, 올드 히코리 브루어리 아이리시 워커 발리와인 스타일 에일Oide Hickory Brewery Irish Walker Barley-Wine Style Ale, 프리티 싱즈 비어 앤드 에일 프로젝트 아우어 파이니스트 리가즈Pretty Things Beer & Ale Project Our Finest Regards

빅풋 발리와인 스타일 에일
BIGFOOT BARLEYWINE STYLE ALE

- 시에라 네바다 양조회사Sierra Nevada Brewing Co.
- ABV: 9.6%

비밀스럽고 신화적인 이름(Big Foot, 눈 덮인 로키산맥에 산다고 전해지는 전설 속 동물. 키가 2.5미터나 되는 괴물로 원숭이처럼 온몸에 털이 있고 인간처럼 직립 보행한다–옮긴이)과 달리 시에라 네바다의 빅풋은 흔하지만, 흔치 않게 품격 있는 놈이다. 녹빛의 이 맥주는 파일 향과, 강한 쓴맛에 억제된 맥아의 달콤함을 선사한다. 숙성되면서 뒷배경으로 물러나는 홉 덕분에 맥주가 균형감을 찾는다. 어디서나 구할 수 있어 지하 저장고에서 가장 선호하는 맥주다.

XS 올드 크러스테이션 발리와인
XS OLD CRUSTACEAN BARLEY WINE

- 로그 에일즈Rogue Ales
- ABV: 11.5%

이 루비 색 에일의 아로마 강한 허브는 캐러멜과 토피, 사랑스러운 시트러스 향을 낸다. 치누크, 펄, 센터니얼 홉으로 이 에일이 굉장한 IBU를 기록하는 걸 감안한다면 전혀 놀랄 일이 아니다. 건포도와 흑설탕의 달콤한 전류가 쌉쌀함과 균형을 이룬다.

P.S: 스윙톱 병swing-top bottle(입구가 마개와 쇠고리로 밀봉된 병–옮긴이) 역시 균형감을 맞추는 데 도움이 된다.

대체 맥주 ★★★ 에이버리 양조회사 로그 헤븐 드라이 호피드 발리와인 스타일 에일Avery Brewing Co. Hog Heaven Dry-Hopped Barleywine Style Ale, 볼더 비어 킬러 펭귄 발리와인Boulder Beer Killer Penguin Barleywine, 록 아트 브루어리 더 버몬스터Rock Art Brewery The Vermonster, 산타 페 양조회사 치킨 킬러 발리와인 에일Santa Fe Brewing Co. Chicken Killer Barley Wine Ale, 유니타 양조회사 애니버서리 발리와인 에일Unita Brewing Company Anniversary Barley Wine Ale, 빅토리 양조회사 올드 허라이전털 발리와인 스타일 에일Victory Brewing Company Old Horizontal Barleywine Style Ale

Microbrasserie À l'abri de la Tempête는 훈제 보리를 써서 캐러멜처럼 끈적한 에일에 스카치의 복합성을 제공한다. 스톤 양조회사는 '홀수 년을 위한 독특한 맥주Odd Beers for Odd Years' 프로그램에서 자사의 올드 가디언 발리와인Old Guardian Barley Wine(그리고 임페리얼 러시안 스타우트)의 레시피를 수정했다. 2011년 출시된 올드 가디언 벨고Old Guardian Belgo는 바나나 맛을 내는 벨기에 효모로 만들었는데, 덕분에 토피의 풍미와 쌉쌀한 맛, 그리고 희한하게도 훅 달아오르는 12퍼센트의 ABV가 보완되었다. 배스 사가 만든 예전 발리와인처럼 겨울 동장군님을 활짝 웃으며 맞이할 수 있게 해주는 왕실의 강장제로 고려해볼 것.

숙성의 문제

10대 청소년 시절, 나는 까칠하고 뻐딱한 다혈질 아이로 어찌 보면 발리와인처럼 수년이 지나야 둥글둥글해질 사람이었다. 진열대 선반에서 낚아채는 모든 발리와인은 구입 즉시 마실 수 있다. 어떤 양조장도 까다로운 기준에 못 미치는 맥주를 출시하지는 않기 때문이다. 실제로 발리와인을 구입 즉시 마시라고 요구하는 양조장도 일부 있다. "우리는 구입 즉시 즐긴다는 전제 아래 발리와인을 제조합니다." 철학과 교수로 재직하다가 노스캐롤라이나 팜빌에 덕래빗 크래프트 브루어리(202쪽 참조)를 설립한 폴 필리폰은 이렇게 말한다. "제가 생각하기에 맥주란 저장하는 게 아니라 마시는 것이죠."

그렇긴 해도 일부 발리와인은 시간과 함께 숙성되어야 제대로 된 맛이 난다. 펜실베이니아의 트뢰그스 양조회사의 플라잉 모플랜Flying Mouflan을 예로 들어보자. 치누크, 워리어, 심코 홉으로 로켓포를 발사하는 것 같은 이 붉은 브라운 색의 맥주는 엄동설한이 아닌 봄에 출시된다. 이 양조업체는 발리와인을 적어도 4개월 동안 저장해 알코올 기운과 홉의 성질을 가라앉힐 것을 권장한다(아로마의 강도는 시간이 지나면서 감소한다). 더슈츠 브루어리의 미러 미러Mirror Mirror 발리와인 병에는 이 양조장의 저장용 시리즈Reserve Series 제품과 마찬가지로 구입 후 밀랍 마개를 딸 때까지 기다려야 하는 권장 날짜인 '최적 소비일'이 적혀 있다. 조언 한마디: 좋아하는 발리와인을 여러 병 산 다음 수개월 또는 수년을 저장고에서 묵혀볼 것. 기다리는 자에게 복이 있으리니(숙성에 관한 자세한 내용은 336쪽 참조).

미국 발리와인 병 라벨에는 "발리와인 스타일 에일"이라고 표시되어 있다. 주류담배세금무역역국Alcohol and Tobacco Tax and Trade에서 소매업자나 소비자가 와인인 줄 알고 제품을 구입하는 것을 미연에 방지하기 위한 조치다.

★ ★ ★

발리와인은 보통 겨울에만 출시되지만 매장 냉장고에 하나라도 있는 게 눈에 띄면 구입할 것. 이 스타일은 시간이 흐르면서 숙성된다.

포도로 변신하기

보리와 포도는 철천지원수가 아니다. 그렇다고 연인 관계는 아니고, 내 잘생긴 잡종견 '새미'의 부모인 '치와와'와 '코기' 정도의 사이라고 할 수 있겠다. 양조업체들은 맥주 원료에 포도를 추가해 맥주 애호가와 와인 아니면 죽고 못 사는 사람들을 모두 끌어들일 만한 새로운 차원의 풍미를 갖춘 혼성 맥주를 출시하기 시작했다. 양조업체들이 가령 시라Syrah나 샤르도네를 한 번 담갔던 오크 통을 사용하는 것과 달리, 이런 양조 공정에서는 포도가 핵심적인 부분을 차지하며, 효모에게는 발효의 연료 역할을 하고 포도 덩굴과 홉 덩굴의 차이를 메워준다. 블루 문 빈티지 블론드 에일Blue Moon Vintage Blonde Ale은 샤르도네 즙으로 만들고, 캐스케이드 양조장의 톡 쏘는 더 바인 노스웨스트 스타일 사우어 에일The Vine Northwest Style Sour Ale은 화이트와인 포도즙으로 재발효한다. 머스캣(뮈스카) 포도는 에이버리 양조회사의 일회성 제품인 뮈스카 다무르 배럴 통 숙성 와일드 에일Muscat d'Amour Barrel-Aged Wild Ale과 캉티용Cantillon의 귀한 제품인 비뉴론Vigneronne에 등장했고, 도그피시 헤드의 노블 로트Noble Rot는 보트리티스 곰팡이에 감염된 비오니에Viognier 품종 포도 등 발효되지 않은 포도즙 두 가지를 혼합해 만든다. 우연히 한 병 발견한다면 와인 잔에 마셔보길 권한다.

헤어 오브 더 도그 양조회사
Hair of The Dog Brewing Company

오리건 주, 포틀랜드

대부분의 양조장은 쌉쌀한 IPA, 볶은 풍미의 스타우트, 청량한 라거, 달콤한 페일 에일 등 서너 가지 또는 심지어 다섯 가지에 이르는 서로 다른 스타일의 맥주를 출시한다. 충분한 가짓수를 내놓으면, 사람들은 혀를 자극하는 맥주를 찾고는 또 한 잔을 위해 혀를 사랑 것이다.

앨런 스프린츠는 가짓수에 연연하지 않았다. 1993년 11월, 그는 한 종의 맥주로 신고식을 치렀다. 오늘날에 봐도 좀 이상한 애덤Adam이라는 에일이었는데, 19세기 독일 도르트문트에서 인기 있었던 맥주를 역사적으로 재창조한 것이었다. ABV 10퍼센트인 애덤은 다크하고 쌉쌀하며 풍부한 맛에 카카오, 훈제, 가죽의 향이 살짝 느껴졌다.

괴짜 맥주에 모든 걸 다 건 셈이었다.

"한 가지 맥주만 생산하는 게 더 어려운 일이었다"고 스프린츠는 말하지만 그 어려움을 딛고 애덤은 오늘날 가장 인기 있는 맥주로 자리매김했다. 애덤의 성공에 힘입어 스프린츠는 그 후 수십 년에 걸쳐 새롭고 독특하고 도수가 다소 높거나 통으로 숙성된, 병 발효(숙성) 스타일의 맥주를 만들어왔다. 이들 많은 맥주는 그가 인생에서 만났던 사람들과 관련이 있다. 맥주 기고가이자 역사가인 프레드 에크하르트는 호밀과 10종의 홉으로 만든 스트롱 골든 에일, 프레드Fred가 나오는 데 영감을 주었다. 스프린츠는 자기 어머니의 이름을 따서 라거 맥주, 릴라Lila를 만들었고, 아로마 강한 아메리칸 페일 에일, 루스Ruth는 그의 할머니 이름이었다. 저명한 맥주 기고가 마이클 잭슨은 오크 통과 셰리주 캐스크에서 30개월간 낮잠을 자는 시큼한 플랜더스 레드 스타일 에일의 마이클 잭슨Michael Jackson으로 다시 태어났다. 블루 도트Blue Dot는 매력적으로 톡 쏘는 비여과

방식의 더블 IPA로, '지구의 날'을 기념해 우리 행성의 이름을 따서 만든 맥주다. 이 밖에 송곳니에 물린 것같이 강렬한 발리와인, 도기 클로즈도 있다.

맥주의 가능성, 애덤과 이브

스프린츠는 미국에서 라이트하고 거품 많은 맥주가 인기를 끌었던 1970년대에 맥주를 마실 수 있는 나이가 되었다. 자기만의 맥주를 찾아 나선 그는 유럽 수입 맥주에 관심을 쏟다가 1980년대에 시에라 네바다와 앵커 스팀에서 주류 쪽부에 더 파고들었다. 맥주 일을 시작해도 되겠다고 생각한 것은 1988년 오리건 주로 이사해 포틀랜드의 웨스턴 컬리너리 인스티튜트Western Culinary Institute(현재의 르 코르동 블뢰 요리대학)에 입학하면서부터였다.

그해에 처음으로 오리건 브루어즈 페스티벌이 열렸다. 상상력을 자극하는 이 행사를 통해 스프린츠는 '오리건 브루 크루Oregon Brew Crew(지역 자가 양조 클럽)에 합류했고 이곳에서 결국 회장을 세 번 역임했다. 이 기간 동안 스프린츠는 '양조의 개척자들을 수없이 만났고 이후 포틀랜드의 위드머 브라더스 양조회사에서 일자리를 구했다. 그는 어곳에서 1991년부터 1993년까지 일하다가 이후 헤어 오브 더 도그 사를 시작했다.

스프린츠는 멋진 페일 에일과 더블 IPA를 양조하지만, 그에게 수많은 영광을 안겨준 맥주는 이보다 도수가 높은 것들이다. 1995년 그는 애덤의 동결 버전인 이브Eve를 출시해 무게감 있는 달콤함을 갖춘 더 높은 도수의 진한 묘약을 만들어냈다. "애덤과 이브는 맥주의 가능성을 사람들에게 알리기 위해 만들었습니다." 스프린츠

헤어 오브 더 도그의 창립자이자 브루마스터인 앨런 스프린츠는 도수 높은 병 숙성 맥주를 전문으로 만든다.

는 이렇게 말한다. "사람들에게 우리 회사의 다른 맥주를 시음해본 후 이 맥주를 마셔보라고 했어요. 맥주와 코디얼cordial(겨울밤이 긴 스칸디나비아에서 즐겨 마시는 차-옮긴이)의 경계를 흐리게 하는 술이죠."

그 이듬해에 스프린츠는 세 번의 동결을 거친 데이브Dave를 처음으로 출시했다. ABV가 안정된 29퍼센트가 되었을 때 얼음을 제거한 맥주였다. 데이브는 인기가 무척 높아서 1998년 샌프란시스코의 자랑거리인 토로나도 발리와인 페스티벌

Toronado Barleywine Festival(244쪽 참조)에서 1등을 차지하더니 마침내 최소 용량 단위의 병 포장으로 생산되었다(2008년 온라인 경매에서 5개 병이 2,838.30달러에 팔렸다). 1999년 스프린츠는 데이브를 생산 라인에 포함시키지 않았다. "사실은 발리와인이 아니라 아이스보크죠." 그는 데이브를 이렇게 설명한다.

이 점을 바로잡기 위해 2000년에 스프린츠는 생맥주 전용 제품인 피도Fido를 출시했다. 솔향의 심코 홉과 시트러스 향이 강한 아마릴로 홉에다 후드 산의 야생화 꿀을 넣은 웨스트 코스트 발리와인이었다. 이 맥주는 토로나도 페스티벌에서 1등을 차지하진 못했지만, 스프린츠는 자신이 승자임을 직감했다. 이듬해에는 이 맥주의 이름을 도기 클로즈로 바꾸고 병으로 포장해 매년 겨울철에 출시하는 것을 전통으로 삼았다(라벨에는 산타 모자를 쓰고 여러 갈래로 나뉜 메노라 촛대에 둘러싸인 불도그가 그려져 있다). 도기는 아주 신선할 때 마시지만, 병으로 샀을 땐 시간이 지나야 맛이 좋아진다.

한정 생산 맥주의 즐거움

스프린츠가 매년 생산하는 도기 클로즈는 겨우 5백 상자 정도이며, 다른 제품의 생산량에도 제한을 둔다. 스프린츠와 그의 하나뿐인 조수는 양조장 최초이자 유일한 양조 케틀로 한 번에 120갤런의 맥주를 생산해 1년에 약 6백 배럴 정도의 양을 맞춘다. 많은 크래프트 양조장에서 맥주 한 종류당 수천 배럴을 생산한다는 점을 고려할 때 믿을 수 없을 정도로 보잘것없는 양이다. "우리는 확장에 목매지 않는 양조장입니다. 그런 곳이 얼마 없긴 하죠." 이렇게 말하는 스프린츠는 여전히 라벨 문구를 손수 작성하고 병 디자인을 결정한다. "수익이 나서 직원들에게 두둑한 임금을 줄 수 있다면 그게 잘하고 있는 거죠."

스프린츠는 애덤, 도기 클로즈, 프레드 등 도수 높은 맥주의 재탕 또는 약한 도수를 만드는 후속 공정에서 만들어진 리틀 도그 Little Dog 시리즈같이 생맥주 전용 맥주를 제공하는 시음실을 운영해서 이런 사업 목표를 달성한다. 이 밖에도 중간상을 없애고 소비자 직접 유통 기념 도크dock 판매 행사를 매년 11월에 개최해 귀한 통 숙성 빈티지 맥주를 출시한다.

"많은 맥주를 생산하지 않는 대신 제가 생산하는 몇 가지 맥주로 더 많은 수익을 냅니다." 판매에 대해 이런 소신을 가진 스프린츠는 헤어 오브 더 도그 사의 또 하나의 미션인 맥주의 숙성 역시 강조한다. 스프린츠는 정기적으로 40상자분의 맥주를 비축해서 천 상자 이상의 빈티지 맥주를 보유하고 있는데 이는 수백 회의 생산분에 해당한다. "맥주에 관한 한 10년 내지 20년은 긴 시간이 아님을 저는 입증할 수 있습니다. 우리 맥주는 길게 가는 거죠."

제안 한마디: 애덤이나 프레드, 도기 클로즈를 사서 10년 후 자신에게 기념 선물을 해볼 것.

몸을 훈훈하게 해주는
또다른 맥주들

발리와인이 겨울철 주류의 주류는 아니다. 고농도의 아이스보크부
터 훈제 스카치 에일에 이르기까지, 수은주가 곤두박질칠 때 찾는
여러 가지 묵직한 스타일의 맥주를 소개한다.

WHEAT WINE 휘트와인

발리와인의 실험정신은 끝이 없다. 내가 좋아하는 휘
트와인은 이런 변화의 시도 결과로 비교적 최근에 나
타난 맥주다. 발리와인의 자극적인 풍성함은 높은 함
량의 밀로 절제되고, 밀 덕분에 시큼한 맛과 함께 좀
더 부드럽고 균형 잡힌 마우스필이 전해진다. 휘트와
인은 대개 상당한 분량의 홉으로 마무리되는데, 그 덕
분에 캐러멜 향이 강한 일반적인 발리와인에서는 찾아
볼 수 없는 밝은 풍미가 전해진다.

이 스타일은 자가 양조 도중에 우연히 저지른 실수
로부터 시작되었다. 1980년대 말, 필 묄러는 친구와
함께 발리와인을 양조하다가 그만 너무 많은 양의 밀
을 첨가하게 되었다. "모든 양조가들처럼 이들도 실수
의 결과물을 마셨는데, 그게 맛있었던 거죠." 캘리포니
아 새크라멘토에 있는 루비콘 양조회사Rubicon Brewing
Company의 소유주 글린 필립스는 이렇게 말한다. 이곳

에서 묄러는 첫 번째 브루마스터로 일했다.

1988년, 루비콘의 1주년 창립 기념일을 축하하기
위해 묄러는 도수 강하고 부드러우며 놀라울 정도로
잘 넘어가는 윈터 휘트와인Winter Wheat Wine을 생산했
는데, 이는 상업적으로 처음 양조된 혼성 맥주였다. 이
후부터 이 스타일은 독특한 겨울 맥주나 기념 에일을
찾는 브루펍과 양조장 제품 대열에 등장하기 시작했
다. 캘리포니아의 마린 양조회사Marin Brewing Company
는 스타 브루 트리플 휘트 에일Star Brew Triple Wheat
Ale(라벨에 묄러의 이름이 적혀 있다)을 양조하고, 세인트루
이스의 퍼레니얼 아티즌 에일즈Perennial Artisan Ales는
솜털 같은 거품의 과일 향을 풍기는 하트 오브 골드 휘
트와인 스타일 에일Heart of Gold Wheat Wine Style Ale을 만
든다. 휘트와인의 높아지는 인기에도 불구하고 양조업
체들은 출시되는 병 제품에 '휘트와인wheat wine'이라는

WHEAT WINE
꼭 시음해볼 두 가지

휘트와인 에일
WHEAT WINE ALE

- 스머티노즈 양조회사Smuttynose Brewing Co.
- ABV: 10~12%로 다양함

메달을 수상한 이 휘트와인은 황금빛에 가까운 탁한 색을 띤다. 센터니얼 홉과 오크가 섞인 향으로 1개월 이상 숙성을 거친 덕분에 시트러스와 바닐라 향이 성공적으로 고루 섞였다. 맛을 보자면 캐러멜의 달콤함이 살짝 느껴지지만 청량한 쓴맛과 부드러운 오크 향이 감미롭게 맥주의 균형을 잡아준다. 천천히 마시기에 딱 좋다. 두 병을 사서 휘트와인이 전성기를 맞이할 때까지 몇 년 묵혀둘 것.

필그림스 돌 휘트와인
PILGRIM'S DOLE WHEATWINE

- 뉴홀랜드 양조회사New Holland Brewing Company
- ABV: 11.4%

매년 11월에 출시되는 이 미시건 맥주의 이름. '필그림스 돌'은 성지 순례 때 여행자에게 배급되는 빵과 에일을 뜻한다. 필그림스 돌을 마시는 걸 두고 종교적인 체험까지 운운할 건 없겠지만, 많은 양의 밀 맥아(곡물 예산의 50퍼센트를 차지한다)와 버번 통 숙성을 통해 캐러멜과 바닐라를 거쳐 버터를 발라 설탕을 뿌린 토스트의 맛까지 느끼게 해주는 알코올 여행을 즐길 수 있다. 주의 사항: 도수가 엄청나게 높다.

대체 맥주 ★★★ 불바드 양조회사 하비스트 댄스 휘트와인Boulevard Brewing Co. Harvest Dance Wheat Wine, 듀클로 양조회사 미저리 휘트와인 스타일 에일DuClaw Brewing Company Misery Wheat Wine-Style Ale, 포트 콜린스 브루어리 휘트와인 에일Fort Collins Brewery Wheat Wine Ale, 미스틱 브루어리 올드 파워하우스 휘트와인Mystic Brewery Old Powerhouse Wheat Wine, 쇼츠 양조회사 애니버서리 에일Short's Brewing Company Anniversary Ale

말을 붙일 수 없었는데 2005년 뉴햄프셔 주, 포츠머스의 스머티노즈 사는 맥주 이름에 넣는 '와인wine'이란 단어의 사용을 놓고 연방 규제 기관과 8개월간 줄다리기를 벌인 끝에 휘트와인 에일Wheat Wine Ale을 출시했다. 즉각적으로 찬사가 이어졌다. 휘트와인 에일은 그해 미국 맥주대축제에서 금메달을 땄다. 이 휘트와인은 풀바디감을 가진 복합적인 풍미로 가득하지만 달콤함의 막다른 골목으로 곤두박질치지 않는다.

이런 휘트와인이 있다면 징징거릴 일이 없다.('wine'과 발음이 같은 'whine(징징거리다)'을 쓴 표현으로, '징징거려서 산타에게 선물 못 받을 일은 없다'라는 뜻—옮긴이).

EISBOCK 아이스보크

겨울에 끝없이 내리는 눈과 얼음 빙판은 저주하기 쉽지만, 영하의 기온은 하나의 즐거운 축복, 바로 아이스보크를 제공해준다는 점을 기억하라. 연한 검은색부터 짙은 적갈색까지 색상이 다양한 이 독일 맥주는 과학기술을 통해 품질이 개선된 한 가지 선례다. 보크Bock라고 부르는 강한 도수의 라거는 동결 증류freeze distillation 또는 분별 동결fractional freezing 공정을 통해 급속 냉동된다. 이때 물은 얼고 알코올은 그대로 남는다(물은 섭씨 0도에서 어는 반면 알코올은 섭씨 영하 113도에서 언다). 얼음 결정을 제거하면 좀 더 걸쭉한 바디에 한층 농축된 맥주가 생성되어 달콤하거나 과일 맛이 나는 맥아의 풍미가 증폭되고 알코올 도수도 올라간다. 술에 물 타는 것과 반대의 공정으로 이해하면 된다.

미국의 경우 정부에서는 이 공정을 일종의 증류로 여겨, 최종 산물을 독한 증류주로 간주한다(아이스보크를 만들려면 양조업자는 반드시 별도의 증류 면허증을 소지해야 한다. 증류주는 세금도 높다). 미시건 주의 쿤헨 양조회사Kuhnhenn Brewing Co. 같은 여러 소규모 양조장들은 이런 문제를 피하기 위해 이 스타일을 가지고 여러 시도를 해보지만, 아이스보크가 한 세기 전에 우연히 만들어진 유럽에는 이런 법적인 장애물이 전혀 없다.

독일 쿨름바허Kulmbacher 양조장에서는 보크가 가득 들어 있던 나무통 하나가 겨울 한파 때 실수로 야외에 남아 있었다. 그 안에 있던 맥주는 거의 얼었는데, 이 통이 발견된 당시 양조가들이 얼음을 깨자 놀라울 정도로 진한 맥주가 남아 있었다(이 공정을 반복하면 할수록 진하고 도수 높은 맥주를 만들어낼 수 있다). 독일과 오스트리아는 흔치 않은 맛과 매우 높은 도수를 가진 아이스보크를 여전히 만들어내는데, 이 맥주는 브랜디 잔에 따라 조금씩 천천히 마셔야 최고의 맛을 느낄 수 있다. 아이스보크는 차가운 겨울에 만드는 겨울철 주류다,

EISBOCK
꼭 시음해볼 두 가지

아벤티누스 바이젠 아이스보크
AVENTINUS WEIZEN EISBOCK

- 게오르크 슈나이더 앤드 손G. Schneider & Sohn
- ABV: 12%

이 독일 양조장의 표준 바이젠보크(바이젠weizen은 '밀'을 뜻하는 독일어)는 바나나 맛이 느껴지는 최고의 즐거움이다. 바이젠보크를 얼리면 브랜디 잔에 따라 마실 만한 도수의 물건이 탄생한다. 밤색 아이스보크의 복합적인 아로마는 건포도 향에서 정향, 버터스카치 향으로 조금씩 변하며, 크리미하고 캐시미어의 부드러운 마우스필이 느껴진다. 꿀과 말린 파일의 풍미가 주도적으로 달리고 바나나와 정향은 조수석에 탄다.

호프스테트너 그래닛보크 아이스
HOFSTETTNER GRANITBOCK ICE

- 호프스테튼 양조장Brauerei Hofstetten
- ABV: 11.5%

이 오스트리아 양조장은 하얗게 달궈진 돌로 맥아즙을 졸인 다음 맥주를 화강암 홈통에서 발효시켜 베이스보크를 만든다. 이 공정으로 토피 향의 캐러멜 풍미가 강화된 버건디 브라운 색의 아이스보크가 만들어지고, 밑에서 받쳐주는 허브로 이런 성질이 균형을 이룬다. 시럽 같은 이 맥주는 용암처럼 혀를 통과하고, 사카린에 조금 못 미치는 달콤한 맛을 낸다.

대체 맥주 ★★★ 쿤헨 양조회사 라즈베리 아이스보크Kuhnhenn Brewing Company Raspberry Eisbock(미시건 주에서 주로 유통된다), 쿨름바허 라이헬브로이 아이스보크Kulmbacher Reichelbräu Eisbock

SCOTCH ALE / WEE HEAVY

스카치 에일 / 위 헤비

만약 내가 지금 난로 옆에서 익고 있는 상태라면 이글거리는 불 맛이 나고 그 불처럼 따뜻한 술 한 잔을 갈망하겠다. 가끔 토탄 내음의 질 좋은 스카치위스키를 작은 잔으로 홀짝이기도 하지만 대개는 스카치 에일을 선택한다. 위 헤비라고도 알려진 도수 높고(ABV 6~10퍼센트) 어두운 색의 스카치 에일은 맥아의 특성이 깊이 드러나며 종종 캐러멜, 검은색 과일 또는 훈제 목욕을 거친 소량의 버터스카치를 연상케 한다.

스카치 에일의 기원은 19세기로 거슬러 올라간다. 당시 에든버러의 양조가들은 어두운 색에 달짝지근한 영국 버턴 에일Burton Ale과 어깨를 나란히 했던 스트롱 페일 에일을 생산하고 있었다. 이 에일은 보통 엷은 색의 보리 맥아와 쓴맛을 내는 홉을 약간만 넣어 제조했는데 대체로 오늘날의 달콤하고 묵직한 잉글리시 스타일 발리와인과 비슷했다. 그런데 제품에 이름을 붙이는 브랜드 작업이 위용을 떨치면서 곧 이 스코틀랜드 에일에도 산지 이름이 붙었다.

역사적으로 스코틀랜드 양조가들은 의도적으로 맥주를 훈제하지는 않았다. 그러나 지난 10, 20년에 걸쳐 대체로 미국 양조가들 손에서 이 스타일은 토탄 냄새, 훈제 아로마와 풍미가 얽히고설켜 홉의 쌉쌀함이 거의 사라졌다.

미국의 경우, 샌디에이고의 에일스미스 양조회사에서 환상적인 스카치 에일이 생산되는데, 이 회사는 연기를 쐰 위 헤비Wee Heavy를 만든다. 파운더스 양조회사는 버번 통에서 백우즈 배스터드Backwoods Bastard를 숙성시킨다. 노스캐롤라이나의 하이랜드 양조회사는 태스걸 에일Tasgall Ale에 홉과 초콜릿 맥아를 추가해 품질을 향상시켰다.

스코틀랜드는 여전히 이 스타일을 저버리지 않았다. 즐겁게 마실 만한 도입 단계의 스카치 에일은 벨헤이븐 위 헤비Belhaven Wee Heavy이고, 가장 전형적인 스카치 에일은 트래퀘어 하우스 브루어리Traquair House Brewery에서 생산한다. 5백 년이 지나도록 하나의 가문이 거주했던 한 부지에서는 구리 케틀과 목재 발효 용기를 사용해 실키한 토피 색의 하우스 에일House Ale과 코리앤더를 향신료로 넣은 재커바이트Jacobite를 생산한다.

달콤하고 묵직한 풀바디감의 스카치 에일은 어떤 것을 선택하든, 아로마를 진하게 해주는 시슬 잔(엉겅퀴 모양 잔)에 따라 마시길 권한다. 엉겅퀴 꽃은 스코틀랜드 국화다(시슬 잔이 없을 땐 튤립 모양 유리잔이나 브랜디 잔으로 대신할 수 있다.) 스카치 에일은 식사 후 깊은 밤에, 장작불이 타다 말고 벌게져서 사그라들 때, 음미하면서 마시기에 이상적인 술이다.

저렴한 라거의 '아이스' 제품은 눈 가리고 아웅 하는 식이다. 물론 냉동하기는 하지만 알코올 함량을 제자리로 되돌리기 위해, 또는 연방정부를 만족시키기 위해 물을 첨가한다.

— ★ ★ ★ —

다크 호스 양조회사의 스코티 카라테 스카치 에일 Scotty Karate Scotch Ale은 박제된 물소 머리를 모자인 양 쓰고 다니던 미시건 출신의 홍키 통크 스타일 펑크 록 음악가의 이름을 땄다. 그는 이 스카치 에일을 두고 "훈제된 초콜릿칩 쿠키와 길가의 야생 체리 아스파라거스, 가을날의 나무 냄새가 밴 바삭한 잎사귀 맛이 난다"고 한다.

'스코티시'와 '스카치'

맥주 전문 매장과 맥주 바의 제품 목록을 꼼꼼히 읽다 보면 스코티시 에일Scottish Ale이라는 스타일을 발견할 수 있다. 이 스타일을 스카치 에일Scotch Ale과 혼동하지 말 것. 스코티시 에일은 여전히 맥아를 집중적으로 부각시키고(종종 훈제 맛도 나지만), 이와 형제 관계라 할 수 있는 스카치 에일은 좀 더 라이트하고 덜 달다. 스코티시 에일은 시슬 잔에 따라 천천히 마시지 않고 파인트 잔으로 들이켜며, 서늘한 가을 기운이 엄습하는 시기에 마시기에 아주 좋은 동반자다. 스코티시 에일 범주 중에 매우 우수한 제품으로는 이니스 앤드 건 오리지널Innis & Gunn Original, 스리 플로이즈 로버트 더 브루스Three Floyds Robert the Bruce, 벨헤이븐 스코티시 에일Belhaven Scottish Ale, 포 피크스 킬트 리프터Four Peaks Kilt Lifter가 있다.

트래퀘어 하우스Traquair House(위)는 알려진 바에 따르면 스코틀랜드에서 가장 오랫동안 대를 이어 사람들이 거주했던 주택이다. 부지의 역사는 12세기로 거슬러 올라가는데, 당시 이곳에는 왕을 위한 사냥 산장이 있었다. 그 후 트래퀘어 하우스에는 한때 이곳 거주민들과 일꾼들을 위해 맥주를 생산하는 양조장이 들어섰다가 19세기에 가동이 중단되었다. 그러다 1965년 이곳에서 양조 설비가 발견되면서 트래퀘어 하우스 양조장이 문을 열었고, 이곳에서는 여전히 전통 오크 발효 통을 사용한다.

SCOTCH ALE / WEE HEAVY
꼭 시음해볼 두 가지

올드 처브
Old Chub

- 오스카 블루스 브루어리Oskar Blues Brewery
- ABV: 8%

캔 안에 숨어 있는 콜라 빛깔의 진한 물건은 곡물의 달콤한 아로마가 한 줄기 연기처럼 알코올과 섞여 있다. 처브는 너도밤나무로 훈제한 소량의 맥아로 만든다. 약간 달콤하며 커피와 캐러멜 향을 거쳐, 마치 캠프파이어에서 바람 맞는 쪽으로 앉아 있다가 옷에 냄새가 밴 것처럼 약간의 타다 만 장작 냄새를 둘러 가다가 목으로 넘어간다. 캔 포장으로 나오는 올드 처브는 위험할 정도로 마시기 수월하다.

스컬 스플리터
Skull Splitter

- 오크니 브루어리The Orkney Brewery
- ABV: 8.5%

스코틀랜드 북부 열도에 자리 잡은 오크니 브루어리는 어두운 색에 파일 향이 나는 에일과 묵직한 스타우트, 비스킷 맛의 저알코올 비터, 그리고 이 스카치 에일 등의 다양한 제품을 생산한다. 무적의 바이킹 전사 이름을 딴 스컬 스플리터('두개골을 가르는 자'라는 의미-옮긴이)는 먼저 자두와 토피의 아로마 공격을 개시한 다음 당밀, 말린 무화과 풍미로 이끌고 싱글 몰트 스카치를 연상케 하는 연막을 친다. 역시 싱글 몰트 스카치처럼 몸을 훈훈하게 해준다.

대체 맥주 ★★★ 그레이트 디바이드 양조회사 클레이모어 스카치 에일Great Divide Brewing Company Claymore Scotch Ale, 미들 에이지 양조회사 예 올드 킬트 틸터Middle Ages Brewing Co. Ye Olde Kilt Tilter, 모일런즈 브루어리 킬트 리프터 스카치 에일Moylan's Brewery Kilt Lifter Scotch Ale, 스프레처 양조회사 파이퍼스 스카치 스타일 에일Sprecher Brewing Company Pipers Scotch-Style Ale

가볼 만한 7대 발리와인 축제

여기 나오는 위대한 맥주들은 성대한 축하연을 누릴 만한 자격이 있다.
버지니아에서부터 알래스카까지 발리와인 애호가가 가야 할 곳을 소개한다.

케임브리지 양조회사 발리와인 페스티벌
Cambridge Brewing Co. Barleywine Festival

- 매사추세츠 케임브리지, 케임브리지 양조회사Cambridge Brewing Co.
- cambrew.com

보스턴 지역 최고의 브루펍은 지하 저장고를 깊이 파서 샤르도네, 사제라크 호밀, 포트 통에서 숙성시킨 버전 등 10여 종의 블런더버스Blunderbuss와 아쿼버스Arquebus 발리와인을 내놓는다.

러키 래브라도 발리와인 앤드 빅 비어 페스티벌
Lucky Labrador Barleywine & Big Beer Festival

- 오리건 포틀랜드, 러키 래브라도 비어 홀Lucky Labrador Beer Hall
- luckylab.com

10년 넘게 연례행사로 굳어진 러키 래브라도 페스티벌에서는 포틀랜드를 포함함, 이보다 원거리 지역에서 생산된 40종 이상의 고도수 헤비급 맥주를 제공한다. 수많은 수직 시음과 희귀한 숙성 맥주를 기대하라.

하드 리버 발리와인 페스트
Hard Liver Barleywine Fest

- 워싱턴 시애틀, 부라우어즈 카페Brouwer's Café
- hardliver.com

이 벨기에 바에서 매년 열리는 맨정신 강요 파티에 참석하려면 도착하기 전 아침을 든든히 먹을 것. 주로 웨스트 코스트 발리와인이 60종 이상 제공되는데, 행사를 위해 수년간 숙성된 것들이 많다.

매드 폭스 발리와인 페스티벌
Mad Fox Barleywine Festival

- 버지니아 폴스처치, 매드 폭스 양조회사Mad Fox Brewing Co.
- madfoxbrewing.com/barleywinefest

노스캐롤라이나의 덕래빗 크래프트 브루어리, 뉴욕의 블루 포인트 양조회사, 메릴랜드의 헤비 시즈 비어 앤드 듀클로 양조회사 같은 곳에서 생산된 뛰어난 이스트 코스트 발리와인은 이 중요한 축제에서 응당 받아야 할 대접을 받는다. 매드 폭스의 발리와인 역시 품질 면에서 뒤지지 않는다.

스플리트 사이 브루클린 스컬
Split Thy Brooklyn Skull(그대의 브루클린 두개골을 쪼개라)

- 뉴욕 브루클린, 머그스 에일하우스Mugs Alehouse
- mugsalehouse.com

이 덕망 높은 맥주의 본산지(1992년 문을 열었다)는 수일에 걸쳐 펼쳐지는 축하 행사를 15년 가까이 개최해왔는데, 발리와인을 비롯해 주로 머리를 강타하는 맥주를 내놓는다(이 축제는 필라델피아에서 좀 더 오랫동안 운영된 스플리트 사이 스컬Split Thy Skull을 모델로 삼았다). 웨이어바허와 아카디아, 십야드, 브루클린 브루어리 등 한 블록 안에 위치한 양조장들의 막강 제품을 기대하라.

토로나도 발리와인 페스티벌
Toronado Barleywine Festival

- 캘리포니아 샌프란시스코, 토로나도 펍Toronado Pub
- toronado.com

이 사랑스럽게 지저분하고 스티커가 여기저기 붙은 샌프란시스코 술집은 캘리포니아 최고 명성의, 간을 강타하는 페스티벌을 1994년부터 계속 개최해왔다. 여섯 개들이 빈 홀더를 가져가면, 지역(스피키지, 파이어스톤 워커, 트리플 록)뿐 아니라 미 전역 양조장에서 생산된, 두개골을 쪼개는 듯한 샘플 맥주를 담아준다.

매년 1월에 열리는 앵커리지의 그레이트 알래스카 비어 발리와인 페스티벌에서는 미국 내 다른 지역에서는 구할 수 없는 자극적인 맥주를 실컷 맛볼 수 있다.

그레이트 알래스카 비어 앤드 발리와인 페스티벌
The Great Alaska Beer & Barley Wine Festival

- 알래스카 앵커리지, 윌리엄 A. 에건 시빅 앤드 컨벤션센터
  William A. Egan Civic & Convention Center
- auroraproductions.net/beer-barley.html

이 페스티벌은 동상 걸린 지역 주민과 겁 없는 여행자에게 태평양 북서부와 알래스카 지역의 뛰어난 양조장의 맛을 선사한다. 케나이 리버 양조회사 Kenai River Brewing Co.와 미드나이트 선 양조회사, 미국 최북단에 위치한 양조장인 실버 굴치 브루잉 앤드 바틀링 주식회사 Silver Gulch Brewing & Bottling Co.가 바로 그 양조장이다.

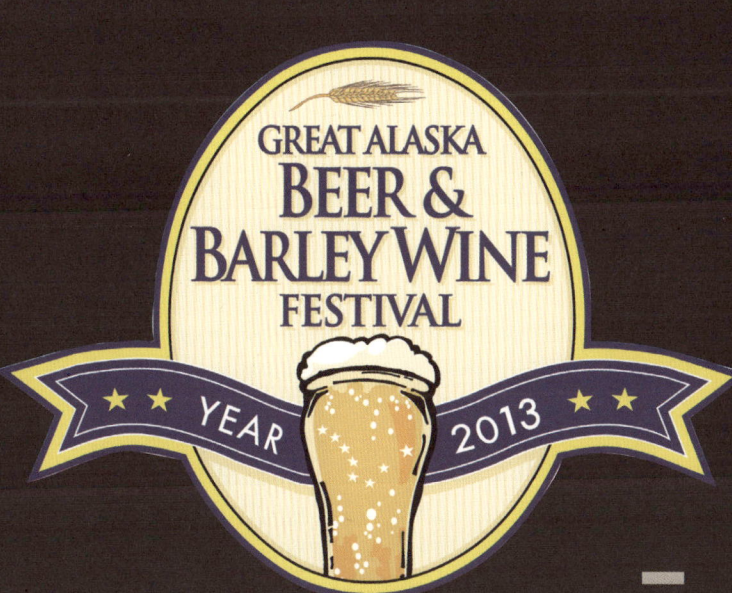

GREAT ALASKA
BEER &
BARLEY WINE
FESTIVAL

YEAR 2013

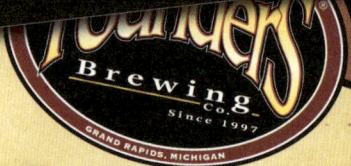

· GOOSE ISLAND · CHICAGO, IL ·

2010

BOURBON COUNTY

· BRAND STOUT ·

STOUT AGED IN BOURBON BARRELS

· SINCE 1992 ·

ORIGINAL BOURBON   BARREL AGED STOUT

13% ALCOHOL BY VOLUME · 355mL – 12 FL OZ

ECLIPSE IMPERIAL STOUT

Founders Brewing Co. Since 1997 · GRAND RAPIDS, MICHIGAN

HIGHLY ACCLAIMED

KBS

A STOUT ALE
N OAK BOURBON BARRELS
EF FROM: rheumatism, neuralgia, sciatica, lame back, lumbago, toothache, sprains, swellings, and all manner of distress.

WHITE OAK AGED India Pale Ale

jai alai

CIGAR CITY BREWING

1 23456 78901 2

OK+

IA-DR-VT-CT-MA-HI-ME-DE-NY-5¢
CA CASH REFUND

통 숙성을 거치다

나무 안에서 익어가는 맥주

All About Beer

나는 평일에는 와인보다 맥주를 택하는 머리끝부터 발끝, 뼛속까지 맥주맨이다. 하지만 특별한 최고의 칵테일이 있다면 완벽하게 균형 잡힌 페일 에일이라도 포기하기도 한다. 이처럼 나의 음주 법칙은 전혀 엄격하지 않다. 밤 끝자락에는 얼음 두 덩이로 조금씩 홀짝이며 마실 수 있는 버번이나 위스키 때문에 맥주가 조금 뒷자리로 물러나 있다.

내 취향은 리튼하우스와 사제라크처럼 드라이하고 스파이시한 호밀 위스키와 W.L. 웰러Weller, 올드 피츠제럴드Old Fitzgerald, 파피 반 윙클Pappy Van Winkle같이 부드럽고 달콤한 밀 버번이다. 증류주마다 각각의 장점이 있지만 한 가지 공통된 특성이 있다. 새로 까맣게 태운 오크 통에서 숙성된다는 점. 이 나무통 안에서 투명한 증류주는 화학반응과 산화, 나무로부터의 풍미 추출 등 길고 신비로운 과정을 거친다. 숙성이 완료된 증류주의 최종 산물은 원래 내용물과 완전히 달라진다. 내 생각에 버번과 위스키는 연금술이 실재한다는 증거다.

이 과정은 독주에 국한되지 않는다. 양조가들 역시 버번위스키를 한 번 담았던 오크 통에서 맥주를 숙성시키는 변신의 마법을 부리고 있다. 물론 구할 수만 있다면 분명 샤르도네나 럼주 통을 사용할 테지만. 이제 나무통은 양조가들의 불룩한 주방 찬장에서 없어서는 안 될 또 하나의 요소로 떠오르고 있다. 독특하고 새로운 풍미를 찾는 끝없는 미션의 일환으로 이들은 나무통을 사용해, 보통 미슐랭 스타 셰프의 몫으로 남겨놓는 섬세한 터치를 가해 맥주에 맛과 향을 부여한다. 시간이 흐름에 따라 나무통은 맥주를 부드럽게 변화시키고 매력적으로 끌리는 오크 향이 더해지며, 버번에서 셰리까지, 피노 누아르(피노Pinot 종의 적포도주용 포도로 만든 포도주- 옮긴이)에서 애쿼비트(스칸디나비아 산의 투명한 증류주-옮긴이)까지 전에 들어 있던 내용물의 남아 있던 풍미가 추출된다.

잘만 된다면 나무통 숙성은 풍미를 보완해주어 맥주가 풍미 면에서 새로운 고지로 올라설 수 있게 해준다. 지금부터 버번과 임페리얼 스타우트가 언제 떼려야 뗄 수 없는 친구가 되었는지 알아보자.

나무와
스테인리스스틸

전화와 전구가 아직 등장하지 않았던 그 옛날, 미국과 유럽의 맥주는 한 방울까지 나무통에서 발효되어 운반되었다. 당시 나무통은 불완전한 용기였다. 술에 바닐라와 오크의 달콤한 향을 전해주기에는 나무가 최고였지만 종종 박테리아와 효모라는 불청객이 숨어들어 때때로 맥주가 부패했다(Class 10에는 미생물을 이용해 일부러 맥주를 감염시키는 일부 양조업체들의 얘기가 나온다).

감염의 문제는 양조업체들이 장비의 현대화를 꾀하면서 나무를 스테인리스스틸로 바꾼 이후 해결되었다. 많은 면에서 스테인리스스틸은 이상적인 소재다. 맥주에 원치 않는 풍미는 전혀 가미하지 않고, 대체로 외부 환경에도 전혀 반응하지 않는다. 양조장에서는 화학물질과 세정제를 사용해 원치 않는 미생물을 닦아낼 수도 있다. 공정대로 따를 경우 맥주는 계획대로 발효된다. 스테인리스스틸은 맥주의 지속적인 대량생산의 길을 환히 비춰주었다.

하지만 현재 양조업체들은 발전에는 등을 돌리고 좀 더 단순하고 예측 불가능했던 시절로 눈길을 돌리고 있다. 모든 면에서 봤을 때 이 기술은 대단히 재미있다.

버번,
맥주와 만나다

이런 경향이 활기를 띠는 주된 이유는 엄격한 버번 업계 때문이다. 법적으로 버번 양조장은 갓 태운 새 화이

파운더스 양조회사의 KBS(켄터키 브렉퍼스트 스타우트)는 전미 최고의 임패리얼 스타우트로 꼽힌다. 매년 4월에 발매된다.

트 오크 통을 단 한 번만 사용할 수 있다. 이 통은 브라운 색의 증류주가 비워지면 오픈 마켓에 나온다. 전통적으로 메이커스 마크Maker's Mark, 짐 빔Jim Beam, 에번 윌리엄스Evan Williams 통은 다른 증류주 양조장에 인기리에 팔렸고, 그 결과 테킬라, 럼주, 심지어 스카치를 숙성시키는 데도 사용되었다.

수십 년에 걸쳐 맥주 양조장들은 중고 버번 통을 사들였다. 2~3개월, 때로는 단 2~3주면 맥주는 버번 통 안에 남아 있던 풍성한 바닐라 향을(그리고 갓 비워진 통이라면 알코올 도수도) 충분히 낚아채 온다. 모든 맥주가 이런 혁신에 적합한 것은 아니다. 라거, 필스너, 쾰쉬 같은 좀 더 라이트한 스타일은 버번과 오크의 풍미에 압도당한다. 변신에 적합한 후보군은 앨러거시 양조장이 짐 빔 통에서 숙성시켜 퀴리외Curieux로 출시하는 자극적인 트리펠 같은 좀 더 고도수의 맥주다. 버번과 위스키 통은 묵직한 발리와인이나 건장한 임페리얼 스타우트 같은 다크 색조 맥주에 좀 더 흔하게 쓰인다.

오늘날 버번 통에 맥주를 숙성시키는 결합 공정은 해변에 널린 조개껍질처럼 흔하다. 켄터키 주 루이빌의 블루그래스 양조회사는 실키하고 훈제 향이 밴 버번 배럴 스타우트Bourbon Barrel Stout를 증류주를 담갔던 오크 통에서 60일 내지 90일 동안 숙성시킨다. 이것은 전혀 어려운 일이 아니다. 파운더스 양조회사는 초콜릿과 커피 향이 스며든 KBS(켄터키 브렉퍼스트 스타우트Kentucky Breakfast Stout)를 버번 통에 넣고 동굴에서 1년간 숙성시킨다. 하비스토운 브루어리는 이 방법을 스코틀랜드에 맞게 적용해 자사의 올라 두브 스페셜 리저브Ola Dubh Special Reserve('검은 오일black oil'이라고도 한다)를 12년, 16년, 30년, 심지어 40년까지 하이랜드 파크 싱글 몰트 스카치위스키 오크 통에서 숙성시킨다.

버번과 맥주의 조합 공정을 처음 도입한 양조장은 시카고의 구스 아일랜드다. 1992년 이 양조장은 1천 회의 생산분에 다가서고 있었다. 이런 기념비적인 일을 기념하기 위해 수석 양조장 그레그 홀은 고관세 스타우트를 양조했다. 이 스타우트는 짐 빔 중고 통에서 숙성되었고, 백 일 후 버번 카운티 스타우트Bourbon

County Stout라는 이름이 붙었다. 이 고도수의 잉크색 묘약은 범주를 정할 수 없었다. 말 그대로였다. 1992년 미국 맥주대축제(GABF)에서 이 맥주는 기존 스타일을 고수하지 않았다는 이유로 실격했다. 그러나 한때 틀에서 벗어났다고 찬밥 신세였던 것이 이젠 찬양받는 스타일이 되어 나무와 대형 통 숙성 맥주, 사우어 비어, 스트롱 비어, 스트롱 스타우트 등 별도의 네 가지 GABF 범주가 탄생하는 데 큰 공헌을 했다. 버번을 담갔던 오크 통으로 실험할 수 있는 양조가의 능력은 켄터키에서 발원하는 브라운 색의 버번 강(江)만큼이나 끝이 없다.

나무의
넓은 세계

위스키와 버번 통이 통 숙성 분야를 지배할 순 있지만 그렇다고 이런 통만 사용되는 것은 아니다. 샤르도네, 브랜디, 럼, 포트, 피노 누아르를 숙성시키는 데 사용되는 통 역시 나름의 유통기한이 있다. 통을 채울 때마다 바닐라와 오크의 풍미가 감소되기 때문에, 와인이나 증류주 양조장은 지금까지 원하는 결과를 얻었던 나무통을 결국 폐기해야 한다. 그러나 와인이나 독주를 담

갔던 폐기 처분받은 나무통이 맥주가 가진 모든 잠재력을 끌어내는 열쇠가 될 수도 있다.

노스캐롤라이나의 마더 어스 양조회사는 윈도 페인Window Pane 시리즈를 위해 지역에서 생산되는 과일(블랙베리, 무화과, 라즈베리, 복숭아)로 맥주를 발효시킨 다음 최장 3개월 동안 브랜디나 샤르도네 또는 피노 누아르의 중고 통에서 숙성시킨다. 특히 피노 누아르 통은 오리건의 오크서 양조회사에서 총애하는데, 이 양조장은 체리가 들어간 스리즈 누아르Cerise Noir와 맛깔나게 시큼한 스쿠컴척 와일드 에일Skookumchuck Wild Ale 같은 일회성 제품을 만든다(Class 10에서 배우겠지만, 와일드 에일이나 사우어 에일을 만드는 양조장은 오래된 통을 더 선호하는데 이

증류주란 바로 이런 것

위스키는 발효 맥아즙, 즉 워시wash(효모가 첨가되어 발효가 시작되거나 끝난 상태의 발효액-옮긴이)로 생을 시작하는데, 워시는 보리 맥아, 물, 효모로 만들어 증류한 뒤 보통 숙성을 거친다. 유일하게 홉만 원료에서 빠져 있다. 이후 맥주와 위스키는 오직 바에서만 다시 마주친다. 그런데 최근 맥주 양조가들은 증류주 양조 일까지 이중의 일을 해내기 시작했고, 증류주 양조가들은 또 그들대로 맥주 양조가처럼 일하기 시작했다. 캘리포니아의 앵커 양조회사는 빈티지 위스키 재현 전문이다. 미시건 주의 뉴홀랜드 양조회사는 증류액에 홉을 투입해 맥주에서 영감을 받은 브루어즈 위스키즈Brewer's Whiskeys 라인을 생산한다. 반대로 내슈빌의 코세어 아티즌 디스틸러리Corsair Artisan Distillery는 임페리얼 스타우트, 펌프킨 에일, 심지어 화이트비어의 레시피에 따라 증류주를 생산하고, 시에라 네바다 양조회사에서 공급하는 스모키 브라운 에일은 캘리포니아 앨러미다의 세인트 조지 스피리츠St. George Spirits가 싱글 몰트 위스키로 변신시킨다.
이런 경향과 맥을 같이하는 것으로 병입 직전의 맥주를 증류기로 보내 맥주와 독주를 한 병에 담는 방법이 있다. 독일의 G. 슈나이더 앤드 손 양조회사는 바나나 향의 슈나이더 아벤티누스Schneider Aventinus 도펠보크를 슈라믈Schraml 증류주 양조장에 보내 증류시켜 에델스터 아벤티누스Edelster Aventinus를 생산한다. 일본의 키우치 브루어리는 히타치노 네스트 화이트 에일을 키우치 노 시주쿠Kiuchi No Shizuku로 변신시킨다. 독일의 우에리게 양조장은 자사의 스트롱 브라운 에일인 슈티케Sticke와 도펠슈티케Dopplesticke를 증류시켜 각각 슈티쿰Stickum과 슈티쿰 플러스Stickum Plus를 생산한다. 이런 스타일 중에서 나는 캘리포니아의 차베이Charbay 증류주 양조장에서 생산하는 제품을 총애한다. 차베이는 비어 리퍼블릭의 레이서 5 IPARacer 5 IPA(내가 무인도로 가져갈 IPA 중 하나)를 공급받아 더블드 앤드 트위스티드 라이트 위스키Doubled & Twisted Light Whiskey와 숙성된 R5 홉 플래버드 위스키R5 Hop-Flavored Whiskey로 변신시킨다. 지독하게 취하고 싶은 홉 중독자에게는 천국이다.

알딸딸한 아침식사를 찾고 있는가? 블리스BLiS는 버번 통에서 메이플 시럽을 숙성시키고, 미쿠니Mikuni의 노블 토닉 01Noble Tonic 01 메이플 시럽은 뉴욕의 투탈타운 스피리츠Tutjilltown Sprits를 숙성시켰던 중고 통에서 잠을 잔다.

★ ★ ★

구스 아일랜드 양조회사의 버번 카운티Bourbon County는 커피부터 카카오 씨 떡잎, 벚나무 껍질, 심지어 입에 불이 나게 하는 고스트 페퍼에 이르기까지 온갖 것을 넣은 수많은 버전을 생산해왔다.

★ ★ ★

각각의 나무통은 지문만큼이나 독특하고 저마다 다른 특성을 발휘한다. 통일성을 위해 많은 양조장들은 서로 다른 생산분을 블렌딩한다. 그중 테킬라 통은 멕시코의 증류주 양조장들에서 다 부서질 때까지 사용하기 때문에 특히 구하기 힘들다.

런 통은 미소식물군을 배양하는 데 최적이기 때문이다). 브랜디를 좋아한다고? 캘리포니아에 위치한 코로나도 양조회사의 꿀이 첨가된 배럴 에이지드 발리와인Barrel-Aged Barley Wine이나 캡틴 로런스 양조회사의 골든 딜리셔스 Golden Delicious 트리펠을 시음해보라. 모두 사과 브랜디 통에서 숙성되는 것들이다. 대서양 너머 노르웨이의 한브뤼게리트Haandbryggeriet('크래프트 양조장'이란 뜻)에서는 자사의 노르위전 포터Norwegian Porter를 애쿼비트 통에서 마무리한다.

어떤 독주를 선택하든 그 술은 틀림없이 오크 향에 푹 절어 있다.

시음해볼 만한
9가지 훌륭한 나무통 숙성 맥주

1. 이클립스Eclipse
피프티 피프티 양조회사 Fifty Fifty Brewing Co.
ABV: 9.5%

자사 임페리얼 스타우트의 많은 수요를 촉진하기 위해 캘리포니아 트러키에 위치한 이 양조장은 '이클립스 퓨처스Eclipse Futures' 프로그램을 운영한다. 맥주가 병으로 포장되기 전, 고객이 50퍼센트의 계약금을 내고 미리 이 제품을 예약할 수 있게 하는 제도가 바로 그것이다. 매년 12월에 출시되는 모든 이클립스 생산분은 적어도 6개월 동안 리튼하우스 라이Rittenhouse Rye, 포 로지즈Four Roses, 엘리야 크레이그Elijah Craig, 버펄로 트레이스Buffalo Trace 같은 버번과 위스키 등을 담았던 오크 통에서 숙성된다.

2. 리저브 시리즈 홉 갓
Reserve Series Hop God
네브래스카 양조회사 Nebraska Brewing Company
ABV: 10.1%

버번 통에서 맥주를 숙성시키면 오크와 알코올이 풍미 게임에서 주전으로 활약하면서 프로 레슬링 선수가 정해진 적수를 대하듯 맥주를 쉽사리 압도해버릴 위험이 있다. 하지만 프랑스의 오크 샤르도네 통에서 6개월 동안 숙면을 취하는 시트러스 향의 벨기에 IPA인 특별한 버전의 홉 갓의 경우는 전혀 다르다. 홉 갓은 나무 안에서 잠을 자면서 달콤한 타닌과 열대 과일의 복합성, 여기에 보충해서 포도의 특성을 갖게 된다. 천국의 맛이다.

3. 자이 알라이 에이지드 온
화이트 오크Jai Alai Aged On White Oak
시거 시티 양조장 Cigar City Brewing
ABV: 7.5%

플로리다 주, 탬파의 최고 양조업체인 시거 시티 양조장의 양조가인 웨인 웸블스는 나무라면 사족을 못 쓴다. 그는 시큼하고 새콤한 맛을 내주는 스페인 향나무와 레몬나무, 포도나무같이 의외의 목재로 실험하길 좋아한다. 나는 화이트 오크와의 짧지만 알찬 정사로 변화된 송진 향의 열대 IPA인 자이 알라이에 깊이 빠져 있다. 화이트 오크를 통해 약간의 드라이함을 주는 타닌의 복합성이 발현되며, 홉의 쌉쌀함, 그리고 허브인 딜dill과도 묘하게 조화를 이루는 바닐라 향이 강하게 느껴진다.

4. 다크 애퍼리션Dark Apparition
재키 오즈 펍 앤드 브루어리
Jackie O's Pub & Brewery
ABV: 10.5%

1990년대 말, 애선스의 오하이오 대학에 다니던 시절에 오훌리즈O'Hooley's는 따분한 브루펍이었다. 하지만 이후 재키 오즈Jackie O's로 변신하더니, 브루마스터 브래드 클라크가 사우어 에일과 통 숙성의 고도수 괴물로 국민적 돌풍을 일으켰다. 버번 통에서 숙성된 씹듯이 마시는 술, 다크 애퍼리션 러시안 임페리얼 스타우트의 한정판 버전이 바로 그것. 클라크는 정기적으로 브루펍에서 보석과도 같은 다른 통 숙성 제품을 많이 생산해낸다. 방문하기 좋은 시기는 오하이오 브루 위크Ohio Brew Week 기간이다.

5. 팔로 산토 마론Palo Santo Marron
도그피시 헤드 크래프트 브루드 에일즈
Dogfish Head Craft Brewed Ales
ABV: 12%

절대 쉬운 길을 택하지 않기로 소문난 델라웨어의 도그피시 헤드는 파라과이의 팔로 산토 목재로 금주령 이후 가장 큰 목제 탱크인 1만 갤런들이 발효조를 만들었다. 남미의 와인 제조업체에서 종종 사용하는 이 목재는 메이플 시럽처럼 미끄러져 내려가는 달콤하고 끈적한, 볶은 풍미의 적갈색 에일에 캐러멜과 바닐라 향을 듬뿍 더해준다.

6. 복서즈 리벤지 Boxer's Revenge

제스터 킹 크래프트 브루어리

Jester King Craft Brewery

ABV: 10.2%

텍사스는 여러 가지 족쇄 같은 법 때문에 크래프트 맥주 분야에서는 뒤처져 있었다. 그런데 잇따라 등장하는 혁신적인 양조장이 유행을 재빨리 따라잡고 있는데, 그중에서도 오스틴 지역의 제스터 킹이 독보적이다. 이 양조장은 통 숙성의 사우어 세종 맥주인 다스 분더킨트!Das Wunderkind!와 농가 스타일의 블랙 메탈 Black Metal 임페리얼 스타우트 같은 탁월한 시골풍 에일을 만든다. 여기서 소개하는 복서즈 리벤지는 복서의 맥주다. 강력한 도수의 '저장 에일'(프랑스 벨기에 접경 지역 근처의 농가 양조장에서 전문적으로 생산한다)로, 프랑스 오크 와인 통에서 숙성되며 여러 브레타노미세스 효모 변종과 함께 향기로운 캐스케이드, 콜럼버스, 이스트 켄트 골딩스 홉이 들어간다.

7. 제이 시리즈 J Series

투 브라더스 양조회사 Two Brothers Brewing Co.

ABV: 다양함

일리노이의 두 형제(짐 에벨과 제이슨 에벨, Js는 두 형제의 이름을 딴 것)는 프랑스 오크 통(거대한 목제 탱크)에서 맥주를 4주간 숙성시켜 제이 시리즈를 내놓는다. 이들 형제는 다음의 두 가지 훌륭한 에일에 바닐라와 오크의 깊고 복잡한 풍미를 더했다. 롱 홀 세션 에일 Long Haul Session Ale은 맥아의 특성이 약한 하루짜리 음료(ABV가 겨우 4.2퍼센트다)이며, 청량한 꿀맛의 레지스턴스 IPA Resistance IPA는 솔과 시트러스, 오크 향이 넘쳐흘러 끝까지 그 풍미가 남는다.

8. 빅 우디 발리와인

Big Woody Barleywine

글레이셔 브루하우스 Glacier Brewhouse

ABV: 10.75%

만약 글레이셔 브루하우스가 알래스카의 앵커리지가 아닌 다른 곳에 있었다면 사람들은 이 양조장의 통 숙성 맥주를 찬양하기 위해 찬송가라도 만들었을 것이다. 글레이셔 양조장 바로 아래에는 서늘한 지하 저장고가 비밀스럽게 자리해 있다. 이곳에는 전 세계에서 공수해온 오크 통을 부착해 만든 이른바 '나무 벽 Wall of Wood'이 있는데, 여기에 시큼한 람빅 스타일 에일과 오트밀 스타우트, 더블 IPA, 빅 우디 등 적어도 50가지의 특별 시판 맥주가 저장돼 있다. 영국 보리를 듬뿍 써서 만든 이 깊은 과일향과 맥아향의 발리와인은 짐 빔 버번과 나파 밸리 Napa Valley 와인 통에서 적어도 1년간 숙성된다. 알래스카행 비행기는 예약할 가치가 있다.

9. 우드컷 시리즈 Woodcut Series

오델 양조회사 Odell Brewing Company

ABV: 다양함

2007년 콜로라도의 포트 콜린스에 위치한 이 양조장은 켄터키의 캔턴 쿠퍼리지로부터 살짝 구운 새 오크 통을 사들여 우드컷 시리즈를 개시했다. 우드컷 시리즈 양조의 핵심은 통의 자연적인 타닌과 미묘한 바닐라 향을 끌어내는 것. 지금까지 오델은 골든 에일, 크림슨 에일, 더블 강도의 메르첸 라거(전형적인 옥토버페스트 맥주), 벨기에 스타일 쿼드루펠 등 6가지 우드컷 제품을 출시했다.

몽환의 축제,
통 숙성 비어 페스티벌

다음에 소개하는, 오크 향이 흠씬 밴 최고의 맥주 축제에 가보면 나무의 매력에 흠뻑 빠져들 것이다.

나무통으로부터From the Barrel

- 캘리포니아 주, 산타마가리타
- firestonebeer.com

금주령 폐지 기념일을 축하하기 위해 파이어스톤 워커 사는 켄터키 버번, 캘리포니아의 센트럴 코스트 와인을 비롯해 더 브루어리, 뉴 벨지엄, 밸러스트 포인트 등의 양조장에서 만든 희귀한 맥주 등 미국 최고의 통 숙성 신주(神酒)와 에스파냐 전채 요리인 타파스를 짝지어 내놓는 행사를 기획한다.

나무와 통 숙성 맥주 페스티벌
Festival of Wood and Barrel Aged Beer

- 일리노이 주, 시카고
- illinoisbeer.com

2003년부터 일리노이 크래프트 맥주 양조업체 조합은 나무통 숙성 맥주만 전문으로 취급하는 미국 최대의 축제를 개최해왔다. 과일 맥주, 시큼한 야생 효모 맥주, 스트롱 포터/스타우트 같은 부문에서 상을 받은, 미 전역에서 모인 150가지 이상의 맥주를 기대해도 좋다.

익스트림 맥주 페스티벌
Extreme Beer Fest

- 매사추세츠 주, 보스턴
- beeradvocate.com/ebf

비어 애드버킷Beer Advocate 직원들의 고도수 맥주를 위한 연례행사 중 가장 인기 있는 프로그램은 '통 맥주의 밤Night of the Barrels'이다. 60가지 이상의 오크 통 숙성 희귀 맥주와 유명 양조업체의 '우드 패널'이 선을 보인다.

웨스트 코스트 통 숙성 맥주 페스티벌
West Coast Barrel Aged Beer Festival

- 캘리포니아 주, 헤이워드
- the-bistro.com

매년 가을, 비스트로Bistro(자칭 "최고 도수 맥주와 생음악의 본산")는 바비큐와 밴드, 60가지 이상의 통 숙성 맥주가 주축이 되는 축하 행사를 주최한다. 모든 맥주를 시음해볼 수 있도록 친구를 데려갈 것.

리틀 우디 통 숙성 맥주와 위스키 페스티벌The Little Woody Barrel-aged Brew & Whiskey Festival

- 오리건 주, 벤드
- thelittlewoody.com

매년 여름 막바지에 개최되는 이 축제에서 더 슈츠, 10 배럴 브루잉, 닌카시, 오크셔 등 오리건 주 최고의 양조회사들은 일회성 통 숙성 맥주를 내놓는다. 좀 더 도수 높은 맥주를 좋아하는 사람들을 위해 소량으로 계획 생산한 증류주 컬렉션을 제공하기도 한다.

스톤 오크퀴녹스Stone Oakquinox

- 캘리포니아 주, 에스콘디도
- stoneworldbistro.com/oakquinox

맥주 전문가 빌 사이삭 '박사'는 컨 리버, 더 로스트 애비, 벨기에의 3 폰타이넨3 Fonteinen 등 컬트적인 양조장에서 만들어낸 백 가지 이상의 희귀 맥주를 익살스러운 컬렉션으로 구성한다. 들이켜는 재미는 오전 10시에 시작된다. 미국에서 통 숙성 맥주 컬렉션으로 이보다 더 호화로운 축제는 찾아보기 힘들다.

인상이 절로 구겨지는 신맛

사우어 에일과 와일드 에일

All About Beer

인간의 코는 훌륭한 경고 시스템이다. 우리는 유통기한이 지난 우유에서 톡 쏘는 냄새가 확 느껴지면 하수구에 부어버리고, 지난주에 먹다 남은 고기 조각에서 곰팡이 냄새가 나면 쓰레기통에 바로 던져버린다. 상한 맥주도 냄새로 알 수 있다. 나는 햇빛에 노출되어 최고의 순간을 놓치는 바람에 페페 르 퓨(프랑스 루니툰스 애니메이션의 낭만적인 스컹크 캐릭터—옮긴이)보다 더 독한 방귀 냄새를 풍기는 라거를 수도 없이 따보았다(상한 맥주를 마신다고 장염에 걸리지는 않지만 미뢰가 분명 거부반응을 일으킬 것이다). 하지만 후각이 아무리 민감한 사람도 혼동하는 냄새가 하나 있다. 바로 시큼한 냄새. 시큼한 냄새는 흔히 썩은 것으로 인식되지만, 양조업자의 숙련된 손을 거친 사우어 에일은 최고 품질의 와인만큼 복합적이고 숭고하다.

사우어 에일은 하나의 큰 장르로서, 광범위하고 색다른 맥주 스타일, 양조 기술과도 연관이 있다. 수세기 동안 사우어 에일은 독일의 거의 알려지지 않은 베를리너 바이세와 고제는 물론 시큼한 람빅과 체리 향이 우러난 크릭 같은 벨기에 맥주와 동일시되었다. 현재 미국 양조업체는 미국 내의 열정적인 과학자들을 동원해, 브레타노미세스같이 다루기 힘든 야생 효모와 페디오코쿠스, 락토바실루스 등의 박테리아를 발효나 숙성 과정 중에 맥주에 투입한 다음 나무통에서 잠을 재워서 이들이 산성의 마법을 부릴 시간을 제공한다.

어둡고 축축한 나무통 안에서 미생물은 설탕과 탄수화물을 먹어치우기 시작한다. 수개월 또는 종종 수년에 걸쳐 이 미생물은 맥주의 DNA를 변화시켜 PH 레벨을 바꾸고, 인상을 일그러뜨리는 시큼함, 그리고 아주 좋게 표현해서 농장 마당에서 즐겁게 뛰노는 느낌을 연상시키는 흙 내음의 독특한 풍미를 서서히 생성한다. 구린내 나는 치즈와 마찬가지로 이런 에일은 매력적이긴 해도 마시기가 쉽지 않다. 하지만 첫 충격이 가라앉고 나면 샴페인 같은 거품, 상쾌하게 싸한 냄새, 입안을 씻어주는 신맛, 그리고 양조가가 신맛을 보완하고 균형감을 주기 위해 집어넣은 신선한 과일(복숭아, 라즈베리, 체리 등)의 자연스러운 단맛 등 묘하게 매력적인 요소들이 은근히 발현된다.

이제 사우어 맥주의 달콤한 과학을 소개한다.

상한 음료

사우어 에일은 시간과 인내, 고의적인 미생물 감염의 산물이다. 이 과정은 일반적인 양조 공정에는 위배된다. 대체로 양조가들은 그 장비를 외과 수술실에서만큼이나 무균 상태로 관리해, 원하는 풍미의 특성을 향해 효모가 엄격히 정해진 대로 발효 행진을 하도록 유도한다. 양조 환경과 공정이 정확히 갖춰지면, 효모는 조립 생산 라인의 작업자처럼 자동으로 일을 진행한다. 그런데 엉뚱한 박테리아나 곰팡이가 이 과정 중에 침입하면 양조 작업을 망쳐놓을 수 있다. 풍미와 아로마는 시큼하고 지독한 악취가 나는 방향으로 갑자기 내달린다. 이는 감염되었음을 알리는 숨길 수 없는 징후다.

하지만 균형 잡힌 제대로 양조된 맥주의 경우, 이런 원치 않던 풍미가 종종 바람직하게도 복합적인 풍미를 더해줄 수 있다. 방법은 이런 미생물 마법사를 적정 비율로 투입해 적합한 환경(보통 나무통)을 조성한 다음 기다리는 것이다. 그리고 나서도 조금 더 기다려볼 것. 2~3주 만에 병입이 가능한 정상 맥주와 달리, 사우어 맥주는 1년, 어떤 경우는 2~3년 숙성된 후에야 소비자에게 간다.

거친 여정

시큼함으로 가는 길은 직선 도로가 아니다. 험한 경로 중 하나는 젖산 박테리아다. 이런 미생물군에는 락토바실루스와 페디오코쿠스가 있는데 이들은 젖당과 설탕을 여러 발효 식품의 시큼한 맛의 열쇠인 젖산으로 전환시킨다. 젖산에 의해 양배추는 양배추 김치인 사우어크라우트가 되고 오이는 피클로 변한다. 우유는 요구르트, 케피어(우유 발효 음료-옮긴이), 산패유, 치즈로 변신한다. 맥주의 경우, 젖산의 존재는 일반적으로 제품 불량과 부패의 신호로 본다. 그래서 젖산이 함유된 맥주는 시큼한 맛이 오래 남는다.

하지만 젖산 박테리아, 그중에서도 락토바실루스는 환영받는 친구가 될 수도 있다. 이 박테리아는 발효의 산물로 드라이하고 톡 쏘는 특성을 만드는데, 이는 바로 소금을 넣은 고제와 베를리너 바이세 같은 독일 에일과 벨기에에서 탄생한 플랜더스 레드 에일, 브라운 에일(이들 에일에 대해 자세히 알아보려면 계속 읽을 것)의 대표적인 풍미다. 락토바실루스 박테리아가 생성하는 사우어 에일은 입안을 오싹하게 하지만 절대 혀를 꼬아놓지는 않는다. 맥주의 PH가 일정한 수준에 도달하면 박테리아가 복제를 멈추기 때문이다. 비유하자면 오후 5시 작업 마감 호루라기가 작동하는 것.

이와 대조적으로 브레타노미세스는 쉴 새 없이 일하는 효모 세계의 일벌레라서 낮잠을 자려 하지 않는다. 종종 '브레트Brett'라고도 불리는 이 효모는 하도 일을 천천히 해서 그 모습을 드러내기까지 수개월이 걸리지만 결코 쉬지는 않는다. 브레트는 남아 있는 탄수화물과 설탕을 끊임없이 먹어치운다. 마치 끊임없이 먹을 것을 공급받는 세기의 식충 캐릭터 '팩맨Pac-Man'처럼. 너무 오래 놔두면 브레트 맥주는 묽어져서 마구간 웅덩이 물을 빨아들인 것처럼 전혀 마실 수 없는 상태가 될 수도 있다. 하지만 잘만 주시하면 브레타노미세스는 경이로움 그 자체로, 종종 '시골 마당 냄새' 또는 좀 더 일반적으로 '펑키하다'고 묘사되는, 묘하게 끌리는 쾌쾌한 듯한 홉 내음을 선사한다. 이 야생 효모는 풍미 쇼의 스타 자리에 어울리기보다는 흥을 돋우는 조연 자리에 걸맞다(가끔 양조가들은 브레타노미세스와 락토바실루스, 그리고 아마도 페디오코쿠스를 함께 사용해 시큼하고 펑키한 역작을 만들어낸다).

브레타노미세스는 발효 또는 끓이는 공정에서 맥주에 직접 투입할 수 있지만, 숙성을 위해 브레트가 우글거리는 오크 통에 맥주를 넣으면 종종 부패가 일어난다.

와일드 에일과 사우어 맥주의 세계를 깊이 파헤치고 싶다면 제프 스패로의 《와일드 맥주Wild Brews》를 읽어볼 것.

효모는 어둡고 축축하며 산소 침투가 가능한 나무를 아주 좋아하며, 일단 나무 속에 잠복했다면 세계 최악의 투숙객처럼 계속 죽치고 있다.

미연에 화를 방지하라

독특한 와일드 에일과 사우어 비어를 사라고 소비자를 설득하는 일 외에 양조업체가 겁내는 최대 난관은 맥주의 부패. 브레타노미세스는 일단 캐스크의 축축한 틈에 잠복하거나 병 제조 공정 라인에 투입되면 좀처럼 암살되지 않는 강인한 놈이다. 그래서 포자 하나라도 잘못되면 일반 맥주 생산 분량을 전부 망칠 수도 있다. 이 때문에 양조가들은 거의 강박증 환자처럼 광적인 세정 절차를 따른다.

안녕, 꼬마 친구들

사우어 에일과 와일드 에일을 만드는 데 책임을 다하는 박테리아와 효모를 만나보자.

락토바실루스Lactobacillus

(우유를 부패시켜 요구르트를 만드는) 이 박테리아는 베를리너 바이세와 소금이 들어간 고제 같은 독일 사우어 에일, 그리고 벨기에 스타일의 플랜더스 레드 에일과 브라운 에일을 만드는 데 자주 사용된다. 락토바실루스의 발효로 젖산이 만들어지는데, 이 젖산 덕분에 맥주에 드라이하고 톡 쏘는 맛이 생성된다.

페디오코쿠스Pediococcus

(산소 없이도 생존하는) 이 혐기성 박테리아는 디아세틸이라는 부산물을 생성하는데, 이 물질이 버터스카치와 버터 같은 풍미를 만든다(버터 대체물질을 만드는 데 사용된다). 디아세틸은 시간이 지나면서 재흡수되어(종종 굶주린 브레타노미세스의 도움으로) 상쾌한 신맛을 생성한다. 페디오코쿠스는 많은 양의 젖산을 만든다.

브레타노미세스Brettanomyces

천천히 자라고 좀처럼 죽지 않는 이 야생 효모는 지칠 줄 모르는 식욕으로 다른 효모는 맛없어하는 당질복합체와 탄수화물을 먹어치우는 등 유리병 빼고 거의 모든 것을 먹는다. 흙 내음과 말 냄새, 가죽 비슷한 냄새가 나는 것은 이 효모가 배후에 있기 때문이다. 양조가들은 이 효모를 말 그대로 경외하는데, 이 효모가 있으면 와인이 부패한다고 생각한다. 브레타노미세스는 과일 껍질을 먹고 살며, 사우어 비어에 존재할 수 있지만 시큼한 맛의 생성을 책임지진 않는다.

IN ILLA BRETTANOMYCES, NOS FIDES

캘리포니아 남부, 로스트 애비의 맥주 저장실 입구에는 라틴어 현판이 하나 걸려 있다. 대충 번역하면 '야생 효모를 우리는 믿습니다'라는 뜻. 이 저장실 통에는 미국 최고 품질의 와일드 에일이 저장되어 있다.

벨기에 사우어 에일과
와일드 에일

진짜 '신맛'을 보고 싶다면 벨기에 여행 상품을 예약해야 한다. 이 곳은 사우어 에일과 와일드 에일의 본산이며, 다른 양조업체들이 감염된 맥주에 등을 돌린 뒤로도 오래도록 이들 맥주를 계속 육성했다. 자, 이제부터 복합적인 풍미를 가진 맥주 씨족을 만나보자.

LAMBIC   람빅

모든 맥주에서 고동치는 심장에 해당하는 핵심 요소는 효모로, 아로마와 풍미를 이끄는 대단한 드라이버다. 오늘날 양조업체들은 복제성 풍미를 전달할 수 있는 순수 배양 효모에 의존하는데, 이는 코펜하겐의 칼스버그 연구소에서 근무했던 에밀 크리스천 핸슨 박사가 남긴 유산이다. 핸슨 박사는 양조효모에 박테리아와 곰팡이가 수두룩하다는 루이 파스퇴르의 연구 결과를 기초로 삼았다. 그는 양조에 유용한 효모는 두세 종에 불과하다는 사실을 알아냈고 이들을 분리해서 번식시키는 기술을 개발했다. 이 기술은 1883년 칼스버그 양조장에서 처음 적용되었다.

효모는 마침내 길들여졌지만 모든 양조가가 효모의 비예측성을 포기한 것은 아니었다. 양조의 황량한 서부 시대, 즉 모든 맥주가 나무통에서 숙성되고 종종 제멋대로 들어온 효모와 부패를 일으키는 박테리아에 의해 뜻하지 않게 감염되었던 시대의 잔유물 중 마지막으로 남아 있는 유산이 벨기에의 람빅이다. 브뤼셀과 브뤼셀 서쪽의 주로 농촌 지역인 센 밸리의 특산품은 자연발효된 에일이었는데, 그 기원은 핸슨과 파스퇴르가 등장하기 수세기 전으로 거슬러 올라간다. 이 지역

단어의 유래

람빅Lambic은 아마도 렘베크Lembeek에서 유래한 것으로 보이는데, 이곳은 브뤼셀 근처의 람빅 양조 시의회 단체다. 이와 달리 알람빅Alambic이라 부르는 증류기나 '홀짝거리며 마시다'라는 뜻의 라틴어, 람베레Lambere에서 이 단어가 유래했다는 설도 있다.

농장에서 탄생하고 풍부한 지역 농작물로 양조된 람빅은 그 후 약 5백 년간 존재했고, 그 기간 동안 스타일은 거의 변하지 않았다. 이 시골풍 에일은 오늘날에 와서 적어도 30퍼센트의 비맥아 밀로 양조되며 나머지 원료는 보리 맥아로 구성된다.

람빅 양조 초기 단계에는 일반적인 양조 공정에 따라 곡물을 끓여 맥아즙(나중에 맥주가 되는 당분이 풍부한 죽)을 만들고 홉을 추가한다. 일반 양조가들은 전형적으로 신선하고 톡 쏘는 맛의 홉을 선호하는 반면, 람빅 양조가는 쌉쌀한 맛과 아로마는 잃었지만 방부제의 위력은 그대로 간직한, 오래되고 퀴퀴한 냄새의 홉을 선호한다.

람빅을 제조하는 과정은 다음과 같다. 뜨거운 맥아즙은 재빨리 적절한 온도로 식혀서 효모를 투입한다. 람빅의 경우, 김이 모락모락 나는 맥아즙을 '냉각조'라 불리는 깊이가 얕은 대형 쟁반으로 옮겨 밤새도록 냉각시키되, 창문은 활짝 열어놓는다. 이때 미생물 효모와 박테리아가 바람을 타고 냉각조로 날아들어 맥아즙으로 들어간다(람빅은 대략 10월부터 5월까지만 양조되는데

시큼한 단어 총정리

라벨을 자세히 살펴볼 것. 다음의 단어가 적혀 있다면, 각각의 병 안에 어떤 풍미가 숨어 있을지 짐작될 것이다.

카시스Cassis 블랙커런트로 발효시킨 람빅.
파로Faro 설탕으로 단맛을 내고 살균 처리해 맥주의 지속적인 발효를 방지한, 비교적 흔치 않은 블렌딩 람빅.
프랑부아즈Framboise 라즈베리로 발효시킨 람빅 또는 플랜더스 에일.
크릭Kriek 시큼한 체리로 발효시킨 람빅 또는 플랜더스 에일.
페슈Pêche 복숭아로 발효시킨 람빅.
폼Pomme 사과로 발효시킨 람빅.

앨러거시 양조회사는 메인 주 포틀랜드의 자사 양조장에 전통 방식의 냉각조를 설치해 람빅 스타일의 사우어 맥주 제품군을 생산한다.

이는 찌는 듯한 여름 날씨에는 잘못 감염될 위험이 있기 때문이다). 효모, 박테리아 같은 야생 생물은 발효의 시동을 거는 데 도움이 될지 몰라도 이들만으로는 소비자의 입까지 가는 여정에서 맥주를 지켜내는 데 한계가 있다. 일단 효모가 들어간 맥아즙은 나무통으로 옮기는데, 나무통 안은 시큼한 맛을 내는 박테리아와 설탕 연회를 위해 잔뜩 굶주린 브레트 군단으로 들끓는다.

발효가 진행되는 동안 양조업자는 잠시 손을 놓는 다. 람빅은 저만의 달콤한 시간 동안 발효를 끝내고 복 잡하고 시디신 풍미의 특성을 발현한다. 대부분의 람 빅은 곧바로 제공되지 않는다. 그럴 경우 식초 한 잔을 마시는 듯한 경험을 하게 될 터. 대신 람빅은 체리, 라 즈베리, 블랙커런트, 복숭아처럼 신맛을 달콤하게 달 래주는 과일과 함께 발효시킨다. 다른 방법으로 1년산, 2년산, 3년산의 람빅 생산분을 한데 섞어 병으로 포장 하면 내용물이 계속 숙성되고 발효될 수 있다. 괴즈라 불리는 이 마지막 산물은 드라이하고 약간의 과일 맛이 나는 묘약으로 그 신맛은 인상을 절로 찌푸리게 한다.

프랑스의 샴페인처럼 진정한 람빅은 벨기에의 특정 지역에서만 생산할 수 있다. 전통을 지키는 소중한 람 빅 양조장이 몇 군데밖에 남아 있지 않기 때문인데, 그 중 가장 추앙받는 곳은 캉티용 양조장이다. 이 양조장 에서는 시큼한 람빅을 1900년부터 만들었다. 분Boon, 린데만스Lindemans, 3 폰타이넨 양조장 역시 탁월한 람 빅을 양조한다. 아우트 베이르셀Oud Beersel은 타지의 맥아즙을 공수해와 양조장 통에서 감염시킨다. 이 밖 에 한센스 아르티사날Hanssens Artisanaal과 괴즈리 틸캥 Gueuzerie Tilquin 같은 일부 양조장은 맥주를 양조하지 않는 대신 숙성된 람빅을 여러 종류 구한 다음 이들을 섞어서 최종 제품을 만든다. 맛은 있지만 점차 사라져 가는 예술 같은 공정이다.

유행처럼 번지는 자연발효

자연발효라는 개념은 벨기에에만 있는 게 아니다. 람빅 제조업체의 주도 아래 전 세계, 특히 미국의 양조업체들은 자사의 맥아즙에 자연 미생물을 투입한다. 시큼하고 펑키한 맥주는 람빅이라는 이름을 붙일 수 없지만 벨기에 에일을 각별히 기분 좋게 만들어주는 그 특성은 동일하게 가지고 있다.

캘리포니아의 러시안 리버 양조회사 브루마스터인 비니 칠루조(더블 IPA의 대가이기도 하다)는 드라이하고 신랄한 시트러스 향의 뷰티피케이션Beatification이라는 자연발효 소남빅Sonambic(소노마Sonoma에서 만든 람빅)을 양조한다. 매사추세츠, 케임브리지 양조회사의 통 숙성 전문가들은 종종 자연발효 실험을 한다. 인디애나, 블루밍턴의 업랜드 양조회사Upland Brewing Company(사우어 에일 전문 양조장을 운영한다)는 전통적인 람빅 양조 기술을 활용해, 람빅에 일반적인 과일(체리, 라즈베리)과 의외의 과일(키위, 감)을 모두 넣어 다양한 종류의 사우어 맥주를 생산한다.

냉각조 역시 인기가 조금씩 높아졌다. 메인 주의 포틀랜드에 위치한 앨러거시 양조회사는 자사 맥주 공장에 정통 냉각조(이 양조장에 관한 자세한 정보는 185쪽 참조)를 설치했다. 통 숙성의 쿨십Coolship('냉각조') 시리즈를 생산하는 첫 단계를 밟은 셈인데, 시큼한 체리와 함께 숙성되는 핑크색의 스리즈Cerise, 괴즈와 유사한 블렌딩 에일인 레수르감Resurgam이 이 시리즈에 포함된다. 오리건 주, 코밸리스의 블록 15 레스토랑 앤드 브루어리Block 15 Restaurant & Brewery는 2010년 가을에 냉각조를 설치하고 지하 저장고의 반을 와일드 에일로 채우고 있다. 이 밖에 버몬트의 힐 팜스테드 브루어리는 냉각조를 이용해 다양한 자연발효 에일을 생산하며, 워싱턴 DC의 블루재킷Bluejacket에서 생산되는 맥주에는 냉각조가 결정적인 역할을 한다.

그렇다면 의문점이 하나 생긴다. 이런 맥주는 어디에서 맛볼 수 있을까? 정답은 이들 맥주를 구하려면 지독히 운이 좋거나 철저한 계획이 필요하다는 거다. 숙성 통을 보관하려면 엄청나게 넓은 부지가 필요한데, 이 면적은 맥주 숙성에 필요한 달수와 햇수에 따라 크게 늘어나는데다 통 속 물질이 소비하기에 적합한지의 여부도 불투명하다. 출시되는 자연발효 맥주의 양은 극히 제한적인데 수요는 폭발적이라, 많은 양조장에서는 자연발효 맥주가 진열대에 오르기 훨씬 전에 이미 예약 판매를 한다. 가장 널리 유통되는 자연발효 맥주는 뉴 글래러스 양조회사의 신선하고 깔끔하며 과일 향이 진한 라즈베리 타르트Raspberry Tart인데, 오직 위스콘신 주에서만 판매된다. 실망이다. 우연히 자연발효 에일을 만난다면 재빨리 낚아채 올 것. 작정하고 사려고 나서도 헛물만 켤지도 모를 일이다.

벨기에에서 람빅을 맛볼 수 있는 최고의 장소는 브뤼셀 사람들의 사랑을 받는 뫼더 람빅Moeder Lambic이다(moederlambic.com). 시내에 두 곳이 있는데, 지하 저장고에는 이 나라에서 가장 시큼한 보물이 가득 들어차 있다.

FRUIT LAMBIC
꼭 시음해볼 두 가지

린데만스 카시스
LINDEMANS CASSIS

- 린데만스 양조장Brouwerij Lindemans
- ABV: 4%

1809년, 주로 밀과 보리를 재배하던 농부 가문, 린데 만스는 길고 긴 쌀쌀한 겨울에 람빅을 양조하기 시작 했다. 1930년경에 이르러서는 양조가 농사보다 중요 해졌고 맥주 양조가 가업이 되었다. 이는 현명한 움직 임이었다. 린데만스는 사랑스러운 크릭, 우수한 프랑 부아즈Framboise(나무딸기로 만드는 브랜디-옮긴이), 그리고 놀라움을 안겨주는 린데만스 카시스를 비롯해 탁월한 파일 람빅을 만든다. 블랙커런트는 타의 추종을 불허 하는 적보라색과 달콤함이 섞인 베리 향을 생성해 풍 미에 그대로 반영된다. 젖산의 시큼함이 달콤함의 균 형을 탁월하게 잡아주니, 디저트를 낼 때는 카시스를 곁들일 것.

로제 드 감브리누스
ROSÉ DE GAMBRINUS

- 브라스리 캉티용 양조장Brasserie Cantillon Brouwerij
- ABV: 5%

여느 평범한 맥주팡이 람빅이라는 말을 들으면 브뤼셀 의 캉티용 양조장을 찬양할 것이다. 이곳의 미생물 거 장 장피에르 반 로이는 벨기에에서 가장 추앙받는 자 연발효 방식의 음료를 생산한다. 정말로 마셔보라고 권하고 싶은 것은 로제Rosé. 신선한 라즈베리를 통째 로 넣은 오크 통에서 발효시키는 프랑부아즈로, 베리 와 흙 향의 펑키한 냄새가 나는 드라이하고 시큼한 폭 스트롯(사교댄스의 일종으로 빠르고 경쾌하다-옮긴이)이다. 로 제를 구할 수 없다고? 그렇다면 이 양조장에서 나온 병 제품으로 아무 거나 구입할 것. 어느 람빅이나 품 질이 뛰어나다.

대체 맥주 ★★★ 분 크릭 양조장Brouwerij Boon Kriek, 란케 양조장 크릭 데 란케Brouwerij de Ranke Kriek de Ranke, 아우트 베이르셀 양 조장 아우테 크릭 비에유Brouwerij oud Beersel Oude Kriek Vieille, 반 혼스브루크 N.V. 양조장 세인트 루이스 프랑부아즈Brouwerij Van Honsebrouck N.V. St. Louis Framboise, 한센스 아르티사날 아우테 크릭Hanssens Artisanaal Oude Kriek

GUEUZE
꼭 시음해볼 두 가지

아우테 괴즈 비에유
OUDE GEUZE VIEILLE

- 아우트 베이르셀 양조장Brouwerij Oud Beersel
- ABV: 6%

1892년경 설립된 람빅 제조업체, 아우트 베이르셀 양조장은 까다로운 규정상 맥아즙을 제조할 수 없지만, 발효 가능한 맥아즙(베이르셀 레시피에 따라 분 양조장에서 양조된다)의 지속적인 공급 덕분에 지금도 펑키한 아우테 괴즈 비에유를 생산해낼 수 있다. 맥아즙은 세균이 우글거리는 오크 통에 들어가 일정 시간 동안, 때로는 과일의 도움을 받아 프랑부아즈, 크릭, 그리고 앞서 소개한 무모한 탄산의 시골풍 황금빛 괴즈로 변신한다. 아우테 괴즈 비에유는 풀잎과 가죽 냄새, 풍부한 레몬 풍미, 산산조각 난 유리만큼 날카로운, 톡 쏘는 신맛이 나고 매끄러운 목넘김을 위해 약간의 달콤함이 가미되었다. 한 잔 더 주세요, 제발.

괴즈 마리아주 파르페
GEUZE MARIAGE PARFAIT

- 분 양조장Brouwerij Boon
- ABV: 8%

양조가 프랑크 분은 람빅의 생존과 부활에 없어서는 안 될 핵심 인사로, 1975년 이래 렘베크 마을의 이 오래된 양조장에서 몸 바쳐 일해왔다. 분은 능숙한 장인으로 옛 기술을 고수하고 있으며, 지역 농민과 손잡고 크릭에 넣을 시큼한 체리를 공급받는다. 내가 좋아하는 마리아주 파르페는 적어도 3년은 된 람빅으로 만드는데, 이 기간 동안 짚 색깔의 황금빛과 샴페인 거품이 생성되고 농가 마당 냄새에 전 오크 향의 아로마가 발산된다. 놀랍게도 풀바디감의 파르페는 시큼한 과일로 절제된 강한 쓴맛으로 무장하고 있으며, 통 숙성 덕분에 약간의 바닐라 향이 배어난다.

대체 맥주 ★★★ 브라스리 캉티용 양조장 괴즈 100% 람빅Brasserie Cantillon Brouwerij Gueuze 100% Lambic, 3 폰타이넨 양조장 아우테 괴즈Brouwerij 3 Fonteinen Oude Gueuze, 지라댕 양조장 괴즈 1882(블랙 라벨)Brouwerij Giradin Gueuze 1882, 린데만스 양조장 괴즈 퀴베 르네Brouwerij Lindemans Gueuze Cuvée René

플랜더스 사우어 에일

'플랑드르'로 알려진 벨기에 서부, 네덜란드어 구사 지역은 박테리아와 야생 효모로 양조하는 자연발효 맥주가 전혀 부족하지 않은 곳이다. 람빅 외에 플랜더스 지방은 레드 에일과 브라운 에일로도 유명하며, 이들은 대개 람빅과 동일한 미생물 감염을 통해 생산되지만, 람빅과 달리 우연의 산물은 아니다. 이들 형제 에일을 구분하는 방법을 알아보자.

FLANDERS RED ALE
플랜더스 레드 에일

이 선홍색 에일의 기원은 영국의 다크 포터로 거슬러 올라간다. 18세기와 19세기의 다크 포터는 영국에서 가장 인기 있는 맥주 중 하나였다. 포터는 새로 양조한 맥주와 아마도 브레타노미세스에 우연히 감염됐을, 오래 숙성되고 보다 시큼한 맥주를 블렌딩해 만들었다. 이 스타일이 인기를 끌자 벨기에 양조업자들도 손을 대기 시작했는데, 그중 가장 두각을 나타낸 곳이 1821년 플랜더스 서부 지역에 세워진 로덴바흐 양조장Brouwerij Rodenbach이다.

오늘날 벨기에 양조가들은 시큼한 맛을 내는 데 있어 운이나 해이한 위생 상태에 기대지 않는다. 플랜더스 레드 에일은 연한 색과 어두운 색의 보리 맥아를 혼합해 만들며(부드럽고 진한 성질을 부여하기 위해 종종 옥수수를 첨가한다), 이 두 종류의 맥아가 결합해 전형적인 적

갈색을 낸다. 맥아에다 양조장에서 블렌딩한 효모와 건강한 락토바실루스균 집단이 포함된 박테리아를 주입하면, 맥주는 '푸드르foudres'라고 부르는 거대한 오크 탱크에서 잠을 자며 최장 2년 동안 숙성된다. 숙성을 마친 시큼한 에일은 농도와 균형감을 위해 만든 지 얼마 안 된 맥주와 블렌딩하는 경우가 많다.

전형적인 로덴바흐Rodenbach나 뒤셰스 드 부르고뉴Duchesse de Bourgogne의 마개를 따보면 플랜더스 레드 에일이 왜 '벨기에의 버건디Burgundies of Belgium'라고 불리는지 바로 이해될 것이다. 이 복합적인 에일은 오크의 약한 타닌성을 자랑하고 과일 풍미와 날카로운 레드와인 같은 떫은맛이 드라이한 끝맛으로 보완되는데 이 드라이한 끝맛은 다음 모금의 신맛에 살짝 몸서리칠 때까지 입안에 맴돈다.

좀 더 시큼한 로덴바흐를 원한다고? 그랑 크뤼Grand Cru를 마셔보라. 그랑 크뤼는 오크 통에서 충분히 숙성된 맥주의 비율을 3분의 2로 높여 만든다. 양조가들은 도수가 높거나 좀 더 고급스러운 한정판 맥주에 '그랑 크뤼'라는 말을 붙인다.

뒤세스 드 부르고뉴
DUCHESSE DE BOURGOGNE

- 페르허 양조장Brouwerij Verhaeghe
- ABV: 6%

라벨 그림 속의 공작부인은 부르고뉴 공국Burgundy(부르고뉴 공국은 네덜란드와 벨기에, 룩셈부르크는 물론 프랑스와 독일까지 차지했던 15세기 중반의 가장 부유했던 공국-옮긴이)의 마리인데, 1482년 승마 사고로 사망했다. 이 플랜더스 레드 에일은 마리에게 바치는 헌사다. 오크 통에서 각각 8개월, 18개월 동안 숙성된 두 가지 에일을 블렌딩했다. 미숙성 맥주와 숙성 맥주의 만남(마리 역시 첫 번째 청혼을 다섯 살 때 받았다)은 경탄을 자아내며, 시큼하고 새콤한 체리 같은 펀치에 초콜릿과 달콤한 캐러멜, 그리고 와인의 신맛이 듬성듬성 뿌려진 것 같다.

로덴바흐 클래식
ROSENBACH CLASSIC

- 로덴바흐 양조장Brouwerij Rodenbach
- ABV: 5.2%

로덴바흐 클래식은 마치 보조바퀴를 단 벨기에 사우어 에일 같다. 각각의 병은 최소 2년 이상 오크 통에서 숙성된 에일 25퍼센트, 스테인리스스틸 통에서 발효된 신선한 에일 75퍼센트로 구성된다. 이런 1:3 비율을 통해 라즈베리 색의 거품과 흑설탕에 절인 새콤한 체리 향의 부케를 발산하는 적갈색의 경이로운 맥주가 탄생한다. 농익은 붉은색 과일이 첫 모금에서 그 정체를 드러내며 오크 향과 적당하게 톡 쏘는 시큼함이 동반되는 로덴바흐는 갈증을 풀어주는 주문 1순위 제품이다.

대체 맥주 ★★★ 보코르 N.V. 양조장 퀴베 데 자코뱅 루주Brouwerij Bockor N.V. Cuvée des Jacobins Rouge, 스트뤼베 이히테쳄 양조장 그랑 크뤼 플레미시 레드 에일Brouwerij Strubbe Ichtegem Grand Cru Flemish Red Ale, 페르허 양조장 비흐테나르Brouwerij Verhaeghe Vichtenaar

FLANDERS OUD BRUIN

플랜더스 아우트 브라윈

플랜더스 서부 지역은 레드 에일과 관련이 있지만 동부 지역은 자가 양조한 브라운 에일을 선호하는데, 이 에일은 아우트 브라윈, 즉 '올드 브라운'이라는 떠올리기 좀 더 좋은 이름으로 알려져 있다. 신맛이 더 강한 레드 에일에 비해 아우트 브라윈은 비교적 어두운 색의 맥아에 의존하며, 이 맥아가 토피, 자두, 무화과, 캐러멜의 풍부한 풍미를 제공한다. 달콤하고 맥아의 섬세함이 드러나지만 적절하게 시큼하며 매력적인 신맛이 날카롭게 서 있어 마치 액상 젤리인 사우어 패치 키즈Sour Patch Kids를 마시는 것 같다. 이 스타일의 계보는 1600년대로 거슬러 올라간다. 당시 올드 브라운은

저장용으로 양조하는 도수 높은 맥주였다. 이렇게 저장되는 동안 박테리아가 활동하면서 트레이드마크인 시큼한 특성이 생성되었다.

수세기에 걸쳐 올드 브라운은 알코올의 묵직함을 조금 덜어내고, 생산 방법도 박테리아라는 요행에서 기름칠 잘된 기계로 진화했다. 올드 브라운은 미생물로 들끓는 나무통을 피해 깔끔한 스테인리스스틸 통에서 좀 더 따뜻한 온도(섭씨 약 15.5도)로 발효되는 경우도 많은데, 이 경우 스테인리스스틸 통 안의 박테리아가 자극을 받아 설탕을 젖산으로 바꾸면서 유유자적 활동한다(나무통에서 숙성되는 아우트 브라윈은 플랜더스 레드 에일

람빅과 마찬가지로, 아우트 브라윈 역시 종종 체리와 라즈베리를 블렌딩하는 플랫폼으로 사용되어 각각 크릭과 프랑부아즈의 대체 제품으로 생산된다.

벨기에 플랜더스 지역을 상징하는 플랜더스의 사자 깃발.

과의 중첩성과 이 스타일의 유연성이 부각된다). 아우트 브라원 제조업체 중 가장 이름난 곳은 리프만스로, 이곳은 브라운 에일을 4개월 내지 8개월 동안 숙성시킨 다음, 여러 다른 통의 맥주와 제조한 지 얼마 안 된 미숙성 맥주를 블렌딩해 아우트 브라운을 만들고, 나아가 도수가 더 높은 가우덴반트Goudenband를 제조해 더 많은 지역에 유통시킨다.

아우트 브라원을 재현해 변화를 주려고 시도하는 미국 양조업체도 몇 군데 있다. 뉴욕의 브루어리 오므강은 리프만스와 손잡고 체리를 넣은 쥐르Zuur(네덜란드어로 '시다'라는 뜻)를 선보인다. 캡틴 로런스 양조회사는 로제 에 마로네Rosse e Marone를 만들어 상을 받았고, 오리건 주의 더슈츠 브루어리는 과일 맛이 나고 부분적으로 와인 통에서 숙성시킨 더 디시던트The Dissident를 고안해 자사의 리저브 시리즈로 판매한다. 모두 맛있지만 일단 옛날 플랜더스 에일 몇 가지를 마셔보면서 브라운의 여정을 시작하기를 권한다.

티타임

람빅을 발효 홍차인 콤부차Kombucha와 섞는다는 게 정신 나간 생각일지는 모르지만, 이 살아 있는 별개의 효모 음료 두 가지는 브레타노미세스라는 공통점으로 연결되어 있다. 시카고 소재 수입 업체인 반베르흐 앤드 데빌프Vanberg & DeWulf의 돈 페인베르흐는 콤부차를 맛본 후 불현듯 블렌딩의 묘안이 떠올랐다. 그는 벨기에 트로흐 양조장Brouwerij De Troch의 람빅 양조가와 과학자, 유기농 콤부차 생산자를 불러 모았고, 이들은 람브루차Lambrucha라는 조화로운 합일점을 만들어냈다. 람브루차는 알코올 도수가 낮으며(ABV 단 3.5퍼센트) 밝은 느낌의 시트러스의 시큼함과 흙 내음의 펑키함이 약간 있다. 한번 구해볼 것.

FLANDERS OUD BRUIN
꼭 시음해볼 두 가지

가우덴반트
GOUDENBAND

- 리프만스 양조장Brouwerij Liefmans
- ABV: 8%

사람들은 맥주 자체가 선물이라고 생각할지 모르지만 (특히 곰처럼 일한 평일 끝에는), 리프만스는 체리를 넣은 퀴베 브뤼Cuvée-Brut와 가우덴반트 등 습자지로 포장한 선물 제품 라인으로 맥주가 최고의 선물임을 강조한다. 이 세계 정상급의 아우트 브라윈은 퍼즐만큼이나 복잡하고 캐러멜, 약간의 식초, 어두운 색 파일로 꽉 찬 느낌이 들면서 시큼함과 달콤함이 진하게 균형을 이룬다.

페트뤼스 아우트 브라윈
PETRUS OUD BRUIN

- 바비크 양조장Brouwerij Bavik
- ABV: 5.5%

벨기에의 바비크 양조장은 향이 있는 레모네이드부터 스파클링 워터, 비테케르케 화이트비어, 바비크 필스너, 페트뤼스 아우트 브라윈까지 인상적인 음료 제품을 선보인다. 페트뤼스는 24개월간 오크 통에서 숙성되어 부드럽게 시큼한 매력을 발산하며 이는 맥아와 데이트하는 듯한 달콤함, 나무 색조, 적절한 ABV와 조화를 이룬다. 두 병은 거뜬하게 마실 수 있으며 이어서 행복하게 세 번째 병을 따거나 아니면 좀 더 라이트하면서 똑같이 통통 튀는 아우트 브라윈의 친척, 페트뤼스 에이지드 페일Petrus Aged Pale을 찾을지도 모른다.

대체 맥주 ★★★ 보코르 양조장 벨레헴스 브라윈Brouwerij Bockor Bellegems Bruin, 반 혼스브루크 양조장 바쿠스Brouwerij Van Honsebrouck Bacchus, 반 스테인베르허 양조장 몽크스 카페 플레미시 사우어 에일Brouwerij Van Steenberge Monk's Café Flemish Sour Ale

아메리칸 와일드 에일과
사우어 에일

내가 보기에 미국 양조가들은 까치 같다. 이들은 전 세계를 쭉 둘러보고 번뜩이는 양조 기술과 눈부시고 매력적인 원료를 점찍었다가 자기들 둥지, 즉 양조장으로 가져온다. 홉 이외에 미국 양조업체 작업장에서 가장 활발하게 쓰이는 도구는 야생 효모와 박테리아로, 최근 워낙 인기를 끄는 원료이다 보니 미국 맥주대축

매시 공정

에일에 의도적으로 락토바실루스를 투입하는 것이 시큼한 풍미를 내는 확실한 방법이긴 하지만, 그렇다고 인상이 절로 찌푸려지는 시큼한 맛을 생성하기 위해 굳이 양조장이 이런 미생물과 상종할 필요는 없다. 그보다는 젖산을 첨가하거나 신맛 나는 맥아를 사용하거나 시큼한 매시Mash 공정을 적용하면 된다. 매시 공정을 위해 양조가는 곡물에 물을 섞어 끓여서 들쩍지근한 죽 같은 맥아즙을 만든 후, 여기에 시큼한 맛을 내주는 자연 박테리아가 든 날곡물을 투입한다. 양조 용기를 밀봉하고 이산화탄소를 투입하면 비혐기성 환경이 조성되어 원치 않는 미생물은 접근하지 못한다. 이렇게 해서 곡물의 자연 박테리아가 설탕을 먹을 만반의 준비가 되어 시큼한 풍미가 생성된다.

제(GABF)에서 이들만의 경쟁 부문, 즉 아메리칸 스타일 사우어 에일과 아메리칸 스타일 브레트 에일 부문이 따로 생기기까지 했다.

항상 흥미로운 이들 에일은 펑키하고 때로는 시큼하며 때로는 도전적이지만, 벨기에나 독일(고제와 베를리너 바이세)의 시큼한 전통을 엄격히 따르지 않는다. 대신 미국 양조가들은 이들의 레시피를 전율이 일 정도로 참신한, 온전히 그들만의 것을 창조해내는 발사대로 사용한다. 국민의 관심을 끈 미국의 대표 사우어 에일 중 하나는 벨기에 태생의 로덴바흐 베테랑 양조가 페테르 바우카어트가 양조했다. 바우카어트는 콜로라도, 포트 콜린스의 뉴 벨지엄 양조회사를 총괄 지휘했던 사람이다.

아우트 브라윈의 실험 실패 후, 이 양조회사는 오크통 비축에 많은 투자를 했다. 1999년, 바우카어트가 새콤한 사과 풍미와 밝은 느낌의 신 바디를 가진 흙 내음에 몸이 오싹할 정도로 시큼한 라 폴리 사우어 브라운 에일(더 폴리)La Folie Sour Brown Ale(The Folly)를 양조하면서 드디어 투자의 결실을 보았다. 사람들로부터 찬사가 쏟아지더니, 라 폴리는 2001년 GABF에서 금상을 수상했다.

그 후로 미국은 펑키한 에일에 열광했다. 이 군단의 대표 주자는 아마도 캘리포니아의 러시안 리버다(267쪽 '유행처럼 번지는 자연발효' 참조). 이곳의 브루마스터 비

수년 동안 졸리 펌프킨 아티즌 에일즈 양조장에 관해 떠도는 우스갯소리가 하나 있다. 이곳에서 정작 호박 맥주는 단 한 번도 만들지 않았다는 것. 그러다 마침내 2010년, 이 양조장은 그 이름에 걸맞게 호박을 넣은 라 파르셀라 넘버 원 펌프킨 에일La Parcela No.1 Pumpkin Ale을 출시했다.

흔치 않은 에일

미국 양조의 환상적인 산물 중에서 한때 루이빌 지역에서 인기를 끌었지만 지금은 거의 자취를 감춘 스타일인 켄터키 커먼Kentucky Common이 있다. 버번의 나라에서 놀라울 건 없지만, 어두운 색조의 맥주는 증류주 생산 회사에서 사용하는 기술인 시큼한 매시 공정과 풍부한 양의 옥수수를 사용해 만들었다. 결과물은 약간 신, 날선 느낌의 상쾌한 맥주. 오늘날 중서부 양조장 여러 곳에서 이 스타일에 손을 대고 있는데, 인디애나의 뉴 앨베니언 양조회사New Albanian Brewing Company는 피닉스 켄터키 커먼Phoenix Kentucky Komon을 제조하고, 시카고의 로컬 옵션Local Option 양조회사는 평범한 이름의 켄터키 커먼을 양조한다.

로컬 옵션 양조회사의 시큼한 로스팅 풍미의 켄터키 커먼은 과거의 독특한 맛이 난다.

니 칠루조는 벨기에 영감의 독특한 통 숙성 에일 제품을 맛있게 감염시키는 박테리아에 특별히 관심을 기울인다. 미시건 주의 졸리 펌프킨 아티즌 에일즈Jolly Pumpkin Artisan Ales 역시 놀랍다. 이곳 양조장의 론 제프리스는 시골풍의 100퍼센트 오크 통 숙성 비살균 사우어 에일을 전문으로 제조하는데, 이 에일은 뉘앙스 면에서 양질의 와인과 경쟁할 만하다. 이 밖에 콜로라도, 볼더의 에이버리 양조회사는 실험적으로 한정판으로 출시되는 통 숙성 시리즈를 운영하면서, 새콤한 체리로 만들고 진판델(캘리포니아 흑포도로 만든 적포도주-옮긴이) 통에서 숙성시킨 브레트로 발효시킨 데퓌셀뢰즈Dépuceleuse 에일 같은 진기한 제품을 고안한다.

캘리포니아 남부, 로스트 애비의 브루마스터 토미 아서는 야생 효모에 푹 빠져 있는데, 양조장의 저장실 입구에는 '야생 효모를 우리는 믿습니다'라는 의미의 '인 일라 브레타노미세스In Illa Brettanomyces'라는 라틴어 문구의 현판이 걸려 있다. 브레트에 감염되고 새콤한 체리로 양조된 버번 통 숙성 퀴베 드 톰Cuvée de Tomme을 한번 맛보면 누구나 효모의 전능함을 믿게 될 것이다.

브레타노미세스가 로스트 애비에서 아서의 뮤즈일진 몰라도, 오리건 주 포틀랜드에 위치한 캐스케이드 양조장의 브루마스터인 론 갠스버그는 효모 대신 락토바실루스를 좋아한다. 그는 종종 과일을 넣는 통 숙성 사우어 블렌딩 에일을 만드는데 전적으로 박테리아만 쓴다. 그가 만든 크릭 에일Kriek Ale은 빙Bing 체리(검붉은

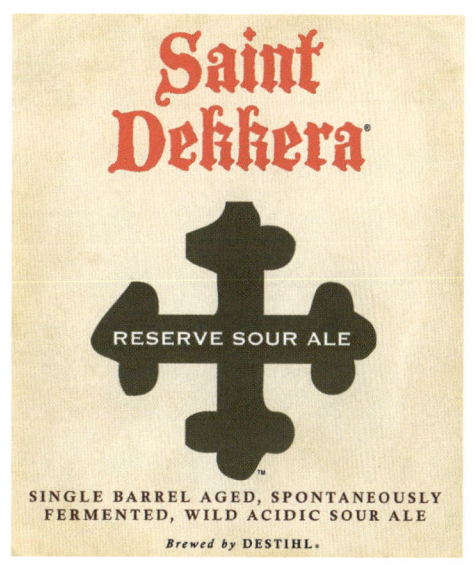

색이나 거무스름한 색을 띠는 단맛 나는 체리-옮긴이)와 새콤한 파이 체리를 함께 넣은 오크 통에서 6개월 동안 숙성된 후 출시된다. 반면 버버닉 플레이그Bourbonic Plague는 오크와 와인, 버번 통(여기에 바닐라 열매와 계피로 풍미를 낸 저장통도 추가)에서 숙성된 고도수 포터를 블렌딩한 다음 14개월을 더 숙성시켰다. 매년 생산분이 조금씩 다른데 이 점이 와일드 에일이나 사우어 에일을 마시는 즐거움이다. 이런 맥주는 자기들만의 기이하고 환상적인 북소리에 맞춰 행진하는, 살아 있는 유기체의 산물이다.

일리노이 주 중부에 갈 기회가 있다면 노멀이나 샘페인에 들러 데스틸Destihl을 방문해볼 것. 이곳에서는 미국에서 가장 흥미로운 와일드 에일과 사우어 에일을 소리 없이 만들고 있다. 이 양조장의 대표 상품인 통 숙성 자연발효 맥주, 세인트 데케라 리저브 사우어 에일Saint Dekkera Reserve Sour Ale은 매우 훌륭하다(destihlbrewery.com). 텍사스의 프리테일 양조장Freetail Brewing (freetailbrewing.com) 역시 샌안토니오에서 세계 정상급의 시큼한 맥주 만들기 프로그램을 진행하고 있다. 사우어 맥주 팬이여, 이들 두 양조장을 계속 주시하라.

AMERICAN-STYLE BRETT ALE
꼭 시음해볼 두 가지

샌터피케이션
SANCTIFICATION

- 러시안 리버 양조회사Russian River Brewing Company
- ABV: 6.75%

이 맥주의 발효에는 사카로미세스 효모가 전혀 사용되지 않았다고 제품 라벨에 적혀 있는데, 그럼 이 맥주는 에일일까, 라거일까? 샌터피케이션은 어떤 범주에도 속하지 않는, 오로지 브레트만으로 발효된 맥주로 결혼반지의 황금빛이 돌며 신맛은 약하지만 시큼한 그래니스미스Granny Smith 사과와 레몬 껍질이 풍부하게 들어가고 끝맛은 청량하게 드라이하다. 샌터피케이션은 그렇게 비싸지만 않다면 여름철 나의 동반자가 되기에 좋을 만큼 묘할 정도로 상쾌한 맥주다.

오리지널 뮌흐너 헬
ORIGINAL MÜNCHNER HELL

- 앵커리지 양조회사Anchorage Brewing Company
- ABV: 6.5%

이곳 알래스카 양조회사의 브루마스터인 게이브 플레처가 생산하는 모든 제품은 야생 브레타노미세스 효모가 주입되고 프랑스산 오크 통에서 숙성되는 독특한 에일이다. 화이트아웃 휘트 비어 역시 전형적인 벨기에 화이트비어의 성격을 띤 약간 시큼한 에일이다. 인도산 코리앤더와 말린 검은후추 열매는 강한 풍미의 자극을 주고, 레몬 껍질과 레몬 향의 소라치 에이스 홉은 밝은 시트러스 향의 펀치를 한 방 먹이는데 이런 풍미는 샤르도네 통에서의 숙성으로 생성되는 달콤한 바닐라 향과 조화를 이룬다.

대체 맥주 ★★★ 앨러거시 양조회사 인터루드Allagash Brewing Company Interlude, 불바드 양조회사 세종-브레트Boulevard Brewing Co. Saison-Brett, 크루키드 스테이브 아티즌 비어 프로젝트Crooked Stave Artisan Beer Project(아무 제품이나 가능, 모든 맥주에 브레타노미세스 함유), 그린 플래시 양조회사 레이옹 베르 벨지언 스타일 페일 에일Green Flash Brewing Co. Rayon Vert Belgian-Style Pale Ale, 미켈러 이스트 시리즈Mikkeller Yeast Series(브레타노미세스 브루셀렌시스 페일 에일Brettanomyces Bruxellensis 또는 브레타노미세스 람비쿠스 페일 에일Brettanomyces Lambicus Pale Ale)

AMERICAN-STYLE SOUR ALE
꼭 시음해볼 두 가지

애프리컷 에일
APRICOT ALE

- 캐스케이드 양조장Cascade Brewing
- ABV: 8.5%

애프리컷 에일은 달콤한 벨기에 트리펠에 농익은 살구를 넣은 프랑스 오크 와인 통에서 최장 16개월 동안 발효시켜 만든다. 황금빛 오렌지색의 이 묘약은 잘 익은 파일 향이 짙게 배어나고 오크의 느낌이 가미되어 있다. 파일 맥주는 시럽 같은 느낌이 강할 수 있는데 이 맥주는 새콤달콤하고, 크리미하지만 미디엄의 바디감을 가졌으며, 여름날 오후에 갓 짠 레모네이드처럼 새콤하고 상쾌해서 균형감을 준다.
P.S: 캐스케이드 양조장은 자사 맥주를 미국 대부분의 주로 보낸다. 자세한 내용을 찾아보려면 cascade-brewingbarrelhouse.com을 방문할 것.

라 로자 아티즌 앰버 에일
LA ROJA ARTISAN AMBER ALE

- 졸리 펌프킨 아티즌 에일즈Jolly Pumpkin Artisan Ales
- ABV: 7.2%

벨기에 스타일의 (플랜더스 레드와 닮은) 이 앰버 에일은 오크 통에서 2~10개월 동안 숙성된 사우어 맥주를 블렌딩해서 만드는데(만든 지 얼마 안 된 미숙성 맥주와 만든 지 좀 되고 오크 통에서 오래 숙성된 맥주 분량을 섞는다), 결과적으로 흙 내음과 루비색을 띠는 뜻밖의 맥주가 탄생했다. 라 로자를 천천히 흔들어 어두운 색의 파일과 건초의 쾨쾨한 아로마를 맡은 다음 첫 모금을 머금어 보라. 드라이하고 달콤한 신맛의 부드러운 파동이 건포도와 캐러멜을 드러내고 나무의 또렷한 온기가 위스키처럼 입안에 오래 남는다.

대체 맥주 ★★★ 시스코 브루어즈 모노모이 크릭Cisco Brewers Monomoy Kriek(우즈Woods 시리즈의 하나), 구스 아일랜드 비어 주식회사 졸리엣Goose Island Beer Company Juliet, 뉴 벨지엄 양조회사 라 폴리New Belgium Brewing Company La Folie, 뉴홀랜드 양조회사 블루 선데이 사우어New Holland Brewing Blue Sunday Sour, 새뮤얼 애덤스 스토니 브루크 레드Samuel Adams Stony Brook Red(저장실 컬렉션의 하나), 더 브루어리 타트 오브 다크니스The Bruery Tart of Darkness

양조계의 여성 파워

뉴 벨지엄 양조회사는 자사의 시큼한 맥주 제조 프로그램에 얼마나 몰두했는지, 맥주 블렌딩과 목제 저장고를 책임지는 '미각 전문가'를 고용했다. 이름은 로런 살라사르, 그녀는 변화하는 크래프트 맥주계의 세태를 일부 보여준다. 양조업계는 남성들이 꽉 잡고 있지만 갈수록 여성 군단이 크래프트 맥주 분야에 많이 진출하고 있다. 양조 분야에 종사하는 여성에게만 문이 열려 있는 핑크 부츠 협회Pink Boots Society는 CEO부터 작가, 영업사원, 펍 경영인, 양조가에 이르기까지 회원이 거의 천 명에 육박한다. 이는 전혀 새로운 현상이 아니다. 이들 여성들은 미국 최고의 맥주를 만들고 있다.

오리건 주의 토냐 코넷는 벤드 양조회사Bend Brewing Co.에서 홉 헤드 임페리얼 IPAHop-Head Imperial IPA와 체리 발틱 포터Cherry Baltic Porter 등의 맥주를, 10 배럴 양조회사10 Barrel Brewing Co.에서는 절묘한 ISA(홉의 특성이 강한 '인디아 세션 에일India Session Ale')와 시니스터 블랙 에일SINISTOR Black Ale을 양조한다(그녀는 두 곳의 양조회사에서 일한다). 1987년부터 캐럴 스타우트는 펜실베이니아의 스타우츠 양조회사에서 브루마스터로 일하면서 드라이하고 쌉쌀한 필스Pils와 상당히 묵직한 팻 도그 스타우트Fat Dog Stout 같은 크래프트 맥주계의 승자를 양조한다. 바버라 그룸은 브루마스터이자 캘리포니아 유레카의 로스트 코스트 브루어리의 소유주로, 그 훌륭한 에이트 볼 스타우트8-ball Stout를 만든다. 대서양 너머 벨기에, 딜레윈즈 양조장의 안네-카타리네 딜레윈스(아래 사진)는 비카리스 트리펠Vicaris Tripel과 향신료를 넣은 비카리스 윈터Vicaris Winter 같은 일류 맥주를 제조한다. 마셔보라, 엄청난 기쁨을 느낄 테니.

크루키드 스테이브 아티즌 비어 프로젝트
Crooked Stave Artisan Beer Project

콜로라도 주, 덴버

크루키드 스테이브의 창업자인 채드 야콥슨은 야생 효모인 브레타노미세스로 발효되는 맥주에 전념한다.

채드 야콥슨은 자신의 인생을 걸고 와인 양조에 종사하다가 방향을 확 틀었다. 포트 콜린스의 콜로라도 주립대학에서 원예학을 공부하며 포도 재배에 집중하던 중에 그 지역 뉴 벨지엄 양조장의 호평받는 사우어 에일인 라 폴리를 시음하게 된 것. "첫 모금은 충격과 놀라움이었어요." 야콥슨은 이렇게 회상한다. "처음엔 사우어크라우트 같다고 생각했어요." 갈수록 라 폴리가 마음에 들었지만, 그 풍미의 과학은 와인 양조 공부차 뉴질랜드로 가서 야생 효모 브레타노미세스에 대해 공부하기 전까지는 여전히 미스터리였다. 와인에서는 이 야생 효모가 부패를 유발하지만 맥주의 경우에는 펑키한 멋진 향을 만들어낸다.

"그날부터 쭉, 사우어 맥주를 찾아 다녔어요." 세계 여행의 모험을 시작한 야콥슨은 이렇게 말한다. 런던에서 그는 소믈리에로 일하면서 일이 끝나면 벨기에 람빅과 괴즈를 시음했고 이후 호주, 아프리카, 아시아 땅을 밟았다. 태국에서 버스 여행을 하던 도중 야콥슨은 콜로라도로 돌아가면 브레타노미세스의 힘으로 움직이는, 인식의 전환을 일으킬 만한 양조장을 열겠다는 계획을 세워나가기 시작했다. 그는 스코틀랜드 에든버러의 국제양조증류센터 International Centre for Brewing and Distilling에 입학해 석사학위 논문을 시작했는데, 이 논문은 '브레타노미세스 프로젝트'라는 오픈 소스 웹사이트가 되었다.

야콥슨은 연구를 거듭한 끝에 2011년, 덴버의 크루키드 스테이브 아티즌 비어 프로젝트를 설립했다. 그는 양조를 하는 대신 프로스트 양조장Prost Brewing에서 맥아즙을 가져와 와이너리를 연상시키는, 통으로 가득한 한적한 시설에서 '이 맥아즙에 브레타노미세스와 때로는 시큼한 풍미를 생성하는 박테리아를 주입해 지금까지의 어떤 범

주에도 포함되지 않는 맥주를 만들어낸다. 야콥슨은 말한다. "이것들은 에일이 아니라 라거예요. 전적으로 새로운 맥주군이며, 제가 와일드라고 부르는 아주 광범위한 분류 체계에 속합니다."

머나먼 변종을 찾아서

야생은 예측할 수 없고 길들일 수도 없다. 야콥슨이 추구하는 바는 브레타노미세스를 이용하거나, 아니면 적어도 깊이 이해해서 미지의 것에 관한 과학적인 엄격함과 탐구자의 호기심으로 접근해보자는 것. 브레타노미세스의 경우 상업적으로 생산된 변종이 몇 가지 안 되는, 별로 알려지지 않은 미생물이기 때문이다.

그의 말에 따르면 사카로미세스(표준 양조효모)는 변종이 넘쳐나지만 브레타노미세스의 변종은 브루셀렌시스bruxellensis, 클라우세니clausenii, 쿠스테르시아누스custersianus 등 좀 더 개성이 뚜렷한 것들이다. "사카로미세스를 모두 합친 것보다 브루셀렌시스의 유전자 변이가 더 많습니다. 2백 내지 3백 가지의 브레트 변종을 보유하는 것

도 가능합니다"라고 그는 말한다.

적합한 변종을 찾기 위해 야콥슨은 벨기에의 캉티용과 3 폰타이넨같이 실험실 순수배양 조직에 의존하지 않는 양조장 맥주를 수집해 변종을 기르기 시작했다. "저는 좋든 싫든 모든 변종을 보관합니다. 처음엔 시답지 않던 놈들이 9개월 후에는 기가 막힌 변화를 일으키죠." 야콥슨은 이렇게 말한다.

야콥슨은 전통적으로 식사와 함께 제공되는 라이트한 바디감의 벨기에 맥주인 타펠비어tafel bier, 즉 순한 테이블 맥주 중 시큼한 저도수 맥주를 대상으로 실험을 진행했다. 프티트 사우어Petite Sour라는 맥주는 과일로 풍미를 내기도 하며, 브레타노미세스로 발효된 홉 새번트Hop Savant는 각 생산 분마다 홉을 이용해 실험을 한다. 와일드 와일드 브레트Wild Wild Brett는 무지개의 일곱 빛깔을 바탕으로 한 R&D 시리즈다.

"색상환을 이용하는 것은 서로 다른 브레트 변종을 저마다 다른 레시피에 적용하는 한 방법"이라고 야콥슨은 설명한다. 브레트로 완벽하게 발효되어 출시되는 제품 중

에 옐로Yellow가 있는데, 이 맥주는 남인도 요리를 찬양하는 의미로 망고와 강황으로 풍미를 낸다. 루주Rouge는 무궁화, 들장미 열매, 산사나무 베리를 원료로 삼았다. 언필터드 오렌지Unfiltered Orange는 코리앤더, 미네올라 탄젤로, 쌉쌀한 오렌지 껍질로 맛을 낸 화이트비어의 마약과도 같은 존재로, 야콥슨도 무척 놀란 일이지만 전 세계적으로 인기를 끈 조합이다.

"이 맥주는 궁극의 맥주광을 위한 맥주지만 맥주를 못 마시는 사람들과 여성들도 정말 거부감 없고 섬세하다고 평하더군요." 야콥슨은 말한다. 이것을 보면 야생 효모 맥주는 시골집 마당을 천천히 거닐 때 느끼는 냄새와 맛이 나야 한다는 통념이 사실과는 다르다는 것을 알 수 있다.

뭐가 달라도 다르다

펑키한 통 숙성 맥주 전문 양조장을 시작하는 일은 상업적인 자살 행위처럼 보일지 모른다. 브레타노미세스는 그 풍미를 발현하는 데 시간이 걸리는데, 자금이 부족한 신출내기 양조장은 사실 이런 여유를 갖기

힘들다. 2011년 후반, 크루키드 스테이브를 포트 콜린스에서 덴버로 이전할 자금이 필요했던 시기에, 야콥슨은 와이너리를 벤치마킹했다.

와이너리는 보통 제품의 매출 확보를 위해 멤버십을 판매해 현금을 미리 챙긴다. 이들의 선례를 따라 야콥슨은 셀러 리저브Cellar Reserve 멤버십 제도를 개시해 슬롯당 3백 달러로 총 4백 슬롯을 판매했다. 구매자들은 전용 유리잔과 티셔츠를 비롯해 블랙베리 프티트 사우어Blackberry Petite Sour와 코냑 통 숙성 사우어 쿼드Sour Quad, 그리고 이와 함께 추후에 사용 가능한 맥주 할인권을 받았다. "고객들이 저희 맥주에 보내준 무한한 신뢰에 감사할 따름입니다"라고 야콥슨은 말한다.

덴버에서 야콥슨은 실험을 계속하고 있다. 그는 주조 공장 자리에 들어선 소스Source라는 오픈 마켓에 냉각조와 펍을 구비한 양조장을 열고 시골풍의 20세기 초반 세종 맥주, 그중에서도 슈렛Surette(미국 켄터키 주 왈로니아의 여러 지역에서 부르는 세종의 이름)에 관심을 돌렸다. 이 맥주는 매우 쌉쌀하

고 약한 탄산 느낌의 나무통 숙성 농가 맥주로, 만든 지 얼마 안 된 람빅과 거의 비슷하게 시큼하고 복잡한 특성을 가졌다. 결정적으로 차별화되는 세종이라는 점이 야콥슨이 내세우는 특장점이다. 야콥슨은 이렇게 끝을 맺는다. "크루키드 스테이브는 뭐가 달라도 다르며 이 점이 우리 양조장의 핵심 테마입니다. 우린 양조에 적합하지 않다고 인식되던 효모를 사용해 발효과학을 발전시키고 있습니다."

전 세계를 누벼라

세계의 맥주 스타일

사람들은 저마다의 세상 속에서 맥주를 접한다. 쌉쌀한 IPA나 임페리얼 스타우트를 사랑하는 친구들에게 둘러싸여 크래프트 맥주를 파는 바에만 드나든다면, 여러분은 모든 사람들이 끝내주는 좋은 맥주만 마신다고 으레 생각할 것이다. 이와 달리 드나드는 술집의 '메뉴'가 레귤러와 라이트의 두 가지 버전으로 제공되는 버드, 밀러, 쿠어스뿐이고, 미식축구 경기 중 방영되는 광고를 보고 맥주를 구매하는 사람이라면, 맥주 혁명이 결코 일어난 적이 없다고 믿을지도 모른다.

현실은 이 두 가지가 얽혀 있는 상황. 현재 미국에서는 역사상 그 어느 때보다 흥미로운 고품질 맥주가 생산되고 있지만, 크래프트 맥주가 일정한 수준에 도달하기까지는 아직 갈 길이 멀다. 10퍼센트 미만의 미국인들만이 배를 채우기에 급급한 술고래 대세에서 벗어나 있다. 고품질 맥주 전쟁은 전 세계적으로 한창 진행 중이다. 이탈리아, 프랑스, 일본, 스칸디나비아에서 모험을 추구하는 크래프트 맥주 양조업체들은 양조 케틀을 본격적으로 가동해 한 잔 한 잔, 그들 나라의 양조계를 변화시키고 있다.

만연해 있는 라거에 대항하는 노르웨이 양조장이든, 디너 테이블 자리를 차지하기 위해 와이너리와 경쟁하는 프랑스 양조장이든, 전 세계 어디서나 양상은 매한가지다. 맥주 양조업체는 어떻게라도 사람들에게 고품질 맥주를 선사하기 위해 다윗과 골리앗 싸움에 뛰어들었다.

이번 수업에서는 베어드 양조장Baird Brewing 같은 일본 양조장이 삿포로Sapporo와 아사히Asahi를 대체할 만한 맥주를 과연 어떻게 내놓고 있는지 알아보고, 비에르 드 가르드bière de garde라는 특별한 프랑스 스타일에 대해서도 소개한다. 다음으로, 19세기 농부의 소박한 여름철 맥주가 전 세계적으로 유행을 타게 된 벨기에를 여행한 다음, 시간을 되돌려 독립 이전의 미국으로 가서 그 시대 양조업체들이 새로이 심취해 있었던 호박 맥주의 기원을 알아본다.

자, 이제 가방을 꾸릴 시간이다. 맥주의 세계가 기다리고 있다.

캐나다 맥주 개론

몇 년 전, 몬트리올의 24시간 푸틴 요리(캐나다 퀘벡 주의 음식. 그레이비소스, 치즈 커드를 감자튀김에 함께 넣어 만든다-옮긴이) 전문점인 라 방키즈La Banquise에서 나오는 길이었다. 치즈 커드를 얹은 튀김과 짭짤한 그레이비를 먹은 탓인지 갈증이 몰려왔다. 나는 자전거를 타고 시내에서 떨어진 라셀 거리에 갔다가 데파뇌르 펠루조Depanneur Peluso 편의점을 발견했다.

문을 열고 안으로 들어갈 때까지는 흔한 소다수와 몰슨Molson 맥주가 있으리라 예상했다. 그런데 냉장고를 지나치는데 뒤에 연결된 방에 3백 종 이상의 퀘벡산 맥주가 스타일별로 선반에 깔끔하게 정리되어 들어차 있는 것이 보였다. 중고 물품점에 갔다가 명품 의상 코너를 발견한 기분이었다.

그런데 어떤 맥주에 내 캐나다달러를 쓸 것인가? 나는 미국 크래프트 맥주에 대해서는 빠삭했지만 75곳 이상의 퀘벡 양조장에 대해서는 백지 상태였다. 이들 대부분은 국경 밖에서는 자사 맥주를 팔지 않기 때문이다. 편의점 매장 복도를 하염없이 서성이는데, 이 가

몬트리올의 데파뇌르 펠루조 편의점에는 퀘벡에서 양조되는 그야말로 모든 맥주가 진열되어 있다.

꼭 알아둬야 할 캐나다 4대 양조장

라브리 드 라 탕페트
L'abri de la Tempête

프린스 에드워드 섬 북쪽에 위치한 세인트 로런스 만의 마들렌 군도에서 양조되는 에일에는 포도의 향미가 화려하게 더해진다. 대양에서 불어오는 산들바람은 지역에서 재배된 보리에 소금기를 전해주는데, 브루마스터인 장 세바스티앙 베르니에는 이를 이용해 실키한 질감에 토피 색이 도는 코른 드 브륌Corne de Brume('안개주의보를 알리는 고동') 스카치 에일, 시골풍의 약간 짭짤한 에큄Écume('거품'), 사료용 허브로 만든 섬세한 벨 세종Belle Saison 같은 수상작을 만들어낸다.

디외 뒤 시엘! Dieu Du Ciel!

몬트리올에서 여름 한때를 지낸 적이 있다. 그때 내가 살던 아파트가 디외 뒤 시엘이라는 양조장과 바로 붙어 있어서 풍요로운 시간을 보냈던 기억이 있다. 이 양조장 이름을 번역하면 '오, 하느님!'이란 뜻인데 나는 이곳의 독창적인 에일을 마시면서 그와 똑같은 탄성을 내지르곤 했다. 에키녹스 뒤 프랭탕Equinoxe du Printemps('춘분') 스카치 에일은 메이플 시럽으로 만든다. 로제 디비스퀴스Rosée d'Hibiscus 화이트비어는 핑크 색조와 꽃의 뉘앙스를 무궁화 꽃에서 얻는다. 루트 데 에피스Route des Épices('향신료의 길')는 말린 후추 열매, 호밀로 꽉 찬 느낌이며, 향신료의 독창성이 번득인다.

센트럴 시티 양조회사
Central City Brewing Company

이곳 브리티시컬럼비아 양조회사의 고품질 비살균 에일 양조에 대한 집념은 2012년 캐나다 브루잉 어워즈에서 그해의 양조장으로 선정되면서 결실을 맺었다. 이는 대체로 레드 베티Red Betty(캐나다에서는 레드 레이서Red Racer) 캔맥주 제품군 덕분인데, 이 밖에 상쾌한 코리앤더를 향신료로 쓴 클래식 화이트 에일Classic White Ale, 청량한 클래식 라거Classic Lager, 훌륭한 아로마의 클래식 페일 에일Classic Pale Ale과 IPA 등은 미국 태평양 연안 지역인 웨스트 코스트에서 양조되는 그 어떤 것에도 견줄 만하다.

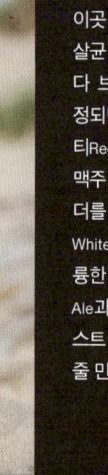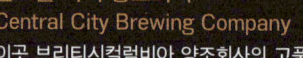

호펜스타크Hopfenstark

몬트리올에서 북쪽으로 30분도 채 못 가면 별스러운 양조장 호펜스타크가 보인다. 이곳의 양조가 프레드 코미어는 캐나다에서 가장 별나고 매력적인 에일을 만든다. 베를린 알렉산더플라츠Berlin Alexanderplatz 같은 시큼한 베를리너 바이세를 양조하든, 물리학의 가설 입자에서 이름을 딴 훈제 맛의 저알코올 에일이자 브레타노미세스에 감염된 힉스 보손Boson de Higgs를 양조하든, 프레드 코미어의 맥주는 분명 사람들의 관심을 끈다. 계절 순환 방식으로 출시되는 세종 스테이션Saison Station 시리즈도 눈여겨볼 것.

게의 전지 맥주 전문가인 알랭 티보가 맥주 가이드를
자청했다. 그의 설명에 따르면 프랑스, 벨기에, 대영제
국의 양조 전통이 퀘벡에 영향을 주었다고 한다. 맥주
의 상업적인 생산은 17세기 말 프랑스에서 처음 시작
되었고 영국은 그로부터 한 세기 뒤에 양조를 산업화
했다. 미국의 경우, 자가 양조 열풍이 1980년대 후반
에 일기 시작해 오늘날의 호황을 이끌었다. 알랭은 샤
를부아Charlevoix의 크리미한 질감에 레몬 맛이 나는 도
미누스 보비스쿰 블랑슈Dominus Vobiscum Blanche, 디외
뒤 시엘! 양조장의 커피를 넣은 페셰 모르텔Péché Mortel
임페리얼 스타우트, 호펜스타크Hopfenstark가 만든 솔향
의 포스트콜로니얼 IPAPostcolonial IPA를 추천했다.

그날 이후 나는 캐나다의 풍부하고 다양한 양조 상
황에 관심을 기울였다. 브리티시컬럼비아의 센트럴 시

티 양조장Central City Brewing 같은 곳은 태평양 연안 북
서부에 영향을 받는 반면, 러셀 양조회사Russell Brewing
Company는 영국의 영향을 받아 토피를 부각시킨 아이
피에IP'eh와 블러디 앨리 비터Bloody Alley Bitter 같은 비
여과 제품을 만든다(드리프트우드 브루어리Driftwood Brewery
역시 눈여겨볼 만하다. 이곳은 팻 터그 IPAFat Tug IPA와 팜핸드 에
일Farmhand Ale을 만든다). 토론토의 밀 세인트 브루어리Mill
St. Brewery는 커피 포터Coffee Porter와 레몬 티 에일Lemon
Tea Ale 같은 제품으로 관심을 끌며, 스피어헤드 양조회
사Spearhead Brewing Company는 파인애플을 넣은 하와이
안 스타일 페일 에일Hawaiian Style Pale Ale을 만든다.

몰슨과 라바트 블루Labatt Blue(캐나다의 대표적인 맥주 회
사-옮긴이)여, 미안. 캐나다 맥주가 앞으로 막강한 풍미
를 자랑할 것 같지 않은가?

프랑스 맥주 개론

BIÈRE DE GARDE
비에르 드 가르드

몇 해 전 어느 봄날, 나는 친구를 만나러 아내와 함께
프랑스 파리에 갔다. 아내는 마냥 들떠 있었다. "드디
어 우리가 좋은 빵, 좋은 치즈, 좋은 디저트, 위대한 와
인, 내가 좋아하는 모든 것을 찬양하는 나라에 가는 거
라고요." 나는 몸서리쳤다. 와인에 거부감이 있어서는
아니었다. 나도 시라(프랑스 남부 코트 드 론의 유일한 검은 포
도 품종. 여기서는 시라 품종으로 만든 와인을 말한다-옮긴이)와
리슬링(프랑스 알자스 지방과 독일 등지에서 가장 오래된 포도 품
종으로, 최고급 포도주에 많이 쓰인다-옮긴이)은 꽤 많이 마신
다. 단지 크로넨부르크1664Kronenbourg1664 같이 라이

트한 라거를 즐기는 사람이 아니라면, 프랑스 맥주에
대해서는 희망 사항이 많기 때문이다.

그런데 파리 제4구의 유명한 예술 단지인 퐁피두센
터 근처를 우연히 배회한 덕분에 나는 맛있는 맥주가
없다는 우울한 기분에서 벗어날 수 있었다. 한 블록 떨
어진 골목 저 아래편에 크래프트 맥주 전문점인 카브
아 뷜Cave à Bulles('거품 저장고')이 눈에 띄었다. 가게 주
인 시몽 티유는 몇 시간에 걸쳐 프랑스와 벨기에 곳곳
에서 선별된 맥주에 대해 설명해주었다. 블론드, 세종,
발리와인, 향기로운 페일 에일을 비롯해 프랑스의 자

랑거리인 토착 맥주가 아주 많았다.

토착 맥주는 영국해협과 북해, 그리고 가장 결정적으로 맥주에 신명이 난 벨기에와 국경을 맞댄 프랑스 북부의 노르파 드 칼레 지역에서 탄생했다. '프랑스 플랜더스'라고 알려진, 국경을 가로지르는 땅의 기후는 선선해서 포도를 재배하기에 적합하지 않다. 그런데 우연찮게도 보리와 홉을 경작하는 데는 좋은 기후여서 이 지역 양조가들은 이를 이용해 비에르 드 가르드, 즉 '저장용 맥주'로 알려진 도수 높은 전통적인 소박한 시골풍의 농가 에일을 만든다(전통적으로 비에르 드 가르드는 초봄에 양조해서 더운 여름날 목을 축이기 위해 서늘한 저장고에 보관한다. 오늘날에는 1년 내내 만든다).

비에르 드 가르드는 ABV가 꽤 높은 6~8퍼센트대의 맥주로 황금색부터 연한 브라운과 풍성한 호박 빛깔까지 다양하다. 퀴퀴하고 복합적인 냄새, 과일, 그리고 알싸한 허브의 쌉쌀함이 느껴지는 달콤한 아로마를 풍긴다. 풍부한 미디엄바디 맥주는 부드럽게 넘어가며 살아 있는 탄산과 맥아 지향의 풍미에 빵이나 캐러멜의 균형 잡힌 달콤함이 동반된다.

프랑스 북부의 양조 산업은 양차 세계대전 중에 사장되었지만 전통적인 수많은 비에르 드 가르드는 오늘날까지 그대로 남아 있다. 벨기에 국경에서 2~3킬로미

센트럴 시티 양조회사의 레드 베티 맥주는 미국에서 '레드 레이서'라고 불렸는데, 베어 리퍼블릭 양조장에서 제기한 소송 때문에 어쩔 수 없이 이름을 변경했다. 캘리포니아 양조장 California Brewery은 레드 로켓 에일Red Rocket Ale과 레이서 5 IPA를 제조한다.

몬트리올에서 만나는 맥주의 세계

캐나다의 맥주의 세계에 흠뻑 빠지고 싶다면 몬트리올의 연례 축제인 몽디알 드 라 비에르Mondial de la Bière(festival-mondialbiere.qc.ca)에 참가해보자. 퀘벡을 비롯해 전 세계에서 온, 다른 나라에서는 전혀 시판되지 않는 수백 종의 맥주를 시음할 수 있다.

BIÈRE DE GARDE
꼭 시음해볼 두 가지

3 몽
3 MONTS

- 생실베스트르 양조장Brasserie de Saint-Sylvestre
- ABV: 8.5%

생실베스트르 양조장은 지역에서 재배한 홉과 볶은 맥아를 사용해 라거와 에일을 제조한다. 그중 내가 선정한 제품은 이 짚빛 황금색의 역작. 빵, 정향, 그리고 약간의 농가 마당 냄새가 파일의 아로마를 받쳐준다. 탄산은 힘이 넘치며 사과, 배, 꿀의 풍미와 흙의 쌉쌀함이 전해진다. 이 밖에도 병 숙성 가브로슈Gavroche는 파일과 흙 내음이 풍부하며 맥아의 기운이 강한 레드에일이다.

블롱 비에르 드 가르드
BLOND BIÈRE DE GARDE

- 카스텔랭 양조장Brasserie Castelain
- ABV: 6.4%

프랑스에서 몇 곳 안 되는 독립 장인 양조장인 카스텔랭은 양조장 창립자의 손녀인 아니크 카스텔랭이 운영한다. 아니크의 지휘 아래 순수 시골풍 에일을 양조하는데 그중 샴페인 코르크를 장착한 블롱 비에르 드 가르드는 이국적이다. 멋진 황금색에 달콤한 파일 향이 가득하며 허브의 복합성과 쌉쌀한 맛이 봄날 햇살 좋은 오후처럼 매력적이다.

대체 맥주 ★★★ 라 슐레트 양조장 레 비에르 데 샹 퀼로트Brasserie La Choulette Les Bière des Sans Culotte, 레 브라쇠르 드 가방 라 구달Les Brasseurs de Gavant La Goudale, 로스트 애비 아방 가르드Lost Abbey Avant Garde, 슐래플리 비어 비에르 드 가르드Schlafly Beer Bière De Garde

터 떨어진 바베의 텔리에Brasserie Theillier 양조장은 캐러멜, 빵, 흙 맛이 나는, 풍부하고 거품 많은 라 바베지엔 La Bavaisienne을 만든다. 이와 대조적으로 브라스리 생제르맹 양조장Brasserie Saint-Germain의 벌꿀 색 파주 24 비에르 드 프랭탕Page 24 Bière de Printemps은 과일 향이 적당히 나면서 스파이시하고 달콤하다.

미국 크래프트 맥주 양조업체들 역시 이 스타일을 시도해왔다. 그중 투 브라더스 양조회사의 도메인 듀페이지Domain DuPage와 플라잉 도그 브루어리의 봄 시즌 제품인 가드 도그Garde Dog가 훌륭하다.

비에르 드 가르드는 그 어떤 것이든 저 먼 프랑스 시골의 맛이 난다.

와인, 너 조심해

1890년대까지 프랑스는 2천 곳이 넘는 양조장들의 본산이었지만 2차 대전 이후 그 수가 20여 곳으로 급감했다. 오늘날 프랑스 맥주 양조는 프렌치 크래프트 브루어즈French Craft Brewers(frenchcraftbrewers.com 참조) 같은 조직의 도움으로 서서히, 그리고 꾸준히 예전의 명성을 되찾고 있다.

벨기에와
프랑스의 만남

BIÈRE DE CHAMPAGNE
비에르 드 샹파뉴

이따금 나는 멋진 잔에 담긴 프랑스 샴페인이나 스파클링 와인을 즐긴다. 보통 이런 술을 즐기는 시간은 12월 31일 밤 11시부터 자정 사이로, 이때는 병마개가 뻥 열리고 거품이 여기저기 맘대로 튄다. 나에게 거품 많은 묘약은 겨울철 축하 행사에 제격이다. 물론 도수 높은 것은 나른하고 희부연 여름날 피크닉 담요 위에 대자로 뻗어버릴 용도로 만들어지기도 한다.

이제까지야 어쨌든 상관없다. 내년 1월 1일 전야에는 거품 많은 술은 제쳐두고 대신 양조계의 가장 참신하고 도발적인 범주인 비에르 드 샹파뉴(샴페인)를 선

택해볼 것. 비에르 브뤼bière brut라고도 알려진 이들 혼성 맥주 중 많은 것들은 샴페인 생산 절차와 동일하게 뼈를 깎는 공정이 적용된다. 이 맥주는 여러 차례의 장시간 발효를 거치는데, 효모가 병목에 모이도록 병을 서서히 돌린 다음(르뮈아주remuage, 침전물 옮기기) 병목을 냉동하면 압력에 의해 효모 찌꺼기가 배출되는데 이 공정을 데고르주망dégorgement(침전물 제거)이라고 한다.

이 맥주는 플루트 잔에 마실 때 가장 만족스러운 맛을 느낄 수 있다. 동일한 이름의 악기처럼 섬세한 비에르 드 샹파뉴는 뼛속까지 드라이하고 강렬한 거품

비에르 드 샹파뉴를 알리다

여러 해 전 매사추세츠, 케임브리지 양조회사의
전직 보조 양조가 벤 하우는 벨기에서 수입된
고가의 비에르 드 샹파뉴에 돈을 물 쓰듯 했다. 이
스타일은 값이 비싼데다 미국 양조업체들도 실험
을 등한시했다. 마침내 하우는 인라이튼먼트 에일
Enlightenment Ales을 처음 출시했다. 그는 노동집약
적인 샴페인 생산 기술을 적용해 적라이튼먼트 브
뤼Enlightenment Brut같이 탄산 느낌이 강한 맥주를
제조한다. 그는 이외에 열대풍의 드라이한 일루미
네이션 IPAIllumination IPA 같은 '도회적인 농가' 제
품도 생산한다.

3월로의 여행

비에르 드 가르드와 가까운 친척은 비에르 드 마
르스Bière de Mars로, 3월(프랑스어로 마르스Mars)에 출
시되어 겨울과 봄을 이어주는 가교 역할을 한다.
이 맥주는 저장용이 아니므로 출시 후 바로 마시
는 게 가장 좋다. 비에르 드 마르스는 풍미의 특성
이 한 가지로 통일되진 않지만, 전통적으로 발효
저장실이 가장 서늘한 늦겨울에 양조되었다. 서늘
한 온도는 에일을 부드럽고 청량하게 해주며 라거
와 비슷한 복합성을 부여한다. 사우샘프턴 퍼블릭
하우스와 바유 테슈Bayou Teche 양조장은 비에르
드 마르스를 현대적으로 멋지게 해석했으며(쿠리
르 드 마르디 그라Courir de Mardi Gras를 시음해볼 것), 졸리
펌프킨 아티즌 에일즈는 펑키한 농가 풍미를 위해
자사 버전에 야생 효모를 주입했다.

이 표현되어야 하며, 알코올 도수가 높고 색은 복숭아
털보다 연하거나 호밀빵만큼 어두울 수 있다. 벨기에
의 보스테일스 양조장과 란트셰이르Landtsheer 양조장
은 이 노동집약적인 기법을 개척했지만 파생 제품(침
전물 옮기기와 제거 공정은 생략됐다)은 현재 독일의 바이엔
슈테판과 합작으로 인피니움Infinium을 만드는 새뮤얼
애덤스와 덴마크의 미켈러에서 생산하고 있다. 미켈
러 사는 브레타노미세스를 이용해 넬슨 쇼비뇽Nelson
Sauvignon(넬슨 쇼빈 홉으로 만드는 비에르 드 샹파뉴)을 만들어
오스트리앙 쇼비뇽 블랑Austrian Sauvignon Blanc을 한번
담갔던 통에서 3개월 동안 숙성시킨다.

이런 맥주는 결코 흔하지 않다. 우연히 발견한다면
"심봤다!"를 외칠 만하다.

브라스리 티리에
Brasserie Thiriez

국가 간 경계가 흐릿한 프랑스 플랜더스 지역에서 다니엘 티리에는 약간의 흙 내음과 시골풍으로 모두가 즐길 수 있는, 벨기에의 영향을 받은 에일을 집중적으로 생산한다. 블롱드Blonde는 홉의 매력적인 부케를 가진 신선하고 스파이시한 맥주이며, 탁월한 소용량 세션 맥주인 드라이한 저도수의 엑스트라Extra에서는 홉의 부케가 한층 강화되었다. 브라스리 티리에의 맥주는 아무리 추어올려줘도 부족함이 없다.

브라스리 생제르맹
Brasserie Saint-Germain

2003년에 처음으로 문을 연 이곳 프랑스 북부 지역 양조장은 프랑스에서 가장 칭송받는 비에르 드 가르드를 출시해 파주 24Page 24의 이름을 달고 판매한다. 비살균 병 숙성의 이 제품에는 풀향이 나고 씁쓸하며 흙맛이 가미된 레제르브 일드가르드Réserve Hildegarde와 구운 풍미의 자매 맥주 앙브레Ambrée가 있다. 톡 쏘는 시트러스 향의 블랑슈Blanche 화이트비어도 대단하다.

브라스리 뒤 몽 블랑
Brasserie du Mont Blanc

몽 블랑 양조장은 2백 년 가까이 빙하수를 사용해 이국적인 희귀한 향신료를 쓰는 맥주군을 양조한다. 맥아 향이 강한 수상 제품인 라 루스La Rousse 앰버 에일은 보리, 귀리, 밀을 블렌딩하고 히비스커스와 딱총나무 열매를 향신료로 쓴다. 라 블롱드La Blonde는 감초와 코리앤더로 훌륭한 풍미를 내며, 라 비올레트La Violette는 제비꽃을 쓴다.

브라스리 부르가넬
Brasserie Bourganel

20세기 막바지에 이르러 프랑스 남부 지방의 전통 양조는 거의 사멸했다. 벼랑 끝에서 이를 살려내기 위해 크리스티앙 부르가넬은 풍부한 동식물로 유명한 온천 도시 발레뱅에서 그의 이름을 건 양조장을 시작했다. 밤을 넣은 부르가넬 비에르 오 마롱Bourganel Bière aux Marrons과 누가 크림이 들어 있는 부르가넬 오 누가Bourganel Au Nougat에는 이 지역의 테루아terroir가 드러난다.

브라스리 뒤크
Brasserie Duyck

뒤크 가문은 4대째 노르파 드 칼레 지역에서 양조 사업을 하면서 샴페인 병으로 판매하는 비에르 드 가르드를 전문적으로 양조해왔다. 그중 장랭 앙브레Jenlain Ambrée는 구운 풍미에 캐러멜 비슷한 향이 있고 블롱드는 여기에 탄산을 넣은 자매 맥주다. 최근 뒤크는 제품군을 넓혀 꽃향의 상쾌한 장랭 오르Jenlain Or와 풀바디감의 블롱드 다베이Blonde d'Abbaye를 추가했다.

BIÈRE DE CHAMPAGNE
꼭 시음해볼 두 가지

되 브뤼 데 플랑드르
DEUS BRUT DES FLANDRES

- 보스테일스 양조장Brouwerij Bosteels
- ABV: 11.5%

되Deus를 흔들어 뿌린다는 건 이 브뤼brut(샴페인이나 스파클링 와인이 매우 드라이한 맛을 지녔을 때 표현하는 말-옮긴이) 맥주에게는 미안한 일이다. 이 제품은 벨기에에서 발효되지만 프랑스 샹파뉴 지역에서 그 공정이 마무리된다(벨기에의 양조업체들은 비에르 드 샹파뉴라는 용어를 사용할 수 없다).

최종 결과: 뼛속까지 드라이한 놀라움에 동반되는 풍부한 시트러스 향과 펑키한 냄새의 훌륭한 터치, 마지막 꺼끌한 모금까지 입안에 끈적하게 붙어 코를 간질이는 거품.

크레이트 프레스티지
KRAIT PRESTIGE

- 코브라 비어 파트너십 주식회사Cobra Beer Partnership Limited
- ABV: 8%

이 맥주는 폴란드에서 양조한 라거에서 출발해 벨기에 로덴바흐 양조장에서 거둔 에일 효모를 주입한 다음, 수주간의 숙성을 거친다. 코르크 마개 처리와 구운 풍미의 결과, 부드럽게 넘어가고 약한 꽃향이 나며 순한 ABV 8퍼센트(스파클링 와인치곤 순하다는 의미)로 목을 타고 내려간다.

주의할 점: 크레이트는 원하는 이상으로 더 달 수도 있다.

> **대체 맥주 ★★★** 란트세이르 양조장 말뢰르 비에르 브뤼Brouwerij De Landtsheer Malheur Bière Brut, 미크로브라스리 샤를부아 도미누스 보비스쿰 브뤼Microbrasserie Charlevoix Dominus Vobiscum Brut, 미켈러 넬슨 쇼비뇽Mikkeller Nelson Sauvignon, 새뮤얼 애덤스 인피니움Samuel Adams Infinium

벨기에 맥주 개론

SAISON

세종

물을 마시는 일이 한때는 마치 러시안룰렛 게임을 하는 것과 같았다. 이 물을 마시면 전염병에 걸려 죽지 않을까? 콜레라를 비롯해 장에 기생하는 암살범들의 위험을 없애기 위해 사람들은 사이다, 벌꿀 술, 그리고 주로 맥주같이 발효된 위생 음료에 의지했다.

맥주는 벨기에 남부의 프랑스어 구사 지역인 왈롱Wallonia에서는 특히 생명수와도 같았다. 이곳은 지금처럼 수세기 전에도 곡물 농사를 짓는 논밭이 마치 천조각을 이어 만든 이불처럼 시골 들판을 뒤덮었다. 노동의 결실로 무장한 농부들은 종종 양조가로도 일하면서, 추수하고 남은 곡물을 저장하기에 적합한 고도수 맥주를 양조하는 데 사용했다. 그런데 냉장고가 발명되기 전에는 여름철에 양조 케틀을 가동하지 않았다. 더운 날씨에는 야생 효모와 미생물이 제멋대로 들어가 맥주를 부패시킬 수 있었기 때문이다. 그래서 농부들은 겨울철에 세종('계절'이라는 뜻의 프랑스어)을 양조해서 여름까지 저장했다.

드라이하고 흙 내음이 나며 갈증을 해소해주는 이 맥주는 추수기에 논밭에서 일하는 농부들에게 공급해 탈수를 막거나 원기를 회복시키는 강장제로 사용했다. 동료 맥주 기고가인 윌리엄 보스트위크의 말처럼, 세종은 1800년대의 "게토레이"였다.

지난 수세기에 걸쳐 시골풍의 세종은 로르샤흐Rorschach(잉크 얼룩처럼 그린 그림을 보여주고 설명하게 해서 정신 상태를 판단하는 검사-옮긴이) 얼룩처럼 정답이나 오답 없이 여러 해석이 가능했다. 세종은 바비의 머리색처럼 황금빛일 수도 있지만 어두운 색을 내기도 한다. 스틸워터 아티저널 에일즈의 세종 다클리A Saison Darkly

와 구스 아일랜드의 후추 열매를 향신료로 쓴 페페 네로Pepe Nero, 팡톰 양조장Brasserie Fantôme의 블랙 고스트Black Ghost가 그 예다(벨기에의 팡톰은 특별히 다양한 세종 제품을 양조하는데 그중에는 초콜릿 세종도 있다). 세종 중에는 전형적인 세종 뒤퐁Saison Dupont과 프리티 싱즈의 잭도르Jack D'Or같이 드라이하고 껄끄럽게 넘어가는 것들도 있다. 시거 시티의 구아바 그로브 세종Guava Grove Saison과 식용 꽃으로 만드는 사우샘프턴 퍼블릭 하우스의 퀴베 데 플뢰르Cuvée des Fleurs같이 허브, 향신료, 과일 등을 넣는 세종도 있다.

그러나 내가 좋아하는 세종은 야생 효모 브레타노미세스 덕분에 펑키한 풍미가 형성되거나, 시큼한 맛

광부의 에일

농장 일꾼들만 그들만의 강장제를 가진 것은 아니다. 벨기에 남부, 에노 지방의 광부들은 세종보다 라이트하고, 종종 보리 맥아를 밀과 블렌딩한 그리제트Grisette('옅은 회색')라는 상쾌한 저도수 에일로 목을 축였다(이 맥주 이름은 채굴된 돌 색을 나타내기도 하고, 술집 여성들이 입던 값싼 회색 원피스의 이름을 딴 것이기도 하다). 시간이 흐르면서 이 스타일은 거의 사라졌지만 벨기에의 생푀이앵 양조장과 미국에서 조금씩 되살아나고 있다. 펜실베이니아의 슬라이 폭스 양조회사와 매켄지 브루 하우스McKenzie Brew House에서는 그리제트를 현대적으로 해석하고 있다.

벨기에(와 프랑스) 농가 맥주에 관한 자세한 내용은 필 마르카우스키의 《농가 맥주: 벨기에 전통 문화와 장인 정신Farmhouse Ales: Culture and Craftsmanship in the Belgian Tradition》(사우샘프턴 퍼블릭 하우스의 브루마스터로 일했던 마르카우스키는 현재 코네티컷의 투 로즈 양조회사Two Roads Brewing Co.에서 일한다)를 읽어볼 것.

───── ★ ★ ★ ─────

대개 세종은 농가 에일이라는 큰 범주로 분류한다.

을 내주는 박테리아에 의해 오싹한 신맛의 복합성을 어느 정도 느낄 수 있는 제품이다. 어떻게 보면 맥주 양조가 본래 의도와는 딴판으로 돌아가는 것처럼 보일지도 모르겠다. 이들은 감염된 맥주를 만들지 않으려고 애쓰지 않았던가? 그렇긴 하지만 농부이자 양조가들이 맥주를 저장했음직한 장소를 떠올려보라. 바로 헛간이다. 가축과 먹을 것으로 꽉 찬 헛간은 야생 곤충의 온상이다. 겨울과 봄의 충분한 기간 동안 이들 생명체는 맥주 안에서 편안하게 서식할 거처를 찾는다.

그래서 나는 불바드 양조회사에서 만든 드라이한 홉 내음의 세종 브레트Saison Brett, 더 브루어리의 세종 드 랑트Saison de Lente, 오리건 주의 로그즈던 팜하우스 에일즈Logsdon Farmhouse Ales의 세이조언 브레타Seizoen Bretta가 특히 마음에 든다. 이들 제품은 여름철이나 맘이 동할 때 어느 때나 마셔도 좋은 갈증 해소 음료다. 맥주와 함께라면 1년 내내 음주의 계절이다.

업라이트 양조회사

농가에서 영감을 받은 벨기에와 프랑스 맥주가 무척이나 당기는데, 오리건 주 포틀랜드에 있는 업라이트 양조회사는 이런 맥주를 생산한다. 창립자인 앨릭스 개넘은 지역에서 재배된 곡물과 홉, 세종 효모, 오픈 발효(용기를 꼭 닫지 않는 발효 방식)를 이용해 시골풍의 다양한 특성을 가진, 가끔 시큼한 맛이 나는 맥주와 브레타노미세스에 감염된 통숙성 맥주를 제조한다.

SAISON
꼭 시음해볼 두 가지

세종 뒤퐁
SAISON DUPONT

Product of Belgium 750 ml / 1 pint 9.4 fl. oz.

Vieille Provision
SAISON DUPONT
Unfiltered **Belgian Farmhouse Ale** Bottle conditioned
Brewed by Brasserie Dupont, Tourpes

Imported by Vanberg & Dewulf, Cooperstown NY

- 뒤퐁 양조장Brasserie Dupont
- ABV: 6.5%

세종 스타일 중에서 의심할 나위 없는 왕을 꼽자면 세종 뒤퐁으로, 이는 다른 모든 도전자들을 판단하는 기준 역할을 한다. 1844년 이후 같은 농장에서 쭉 양조를 해온 뒤퐁 양조장은 샘물과 그곳 전매특허인 효모에 의지해 산뜻하고 생동감 있는 세종을 만든다. 세종 뒤퐁은 시트러스 향이 절묘하게 풍기며 약간의 후추와 바싹 마른 듯한 끝맛으로 신의 영원한 계시와도 같은 느낌을 전해준다. 이 농가 양조장의 '찾아라seek-them-out' 세종 컬렉션에는 드라이하고 허브 향이 도는 포레Forêt와 홀리데이 시즌에 출시되는 스파이시하고 강한 풍미를 가진 아베크 레 봉 뵈Avec les Bons Voeux가 있다.

세종 아텐
SAISON ATHENE

- 세인트 섬웨어 양조회사Saint Somewhere Brewing Company
- ABV: 7.5%

양조와 관련해 플로리다의 타폰 스프링스Tarpon Springs는 익숙한 이름은 아니다. 세인트 섬웨어 사는 영감이 풍부하고 권태라고는 느껴지지 않는 벨기에 스타일 에일로 이런 인지도를 바꿔보겠다는 목표를 세웠다. 두 벨과 세종의 혼성 맥주인 렉티오 디비나Lectio Divina(야생 효모 상당량이 첨가됐다)와 새콤달콤한 페이 뒤 솔레이Pays du Soleil 두벨, 또는 세종 아텐이 그 예다. 캐모마일과 로즈메리, 검은 후추는 탁하고 흐린 황금색의 세종에 풍미 강한 허브의 복합성을 제공하며, 이런 특성이 시트러스, 거품과 결합해 사하라 사막같이 드라이한 마지막 모금을 음미하는 동안 목덜미를 간질인다.

대체 맥주 ★★★ 생뢰이앙 양조장 세종Brasserie St. Feuillien Saison, 브루클린 브루어리 소라치 에이스Brooklyn Brewery Sorachi Ace, 펑크워크스 세종Funkwerks Saison, 졸리 펌프킨 아티즌 에일즈 밤 비에르Jolly Pumpkin Artisan Ales Bam Bière, 매켄지 브루 하우스 세종 보투르McKenzie Brew House Saison Vautour, 스틸워터 아티저널 에일즈 스테이트사이드 세종Stillwater Artisanal Ales Stateside Saison

꼭 알아둬야 할 미국 5대 양조장

힐 팜스테드 브루어리
Hill Farmstead Brewery
버몬트 주, 그린즈버러

120년 동안 손 힐 가문은 숲이 무성하고 신록이 우거진 버몬트 주, 노스이스트 킹덤 지역의 인구 약 6백 명 도시인 그린즈버러 벤드에 위치한 이 농장을 소유해왔다. 우물물과 홉에 대한 건강한 해석을 무기로 힐은 복합적인 세종, 와일드 에일, 스타우트, IPA, 가문 구성원의 이름을 딴 앤세스트럴 시리즈Ancestral Series를 내놓는다. 나는 힐의 고조부 이름을 딴 송진향의 임페리얼 페일 에일, 에프라임Ephraim을 특히 좋아한다. 매년 여름이면 이곳 양조장은 농가 에일 페스티벌을 주최한다. 텐트와 세종에 대한 갈망을 함께 가져올 것.

위핑 래디시 팜 브루어리
Weeping Radish Farm Brewery
노스캐롤라이나 주, 그랜디

1986년 울리 베네비츠는 노스캐롤라이나 최초의 양조장을 열었는데 이곳은 지난 30년 동안 아우터뱅크스에서 약 1만 7천여 평의 농장과 정육점을 아우르는 규모로 성장했다. 베네비츠는 바이에른 출신으로, 이는 곧 그가 독일의 순수령에 따라 쾰쉬 스타일의 OBX 비어와 블랙 래디시Black Radish 슈바르츠비어 등의 맥주를 양조한다는 의미다. 농장에 들러 양조장의 독일인 육가공 장인이 만드는 훈제 마늘 소시지 킬바사와 독일식 훈제 소시지 브라트부르스트로 맥주와 스낵을 즐겨보길.

록밀 브루어리Rockmill Brewery
오하이오 주, 랭커스터

오하이오 남동부의 농촌 지역인 랭커스터는 벨기에의 왈롱과는 한참 떨어져 있지만, 매슈 바비의 농장은 이 유명한 양조 지역과 한 가지 중요한 공통점을 공유한다. 바로 물의 미네랄과 중탄산염 구성이 거의 완벽하게 일치한다는 것. 마구간을 개조해서 만든 양조장에서 매슈는 수제 코르크 마개를 장착한 병 숙성 유기농 맥주인 두벨, 트리펠, 화이트비어, 시골풍의 세종 등의 사총사를 양조한다.

로그즈던 오가닉 팜하우스 에일즈
Logsdon Organic Farmhouse Ales
오리건 주, 후드 리버

위스트 연구소의 공동 창립자 데이비드 로그즈던은 양조효모와 씨름한 지 수십 년 만인 2011년에야 자기 이름을 딴 양조장을 시작했다. 그는 세종, 화이트비어, 지역에서 난 홉으로 만든 벨기에 영감의 사우어 에일 등 전 제품을 유기농으로 출시해 격찬을 받았다. 더욱 흥미로운 점은 이 농장에서 현재 플랜더스 동부에서 가져온 스하어베이크세Schaerbeeksekriek 크릭 나무를 키우고 있다는 것. 이 나무에서는 크릭 생산에 쓰이는 전통적인 체리가 열린다 (자세한 내용은 264쪽 참조).

옥스보우 양조회사
Oxbow Brewing Company
메인 주, 뉴캐슬

약 2만 2천 평 규모 농장의 개조된 헛간에 자리한 이 양조장은 수석 양조가이자 소유주인 팀 애덤스가 벨기에풍의 농장에서 영감을 받은 맥주에 집중하기에 안성맞춤인 곳이다. 세종 효모는 시골풍의 스페이스 카우보이 컨트리 에일Space Cowboy Country Ale과 드라이하고 시트러스 향이 나는 팜하우스 페일 에일Farmhouse Pale Ale의 풍미를 주도하며 브레타노미세스는 사케 비슷한 사스가 세종Sasuga Saison과 스파이시하면서 구린내가 나는 펑크하우스Funkhous가 만들어지도록 부채질한다. 몇 년 뒤에는 옥스보우 양조장에 이목이 집중될 것 같다.

미국 맥주 개론

PUMPKIN BEERS
펌프킨 비어

가을 맥주는 옥토버페스트와 관련 있는, 맥아 성질이 강하고 묘하게 달콤한 독일 라거 메르첸과 맛있게 얽혀 있다. 이 스타일이 그럭저럭 괜찮고 가끔은 정말 훌륭하지만, 미국 양조업체들은 한 발 더 나아가 신토불이 채소인 호박으로 가을에 마시기 좋은 맥주를 개발하기 시작했다.

뿌리를 찾으려는 시도였을까. 미국이 여전히 영국의 지배를 받던 시기에, 식민지 양조가들은 영국에서 수입한 값비싼 보리 맥아에 의존했다. 곡물을 아끼기 위해 크래프트 양조가들은 예루살렘 아티초크, 감, 가문비나무 가시, 당밀, 옥수수, 호박 등 발효 가능한 당분과 풍미가 든 것이라면 닥치는 대로 사용했다.

머나먼 본국의 사치품(아니면 필수품이었나?)을 재탄생시킨 지혜로운 이들 식민 시대 양조가들에게 경의를 표해야겠지만, 사실 이들이 만든 맥주는 풍미보다는 알코올 함량 때문에 사랑받았던 거칠고 품위 없는 에일이었다. 짐작하겠지만 미국인들이 보리 재배법을 습득하면서 호박과 감을 넣은 맥주는 술집 맥주 탭에서 사라졌다.

19세기와 20세기의 상당 기간 동안 미국 양조가들은 호박을 무시해, 제빵사나 아이들이 활짝 웃는 호박 등을 만드는 데 쓰도록 내버려두었다. 호박이 양조 케틀에 다시 등장하기 시작한 것은 1980년대로, 캘리포니아 헤이워드의 버펄로 빌스 브루어리Buffalo Bill's

매년 가을, 시애틀의 일리전 양조회사는 호박맥주 대축제Great Pumpkin Beer Festival를 주최한다. 이틀간의 행사에서는 호박을 재료로 한 PK-47 맥아주와 속을 파낸 거대한 호박에서 직접 퍼주는 2차 발효를 거친 맥주 등 10여 가지의 로컬 호박 맥주가 선을 보인다.

견과류로 가자

크래프트 양조에서 앞으로 어떤 식품이 뜨게 될까? 이런 얘길 하면 미쳤다고 하겠지만 분명 땅콩이 될 것 같다. 헤이즐넛, 피칸, 밤이 맥주에 흔히 쓰이는 재료인 건 맞지만 미국인이 사족을 못 쓰는 것은 땅콩버터. 이를 염두에 둔 오하이오의 윌러비 양조장Willoughby Brewing은 피넛 버터 컵 커피 포터Peanut Butter Cup Coffee Porter를 만들고, 메릴랜드의 듀클로 양조회사는 스위트 베이비 지저스!Sweet Baby Jesus!를 생산한다. 이 포터 맥주는 자판기에서 파는 리스Reese 사의 피넛 버터 컵Peanut Butter Cup 같은 맛이 나며, 테라핀 비어 주식회사의 리퀴드 블리스Liquid Bliss와도 상당히 비슷하다. 조지아 주 사람들은 삶은 초록 땅콩을 넣어 맥주를 숙성시킨다. 드라이 호핑 공정에 견과류를 첨가하는 방식이다.

리얼 스프루스 스타우트Pumpkin Imperial Spruce Stout같이 오징어 먹물처럼 검고 씁쌀한 맥주도 있다. 호박을 세종이나 사우어 에일에 넣거나, 심지어 에이버리 양조회사의 럼프킨Rumpkin처럼 갓 비운 럼주 통에서 도수 높은 버전으로 숙성시키는 양조장도 있다.

스타일 이름만 대라. 양조장에선 얼마든지 거기에 호박을 첨가할 수 있다. 호박으로 완전한 선물인 맥주를 창조한다는 것은 신기한 재주다.

영국과 스코틀랜드 맥주 개론

Brewery가 가장 유명하다. 이 양조장의 창립자 빌 오언스는 양조 관련 서적을 뒤적이다가 조지 워싱턴 대통령이 한때 호박을 넣은 맥주를 양조했다는 흥미로운 이야기를 발견했다(미국 초대 대통령 역시 양조에 열심이었다). 1986년, 오언스는 계피, 정향, 육두구 같은 호박파이 향신료를 사용해 펌프킨 에일Pumpkin Ale을 만들어보자는 아이디어를 떠올렸다(현재 이보다 도수가 높은 임페리얼 펌프킨 에일Imperial Pumpkin Ale에는 실제 호박이 들어 있다).

호박 혁명은 공식적으로 시동이 걸려 이카보드 크레인(영화 〈슬리피 할로우〉의 주인공. 미국 독립혁명에 참전했던 옥스퍼드 대학교의 역사학 교수—옮긴이)의 말처럼 빠르게 질주했다. 그 뒤로 30년 가까이 지난 요즘에는 밭을 한가득 메울 정도로 호박 맥주의 종류가 다양하며 늦여름에는 계절에 따른 수요 증가를 맞추기 위해 더 많은 버전이 출시된다. 플렌티Plenty는 액화된 달콤한 파이라고 할 수 있는데 생강, 육두구, 정향, 계피를 향신료로 사용한다. 버몬트 주, 록 아트 브루어리의 펌프킨 임페

영국 맥주는 지루하다는 악명을 가지고 있다. 영국은 마일드 앤드 비터 맥주로 유명하며 대량생산되는 라거를 상당히 좋아한다고 알려져 있다. 그런데 이런 스타일에서 느끼는 미묘한 즐거움과 다소 낮은 ABV는 홉의 성질이 강하고 알코올 도수가 높은 맥주에 익숙한 미국 크래프트 맥주 애호가들에게는 좀 구식처럼 느껴진다.

이제 이런 지루하다는 오명은 쓰레기통에 던져버릴 시간이 됐다. 지난 10년 동안 영국과 스코틀랜드의 맥주 산업은 꽃을 활짝 피우더니 캐스크 에일이라는 족쇄를 벗어던지고 대서양 너머에서 양조되는 맥주 못지않게 하나하나가 창의적인 맥주를 생산해왔다.

과감한 경로 이탈로 동료 영국 양조가들의 길에 불을 밝혀준 선구자격인 양조장은 스코틀랜드의 브루도그다. 미국 캘리포니아 서부 연안을 여행하면서 스톤 사와 같이 기존의 틀에서 벗어나 홉의 실험에 매진하는 양조장에 영감을 받은 브루도그는 2007년 톡 쏘는 맛의 하드코어 IPA, 크랜베리와 재스민으로 양조

브루도그는 영국 전역에 자사의 이름을 내건 펍을 열어 현대 유럽 맥주와 미국산 수입 크래프트 맥주를 제공한다.

PUMPKIN BEERS
꼭 시음해볼 두 가지

스매시드 펌프킨
SMASHED PUMPKIN

- 십야드 양조회사Shipyard Brewing Co.
- ABV: 9%

메인 주의 십야드 양조회사에서 육두구와 계피를 향신료로 써서 만든 펌프킨헤드 에일Pumpkinhead Ale은 많은 사랑을 받은 덕분에 여름에 대량으로 출시되기 시작했다. 펌프킨헤드보다 도수가 높은 큰형님, 스매시드 펌프킨은 더욱 좋다. 오븐에서 갓 꺼낸 호박파이 냄새가 나며 빵 굽는 내음이 구수하게 번지면서 비틀거릴 정도로 알코올 도수도 충분히 높다. 약간 달콤하고 스파이시하면서 감미롭게 넘어가고 쌉쌀한 무게감을 남긴다.

다크 오 더 문 펌프킨 스타우트
DARK O' THE MOON PUMPKIN STOUT

- 일리전 양조회사Elysian Brewing Company
- ABV: 6.5%

시애틀 일리전 양조회사의 공동 창립자이자 수석 양조가인 딕 캔트웰은 호박에 전념하는 사람이다. 지난 10년 동안 딕은 볶은 호박씨와 호박 과육으로 만들고 시나몬을 뿌린 풀바디감의 스타우트 등 10여 가지의 호박 맥주를 고안해왔다. 그 결과, 밤이 깊도록 입안에 오래 남는 볶은 끝맛과 크리미한 초콜릿 향의 즐거움, 다크 오 더 문 펌프킨 스타우트가 태어났다.

대체 맥주 ★★★ 빅 보스 양조회사 하비스트 타임 펌프킨 에일Big Boss Brewing Harvest Time Pumpkin Ale, 케이프 앤 양조회사 피셔맨즈 펌프킨 스타우트Cape Ann Brewing Company Fisherman's Pumpkin Stout, 헤비 시즈 비어 더 그레이트 펌프킨Heavy Seas Beer The Great Pumpkin, 뉴올랜드 양조회사 이카보드 에일New Holland Brewing Company Ichabod Ale, 서던 티어 양조회사 펌킹Southern Tier Brewing Company Pumking, 웨이어바허 양조회사 임페리얼 펌프킨 에일Weyerbacher Brewing Co. Imperial Pumpkin Ale

5가지 환상적인 과일 맥주

호박은 어떻게 이 모든 재미를 누릴까? 다음에 소개하는 맥주들은 호박의 영광을 이어받으려는 또다른 후보들이다.

위스콘신 벨지언 레드
Wisconsin Belgian Red
뉴 글래러스 양조회사 New Glarus Brewing Co.
ABV: 4%
뉴 글래러스는 미국에서 가장 높이 평가받는 양조회사로 손꼽히는데, 이는 틀림없이 위스콘신 레드 같은 창의적인 발명품 덕분이다. 위스콘신 주에서 자라는 몽모랑시체리와 밀은 벨기에 보리와 할러타우어 홉과 연합전선을 이룬 다음 오크 탱크에서 1년 동안 숙성된다. 시간이 지나면서 통 속 내용물은 경쾌한 루비 빛깔의 원기 회복제로 변신하고 체리 과수원을 산책하는 듯한 향기가 난다. 유리잔 안에 여름을 담았다.

바 하버 블루베리 에일
Bar Harbor Blueberry Ale
애틀랜틱 양조회사 Atlantic Brewing Co.
ABV: 5.2%
메인 주의 바 하버는 미 북동부에서 가장 아름다운 도시 중 한 곳으로, 아카디아 국립공원 근처에 있다. 이 도시는 여름철에 사람들이 많이 찾는데, 메인 주에서 사랑받는 베리를 이용한 이 달콤한 라이트바디감의 에일 역시 여름철에 많은 사랑을 받는다. 겁내지 말 것. 블루베리는 아로마에서만 표현되며 과일 맥주의 명성을 더럽히는 끈적끈적하고 질리는 성질이 전혀 없다.

키 라임 파이 Key Lime Pie
쇼츠 양조회사 Short's Brewing Co.
ABV: 5.5%
언뜻 보기에 쇼츠 양조회사의 맥주는 마리화나 담배를 두어 모금 빤 후 내뱉는 고차원적인 농담같이 느껴진다. 피스타치오 크림 에일 Pistachio Cream Ale, PB&J 스타우트, 스트로베리 쇼츠 케이크 Strawberry Short's Cake에 대해 달리 무슨 생각을 할 수 있을까? 그런데 애주가들이여, 내가 여기 있는 것은 이런 별난 맥주도 키 라임 파이와는 상대가 되지 않는다는 점을 알려주기 위해서다. '그레이엄' 통밀 크래커와 '마시멜로 플러프' 잼, 신선한 라임이 서로 공모해 태어난 시큼달콤한 제품으로 2010년 미국 맥주대축제에서 금상을 거머쥐었다.

브레인리스 온 피치스
Brainless On Peaches
에픽 양조회사 Epic Brewing Co.
ABV: 10.7%
유타 주는 미국 양조계에서 찬밥 신세지만, 이런 경향은 에픽 양조회사(뉴질랜드 양조장과는 전혀 관련이 없다)에 관한 소문이 퍼지면서 바뀔 것 같다. 솔트레이크시티 출신의 양조가는 사우어 애플 세종 Sour-Apple Saison, 스카치와 비슷한 스모크트 앤드 오크트 Smoked & Oaked, 홉 신드롬 라거 Hop Syndrome Lager, 오랫동안 사랑받는 벨기에 스타일 골든 에일, 브레인리스 온 피치스 같은 반짝 영감을 주는 맥주를 양조한다. 유기농 복숭아 퓌레와 프랑스 샤르도네 통에서의 숙성으로 브레인리스는 과일향이 나는, 흡사 와인 같은 즐거움으로 변신한다.

폴른 애플 Fallen Apple
퍼더모어 비어 Furthermore Beer
ABV: 6.2%
생소한 맥주를 스스럼없이 시도하는 양조장(노트 스톡 Knot Stock 페일 에일은 후추를 향신료로 썼고 서모 리퍼 Thermo Refur 사우어 에일에는 유기농 홍당무가 들어가 있다)의 양조가이자 양조장 소유주인 애런 매튼은 가을 스페셜 제품인 폴른 애플로 능력을 확실히 보여주었다. 그는 달콤함을 가미해주는 락토스(젖당)로 만든 크림 에일에 갓 눌러 짠 사과주스를 블렌딩했다. 이 맥주는 샴페인과 눈이 맞아 달아난 사과 맛이 난다.

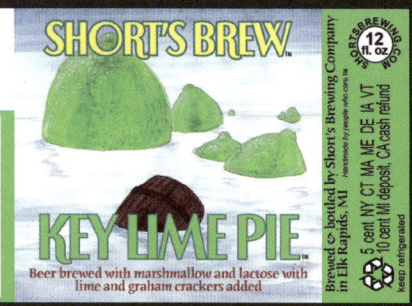

서머 와인 브루어리
Summer Wine Brewery

요크셔에 위치한 이 양조장은 바리스타 에스프레소 스타우트Barista Espresso Stout와 베리와 유사한 맛이 나는 루주 홉Rouge-Hop, 악마같은 디아블로Diablo 등 비여과, 비살균, 그리고 무엇보다 풍미 지향의 맥주에 중점을 두면서 다른 곳과의 차별화를 꾀한다. 이 양조장의 IPA에는 열대 시트라 같은 미국 변종 홉이 과다하게 들어가 리치와 망고, 찐득한 솔의 느낌이 많이 전해진다. 양조장 웹사이트에는 이런 문구가 실려 있다. "우리의 계획은 기존 틀에서 벗어난 맥주로 사람들의 감각을 일깨워 요크셔 맥주를 어떻게 음미할 것인지 재정의하게 하는 것입니다."

다크 스타 양조회사
Dark Star Brewing Co.

웨스트 서식스 주에 위치한 이 양조장은 1994년부터 블랙 커피 필스너Black Coffee Pilsner와 밀크 초콜릿 스타우트Milk Chocolate Stout, 서머 멜트다운Summer Meltdown(설탕에 절인 중국산 생강으로 양조한다), 홉헤드Hophead로 많은 사람들의 격찬을 받아왔다. ABV 3.8퍼센트의 이 황금색 골든 에일은 쌉쌀함으로 사람들을 강타하지 않고, 캐스케이드 홉이 주는 환상적인 꽃향의 아로마로 목넘김이 수월하다.

오틀리 양조회사
Otley Brewing Company

웨일스에 위치한 이 양조회사는 현대적인 비여과 방식의 자연 탄산 캐스크 에일과 병 숙성 맥주에 주력한다. 이 목표에 걸맞은 제품으로는 홉 성향이 강한 O4 콜럼보Columbo, 묵직한 O6 포터Porter와 전형적인 벨기에 화이트비어인 호가든을 기발하게 재현한 오-가든O-Garden이 있다. 오틀리가 내놓는 탁한 화이트비어 스타일에는 코리앤더와 정향, 오렌지 껍질이 들어가며, 그 결과 드라이하고 시트러스 풍미가 있는 기쁨의 맥주가 탄생한다.

매직 록 양조장
Magic Rock Brewing

미국 크래프트 맥주 사랑에 푹 빠진 리처드와 조니 버하우스 형제와 브루마스터 스튜어트 로스는 2011년 매직 록Magic Rock을 처음 출시했다. 이 팀은 홉 성질이 무지막지하게 강한 에일에 중점을 두는데, 자몽과 망고에 절인 끈적한 열대 캐넌볼 IPACannonball IPA와 클라운 주스Clown Juice '인디아 휘트 에일' 등의 미 서부 해안 스타일에서 특히 잘 드러난다, 클라운 주스는 눈치 챘겠지만 홉 성질이 강한 화이트비어다.

한 다음 구운 프랑스 오크 조각과 함께 숙성시킨 도쿄 Tokyo★ 임페리얼 스타우트, 과라나와 꿀, 콜라나무 열매, 양귀비 씨앗이 들어간 도그마 스카치Dogma Scotch 에일로 영국의 정체성을 새로이 정립하기 시작했다. 이들 맥주는 펍에서 접하는 일반적인 비터는 아니었다.

오늘날 영국 양조업계는 대서양 너머의 미국 양조업체만큼 다양하고 독창적인 모습을 보여주기 시작했다. 런던의 커넬 브루어리Kernel Brewery는 대담하고 시트러스 향이 나는 미국 영감의 페일 에일과 IPA를 비롯해, 감미롭게 오일리하며 홉사 에스프레소 같은 엑스포트 스타우트Export Stout 등의 19세기 복고풍으로 파장을 일으켜왔다. 런던의 브로디즈 비어스Brodie's Beers 역시 훌륭한 IPA를 생산하고, 캠든 타운 브루어리Camden Town Brewery는 목넘김이 탁월한 미국 스타일의 캠든 페일Camden Pale(유별나게 아로마가 강하지만 ABV는 단 4퍼센트)과 아일랜드에서 많은 사랑을 받는 녀석 못지않게 크리미하며 홉의 기운이 작렬하는 질소 충전된 스타우트, 잉크Ink 등 본토 스타일에 대한 정확한 해석을 내놓고 있다. 이 밖에 손브리지 브루어리는 헤페바이젠 스타일의 버사Versa 같은 전형적인 스타일과 레이븐Raven 블랙 IPA와 키플링 Kipling 같은 신종 스타일 모두에 능한데, 이들은 이 신종 스타일을 두고, 뉴질랜드의 넬슨 쇼빈 홉으로 만든 열대 사우스 퍼시픽 페일 에일이며 패션프루트와 키위의 풍미로 가득하다고 설명한다. 또 다른 IPA를 원한다고? 런던의 헨리온템스에서 자동차로 45분 거리에 위치한 러비본즈Lovibonds는 도발적인 이름의 69 IPA(ABV 6.9 퍼센트)를 생산한다. 미국산 센터

니얼 홉과 콜럼버스 홉은 이 황금색 맥주에 깔끔한 쓴맛과 시트러스 향을 전해준다.

브루도그 이외에 스코틀랜드의 크래프트 양조 맥주 리스트에는 윌리엄스 브로스 양조회사의 복고풍 맥주(검은딱총나무 열매 풍미의 에불룸Ebulum은 16세기의 레시피를 따랐다)와 이니스 앤드 건의 오크 통 숙성 에일, 경치 좋은 스코틀랜드 고원 지대에 위치한 블랙 아일 양조회사Black Isle Brewing Co.의 진보적인 맥주가 포진해 있다. 암소 두 마리와 말 몇 마리, 풍부한 양, 많은 농장 장비를 갖추고 환경에 중점을 기울이는 이 양조장은 14만 7천여 평의 밭에서 유기농 보리를 키워 맥아 성질이 강한 레드 카이트 에일Red Kite Ale, 복합적이고 균형 잡힌 포터Porter, 부드러운 하이버네이터 엑스포트 오트밀 스타우트Hibernator Export Oatmeal Stout를 만든다. 결코 지루하지 않은 맥주다.

뉴질랜드 맥주 개론

전시에 국가는 국민에게 애국이라는 이름으로 희생을 다할 것을 요구한다. 고통스러운 1차 세계대전 기간 동안 뉴질랜드에서는 그 희생이 펍을 오후 6시에 닫는 방식으로 표현되었다.

이론상 오후 6시 이후 음주를 제한하는 것은 다음날의 생산성을 높이려는 의도로, 최고의 숙취 예방 입법이라 할 수 있다. 16만 명 이상의 뉴질랜드인이 6시 이후 영업 금지를 요구하는 탄원서에 서명했고, 1917년 임시적으로 이 조치가 시행되었다. 다음 해, 이 복지국가 법은 영구적으로 고착되었다.

겉으로 보기에 이 법은 긍정적인 면이 많아 보였다. 오후 6시 이후에는 펍 영업이 중단되기 때문에 남자들이 가족과 함께 의미 있는 시간을 더 많이 보낼 수 있을 것이라 예상했다. 물론 그랬을 공산도 있지만, 아버

지들이 아마도 술에 만신창이가 되었던 것 같다. 오후 5시, 일이 끝나면 사람들은 펍으로 미친 듯이 달려가 맥주를 들이부었다. 1분 1초가 아까웠다. 많이 마시기에 좋은 맥주는 라이트하고 청량한 라거로, 대학생들이 상자째 마시는 맥주다. 뉴질랜드 정부의 대책은 술 소비를 줄이기는커녕 여러 세대의 뉴질랜드인에게 폭음하는 방법을 가르쳐준 것에 불과했다. '6시 폭음'으로 알려진 이런 행태는 1967년까지 계속되었다. 순해서 벌컥벌컥 마실 수 있는 라거에 대한 뉴질랜드인들의 사랑은 이 정부가 피하고자 했던 숙취처럼 오래도록 계속되었다.

고맙게도 이 오랜 국가적 악몽은 막을 내려가고 있다. 지난 10년 동안 뉴질랜드는 현대 미국 양조계와 동의어가 된 대담하고 창의적인 에일을 받아들이기 시작

했다. 에픽 비어Epic Beer는 아마겟돈Armageddon과 홉 좀비Hop Zombie같이 웨스트 코스트 스타일에 딱 맞는 향기롭고 타의 추종을 불허할 정도로 쌉쌀한 IPA를 생산한다. 자신만만한 이스티 보이즈Yeastie Boys는 자사의 훈제 스카치위스키에서 보여준 대로, 백 퍼센트 토탄 가공 맥아로 만든 렉스 애티튜드Rex Attitude 스트롱 에일처럼 전형적인 맥주 레시피를 자유롭게 변형해서 새로운 것을 시도한다. 8 와이어드8 Wired의 양조 팀은 홉 성질이 강한 헤이와이어드Haywired 밀맥주와 깜짝 놀랄 정도로 도수가 높은 세종 쇼빈Saison Sauvin 같은 고전적인 스타일의 현대적인 재해석을 전문으로 한다. 카이마이 양조장Kaimai Brewing은 다양한 호밀 맥주를 중점적으로 생산하는데, 어떤 제품을 골라도 오후 6시부터 밤새도록 행복하게 들이켤 수 있을 것이다.

왜 뉴질랜드 주류 회사들과 양조장들은 저항하지 않고 가만히 있었을까? 오후 6시 이후 영업 금지 정책은 1919년 뉴질랜드 총선에서 아슬아슬하게 통과되지 못한 금주령보다는 나은 대안이었으니까.

— ★★★ —

뉴질랜드에서 자라는 홉(모투에카, 리와카, 넬슨 쇼빈)은 독특한 품미와 아로마는 물론 이 나라에 자연 해충이 없다는 사실 덕분에 갈수록 미국에서 인기가 높아지고 있다. 기본적으로 농약이 전혀 필요 없다.

꼭 알아둬야 할 뉴질랜드 4대 양조장

8 와이어드 양조회사
8 Wired Brewing Co.

생화학자 쇠렌 에릭센은 아내 모니크에게 자가 양조 도구를 건네받은 이후 연구직(마지막 프로젝트: 성게)을 그만두고 뉴질랜드에 양조장을 열기로 결심했다. 미 대륙을 횡단하는 자동차 여행을 통해 그는 8 와이어드를 여는 데 필요한 모든 영감을 얻었다. 8 와이어드는 전기 울타리 설치에 쓰이는 전선 치수의 이름을 딴 것이다. 에릭센이 만든 맥주는 하나같이 충격으로 다가온다. 뉴질랜드 맥아와 홉으로 만든 홉와이어드 IPAHopwired IPA, 캠프파이어 느낌의 더 빅 스모크The Big Smoke 포터, 씨 없는 설타나 건포도로 만든 고도수의 벨기에 스타일인 더 술탄The Sultan 등이 그 예다.

에픽 비어Epic Beer

1990년대, 뉴질랜드의 루크 니컬러스는 캘리포니아에서 공부하면서 홉 성격이 강한 에일에 대한 갈망과 이들을 양조하는 재능을 얻었다. 이후 2006년까지 다른 곳에서 양조 경력을 쌓은 후, 그는 마침내 에픽 비어를 열어 홉을 우선시하는 페일 에일 컬렉션, IPA, 만만찮은 드라이 호핑 공법을 거친 라거까지 출시했다.

이스티 보이즈Yeastie Boys

뉴질랜드의 대중문화에서 영감을 받은 이스티 보이즈는 얼 그레이 블루 플라워Earl Grey Blue Flower 차로 만든 군나마타 IPAGunnamatta IPA와 뉴질랜드에서 자라는 퍼시픽 제이드Pacific Jade, 넬슨 쇼빈, 퍼시피아Pacifica를 비롯해 톡 쏘는 열대 과일 맛을 내주는 캐스케이드 홉으로 양조된 디지털 IPADigital IPA 등의 맥주로 기존의 양조 방식에 저항한다(레시피를 알아보려면 스마트폰으로 병의 바코드를 스캔해볼 것). 기타 훌륭한 맥주: 볶은 풍미와 훈제 맛, 신선한 향의 포트 케틀 블랙 IPA Pot Kettle Black IPA.

투아타라 브루어리Tuatara Brewery

'투아타라'라는 이름은 뉴질랜드 파충류에서 따온 것이다. 양조장 웹사이트에 따르면 이 파충류의 조상은 "2억만 년 전 스테고사우루스와 함께 자전거 창고 뒤에서 담배를 피웠다"고 한다. 2001년 설립된 투아타라 양조장은 바이에른의 헤페, 뮌헨의 헬레스, 런던의 포터, 아메리칸 페일 에일 등 해외 스타일을 깨끗하고 정확하게 현대적으로 해석하는 데 중점을 기울이고 있다.

스칸디나비아
맥주 개론

20년 전이었다면 나는 스칸디나비아의 겨울을 히터 없이 보내느냐, 아니면 3개월 동안 연한 색의 도수 약한 라거만 마시며 보내느냐, 이 두 가지 선택지 중 더 비참한 운명을 고르는 문제를 두고 많이 고심했을 것이다. 링네스Ringnes, 칼스버그Carlsberg, 투보르Tuborg 같은 라거가 지배하는 스웨덴, 노르웨이, 덴마크의 스칸디나비아 3국에서 양조 산업은 활성화되지 못했다.

라거가 이들 나라 도처에 만연하게 된 이유는 부분적으로는 세금 탓이다. 도수 높은 맥주는 높은 세율을 떠안아야 하는데 맥주의 풍미를 한껏 높이려는 양조업자는 이런 식으로 처벌을 받는다(덴마크의 경우 ABV 2.8퍼센트 미만의 맥주는 비과세 대상이다). 다음으로 맥주 구입의 문제가 있다. 스웨덴에서는 정부에서 운영하는 쉬스템볼라게트Systembolaget(시스템주식회사) 상점에서만 ABV가 3.5퍼센트보다 높은 맥주를 판매할 수 있고, 노르웨이의 경우 ABV가 4.75퍼센트를 초과하는 맥주는 특별히 허가받은 상점이나 국영 체인인 빈모노폴Vinmonopol(와인 독과점)에서만 판매할 수 있다.

라거의 권세는 방어벽이 굳게 다져진 상태에서 쉽게 깨질 것 같지 않았다. 그러나 해를 거듭해 창의적인 맥주가 등장하면서 스칸디나비아는 양조 문화를 다시 쓰기 시작했다. 노르웨이는 정부에서 아예 보리와 홉을 재배하는 농부에게 특정 분량의 맥주를 양조해야 벌금을 물거나 땅을 뺏기지 않는다고 선포했던 곳이다. 그런 땅에서 넹네 외Nøgne Ø와 한브뤼게리트Haandbryggeriet 양조장은 웨스트 코스트 홉부터 콜롬비아 커피와 향나무 가지까지 온갖 것을 다 넣은 독특한 레시피를 실험하며 유명해졌다.

스웨덴 역시 최근에야 양조 산업이 폭발적으로 성장했다. 수석 양조가이자 록 밴드 드러머인 마티아스 하멘린드의 지휘 아래 시그투나 브뤼후스Sigtuna

Brygghus는 이스트 코스트 IPAEast Coast IPA, 사우스 퍼시픽 페일 에일South Pacific Pale Ale, 이스트 리버 스프링 라거East River Spring Lager같이 홉 성향이 강한 에일로 엄청난 성장을 경험했다. 이 중 이스트 리버 스프링 라거를 생산할 때는 "완벽한 품질 보장을 위해 양조장 스피

꼭 알아둬야 할 스칸디나비아 4대 양조장

을 얻어 향나무 베리와 나뭇가지로 풍미를 낸 전통 농가 에일인 훈제 향의 노르위전 우드Norwegian Wood, 보리와 귀리, 호밀로 만든 추수 에일인 헤스예욀Hesjøl, 홉의 향이 살아 있는 도수 강력한 밀 스타우트인 다크 포스 등의 흥미진진한 맥주를 양조한다.

뇌레브로 브뤼후스
Nørrebro Bryghus
키스메위에르 비어 앤드 브루잉
Kissmeyer Beer And Brewing

칼스버그의 물 같은 라거를 마구 찍어내는 것에 염증을 느낀 안데르스 키스메위에르는 2003년 덴마크의 뇌레브로 브뤼후스 브루펍을 공동 창립했다. 그는 라 그란자 에스프레소 스타우트La Granja Espresso Stout, 노스 브리지 익스트림 North Bridge Extreme 임페리얼 IPA, 발리와인 스타일의 리틀 코크니 에일Little Korkny Ale 같은 맥주로 다양하고 풍미 깊은 포트폴리오를 관장하는 데 중점을 두었다. 키스메위에르는 뇌레브로의 컨설턴트이지만, 2010년에 문을 연 키스메위에르 비어 앤드 브루잉에서 뉴질랜드 홉을 한 가득 넣어 생기를 주는 필엔저 PilNZer와 덴마크 헤더 꿀로 풍미를 낸, 실키한 볶은 풍미의 허니 포터Honey Porter 등 히트작을 양조한다.

미켈러Mikkeller

덴마크 양조가 미켈 보르 비예르쇠(위 사진)는 유목민처럼 미국과 유럽에 양조장을 차리고 여러 가지 다른 홉과 효모로 제조한 '교육용' 에일과 사향고양이 배설물에서 '거둔' 베트남 콩으로 만든 비어 게크 브런치 위젤Beer Geek Brunch Weasel 커피 스타우트 등의 기발한 에일을 만들어낸다(미켈의 일란성쌍둥이 형제 역시 이블 트윈Evil Twin이라는 일류 유목 양조장을 운영한다. 그의 별난 에일 역시 추천한다).

뇡네 외NØGNE Ø

노르웨이 출신 비행사 크예틸 이키운은 비행 중에 우연히 가본 미국 크래프트 맥주 양조장에 매혹되어 자가 양조 도구를 구입해 양조 기량을 개발했고, 워싱턴에 위치한 일리전 양조 회사와 후드 커낼Hood Canal에 영감을 받아 노르웨이 최초의 크래프트 맥주 양조장을 열었다. 뇡네 외는 처음에는 홉 성향이 강한 맥주에 중점을 기울이다 이후 미묘한 느낌의 세종, 살짝 훈제 향이 나는 트리펠, 갈증을 해소해주는 화이트비어, 그리고 심지어 겨울을 훈훈하게 해주는 향신료가 들어간 노르웨이 와인, 글뢰그gløgg에 영감을 받은 크리스마스 에일로 관심을 돌렸다. 뇡네 외는 사케도 제조하는데 전통 일본 곡주를 생산하는 최초의 유럽 양조장이다.

한브뤼게리트Haandbryggeriet

노르웨이의 한브뤼게리트(크래프트 양조장, 소규모로 생산한다)에서 일하는 전직 자가 양조가는 노르웨이 유산과 노르웨이 신화에서 영감

집시 양조가의 유목 에일

'집시 양조가Gypsy Brewer'란 양조장을 소유하진 않고 다른 사람의 장비를 이용해 한시적으로 양조를 하는 유목 양조가를 가리키는 말이다. 법률 용어로는 이러한 형태를 교대 소유권alternating proprietorship이라고 한다. 집시 양조업체 중 유명한 곳은 미켈러, 이블 트윈Evil Twin, 투 욀To øl, 키스메위에르Kissmeyer 등의 수많은 덴마크 양조장과 미국의 스틸워터 아티저널 에일즈, 사어우 에일을 집중적으로 생산하는 캘리포니아의 더 레어 배럴The Rare Barrel 등이 있다. 더 레어 배럴은 다른 곳에서 양조된 사어우 맥주를 자체 시설에서 전문적으로 발효·숙성시킨다.

커로 AC/DC 그룹의 노래를 틀어놓는다". 250년 이상 된 가족 농장에서 시작된 오피고르스 양조장Oppigårds Bryggeri은 아로마 강한 아마릴로Amarillo와 어두운 색의 신성한 느낌을 주는 스타크포터Starkporter로 전 세계에서 갈채를 받았다. 뉘네스함 군도에 위치한 뉘네스함스 웅브뤼게리Ninäshamns Ångbryggeri의 파틀라그라드 스뫼르푼데트 포터Fatlagrad Smörpundet Porter와 베다뢰 비터Bedarö Bitter 같은 비살균 에일은 지역 지형의 이름을 딴 맥주다. 닐스 오스카르Nils Oscar는 발리와인과 임페리얼 스타우트를 생산하는데 이 맥주를 마시면 박하사탕처럼 눈이 빙빙 돌아간다(핀란드는 여전히 크래프트 양조 분야가 뒤처져 있지만 플레브나Plevna 같은 양조장과 여기서 만드는 세베린 엑스트라 IPASeverin Extra IPA, 시페리아Siperia 임페리얼 스타우트는 사람들에게 풍미의 광명을 보여준다).

덴마크의 경우, 이 나라 양조장들이 이룩한 성과는 놀랍다고밖에는 할 말이 없다. 비영리 기관인 단스케 욀렌투시아스테르Danske Ølentusiaster(덴마크 맥주 애호가 집단)가 1998년에 설립된 이후로 맥주 소비자들도 바 소유주들도 맥주의 세계를 알게 되면서 덴마크에는 4월 폭우 뒤에 자라는 버섯처럼 양조장들이 우후

죽순으로 생겨났다. 미켈러 사는 텍사스 레인저Texas Ranger 치포슬 포터와 자연발효되는 과일 맥주 제품군, 훈제된 베이컨 맛이 나는 라우크 게크 브렉퍼스트Rauch Geek Breakfast 임페리얼 스타우트 등 독특하고 개성 있는 레시피 덕분에 세계 최고의 양조장으로 정기적으로 선정되고 있다. 뇌레브로 브뤼후스Nørrebro Bryghus는 더블 IPA와 커피 스타우트를 생산하는데, 이 맥주를 마시다 보면 문득 병 라벨을 확인하게 된다. 선구적인 욀파브리켄Ølfabrikken 양조장의 전설인 대담한 양조가 크리스티안 스코브달 안데르센은 비어 히어Beer Here에 다시 등장해서 격찬할 만한 다크 홉스Dark Hops 블랙 IPA와 호밀 흑빵을 모델로 만든 포터, 뫼르케Mørke를 생산한다.

전위적인 양조장을 나열하자면 끝이 없다. 요즘은 스칸디나비아에 겨우내 발이 묶이는 것이 축복일지도 모른다. 그런데 흥미롭게도 스웨덴에서 가장 잘 팔리는 맥주 브랜드는 미국의 브루클린 브루어리다.

이탈리아 맥주 개론

나는 한때 이탈리안 레스토랑에 가면 화가 났다. 바삭한 크로스티니(구운 빵조각 위에 치즈, 멸치젓, 새우와 같은 재료를 토핑해 만든 카나페–옮긴이), 적당히 삶은 파스타, 모차렐라 치즈를 듬뿍 넣고 크러스트를 불에 그슬린 피자를 내놓으면서 정작 단 하나의 중요한 메뉴가 빠졌으니, 바로 위대한 맥주였다. 와인 메뉴는 끝도 없이 많은데 맥주는 페로니Peroni와 모레티Moretti 같은 맛없는 라거가 전부였다. 음식과 와인은 그 풍미가 차고 넘쳤지만 맥주는 탄산수의 대용품에 지나지 않았다.

그런데 마침내 장화 모양의 나라에서 맥주를 최우선 순위에 놓기 시작했다는 소식을 알리게 되어 무척 기쁘다. 이 나라는 허브와 향신료, 독창성을 이용해 저녁 식탁을 보완할, 아니, 때로는 저녁 식탁에서 중심이 될

스웨덴의 유일한 토착 맥주 중에 고틀란스드리케Gotlandsdricke가 있다. 호밀과 향나무로 만든 도수 높은 훈제 에일인데, 발트 해에 위치한 섬, 고틀란드의 농장 양조장에서 처음 만들었다.

—— ★ ★ ★ ——

크리스마스 시즌에 와보라. 많은 노르웨이 양조장에서 도수 높고 다크한 색조에, 종종 향신료를 넣은 율레욀Juleøl이라는 맥주를 만든다. 덴마크의 경우, 이와 비슷한 홀리데이 맥주는 율레브뤼Julebryg다.

—— ★ ★ ★ ——

스웨덴은 1995년 1월 1일이 되어서야 ABV 5.6퍼센트를 초과하는 맥주를 허용했다.

—— ★ ★ ★ ——

노르웨이에서는 한때 고인에게 경의를 표하기 위해 특별한 맥주를 양조했는데, 맥주가 완성될 때까지 시신을 땅에 묻을 수 없었다.

하늘에서 맥주를 마시다

독창적인 미국 브루펍 중에 뉴욕 시의 비레리아 Birreria가 있다. 이곳은 이탈리안 프리미엄 푸드 마켓인 이탈리Eataly 건물 옥상에 체리 모양으로 자리해 있는데, 수제 소시지와 계절 따라 바뀌는 캐스크 숙성의 전통 에일 전문이다. 이들 맥주는 도그피시 헤드와 이탈리아의 델 보르고와 레 발라딘 등 미국과 이탈리아 세 곳의 양조장에서 만든다. 밤 풍미의 완다Wanda와 말린 후추 열매를 넣은 소피아Sofia는 개폐식 옥상이 열릴 때 음미하면 사랑스럽다. 로마의 이탈리에도 비레리아가 있다.

캣을 유통시켜라

브라스리 4:20Brasserie 4:20은 크래프트 맥주를 맛볼 수 있는 로마 최고의 장소로 꼽히며 이탈리아를 비롯한 전 세계에서 선정된 맥주를 제공하지만, 와인은 단 한 방울도 맛볼 수 없다(람빅과 빈티지 맥주 컬렉션은 특히 입이 떡 벌어질 정도로 놀랍다). 한번 들를 기회가 있다면 레스토랑의 하우스 맥주 계열인 실험적인 통 숙성 맥주, 레벌레이션 캣 Revelation Cat을 시음해볼 것. 이 맥주는 로마로 가는 비행기를 탈 수 없는 이들을 위해 미국에서도 유통된다.

맥주를 개발하고 있다. 이는 대단한 반전이다. 1990년대 중반까지 이탈리아에서 상업적으로 생산되는 크래프트 맥주는 사실상 전무했지만 오늘날에는 약 4백여 곳의 양조장이 있고 그중 140곳은 2008년과 2010년 사이에 설립되었다.

이탈리아 양조 산업은 1995년, 이탈리아 의회가 자가 양조를 합법화하고 브루펍 운영법을 한층 수월하게 개편하면서 실로 붐이 일기 시작했다. 바로 이런 조치가 양조가와 기업가에게 필요한 자극제였다. 1980년대에야 맥주 양조가 부활의 신호탄을 알리던 미국과 거의

비슷하게 이탈리아에도 맥주의 전통이랄 게 전혀 없었다. 따라 할 만한 역사서도 대중의 기대도 전혀 없는 상태에서 레 발라딘Le Baladin과 이탈리아노 양조장Birrificio Italiano 같은 초기 양조장들은 마음껏 창의력을 발휘하고 변덕을 부리면서, 와인에 비해 풍미가 있지만 저알코올인 맥주를 선뜻 받아들여 시도해보려는 대중을 물색했다.

미국 맥주 양조계와 마찬가지로 이탈리아 양조계 역시 상당히 다양해서 한 문장으로 단언하기 어렵다. 아몬드22Almond22와 비라 델 보르고Birra del Borgo 같은 홉 성향 에일은 미국의 영향도 받았지만 거친 실험작이기도 하다. 예를 들어 레 발라딘은 연기 맛이 나는 랍상소우총 홍차와 위스키 효모를 사용해 자사의 통 숙성 맥주를 의도적으로 산화시켰고, 토레키아라 양조장Birrificio Torrechiara은 벨기에의 긍지인 사우어 에일을 제조한다.

가장 흥미로운 점은 이탈리아 양조업체가 지역 원료를 사용해 독특한 맥주를 만들어낸다는 것이다. 그라도 플라토Grado Plato의 스트라다 산 펠리체Strada San Felice 앰버 라거는 아미아타 양조장Birrificio Amiata의 바스타르다 로사Bastarda Rossa처럼 밤에서 흙 내음과 견과류의 풍미를 얻었다. 리구리아 리비에라에서 나는 신선한 바질은 라 수페르바 양조장Birrificio La Superba에서 만드는 제노바Genova 라거의 비밀 병기다. 피콜로 양조장Piccolo Birrificio의 키오스트로Chiostro에는 약쑥(압생트의 핵심 원료)이 들어가고, 몬테지오코 양조장Birrificio Montegioco의 과일 맛 나는 스파클링, 티비르Tibir에는 지역의 티모라소포도가 주원료로 들어간다.

더없이 상쾌하고 풍미가 있는 미래를 보는 눈으로 이탈리아의 과거를 수긍하는 것이라고 할까.

꼭 알아둬야 할 이탈리아 5대 양조장

비리피치오 레 발라딘
Birrificio Le Baladin

이탈리아에서 현대 크래프트 양조를 구현하는 사람이 있다면, 바로 레 발라딘을 경영하는 팔방미인, 마테리노 '테오' 무소다. 독특하게도 효모의 성장을 돕기 위해 맥주에 음악을 연주해준다는 무소는 토리노 외곽의 작은 마을에서 생강, 몰약, 오렌지 껍질, 견과류 곡물 카무트로 만든 이집트 스타일의 노라Nora와 강하게 산화된 우아한 발리와인 샤우유Xyauyù, 스코티시 위스키 효모로 발효된 드라이하고 거품 많은 알-익시르Al-iksir 같은 매우 특이한 에일을 발명해낸다. 무소는 양조 이외에도 맥주로 만든 치즈와 초콜릿, 맥주 젤리를 고안했다. 모로코 에사우이라에 지점을 내는 것으로는 직성이 풀리지 않았는지, 그는 발라딘 맥주를 제공하는 곳에 게스트하우스(전통적인 모로코 가옥)도 운영한다.

비리피치오 이탈리아노
Birrificio Italiano

1997년 코모 외곽에 설립된 이탈리아노 양조장은 페로니 맥주의 부진에서 이탈리아 맥주 애호가들을 구출해내는 데 중요한 역할을 했다. 앰버 쇼크Amber Shock는 과일 향과 캐러멜 맛을 느낄 수 있는 기쁨이고, 상쾌하게 시큼한 플레우레테Fleurette는 장미, 제비꽃, 꿀, 검은후추 등으로 맛을 냈다. 하지만 단연 돋보이는 것은 티포필스Tipopils. 독일이나 체코 맥주보다 뛰어나지는 않아도 그 정도로 우수한, 드라이하고 퇴폐적으로 쌉쌀한 필스너다.

비리피치오 토레키아라
Birrificio Torrechiara

사우어 에일 애호가들이여, 주목하라. 렌초 로시 박사는 파닐Panil이라는 상표를 붙여 시큼하고 흙 내음이 나는 비살균 맥주, 바리쿠에Barriquée같이 인상이 절로 구겨지는 신 맥주를 완성했다. 플랜더스 레드 에일은 스테인리스스틸 통에서 한 번, 보르도에서 온 코냑 통에서 3개월, 다시 병에서 한 번, 이렇게 총 세 번의 발효를 거친다. 더욱 진기한 것은 바리쿠에 리세르바Bariquée Riserva. 코냑 통에서 총 15개월간 숙성되어 오크 향의 와인 비슷한 복합성을 추가로 구비했다. 이 밖에 이탈리안 사우어 에일을 전문으로 하는 또 한 곳의 위대한 양조장으로 비리피치오 러버비어Birrificio Loverbeer가 있다.

비리피치오 델 두카토
Birrificio Del Ducato

이탈리아의 파르마 지역은 프로슈토 햄, 파마산 치즈, 탄산이 들어간 람브루스코Lambrusco 와인, 그리고 델 두카토 양조장이 탄생한 곳이다. 이곳에서 한때 자가 양조를 하던 조반니 캄파리는 기존 스타일을 수정한 맥주를 내놓는다. 드라이 호핑 공정을 거친 라거, 비아 에밀리아Via Emilia와 코리앤더, 생강, 감초, 캐모마일을 향신료로 쓴 누오바 마티나Nuova Mattina('새로운 아침') 세종도 물론 다 일품이지만, 칠리 고추로 만든 임페리얼 스타우트, 베르디Verdi를 마셔보면 푹 빠질 것이다. 이 스타우트는 바삭하게 구운 베이컨 색을 띠며, 풍미는 코코아와 커피를 연상케 하고, 한 모금 한 모금 마실 때마다 혀가 얼얼한 느낌이 강해진다.

비라 델 보르고Birra Del Borgo

생화학자 레오나르도 디 빈첸초는 취미로 삼던 자가 양조에 걷잡을 수 없이 빠져들더니, 드디어 직업을 바꿔 2005년 로마에서 북서쪽으로 한 시간 정도 떨어진 곳에 이 양조장을 열었다. 영국과 벨기에 전통에서 영감을 받은 디 빈첸초는 아마릴로와 캐스케이드 홉을 추가해 진한 아로마를 갖게 된 아메리칸 스타일 페일 에일, 리에일 엑스트라ReAle Extra, 스펠트밀로 만든 두케사Duchessa 세종(캉티용 람빅과 블렌딩한 버전은 두케시크Duchessic라 불린다), 쌉쌀한 오렌지 껍질을 향신료로 썼고 도수가 높아 겨울에 마시기에 적합한 25 도디치Dodici같이 균형 잡힌 맥주를 양조한다.

비라 델 보르고의 브루마스터인 레오나르도 디 빈첸초.

일본 맥주 개론

자유로운 연상 게임을 한번 해보자. '일본 맥주' 하면 여러분 머릿속에는 어떤 말이 떠오르는가? 아마도 마음속으로 아사히Asahi, 삿포로Sapporo, 기린Kirin 같은 라거가 점령한 스시 음식점과 가라오케 바를 방황할 것이다. 이들 브랜드에 반감은 전혀 없다. 이들 맥주는 본 조비 노래를 엉터리로 따라 부르면서(바로 내가 그렇다) 하룻밤을 보내거나 참치롤을 꾸역꾸역 먹을 때 괜찮은 청량한 맥주다. 그러나 이국적인 이름을 떠나서 이들 일본 맥주는 비싼 가격 말고는 밀러 라이트를 비롯한 다른 미국 라거와 전혀 구별이 되지 않는다.

일본은 열도 전역에서 상당히 많은 크래프트 맥주 양조장이 우후죽순으로 생겨나고 있지만, 현재 진행 중인 미국의 양조 동향과 비교해봐도 그 시동이 비교적 늦게 걸렸다고 볼 수 있다. 그것은 정부 탓이 크다. 1994년까지 양조 허가권은 매년 최소 2백만 리터(50만 갤런 이상)를 생산한 양조장에 주어졌다. 그것은 올림픽 수영 경기장 풀을 가득 메울 정도의 양이었다. 어떤 양조장도 자력으로 그 많은 맥주를 즉시 생산해 판매할 수는 없었다. 상황은 1994년에 조금 풀려서, 일본은 양조법 규제를 느슨하게 해 매년 최소 6만 리터(약 1만 5천 갤런)의 맥주를 생산한 소규모 양조장에 허가권을 부여했다.

단 한 개의 통으로 시작하는 미국의 극소규모 양조업자에게 이는 여전히 말

도 안 되는 수치지만 일본 양조업체에는 꼭 필요한, 아주 적절한 변화였다. 현재 미국에서는 오늘의 자가 양조가가 내일의 양조장 주인이 될 수 있다. 이런 가능성을 일본에서는 거의 찾아볼 수 없는데, 그 이유는 자가 양조가는 ABV 1퍼센트를 초과하는 맥주는 법적으로 양조할 수 없기 때문이다(더블 IPA를 만들었다고 경찰이 문을 부수고 들어오진 않는다). 대신 일본 크래프트 맥주의 대부분은 사케 양조업자의 숙련된 손길로 만들어지며, 이들은 양조의 가장 중요한 기술 두 가지인 발효와 위생 관리 기술에 능하다. 맥아와 홉의 단기 속성 과정만 거치고도 기우치Kiuchi 양조장과 오제 노 유키도케Oze No Yukidoke 같은 사케 전문 업체들은 양조 케틀에서 맥주를 생산해낸다.

사케 양조업체 외에 일본 크래프트 양조업계는 미국인 브라이언 베어드같이 모험을 불사하는 사람들의 도움을 받았다. 맥주광 베어드는 대학원 졸업 후 1995년, 브루펍과 소규모 양조장이 일본 전역 곳곳에 생겨

나던 시기에 이곳으로 건너왔다. 당시 직업에 만족하지 못했던 베어드는 자신의 두 가지 거대한 야망, 즉 맥주 양조와 일본 문화를 접목하기로 결심했다. 그는 미국으로 돌아가 캘리포니아의 아메리칸 브루어즈 길드American Brewers Guild에서 공부하면서 시애틀의 레드 후크 에일Redhook Ale에서 견습 생활을 하고 미 서부 연안인 웨스트 코스트 지역을 오가며 수백 곳의 양조장과 브루펍을 조사했다. 2000년 베어드는 일본의 해안 도시 나마즈로 와서 아내 사유리와 함께 베어드 비어Baird Beer를 공동 설립했다.

일본에서 맥주 시장에 진출하는 것은 불확실한 일이 될 수 있다. 일본은 전통적으로 사업 실패를 수치스럽게 여기는데, 현대 크래프트 양조는 위험한 사업으로 전통에 먹칠을 한다고 알려져 있다. 이방인으로서 베어드는 실패의 두려움이 크지 않았다. 그는 일본을 지배하는 라거에 정면으로 맞서, 사계절 맥주인 균형 잡히고 순한 맥아 성향의 테이코쿠 IPATeikoku IPA를 처음으로 출시했다. 모두가 놀란 일이지만 그의 시도는 의외로 시장에서 통했다.

나노, 나노, 소규모 양조장

위대한 맥주를 양조하는 데 있어 작업장의 크기는 문제가 되지 않는다. 본격적인 생산 설비를 갖춘 양조장을 시작하게 되면 큰 손해를 보기 쉽기 때문에, 직업 전선에 뛰어들고 싶지만 빚의 구렁텅이에는 빠지고 싶지 않은 많은 자가 양조가들은 소규모 나노 양조장 개업을 선택하고 있다. 《메리엄 웹스터》 사전에는 나노 양조장에 관해 아직 정의된 말이 없지만, 나는 최소액의 예산으로 운영되며 한두 명의 양조가가 양조 처리, 포장, 유통 등의 모든 일을 담당하는 영세한 사업장, 세 개 이하의 숙성 통을 가진 곳만 나노 양조장으로 간주한다. 나노 양조장은 모든 주에 있는데, 부담없는 아주 작은 규모 덕분에 양조가들은 색다른 과일, 야생 효모, 특이한 레시피를 가지고 실험을 할 수 있다. 오리건 주 힐즈버러의 암바히트 에일즈Ambacht Ales는 자사의 모든 맥주에 태평양 북서부에서 생산되는 꿀을 첨가해 매혹적인 달콤함을 더해주고, 버몬트 주에 위치한 로슨즈 파이니스트 리퀴즈Lawson's Finest Liquids는 물 대신 메이플 수액을 사용해 고도수의 메이플 트리플Maple Tripple을 만들며, 계피와 가문비나무 잔가지를 사용해 겨울 시즌 제품을 생산한다. 롱 아일랜드의 배리어 양조회사Barrier Brewing처럼 홉에 중점을 기울이는 양조장과 뉴햄프셔의 창의적이고 통 숙성에 매진하는 화이트 버치 같은 일부 나노 양조장은 소규모로 순조롭게 시작해 수요가 대폭 늘면서 규모를 확장하기도 했다. 오늘날의 나노 양조장이 시간이 지나면 차세대 거물급 양조장으로 변신할 수도 있다(로슨즈는 최근에 시설을 좀 더 확장했다).

맥주와 마찬가지로 사케는 곡물, 즉 쌀로 만드는데, 양조 과정을 통해 술의 잠재력을 드러낸다.

— ★ ★ ★ —

일본에서 크래프트 맥주는 '지역 맥주'라는 뜻으로, 보통 '지비루Ji-biru'라고 불린다.

꼭 알아둬야 할 일본 4대 양조장

후지자쿠라 하이츠 브루어리
Hujizakura Heights Brewery

이렇게 묻는다면 허튼 농담처럼 들릴까? 일본 양조장이 독일 전통 맥주를 만든다면 어떻게 될까? 글쎄, 그 양조장은 세계 양조 대회에서 메달을 한 아름 수상할 것이다. 후지자쿠라에서 생산하는, 독일의 영향을 받은 위대한 맥주로는 훈제 향의 라우흐Rauch, 상쾌한 필스Pils, 바나나 향이 많이 부각된 바이젠Weizen 등이 있다.

이세 카도야 마이크로브루어리
Ise Kadoya Microbrewery

카도야 카페는 차와 일본 새해에 전통적으로 먹는 찹쌀떡(모찌)를 판매하며 그 아성을 4백

년 넘게 유지했다. 그런데 1997년, (간장과 된장도 만드는) 이 가계 사업체는 양조 분야까지 손을 뻗어 트리플 홉 에일 Triple Hop Ale, 잘 볶은 풍미의 스타우트Stout, 볶은 현미로 만든 청량한 겐마이 에일Genmai Ale같이 미국에서 영감을 받은 풍미 높은 맥주를 양조하기 시작했다.

키우치 브루어리Kiuchi Brewery

가장 널리 유통되는 일본 크래프트 맥주는 전통 사케 제조업체인 키우치가 담당하는데, 이곳은 히타치노 네스트Hitachino Nest 에일 계열을 생산한다. 탁하고 향기로운 화이트 에일White Ale은 몇 년 동안 인기를 독차지하고 있는데(104~105쪽), 에스프레소 스타우트 Espresso Stout와 사케 비슷한 레드 라이스 에일Red Rice Ale 역시 탁월하다.

요호 양조회사
Yo-Ho Brewing Company

나가노에 위치한 요호 양조회사는 태평양 횡단 시의 맥주 품질을 보장하기 위해 자사 맥주를 캔에 포장한다. 맥아 성질이 강한 자몽 주도의 아우니 인디아 페일 에일Aooni India Pale Ale, 도쿄 블랙 포터Tokyo Black Porter, 아로마가 강한 요나 요나 에일Yona Yona Ale같이 미국에서 영감을 받은 제품을 마셔보라. 요호의 전직 양조가 토시 이시이는 캘리포니아의 스톤 양조회사에서 기술을 갈고닦았으며 현재는 괌에서 이시이 양조장Ishii Brewing을 운영한다.

최근 몇 년 사이, 힐 팜스테드와 디 알키미스트를 비롯해 이전에 나노 양조장이었던 로슨즈 파이니스트 리퀴즈 덕분에 버몬트 주는 크래프트 맥주 순례자들이 반드시 방문해야 할 성지로 떠올랐다.

베어드는 홉이 주도하는 맥주를 많이 양조하지만 이 양조장이 차별화되는 것은 일본 정서와 미국 양조를 섞어놓은, 캐릭터=균형+복합성character=balance+complexity 이라는 등식 때문이다. 이 공식은 달콤쌉싸름한 포터든, 지역에서 재배한 과일로 만든 계절 한정판 에일이든, 베어드가 만드는 모든 맥주에 적용된다(목판 인쇄 라벨에 표시되어 있다). 이는 정교한 장인 기술과 혁신의 만남으로, 내가 선호하는 많은 일본 양조장의 전형적인 특징이다.

마지막 수업

맥주의 저장과 음식 궁합

All About Beer

1980년대 영화의 가장 상징적인 장면은 뉴욕 캐츠킬 산맥의 한여름 휴양지에서 펼쳐졌다. 1963년을 배경으로 한 영화 〈더티 댄싱〉에서 제니퍼 그레이는 패트릭 스웨이지가 연기하는 댄스 강사 조니 캐슬과 로맨스를 꽃피우는, 수줍고 어린 프랜시스 '베이비' 하우스먼 역을 맡아 연기한다. 반전과 임신으로 인한 스토리 전환, 1960년대의 수많은 곡들이 이어진 후 영화는 캐슬의 선언으로 절정을 맞이한다. "아무도 베이비를 구석에 버려두진 못해요." 그리고 멋진 댄스 장면.

나는 맥주도 이와 똑같다고 느낀다. 수십 년 동안 맥주는 구석에 처박혀 스포츠 경기, 바, 뒷마당에서 벌어지는 바비큐 파티처럼 적절하다 싶은 경우에만 밖으로 나왔다. 레스토랑은 주유소 가스 탭에서 나오는 연료처럼 딱 그 정도의 흥미를 끄는 맥주를 제공했다. '빈티지 맥주'란 먼지가 쌓이도록 내팽개쳐둔 맥주 여섯 개들이 한 팩의 완곡한 표현이었다. 요컨대 와인이 훌륭한 저녁식사와 멋진 음주 모임에서 이종격투기의 목 조르기를 구사했다면, 맥주는 치킨 날개를 뜯는 목 타는 프롤레타리아의 음료였다.

이제 서서히 꾸준히, 맥주는 구석에서 나와 저녁 식탁의 한 자리를 차지하거나 시원한 지하실로 숨어들어 그곳에서 수년간을 보내면서 이상적으로 더 훌륭한 맥주로 재탄생하기도 한다. 다시 말해 맥주가 허세 없이 와인이 되어가는 중이다. 이번 수업에서 배우겠지만 맥주는 예전에 칵테일 음식으로 간주되었던 술안주부터 집에서 식사할 때나 외식할 때 먹는 요리까지 그 어떤 음식에나 두루 어울리는 훌륭한 파트너다. 이번 수업에서는 또한 맥주 숙성에 관한 비밀이 밝혀지는데, 맥주는 숙성을 통해 쓸모없는 요소는 없어지고 매력적인 요소가 섞이면서 새로운 풍미가 형성된다. 맥주와 함께라면 당신의 집은 마침내 이 땅에서 가장 재미있는 곳이 된다.

맥주가
음식을 만났을 때

음식에 관한 한, 와인은 까다로운 파트너일 수 있다. 완벽하게 짝이 맞으면 좋겠지만, 맞는 짝을 찾으려면 여유가 얼마 없는 공간에 평행 주차를 하는 것처럼 기술과 수완이 필요하다. 이에 반해 맥주는 호락호락한 친구다. 폭넓은 원료와 스타일, 쉽게 이해되는 풍미(쌉쌀함, 달콤함, 초콜릿 맛 등)가 전체적으로 부족한 신맛과 결합하기 때문에 궁합이 잘 맞는 음식을 찾는 것이 식은 죽 먹기다.

이번 수업에서는 맥주와 어울리는 음식에 관해 일반적인 지침을 제공하겠지만, 그것으로 만족하지는 말것. 입을 열고 맛을 봐야 자신의 미각과 조화되는 풍미와 조합을 찾을 수 있다. 정답도 오답도 없다. 오직 맛있는 정도의 차이가 있을 뿐.

맥주와 찰떡궁합 음식을
찾기 위한 지침

미국 요리 학교인 컬리너리 인스티튜트 오브 아메리카 Culinary Institute of America에서 수학한 애덤 덜리는 샌프란시스코에서 명성이 자자한 더 몽크스 케틀The Monk's Kettle과 디 애버츠 셀러The Abbot's Cellar의 셰프이자 공동 소유주로서, 미국의 신선한 제철 음식과 궁합이 잘 맞는 미국 및 세계 최고의 맥주를 찾는 데 주력한다. 덜리가 제안하는 맥주와 음식의 궁합은 매우 적절한데, 그는 세이버SAVOR(오른쪽 팁 박스 참조)와 덴버에서 열리는 미국 맥주대축제의 팜 투 테이블 파빌리온Farm to Table Pavillion('농가 상생을 위한 제철 식재료관')에서 맥주와 음식의 조합을 연구하는 일을 맡아왔다. 여기에 맥주와 궁합이 잘 맞는 음식을 찾기 위한 덜리의 열 가지 팁을 소개한다.

1. 세 가지 C를 알라. 세 가지 기본 원칙은 비교Comparing, 과한 맛의 상쇄Cutting, 대비Contrasting다.

"첫 번째로 가장 단순한 짝짓기 기술은 '비교'죠. 예를 들어 시트러스 풍미의 홉이 들어간 맥주는 레몬즙이나 레몬 껍질의 맛이 부각된 음식과 짝을 짓는다거나 초콜릿케이크에 곁들여 임페리얼 스타우트를 마시는 식입니다. 즉 비슷한 점을 찾는 건데요. 이런 비교 기술은 대다수 사람들이 쉽게 사용하는 방법입니다. 비교는 실패할 우려가 없는데다 경험을 통해 조합이 계속 축적됩니다. 사람들은 일단 맥주와 음식의 조합에서 '바로 이거다' 하는 좋은 경험을 하게 되면, 그 후로는 다른 조합에 더욱 목말라하죠."

매년 양조업자협회가 주최하는 세이버SAVOR(미국 크래프트 맥주 및 음식 경험 축제)에서는 맥주와 음식의 결합을 기념하며 축하 행사를 벌인다. 이 축제에서는 미국 최고의 맥주와 특별히 만든 요리가 짝을 이뤄 함께 제공된다. 텅 빈 배로 왔다가 자리를 뜰 때는 알딸딸한 기분에 포만감이 든다.

딜리는 이어서 말한다. "두 번째 기본 짝짓기 기술은 '과한 맛을 상쇄'하는 겁니다. 비교와는 반대되는 개념이죠." 즉 기름진 음식을 먹은 후 입가심으로 청량하고 거품 많은 라거를 마시거나 치즈버거의 느끼함을 줄이기 위해 도수 높은 포터를 마시는 것이다.

"세 번째의 가장 까다로운 기술은 '대비'입니다. 음식에 없는 풍미를 채우고 뭔가 다른 점을 느끼게 해주는 맥주를 찾는 거죠." 딜리는 이렇게 설명한다. 전형적인 예는 굴과 드라이한 아이리시 스타우트의 조합으로, 상식에 반하는 맛있는 궁합이다. "사람들은 '아니, 맛을 망칠 작정이세요?' 식으로 반응하지만 '대비'는 맛을 망치는 방법이 결코 아닙니다."

2. 결정, 결정. "집에서나 레스토랑에서 맥주와 음식의 조합을 궁리할 때는 어떤 음식을 먹고 싶은지, 어떤 스타일의 맥주를 마시고 싶은지 먼저 결정해야 합니다. 특정한 음식이나 맥주 스타일을 미리 염두에 두고 있다면 짝을 맞추는 일이 훨씬 수월해집니다."

3. 너의 코를 알라. "자신이 처음 느끼는 맛이나 냄새를 무시하지 마세요. 자기가 인식하는 맥주의 느낌은 자기 자신만의 것입니다. 그대로 받아들이세요. 다른 사람의 생각대로 시음하고 맛보고 냄새를 맡는다면 자기 자신의 것은 결국 놓쳐버리게 됩니다."

4. 냉대는 금물. "온도는 맥주와 음식 궁합에 악영향을 끼칠 수 있습니다. 냉동실이나 아이스박스에 넣어둔 맥주는 요리에는 최고지만, 맥주가 너무 차가우면 맛보고 느끼는 데 영향을 줄 수 있죠. 적절한 온도가 중요하지만 그렇다고 지나치게 따질 필요는 없습니다."

5. 계절을 음미하라. 제철 재료로 만든 이런 음식은 계절 맥주와 좋은 짝을 이룰 수 있다. 갈비 육수가 진하게 우러난 스튜와 고기찜에는 스카치 에일 같은 진한 맥주가 어울리고, 가벼운 여름 샐러드에는 부드러운 화이트비어나 상쾌한 소용량 쾰쉬가 좋다.

6. 여러 스타일의 맥주를 시도하라. "한 스타일에 얽매이지 마세요. 다양한 스타일에 눈을 돌려 시음해보세요." 딜리는 이렇게 권장한다. "좋아하는 맥주 스타일만으로는 음식과의 궁합을 찾는 일에서 한계에 부딪힐 수 있습니다. 특히 IPA는 미각을 감싸주는 꽤 훌륭한 일을 수행하죠."

7. 맥주를 먼저 마셔라. "집에서 맥주와 음식을 함께 즐기고 있다면 맥주 맛을 먼저 보아야 합니다. 맥주병에 'IPA'라고 표기되어 있다고 해서 지난주에 마셨던 그 IPA와 똑같은 맥주가 아닙니다. 모든 맥주는 다 제각각이니까요."

8. 맥주는 음료이지 요리 재료가 아니다. "저는 요리할 때 많은 양의 맥주를 재료로 사용하지 않습니다. 맥주가 음식에 묻혀버리는 경우가 많으니까요." 딜리는 이렇게 덧붙인다. "저에게 맥주는 (식재료라기보다) 음식과 대등하게 짝지을 수 있는 도구입니다. 흥미로운 장소에서 만나는 크래프트 맥주는 더이상 식재료가 아닙니다. 제가 좋아하는 일은 양조가가 여러 원료로 만드는 맥주를 제가 만든 음식과 짝짓는 일입니다."

9. 라이트에서 다크로. "여러 코스로 음식과 맥주를 함께 즐기고 있다면 라이트한 맥주로 시작해서 무겁고 도수 높은 맥주로 넘어가세요." 딜리는 이렇게 조언한다. 애피타이저로 더블 IPA를 들이붓는 짓은 미각의 피로도를 높이는 지름길이다.

10. 강도, 강도를 맞춰라. 묵직한 풍미는 묵직한 맥주와 궁합이 맞는다. 가벼운 풍미는 라이트한 맥주와 잘 맞는다. 샐러드와 발리와인은 공통점을 찾기 어렵다.

자극적인 음식을 좋아한다면 과하게 쌉쌀한 IPA를 마셔볼 것. 홉의 쌉쌀함이 불타는 매운 풍미를 강조해서 화끈한 맛을 강화할 수 있다. 물론 칠리 고추 없이 못 사는 사람들에게 반가운 소식이겠다.

★ ★ ★

맥주와 음식을 짝짓는 기술을 향상시키기 위한 두 권의 환상적인 책을 소개한다. 한 권은 브루클린 브루어리의 수석 양조가 개릿 올리버가 쓴 《브루마스터의 테이블Brewmaster's Table》이고, 다른 한 권은 루시 손더스의 《최고의 미국 맥주와 음식: 크래프트 맥주와 궁합이 맞는 음식과 크래프트 맥주로 요리하기The Best of American Beer and Food: Pairing & Cooking with Craft Beer》다.

★ ★ ★

일반적으로 벨기에 에일이 가장 음식 친화적이다. 저녁식사 자리에서 벨기에 세종이나 두벨, 트리펠은 웬만하면 다 어울린다.

애덤 덜리가 제안하는 절대 실패하지 않는
음식과 맥주 궁합 5가지

1. 알트비어 또는 앰버 에일과 스테이크
"부드러운 캐러멜 향의 맥주는 거의 모든 종류의 그릴 스테이크와 훌륭하게 어울리며, 길 가는 사람의 발길도 잡아끕니다. 스테이크 양념이나 소스는 절대 사절. 소금과 후추만 뿌려 내놓으세요."

2. 벨기에 스타일 화이트비어와 조개 요리
"보는 사람도 항상 즐겁게 하는 궁합입니다. 앨러거시 화이트처럼 청량하고 우아한 화이트비어의 섬세한 풍미는 조개, 특히 시트러스를 넣은 요리와 이상적으로 잘 어울립니다. 화이트비어와 홍합을 함께 넣고 찌는 것도 훌륭한 선택입니다."

3. 필스너와 볶은 뿌리채소
"전형적인 필스너의 맥아와 개성 있게 스파이시하고 깔끔한 사츠 홉은 순무 같은 채소 볶음 요리와 잘 어울립니다. 필스너는 뿌리채소의 갈변을 완벽하게 막아줍니다."

4. 두벨과 오리 요리
"다크하고 진한 벨기에 스타일의 두벨은 노릇노릇하게 적당히 익힌 오리 가슴살 요리에 제격입니다. 두벨에 따라 살구, 복숭아, 체리, 자두같이 씨 있는 과일을 함께 넣어도 좋습니다. 전통적이고 고전적인 요리 방법이죠."

5. IPA와 당근 케이크
"아주 재미있는 궁합이에요. 과하게 쌉쌀하거나 IBU가 85 이상인 것 말고 단순한 IPA를 선택하세요. 당근의 달달함이 맥아의 달콤함을 약간 없애주고, 크림치즈를 얹었다면 이 역시 홉의 쌉쌀함을 상쇄해줍니다. 시트러스 풍미의 맥주라면 입속을 개운하게 헹궈줍니다."

미국의 4대 맥주 셰프

스카일러 슐츠Schuyler Schultz

재료를 중시하는 요리사이자 소믈리에인 슐츠(왼쪽 사진)는 샌디에이고에 위치한 에일스미스 양조회사의 요리 책임자로서 쌓은 전문 지식을 바탕으로 《맥주, 요리, 풍미: 맥주 시음, 맥주와 음식 짝짓기, 맥주 문화에 대한 가이드Beer, Food, and Flavor: A Guide to Tasting, Pairing, and the Culture of Beer》라는 훌륭한 저서를 펴냈다. 슐츠 자신이 유럽, 아시아, 호주, 미국을 여행하며 얻은 귀중한 자산을 책으로 엮었다.

브루스 페이턴Bruce Paton

샌프란시스코의 '맥주 셰프'인 페이턴은 브루마스터와 함께 1995년부터 디너Dinner를 지속적으로 주최했는데, 이 행사에서는 스톤, 라구니타스, 모일런즈, 비어 리퍼블릭 같은 양조장의 맥주에 어울리는 주문형 메뉴를 선보인다.

션 Z. 팩스턴Sean Z. Paxton

캘리포니아의 팩스턴으로 알려진 소노마 카운티의 이 '크래프트 양조 셰프'는 훤칠한 키와 염소 수염 같은 턱수염, 영향력 있는 연구로 잘 알려진 맥주 요리 세계의 거물급 인사다. 1990년대 중반부터 그는 맥주를 원료로 한 대담한 멀티 코스 요리(트라피스트 로슈포르 10에 삶은 갈비, 아킬레스 세라핀 그랑 크뤼Achilles Serafijn Grand Cru에 절인 돼지 옆구리살)를 기획해, 다른 맥주와 짝을 맞춰 선보였다. 웹사이트 homebrewchef.com에서 그의 성과를 확인할 수 있다.

테디 포크먼Teddy Folkman

브루어리 오므강의 요리 사절인 포크먼은 국토를 종횡으로 누비며 맥주 디너를 주최하면서 맥주와 음식을 찬양한다. 포크먼은 맥주 중심의 벨기에 개스트로펍인 워싱턴 DC의 닥터 그랜드빌 무어스Dr. Grandville Moore's의 셰프이기도 하다.

와인?
이제는 맥주 시대

내가 레스토랑에서 식사를 하는 이유는 여러 가지가 있다(물론 배고픈 것도 한 가지 이유다). 우선 편리하다. 나는 요리를 하면 긴장이 풀리는 사람이지만, 앞치마를 두르고 야채를 써는 일이 민주당원과 공화당원의 합의를 유도하는 것만큼이나 힘겨운 밤이 있다. 이럴 때는 '필요하기' 때문에 외식을 고려한다.

둘째, 내가 '원하기' 때문에 외식을 하는 때도 있다. 내가 단골로 가는 레스토랑은 집에서 그대로 만들어 먹기엔 기술과 장비가 부족한 그런 음식을 맛볼 수 있는 곳이다. 장작불 오븐에서 꺼낸 피자에는 상당한 돈을 지불해도 파스타 한 접시 사 먹는 데는 손을 덜덜 떠는 것도 다 이런 이유에서다. 나는 내 주방에서는 맛볼 수 없는 경험을 원한다.

이런 논리는 레스토랑에서 마시는 맥주에 특히 들어맞는다. 메뉴는 구미가 당기는데 함께 제공되는 맥주는 근처 맥주 매장에서 살 수 있는 재미없는 맥주인

내 사랑, 뉴욕

혹시 뉴욕의 허드슨 밸리에 갈 일이 있다면, '피크스킬Peekskill'을 입력해놓을 것. 버즈올 하우스Birdsall House(뉴욕에서 맥주에 매진하는 블라인드 타이거 에일 하우스Blind Tiger Ale House의 자매 레스토랑)에서 만드는 돼지고기 요리(종종 다 쓴 양조 곡물을 먹인 돼지를 이용한다)는 그야말로 일품이며, 이와 함께 주로 지역 크래프트 맥주 20여 가지가 제공된다. 길을 따라 더 내려가면 피크스킬 양조장이 나오는데, 이곳에서는 이타카 비어 주식회사의 전직 양조가인 제프 오닐이 창의력을 마음껏 발휘해 자이트가이스트 베를리너 바이세Zeitgeist Berliner Weisse와 넬슨 쇼빈 홉 덕분에 열대 과일의 풍미가 나는 샷건 윌리 IPAShotgun Willie IPA를 생산한다(그는 냉각조를 이용해 와일드 에일을 만들기도 한다). 이 밖에 버즈올 하우스의 창립 셰프인 맷 허친스가 홉Hop을 열었는데, 이곳은 맥주와 음식을 위한 그만의 전당으로, 비컨 시의 허드슨 강 위쪽으로 두세 동네를 지나면 나온다.

경우가 부지기수다. 미국을 비롯한 전 세계에는 수천 가지의 독특한 맥주가 유통된다. 10여 가지의 흥미로운 맥주를 선정해 갖다놓거나 두어 개의 탭을 설치해 지역 크래프트 맥주를 공급하는 것이 그렇게도 힘든 일일까? 이런 레스토랑이 있다면 나는 기꺼이 지갑을 열어 그 노고에 보답할 것이다.

고급 레스토랑의 경우, 셰프는 관행적으로 자기들 요리와 어울리는 와인을 짝지어 1986년경의 전화번호부 책자만큼 두툼한 와인 목록을 제공한다. 하지만 흰색 보가 깔린 식탁에서 소리 죽여 대화를 나누는 식사는 이미 한물갔다. 사람들은 격식을 차리지 않으면서 별나기도 하고 원칙을 고수하지 않으면서 가치를 우선시하며 재미에 중점을 두는 레스토랑에 몰리고 있다. 이는 음식 생태 환경의 진화로 보이며, 크래프트 맥주는 이런 경향에 특히 잘 부합한다. 레스토랑들이 마침내 맥주에 관심을 보이며 맥주 판세를 키우고 있는데, 많은 곳에서 수십 가지의 맥주를 병으로, 또 수없이 많

은 맥주를 생맥주로 제공하고 있다(와인과 통 숙성 칵테일도 물론 많지만 그건 이 책에서 다룰 얘기는 아니니까).

예를 들어 뉴욕 시에 위치한 다니엘 불뤼Daniel Boulud의 DBGB 키친 앤드 바DBGB Kitchen & Bar는 메뉴에 버거와 수제 소시지까지 포함되어 있고 맥주 목록은 음료 메뉴의 여덟 페이지를 거의 빡빡하게 채운다. 파더스 오피스Father's Office는 로스앤젤레스에 개스트로펍의 개념(좋은 맥주, 끝내주는 버거)을 가져오는 데 일조했고, 지역에서 조달되는 고기, 채소, 맥주는 오리건 주 포틀랜드의 그레인 앤드 그리슬Grain and Gristle을 비롯해 이 도시 어느 레스토랑에서도 포기할 수 없는 권리다. 재미와 특이함을 추구하는 피자 전문점 체인인 멜로 머시룸Mellow Mushroom과 플랫브레드 주식회사Flatbread Company는 파이와 크래프트 맥주를 둘 다 중시한다. 애플비즈Applebee's와 T.G.I. 프라이데이즈의 미 전역 레스토랑 체인점에서도 현재 크래프트 생맥주를 제공하는 등 이런 경향이 더욱 확실해지고 있다.

더욱 흥미로운 점은 현재 여러 레스토랑에서 독점 맞춤 맥주를 생산할 양조장을 모집하고 있다는 것. 이에 따라 레스토랑은 그들의 요리만큼이나 독특한 특별 제조 맥주를 식사와 함께 제공할 수 있게 된다. 대서양 연안 지역에서 유명한 햄버거 프랜차이즈인 셰이크 셰이크Shake Shake 역시 브루클린 양조장에 위탁해 버거와 잘 어울리는 비스킷 풍미의 섄크마이스터ShackMeister 앰버 에일을 생산하고 있다. 뉴올리언스에 위치한 레스토랑, 뤼케Lüke에서는 셰프 존 베시가 루이지애나의 하이너 브라우Heiner Brau에 의뢰해 과일 향의 섬세한 뤼케 알트Lüke Alt와 생조개 전문 레스토랑 메뉴에 적격인 청량하고 라이트한 뤼케 프라우Lüke Frau 쾰쉬를 생산한다. 시카고의 구스 아일랜드는 정기적으로 지역 셰프들을 초대해 음식과 잘 어울리는 진기한 맥주를 공동 출시한다. GT 피시 앤드 오이스터GT Fish & Oyster 레스토랑의 주셰페 텐토리 셰프와 함께 만든 블랙 세종, 스퀴드 잉크Squid Ink와 릭 베일리스 셰프와 공동으로 양조한 통 숙성 초콜릿 발리와인인 조콜라틀Xocolatl이 그 예다.

나도 언젠가는 코로나 대신 이런 맥주를 맛보리라.

미국의 7대 맥주 레스토랑

아메라시아Amerasia
(켄터키 주, 코빙턴)

대부분의 중식당이 칭다오Tsingtao 맥주를 제공하지만 그게 끝이다. 하지만 평범을 거부하는 아메라시아는 다르다. 이곳은 입을 얼얼하게 만드는 중국 음식과 최고 품질의 크래프트 맥주를 결합시켰다. 낙서한 듯한 뮤럴 벽지와 쿵후 영화 포스터로 장식된 방에서 마스터 셰프 리치 추는 자극적인 붉은 고추 소스를 끼얹은 통통한 돼지고기 생강 만두, 참기름과 훈제

고추, 생강에 재운 소고기 냉샐러드, 자극적인 쥐중탕지General Tso's Chicken('좌 장군의 닭', 같은 이름을 가진 질척질척한 쥐중탕지 치킨이 부끄러울 지경이다)같이 알맞게 매운 요리를 만든다. 맥주

덴버에 갈 때마다 나는 항상 유클리드 홀(위 사진)에 들른다. 먹음직스러운 수제 소시지(왼쪽 사진)와 정통 콜로라도 크래프트 맥주로 에너지를 보충하기 위해서다. 재미있는 사실 하나: 유클리드 홀 이전에는 소피 스미스즈 더블 이글 바Soapy Smith's Double Eagle Bar가 이 건물에 세 들어 있었다.

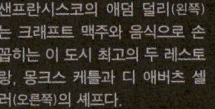

샌프란시스코의 애덤 덜리(왼쪽)는 크래프트 맥주와 음식으로 손꼽히는 이 도시 최고의 두 레스토랑, 몽크스 케틀과 디 애버츠 셀러(오른쪽)의 셰프다.

는 어떠냐고? 이곳에는 훌륭한 크래프트 생맥주와 벨스, 스리 플로이즈, 그레이트 레이크, 서던 티어 같은 양조장에서 만든 백 가지가 넘는 맥주가 있는데, 이 맥주 목록은 끊임없이 진화한다(이 밖에 버지니아 주 리치먼드의 메콩Mekong 레스토랑은 베트남 음식에 곁들여 입안에 군침이 돌게 하는 맥주 목록을 제공한다).

유클리드 홀 바 앤드 키친
Euclid Hall Bar & Kitchen
(콜로라도 주, 덴버)

이 레스토랑이 자리한 유서 깊은 벽돌 건물의 계단을 천천히 오르면 크래프트 맥주와 맛있으면서 개성 있는 음식의 전용 공간으로 들어

서게 된다. 간단한 안주류가 득세하던 시기에 고안된 요리들이다. 우선 버펄로 스타일의 굴 튀김과 팟타이(새콤, 달콤, 짭짤한 태국식 볶음 쌀국수-옮긴이) 스타일의 돼지 귀 요리를 맛본 다음 오리, 오리알, 푸아그라를 올린 수제 푸틴(캐나다 퀘벡 주의 음식으로, 감자튀김에 육즙, 응고된 치즈를 넣어 먹는 패스트푸드-옮긴이)을 맛볼 것. 수제 소시지는 오델 IPA 또는 에이버리 화이트 래스컬Avery White Rascal 같은 콜로라도산 에일 한 잔과 함께 마시면 천국에 온 느낌이다. 미 전역과 전 세계에서 생산되는 다양한 병 제품 덕분에 베를리너 바이세에 이어 벨지언 IPA와 와일드 에일도 맛볼 수 있다.

더 브루어즈 아트The Brewer's Art
(메릴랜드 주, 볼티모어)

말쑥한 옛 타운하우스에 위치한 더 브루어즈 아트는 명품 레스토랑이다. 같은 건물에 있는 양조장에서는 스파이시한 그린 페퍼콘 트리펠Green Peppercorn Tripel, 도수 높은 벨기에 스타일의 오지 에일Ozzy Ale, 캐러멜과 흑설탕 맛이 나는 두벨, 레저렉션Resurrection 등 훌륭하고 매우 창의적인 맥주를 만들어낸다. 음식 역시 감탄할 만하다. 호밀 흑빵 뇨키(주로 감자나 세몰리나 밀가루 반죽을 빚어 만든 이탈리아 요리로, 수제비와 비슷하다-옮긴이)를 곁들인, 맥주로 삶은 새끼 양 어깨, 오리 기름에 데친 아귀나 향신료를 넣어 겨울철 에일에 절인 푸아그라가 그 예다. 식사를 마칠 때쯤 긴 위스키 목록이나 소량의 맥주로 만든 초콜릿 토르테에 눈을 돌려보라.

더 몽크스 케틀The Monk's Kettle과 디 애버츠 셀러The Abbot's Cellar
(샌프란시스코)

셰프 애덤 덜리는 베이 지역의 이 두 레스토랑에서 진취적이고 맥주와 잘 맞는 미국 요리를 만드는 데 매진하고 있다. 더 몽크스 케틀 메뉴에는 이집트콩과 양조 후 폐곡물로 만든 버거와 에일에 사흘간 재워둔 브릭 치킨brick chicken, 흙향이 밴 소금을 뿌린 튀김 요리 등이 있으며 각 요리에는 추천 맥주가 제공된다. 음식의 과한 맛을 없애주거나 비슷한 맛을 가졌거나 없는 풍미를 채워줄 맥주다(321쪽, '세 가지 C를 알라' 참조). 디 애버츠 셀러에서 덜리는 20가지 생맥주, 백 가지가 넘는 병맥주(잔에 제공되는 경우가 많다)와 어울리는 계절 요리를 고안하는데 메뉴는 교대로 바뀐다. 2층짜리 맥주 저장실에서 꺼내 적절한 온도로 제공되는 빈티지 맥주도 많다. 저녁에 제공되는 서너 가지 코스의 프리픽스prix fixe(레스토랑이나 카페에서 정해진 가격에 따라 제공되는 식사. 가격 부담이 별로 없다—옮긴이) 메뉴는 궁합이 맞는 맥주가 포함되어 있어 가장 확실한 선택이다.

버치 앤드 발리Birch & Barley
(워싱턴 DC)

맥주와 음식에 있어 미국 최강의 원투 펀치는 버치 앤드 발리의 셰프, 카일 베일리와 그 위층에 위치한 처치키Churchkey 바의 맥주 책임자, 그레그 엔거트다. 엔거트는 5백 가지 병맥주, 50가지 생맥주, 5가지 캐스크 에일(위층과 아래층)을 관리하며, 이들 제품을 레스토랑 직원들이 5가지 코스의 디너와 짝을 짓는다. 디너 코스에는 새끼 꼴뚜기를 올린 수제 탈리아텔레 파스타나 브랜디에 절인 체리를 올리고 꿀을 바른 오리 가슴살이 포함되기도 한다. 주목할 사항: 이 레스토랑 그룹은 블루재킷 브루어리를 운영하는데 이곳은 이국적인 특이한 맥주(기름 없이 볶은 땅콩과 플로리다 바다 소금, 카카오 배유, 바닐라 열매의 풍미가 나는 간식을 모티프로 한 맥주 등)와 사우어 에일을 전문적으로 양조한다.

더 퍼블릭 하우스The Publick House 와 몽크스 셀Monk's Cell
(매사추세츠 주, 브루클린)

이 두 술집은 매사추세츠의 보물이라 할 수 있는 도시, 브루클린에 위치해 있다. 더 퍼블릭 하우스는 크래프트 맥주 팬들의 욕구를 채워주는 반면, 몽크스 셀은 해외 맥주 애호가들을 데려와도 될 정도로 충분한 벨기에 맥주를 제공한다. 여기에 맥주를 첨가한 요리, 즉 두벨 그레이비 소스에 푹 담근 돼지-소-송아지 미트볼과 도그피시 헤드 인디언 브라운 바비큐 소스로 마무리한 풀드 포크pulled pork(잡아 빼면 뜯어질 정도로 통구이를 잘 익힌 다음 잘게 찢어 먹는 돼지고기 요리—옮긴이), 오르발Orval로 만들고 시메 치즈를 올린 트라피스트 미트 로프(곱게 다진 고기, 양파 등을 섞어 빵 모양으로 만든 뒤 오븐에 구운 요리—옮긴이)를 추가하면 맥주 팬들은 마지막 주문 시간이 지나고도 한참 동안 자리를 뜰 줄 모른다.

더 퍼블리컨The Publican
(일리노이 주, 시카고)

돼지고기 전문 레스토랑인 더 퍼블리컨은 수제 햄, 소시지, 부위별 돼지머리 요리, 오리 심장, 간 샌드위치를 제공하고, 디너로는 캘리포니아의 더 브루어리와 미시건 주의 파운더스 같은 양조장의 맥주를 짝지어 내놓으며, 브런치로는 베를리너 바이세 미모사Berliner Weisse Mimosa를 제공한다. 모든 웨이터와 바텐더는 공인 맥주 서빙가로, 하우스 블렌딩 람빅을 포함해 백 개가 넘는 병 제품을 둘러볼 때 도움을 준다.

워싱턴 DC, 버치 앤드 발리의 셰프인 카일 베일리(맨 위)는 주방에서 무결점의 창의적인 요리를 만들어낸다. 오이-박하 퓌레와 자주감자를 곁들인, 불에 그슬린 줄무늬 농어 요리(왼쪽)와 콩코드 포도 소르베(빗)와 땅콩가루를 뿌린 PB&J 치즈케이크(왼쪽 아래)가 대표적이다. 베일리의 요리는 위층의 처치키 바를 감독하는 그레그 엔거트(위에서 두 번째)가 선정하는 맥주로 보완된다. 그가 추천하고 선정하는 맥주는 언제나 놀랍고 적절하다.

맥주의 진정한 짝꿍,
빅 치즈

와인과 치즈는 지금까지 환상의 짝으로 비쳐졌지만, 이 낮과 밤의 결합을 자세히 관찰해보면 치명적인 결합이 드러난다. 바로 소는 포도를 먹지 않는다는 것, 이 포유류는 풀을 먹는다는 점이다. 맥주의 기본 구성 성분은 보리로, 보리는 풀과에 속한다. 이런 자연적인 친화성을 바탕으로 낙농업체는 치즈를 만드는 데 크래프트 맥주를 사용하기 시작했다.

낙농업체가 양조장과 공동 작업을 하는 가장 수월한 방법은 치즈를 세척할 때 맥주를 이용하는 것이다. 그렇다고 IPA가 시트러스의 얼얼한 쌉쌀함을, 임페리얼 스타우트가 코코아와 커피 맛을 양껏 더해주지는 않는다. 맥주로 세척하면 해당 맥주의 풍미 중에서 가장 강한 맛이 남으며, 이를 통해 치즈의 품질이 향상된다. 우수한 맥주 세척 치즈는 대표적으로 미네소타 주에 위치한 블루치즈 전문 업체인 케이브 오브 패리보Caves of Faribault에서 생산된다. 이곳은 한때 플레켄슈타인 브루어리Fleckenstein Brewery 부지였는데, 이 양조장은 1850년대에 맥주를 숙성시키기 위해 사암 동굴을 여러 개 팠다. 금주령으로 인해 양조장은 문을 닫았지만 여러 곳의 치즈 생산 업체가 이 시원한 아치형 동굴(구린내 나는 치즈의 성지인 프랑스 로크포르와 거의 동일한 위도에 위치한다)을 활용해 블루치즈를 숙성시켜왔다.

케이브 오브 패리보는 미네소타 주의 서밋 양조회사와 손잡고 블루스 앤드 브루즈Blues & Brews를 생산하는데, 이 공정에서 우유로 만든 세인트 피터즈 실렉트St. Pete's Select 블루치즈를 서밋 양조회사의 계절 맥주로 세척한다. 윈터 블루스Winter Blues는 견과류와 캐러멜 풍미의 윈터 에일Winter Ale로 세척하고, 서머타임 블루스Summertime Blues는 솔향의 허라이즌 레드 에일Horizon Red Ale에 담근다. 옥토버페스트 블라우Oktoberfest Blau는 토피를 넣은 옥토버페스트 라거로 목욕시킨다.

이 기술은 낙농업체 밀집 지역인 위스콘신 주에서

맥주로 치즈 목욕 하기

소금물, 와인, 사이다 또는 맥주로 치즈를 닦거나 문지르면 치즈가 부드러워지고 촉촉해진다. 이렇게 하면 치즈 겉을 숙성시키는 브레비박테리움 리넨스Brevibacterium linens 박테리아의 성장을 촉진해 붉은 오렌지빛 치즈 피막과 퀴퀴한 아로마, 자극적인 풍미가 생성된다. 벨기에의 브라스리 뒤퐁과 시메 같은 전설의 양조장은 오랫동안 수제 치즈를 자체 양조장에서 만든 맥주로 닦았다.

도 시행되었다. 이곳의 사토리Sartori는 견과류 치즈를 뉴 글래러스 양조회사의 과일 향 나는 라즈베리 타르트에 담가 라즈베리 벨라비타노Raspberry BellaVitano를 생산한다. 워싱턴 주의 리버밸리 랜치RiverValley Ranch는 원유로 만든 너티 넬리Naughty Nellie 치즈를 시애틀의 파이크 양조회사에서 만든 동일한 이름의 골든 에일로 세척한다. 펜실베이니아, 뉴버그의 케직 크리머리

Keswick Creamery는 같은 주의 트뢰그스 양조회사의 맥주를 이용한다. 톰tomme(프랑스 농가에서 만드는 중소형 치즈-옮긴이)이라고 알려진 알프스 방식의 세척된 피막 치즈는 전통적으로 소금물에 담갔다. 트뢰그스 양조회사는 풍미를 대체하기 위해 침전층인 트러브trub(맥주의 탁함을 형성하는 단백질과 폴리페놀이 응집한 것. 맥아즙을 끓이고 식혔을 때 냄비 바닥에 가라앉는다-옮긴이)와 초기 발효 이후에 제거한 효모를 공급했다. 트러브는 전형적인 양조 폐기물이지만 효모가 풍부한 부산물이어서 치즈 피막을 키우는 데 탁월하다. 트뢰게네이터 더블 보크의 트러브는 맥아의 달콤함과 홉의 성질이 약간 들어간 토미네이터Tommenator(2011년 북미 저지종 치즈 어워즈에서 금상 수상)를 만들어내고, 매드 엘프 에일Mad Elf Ale의 체리와 꿀의 풍미는 매드 톰Mad Tomme의 피막을 채워준다.

자신의 맥주를 사용하라

치즈를 맥주로 세척만 하면 감지하기 힘든 미묘한 기운만 남지만, 생산 공정 중에 치즈를 맥주에 담가놓으면 맥주 퐁뒤나 켄터키 주의 유명한 맥주 치즈 스프레드까지는 아니더라도 맥주의 풍부하고 뚜렷한 풍미가 남는다. 이런 기술은 아일랜드에서 유명한데, 아일랜드 케이힐Cahill에서 생산되는 톡 쏘는 맛의 아이리시 포터 치즈Irish Porter Cheese는 한 입 베어 먹을 때마다 흑맥주 빛깔의 대리석 소용돌이무늬가 나타나고 케리골드Kerrygold에서 생산하는 견과류의 달콤한 맛이 나는 더블리너Dubliner 치즈는 썰었을 때 농축된 아이리시 스타우트가 보인다. 이런 결합은 오리건 주에서도 찾아볼 수 있는데, 이곳의 양조장과 유제품 공장은 같은 이름을 쓴다.

로그 에일즈 양조장은 비가맹 업체인 로그 크리머리Rogue Creamery에 모리모토 소바 에일Morimoto Soba Ale과 초콜릿 스타우트Chocolate Stout를 제공하는데, 이들 맥주에 체다 치즈를 바로 담그면 같은 이름의 치즈가 만들어진다. 이 밖에 로그 에일즈 양조장은 로그 크리머리에 자가 재배한 프리덤 홉을 공급한다. 이 홉을 뜨거운 물에 우려내 커드와 섞고 압착하면 홉야드 체다

예전에 맥주를 숙성시키는 용도로 쓰였던 이 사암 동굴은 미국의 재미있는 용도 변경 사례로 손꼽힐 만한 곳으로, 미네소타 주의 케이브 오브 패리보는 자사의 아마블루AmaBlue 블루치즈 제품군을 숙성시키는 데 이 동굴을 이용했다. 안타깝게도 연방 규제로 인해 동굴 투어는 불가능하다.

로그 크리머리에서 생산하는 홉야드 체다 치즈에는 로그 에일즈에서 재배하는 홉을 넣는다.

Hopyard Cheddar가 만들어진다.

맥주와 치즈의 결합을 한 차원 높은 수준으로 끌어 올린 경우도 있다. 재스퍼 힐의 버몬츠 셀러즈Vermont's Cellars는 그 이웃 양조장인 힐 팜스테드 브루어리와 손을 잡고 위니미어Winnimere를 생산한다. 이 베이스 치즈는 농장의 어린 에어셔종 암소가 고지방, 고단백질의 우유를 생산하는 겨울에 만든다. 이 치즈는 힐 팜스테드에서 양조한 특별한 맥주로 세척한다.

이 프로젝트가 시행되고 처음 몇 년간은 갓 만든 맥아즙을 재스퍼 힐의 치즈 숙성 저장실로 가져왔고 이곳에 잠복해 있던 미소식물군이 이 달콤한 죽에 대량 서식하면서 자발적으로 맥주를 발효시켜 시큼한 람빅 같은 에일을 만들어냈다. 이 맥주에 소금을 섞은 다음 일주일에 두 번씩 60일 동안 원유 치즈에 끼얹었는데, 이 기간 동안 축축한 표면과 달콤한 맥주에 침투한 박테리아가 치즈 피막에 내려앉아 치즈 속을 부드럽게 해주었다. 완성된 치즈는 버터 같고 숟가락으로 떠먹을 수 있는 뜻밖의 산물로, 열대 과일의 묵직한 기운과 홉의 아로마가 느껴지면서 숲의 분위기와 훈제 맛이 났다. 이 치즈는 큰 기쁨이었지만 문제는 맥주였다. 자연 발효되는 람빅이 완전한 풍미를 내는 데는 수년이 걸릴 수 있기 때문이다. 현재 재스퍼 힐은 힐 팜스테드와 손잡고 맥주와 치즈의 완벽한 짝을 찾는 데 힘쓰고 있다.

재스퍼 힐의 직원은 풍미를 도표화한 특별한 그래프를 개발해서 여러 다양한 맥주로 치즈를 세척해가며 쓴맛, 알코올 도수, 잔여 당분의 특정 효과를 탐구하고 있다. 최종 목표는 맥주로도 판매할 수 있는 완벽한 치즈 세척 맥주를 개발하는 것. 세계에서 가장 잘 어울리는 한 쌍의 맥주와 치즈가 탄생할지도 모를 일이다.

이 맥주에는 바로 이 치즈를

다음은 맥주와 치즈를 일반적으로 짝지을 때 편리하게 참조할 수 있는 커닝페이퍼다.

발리와인

달콤하면서 도수가 높은 발리와인은 고르곤졸라Gorgonzola, 림버거Limburger, 스틸턴Stilton 같이 가차 없이 톡 쏘는 맛의 치즈에 버틸 수 있는 성질을 가졌다.

브레타노미세스에 감염된 맥주

펑키한 흙 내음이 나는 농가 맥주는 탈레조Taleggio, 리바로트Livarot, 재스퍼 힐 위니미어 같이 맥주로 세척한 피막 치즈와 훌륭하게 어울린다.

IPA

일반적으로 쌉쌀한 맛의 IPA는 강력계 형사 같은 시큼한 맛의 체다 치즈나 운동 후 양말 냄새가 나는 맥주 세척 피막 치즈와 잘 어울린다.

람빅과 사우어 에일

이들 에일의 무지막지한 산도와 어울리는 치즈를 찾으려면 톡 쏘는 맛에 잘 바스러지는 고르곤졸라나 사이프러스 그로브 셰브르Cypress Grove Chevre에서 만든 험볼트 포그Humboldt Fog같이 톡 쏘는 염소 치즈를 선택한다.

페일 에일

지나치게 쌉쌀한 맛이 나지 않는 이상, 페일 에일은 하바르티Havarti와 문스터Muenster처럼 버터 같은 치즈는 물론 딱딱한 프로볼로네provolone 치즈와도 썩 잘 어울린다.

필스너

상쾌한 허브 향의 필스너는 풍부한 맛의 크림 같은 브리Brie나 카망베르Camembert 치즈와 안성맞춤이며, 순한 체다 치즈도 보완해준다.

스타우트

드라이한 아이리시 스타우트는 견과류 맛의 달콤한 더블리너 같은 아일랜드 치즈와 훌륭하게 어울리며, 임페리얼 스타우트는 숙성된 하우다(고다)와 시큼한 체다, 파르메산(파마산) 치즈와 친하다.

트리펠과 골든 스트롱 에일

과일 향이 나고 복합적이고 알싸하며 묵직한 이 벨기에 맥주는 맥주 세척 피막 치즈(시메 제품이 적당하다), 고르곤졸라, 그리고 렉스플로라퇴르L'Explorateur 또는 카우걸 크리머리Cowgirl Creamery의 마운틴 탐Mt. Tam(아래 사진) 같은 진한 풍미의 칼로리 높은 트리플 크렘triple-crème(신선하고 부드러우며 최소 72퍼센트의 지방이 함유된 프랑스 치즈─옮긴이)과 퍼즐 조각처럼 완벽하게 맞아 떨어진다.

화이트비어와 헤페바이젠

라이트하고 탁하며 아로마 강한 이 여름철 청량제는 셰브르chèvre(염소젖으로 만든 시큼한 치즈─옮긴이), 페타치즈feta cheese(양이나 염소 젖으로 만드는 흰색의 부드러운 그리스 치즈─옮긴이), 또는 허브가 들어간 치즈 스프레드와 가장 잘 어울린다(세종 역시 신선한 셰브르 치즈와 궁합이 좋다).

맥주, 치맥을 넘어서

디저트를 낼 순서가 되면, 나는 식사를 달콤하게 마무리하는 의미로 종종 맥주를 제공한다. 진한 코코아 풍미의 임페리얼 스타우트를 가득 채운 한 잔은 설탕을 하얗게 입힌 초콜릿케이크 한 조각 못지않은 가치가 있고, 기분이 좀 처져 있다면 단것에 대한 욕구를 충족해줄 엄청난 크기의 두 가지 맛 콤보 아이스크림 반 정도의 가치는 한다.

하지만 맥주와 식사의 단순한 궁합은 맥주가 가진 식후의 잠재 능력에 비하면 빙산의 일각에 지나지 않는다. 점점 더 많은 디저트 전문가들이 맥주를 주원료로 사용해 대개 21세가 아니어도 구입할 수 있는 캔디와 초콜릿, 아이스크림 등에 넣고 있다.

가장 쿨한 디저트 트렌드는 맥주를 아이스크림이나 소르베에 넣어 어린 시절의 탐닉을 성인기에 되살리는 것. 매년 스위트 액션 아이스크림Sweet Action Ice Cream은

덴버 비어 (아이스크림) 축제Denver Beer (Icecream) Fest를 열어 메이플 페일 에일Maple Pale Ale 같은 독특한 혼합 아이스크림을 선보인다. 이 제품은 오델 양조회사의 세인트 루풀린 엑스트라 페일 에일St. Lupulin Extra Pale Ale과 더블 초콜릿 스타우트Double Chocolate Stout로 만들며 포트 콜린스 브루어리의 더블 초콜릿 스타우트 향이 배어들게 했다. 오하이오 주, 콜럼버스에 위치한 제니스 스플렌디드 아이스크림Jeni's Splendid Ice Cream은 시큼하고 상쾌한 체리 람빅 소르베Cherry Lambic Sorbet를 생산했고, 애틀랜타의 프로즌 핀츠Frozen Pints는 허니 IPAHoney IPA와 시나몬 에스프레소 스타우트Cinnamon Espresso Stout 등의 크래프트 맥주가 들어간 디저트 제품군을 시판한다. 집에서 루트비어에 아이스크림을 띄우면 뜻밖에도 이런 디저트를 맛볼 수 있다. 먼저 유리잔에 좋아하는 스타우트를 따른 다음 바닐라나 초콜릿 아이스크림을 두세 순가락 넣는다(아이스크림을 먼저 넣으면 거품이 생기는 불상사가 발생한다).

디저트에는 맥주

다크 스타우트와 포터는 코코아 같은 성질이 있어 초콜릿과 자연적으로 궁합이 맞아 보이지만 초콜릿 공장의 윌리 윙카(로알드 달의 소설 《찰리와 초콜릿 공장》 속 초콜릿 공장 주인-옮긴이)들은 쉬운 길을 택하지 않는다. 브루클린의 누누 초콜릿Nunu Chocolates 매장에서는 크래프트 맥주를 맥주 탭에서 따라 넣은 초콜릿을 여섯 개들이 한 팩으로 만들어준다. 예상대로 누구나 서던 티어 초클랏 임페리얼 스타우트Southern Tier Choklat Imperial Stout와 투 브라더스 레드 아이 커피 포터Two Brothers Red Eye Coffee Porter가 떠오르겠지만, 여러 초콜릿 충전 제품 중에는 베어 리퍼블릭의 홉 로드 라이Hop Rod Rye와 밸러스트 포인트의 스컬핀 IPASculpin IPA도 있다(누누의 알코올 초콜릿에 이들 맥주를 넣으면 독한 술 다음에 마시는 맥주 한 잔처럼 깔끔한 반전이 일어난다).

몬태나의 스위트 팰리스Sweet Palace에서도 맥주 초콜릿을 만날 수 있다. 이곳은 빅 스카이 양조회사의 무스 드룰 브라운 에일로 무스 트뤼플Moose Truffles을 만들고, 메릴랜드의 헤비 시즈는 파펙션Parfections과 손잡고 여러 다양한 스타우트, 포터, 발리와인으로 속을 채운 트뤼플을 만든다. 시카고의 트뤼플 트뤼플Truffle Truffle은 로그 초콜릿 스타우트Rogue Chocolate Stout를 마시멜로, 사탕과자, 캐러멜, 트뤼펠의 비어 앤드 프레첼 컬렉션Beer & Pretzel 제품에 넣는다.

이게 전부가 아니다. 요즈음에는 디저트 이름을 대

이 초콜릿케이크는 기네스가 첨가되어 풍부하고 촉촉한 인생의 낙이 되었다.

면 누군가 그 속에 맥주를 섞어 넣고 있을지 모를 일이다. 샌디에이고의 펍케이크PubCakes에서는 맥주가 들어간 컵케이크를 판매하는데, 칼 스트라우스 양조회사의 타워 텐 IPATower Ten IPA로 만든 톱 텐 케이크Top Ten Cake, 에일스미스 위 헤비가 들어간 비어 포 브렉퍼스트Beer for Breakfast, 메이플 크림치즈 프로스팅, 베이컨 등 이곳의 모든 제품에 맥주가 함유되어 있다. 촉촉한 초콜릿 기네스 케이크는 성 패트릭의 날에 빠지지 않는다(유명 셰프인 니겔라 로슨은 그녀의 요리책 《연회Feast》에 이 레시피를 넣기까지 했다). 맥주가 들어간 밀크셰이크는 너무 흔해서 그 많은 레스토랑과 바 이름을 다 대려면 책을 또 한 권 써야 할 정도다.

디저트 맥주로 말하자면 마실 수도 먹을 수도 있다.

맥주도
숙성해야 할까?

단도직입적으로 말하겠다. 맥주는 숙성할 필요가 없다. 양조회사에서 출시한 모든 병 제품은 바로 마시기에 적합하도록 양조되었다. 더군다나 대부분의 맥주는 직사광선과 열기, 그리고 시간의 신이 그 주름진 손으로 부패의 마법을 부리기 전에 즉시 소비해야 한다.

하지만 다른 맥주보다 도수가 높은 일부 맥주는 시간이 지나도 상관없다. 여러 달이 흘러가면서 이들 맥주는 서서히 변하기 시작한다. 풍미가 줄어들거나 깊어진다. 새로운 풍미가 생겨나기도 한다. 맥주는 순한 성품의 브루스 배너 박사가 믿을 수 없는 헐크가 되는 것처럼 총체적으로 바뀌진 않지만 그 변화는 인지할 수 있다. 항상 즐겼던 맥주인데 뭔가 다르다.

따라서 적당한 맥주를 골라 적당한 환경을 만들어 2~3년쯤 보관해두면 나이가 들면서 괜찮아지는 사람 같은 그런 맥주를 즐길 수 있다.

맥주 저장에 관한 팁

맥주의 숙성은 맥주병을 냉장고 뒤편에 처박아두고 그 존재를 잊어버리는 일처럼 단순하지 않다. 그래서 저장 전문가 빌 사이삭의 조언을 받아 맥주가 세월을 버틸 수 있도록 도와주는 팁을 여기에 정리했다.

환경을 이해하라

저장고부터 벽장까지, 맥주가 장기 거주할 새로운 보금자리를 선정하기 위해서는 몇 가지 신중한 계획이 필요하다.

1. **안정성이 중요하다.** 내 아내는 온도 변화의 폭이 심한 곳 말고 항상 서늘한 환경이 유지되는 곳을 선호한다. 맥주도 아내와 상당히 비슷하다. 이상적인 환경은 저장고나 지하실로, 이곳은 낮은 온도가 일정하게 유지된다. 최적의 장소는 온도 변화 폭이 3도 미만이고 섭씨 약 12.7도를 유지하는 곳이다. 온도 변화 폭이 작은 것이 중요하며, 21도 이상으로 벌어지는 큰 온도 변화는 맥주를 부패시킬 수 있다. 벽장에 맥주를 저장할 경우(창가에서 멀고 주택이나 아파트 중앙에 있는 벽장을 택한다) 스티로폼이 단열 외장재 역할을 톡톡히 한다.

2. **뱀파이어처럼 생각하라.** 빛은 맥주의 치명적인 적으로, 매력적인 비터 맥주를 악취 나는 대재앙으로 바꾸어놓을 수 있다. 맥주를 보관할 만한 장소를 찾는다면 이렇게 생각해볼 것. 이곳이라면 뱀파이어가 행복한 잠을 청할 수 있을까?

3. **누구나 습기를 싫어한다.** 대다수 사람들이 덥고 축축한 날씨에 짜증을 낸다. 맥주도 마찬가지다. 습기 때문에 곰팡이가 피고, 이 곰팡이가 코르크나 불완전하게 봉인된 마개를 통해 맥주에 침투할 수 있다. 습기 많은 환경에 산다면, 제습기가 필수다. 반대로 건조한 기후에서는 코르크가 바짝 말라버리기 때문에 가습기를 사야 할지도 모른다. 이상적인 습도 범위는 50~70퍼센트다.

미시건 지역 양조장의 사진작가 마이클 둥크의 저장고에는 3백 개 이상의 병 제품이 있다. 이 중에는 스리 플로이즈 3 폰타이넨, 데 스트라위세, 쿤헨을 비롯해 수많은 양조장의 희귀 제품도 포함되어 있다(brewbokeh.com에서 그의 사진을 찾아볼 것).

와인은 굳이 전용 저장고를 따로 둘 필요 없이 맥주와 함께 두면 된다. 레드와인은 섭씨 10~13도로 저장하는 게 가장 좋은 반면, 화이트와인은 약 7도에서 가장 잘 숙성된다.

★ ★ ★

다른 해에 생산된 같은 맥주를 여러 개 시음하는 것은 수직 시음vertical tasting, 같은 해에 생산된 맥주 중에서 스타일이 같은 맥주를 시음하는 것은 수평 시음horizontal tasting이라고 한다.

올바른 선택을 하라

사람과 마찬가지로 일부 맥주 역시 노화를 원치 않는다.

1. **도수가 문제다.** 라거, 필스너를 비롯한 저도수나 중도수 맥주는 몇 년 또는 몇 달이라도 묵혀두면 안 된다. 이들 저도수 맥주는 신선할 때 최고의 품질을 자랑하며 날이 가고 달이 갈수록 품질이 떨어진다.

2. **서둘러라.** 제발 부탁인데 IPA나 임페리얼 IPA, 또는 홉으로 가득한 페일 에일에 먼지가 쌓이게 두지 마라. 홉 성향이 강한 맥주는 신선할 때 최상의 맛을 내며 시간이 지나면서 바로 코앞에서 느껴지던 향이 사라진다. 나는 디 알키미스트 사의 권고를 따를 것을 권장한다. 이 양조회사는 미국에서 가장 녹진하면서도 가장 큰 갈망의 대상인 더블 IPA, 헤디 토퍼Heady Topper 16온스 캔 제품에 다음과 같은 문구를 표시했다. '이 맥주는 구입 즉시 바로 드십시오. 저희는 항상 부족함 없이 이 제품을 제조하고 있습니다.'

3. **어두운 색을 택하라.** ABV가 적어도 8퍼센트 이상인 발리와인, 스타우트, 벨지언 스트롱 에일같이 다크한 색조에다 속을 따뜻하게 해주며 맥아 성질이 강한 맥주에 기대를 걸라. 시간이 지나면서 알코올 열기는 점점 감소하고 캐시미어같이 부드러운 마우스필이 형성된다.

4. **숙성은 병 속에서.** 효모가 들어 있는 병 숙성 맥주는 여과 맥주보다 저장하기 좋다. 곰팡이 균이 맥주의 성질을 바꾸는 데 일조한다.

5. **지출이 두 배면 재미도 두 배.** 맥주 숙성은 과학 실험과 비슷해서 통제군과 실험군을 설정하는 게 좋다. 나는 적어도 두 병, 또는 감당할 수 있다면 그 이상을 숙성시켜볼 것을 제안한다. 맥주를 신선한 상태에서 마셔본 다음 적어도 6개월을 쭉 보관해서 어떻게 변화하는지 알아본다. 맥주 맛이 정말 좋다면 여분으로 사둔 걸 기뻐하게 될 것이다.

6. **맥주는 세워서.** 맥주를 와인처럼 습관적으로 눕혀서 저장하지 말 것. 병을 눕혀놓는 것은 와인의 코르크 마개를 촉촉하게 유지하기 위한 일반적인 관행인데, 맥주의 경우는 설사 샴페인처럼 코르크 마개로 처리되고 그 마개가 케이지에 싸여 있더라도 세워서 보관해야 한다. 이렇게 해야 침전물과 효모가 병 바닥에 모여서 병을 열었을 때 그 상태로 남아 있게 된다.

때가 됐음을 알라

맥주를 숙성시킬 때 시간은 가장 친한 친구이자 치명적인 적이다. 때가 됐다는 것을 아는 방법에 관해 몇 가지 팁을 제시한다.

1. **기다려라, 그렇다고 마냥 기다리진 말고.** 맥주는 유제품과 달라서 그 시계가 유통기한을 향해 끊임없이 초읽기를 하는 것은 아니다. 맥주는 외부 환경에 강해서 시간에 따른 품질 저하를 꽤 견뎌낼 수 있다. 그러나 모든 맥주에는 한계가 있다. 대부분은 수년 안에 소비해야 하는데 5년은 고도수 맥주라도 풍미의 절벽에서 뛰어내릴 한계 시점이다. 단, 환경에 강한 발리와인과 임페리얼 스타우트는 8년 내지 10년 후까지도 훌륭한 품질을 유지할 수 있다.

2. **한물간 맥주는 버려라.** 내 부모님은 20대 초반부터 와인을 수집했는데 특별한 디너 모임과 휴일에는 와인을 선택해 개봉했다. 와인 병을 따는 일은 주사위 던지기와 같았다. 어떤 와인은 여러 해 동안 훌륭하게 숙성되었지만 또 어떤 것은 식초가 되어 있었다. 이 점이 바로 숙성의 위험이다. 야구공이 모두 야구방망이에 맞지는 않는 법. 그런 건 하수구에 부어버리고 다른 병을 찾아라.

3. **군중의 지혜에 귀 기울여라.** 맥주에 관해서라면 다양한 양조 지식과 지혜를 나눠주려는 박학다식한 맥주 애호가들이 인터넷에 널렸다. 맥주를 어느 정도로 숙성시켜야 하는지 잘 모르겠다면, Ratebeer.com과 Beeradvocate.com과 같은 사이트에서 활발하게 진행되는 숙성 포럼에 참여해볼 것. 이곳 회원들은 자기들이 아는 걸 알려주고 싶어 안달이 나 있다.

4. **축하할 시간은 항상 있다.** 1년에 두세 번, 맥주 보관

2010년, 1840년대에 발트 해에서 난파된 한 배에서 여전히 음용 가능한 샴페인 더미와 맥주 다섯 병이 발견되었다. 핀란드 연구진은 제조 공법을 역추적해 언젠가 이 맥주를 다시 만들 희망을 품고 있다.

★ ★ ★

"어떤 맥주 스타일이든 두려워 말고 숙성시켜보세요. 제 맥주 저장고에는 세종, 트리펠, 블론드 에일이 다 있습니다." 사이삭은 이렇게 조언한다.

장이 다 찼을 때 나는 친구들을 집으로 초대하면서 맥주는 가져오지 말라고 당부한다. 맥주 보관 장에서 원하는 맥주는 무엇이든 꺼내어 마개를 따라. 내가 얘기하고 싶은 것은, 우리의 맥주 저장고는 '건드리지 마시오' 표지판 뒤에 숨은 박물관이 아니라는 것. 매일매일이 축하할 구실이요, 위대한 맥주를 개봉해 저녁 시간을 생기로 넘치게 할 이유가 된다.

오래도록 간직할 만한 위대한 맥주 10가지

남캘리포니아의 빌 사이삭 박사는 미국의 저명한 맥주 숙성 전문가다. 사이삭은 공인 시서로니cicerone(일종의 맥주 소믈리에)이자 스톤 브루잉 월드 비스트로Stone Brewing World Bistro와 가든스Gardens의 크래프트 맥주 대사로 활동하고 있다. 발효 지식에 관한 한 살아 있는 백과사전이라 할 만한 사이삭은 '전장의 의무병'이라는 별명을 얻었는데, 30년 넘게 전 세계를 누비면서 천 곳 이상의 양조장을 방문해 2천 개 이상의 병 제품을 집 안 구석구석 쟁여놓았다. 그의 저장고는 주차장의 문 세 짝짜리 냉장고(코드를 꽂지 않은 이 편의점 냉장고는 섭씨 약 16.5~18.3도의 온도를 유지한다)부터 욕실 세면대 아래 수납장, 집 지하실까지 다양하다. 그의 성대한 파티 때는 희귀한 맥주 마개가 '뻥' 하고 열리는데, 이런 사우어 페스트와 오크퀴녹스 축제(256쪽 참조)는 누구나 참여할 수 있다. 여러분의 저장고를 채울 만한 10가지 맥주에 관해 그가 알려주는 지혜를 소개한다.

임페리얼 스타우트

사이삭은 조언한다. "사람들에게 처음 조언을 시작할 때는 ABV 8퍼센트 이상의 색이 진한 맥주를 찾으라고 말해줍니다. 저장 맥주를 고를 때는 풍미는 거의 보지 않습니다. 임페리얼 스타우트의 좋은 점은 산화하면서(사실 모든 맥주는 결국 산화하지만) 와인의 성질을 띠거나 와인처럼 변하고 약간 시큼해진다는 거죠. 그렇게 해

서 증가하는 복합적인 풍미가 이 스타일과 잘 어울리게 됩니다."

1. **노스 코스트 양조회사의 올드 라스푸틴 러시안 임페리얼 스타우트**Old Rasputin Russian Imperial Stout: "이 제품은 단순하고 값이 비교적 저렴한 맥주입니다. 저는 가능하면 한 박스를 사서 한 병은 바로 마셔본 다음

3~6개월이라는 시간을 두고 맛의 변화를 지켜보라고 권합니다. 2~3년을 기다리다 결국 '이런, 23병이나 되는 맥주가 다 상해버렸잖아' 하느니 이런 방법을 쓰면 전혀 손해 볼 일이 없죠."

2. 에일스미스 양조회사의 스피드웨이 스타우트Speedway Stout: "이 제품은 ABV가 12퍼센트라는 점이 완벽하고, 커피로 풍미가 보완되었습니다. 맥주는 숙성되면서 커피와 초콜릿 풍미가 실제로 섞이죠. 사실 인기 많은 에일스미스의 모든 맥주가 숙성시키기에 아주 좋습니다."

3. 스톤 양조회사의 임페리얼 러시안 스타우트Imperial Russian Stout: "모든 스톤 맥주 중에서 임페리얼 스타우트는 숙성시키기에 최고죠. ABV가 10.5퍼센트로 도수도 가장 안정적이고, 가격도 꽤 경제적입니다."

발리와인

"저는 발리와인을 크게 두 가지로 나눕니다. 웨스트 코스트 발리와인은 홉의 성격이 더 강하고, 좀 더 라이트한 맥아의 특성이 전면에 드러납니다. 잉글리시 스타일 발리와인은 처음엔 웨스트 코스트 발리와인보다 달콤하지만 숙성되면서 풍미가 점점 빠져나갑니다. 제 생각에 잉글리시 발리와인은 장기 보관에 더 적합합니다." 홉이 풍부하게 들어간 제품은 장기 숙성에는 이상적이지 않다.

4. 로그 에일즈의 XS 올드 크루스테이션XS Old Crustacean: "이 제품은 웨스트 코스트 발리와인의 전설적인 제품입니다. 제가 토로나도 발리와인 페스티벌을 주최했을 때(샌프란시스코에서 개최, 244쪽 참조), 1994년산 올드 크루스테이션이 해마다 최고로 평가받았죠. 2001년에 올드 크루스테이션을 시음한 것으로 기억하는데 그때 사람들이 그랬어요. '아, 1994년이 최고였어.' 하지만 맥주는 영원히 권좌에 머무르지는 못합니다."

5. 앵커 양조회사의 올드 포그혼 발리와인 스타일 에일Old Foghorn Barleywine Style Ale: "이 제품은 전형적인 잉글리시 스타일 발리와인입니다. 널리 유통되고 가격 또한 경제적이죠."

통 숙성 맥주

"사우어가 아닌 통 숙성 맥주를 저장할 때는 브랜디나 버번 통이 수명을 최대로 늘려주는데 그중 버번 통을 가장 손쉽게 구할 수 있습니다"라고 사이삭은 말한다. "이런 통은 임페리얼 스타우트와 발리와인에 안성맞춤인데, 바닐라나 토피의 풍미를 보완해주어 시간이 흐르면서 정말로 속이 따뜻해지는 기분 좋은 식후주digestif가 만들어지기 때문입니다."

6. 구스 아일랜드의 버번 카운티 브랜드 스타우트Bourbon County Brand Stout: "이 제품은 1992년에 최초의 버번 통 숙성 맥주였고, 지금까지도 숙성하기 좋은 최고의 맥주로 평가받고 있습니다."

7. 더 로스트 애비의 디 에인젤스 셰어The Angel's Share: "버번 또는 브랜디 통에서 숙성된 이 고도수 에일(숙성 중에 나무 캐스크에서 증발하는 증류주의 이름을 땄다)은 ABV 12.5퍼센트에 캐러멜, 오크, 바닐라의 뛰어난 풍미를 가졌습니다. 그야말로 고전이죠."

알코올 함량이 높은 아메리칸 와일드 에일과 사우어 에일

"사우어 맥주는 만드는 데 보통 수년씩 걸리기 때문에 이 제품을 구비해두려는 술집이 많습니다. 그래서 막상 이 맥주를 구입하려고 하면 찾기가 쉽지 않죠." 사이삭은 이렇게 말한다. 한 가지 긍정적인 면은 브레타노미세스 같은 효모가 투입된 높은 알코올 함량의 사우어 맥주와 와일드 에일은 저장할 수 있다는 것이다. 단, 주의 깊은 주시와 시음이 필요하다. 브레타노미세스가 들어가면 설정된 유통기한이 무색해지며 너무 장시간 놔두면 이 훌륭한 맥주가 마실 수 없는 하수구 폐기물로 전락할 수 있다. 야생 효모와 산패 박테리아의 조합으로 시큼해진 맥주가 저장하기엔 더 적합하다고 사이삭은 말한다.

8. 러시안 리버 양조회사의 컨세크레이션Consecration, 템프테이션Temptation, 서플리케이션Supplication: "이 전형적인 러시안 리버 맥주의 좋은 점은 시장에 아주 오래전에 출시되어 매장에서 항상 구할 수 있다는 것입니다. 이들 제품은 10~20년 사이에 숙성되진 않지만 풍미가 복잡해지고 놀라워집니다."

람빅, 플랜더스 레드 에일, 기타 저알코올 사우어 에일

숙성의 규칙은 깨지게 마련이다. "람빅은 20년 동안 숙성시키는데 ABV가 8퍼센트를 넘을 필요가 없는 몇 안 되는 맥주 중 하나입니다." 사이삭은 이렇게 말한다. 구할 수만 있다면 캉티용 제품은 어느 것이든 괜찮고, 뉴 벨지엄 양조회사에서 매년 출시하는 유명한 사우어 에일인 라 폴리를 찾아봐도 좋다.

벨기에 맥주

"많은 벨기에 맥주가 숙성시키기에 제격입니다. 이는 이 나라 양조업체들이 사용하는 효모 때문이기도 하고 대부분의 벨기에 맥주가 병 숙성 제품이기 때문이기도 하죠. 동네 맥주 매장으로 가 ABV가 9, 10, 11, 12퍼센트인 것 중 어떤 벨기에 맥주를 보유하고 있는지 알아보세요. 근사한 제품이 나올 겁니다."

9. 트라피스트 로슈포르 10Trappistes Rochefort 10: "로슈포르 10 같은 도수 높은 트라피스트 맥주는 숙성시키기에 아주 좋으며 어디서나 구입할 수 있습니다. 일반 세속 양조장에서도 트라피스트 맥주를 구입할 수 있죠." 이렇게 말하면서 사이삭은 뒤뷔송 프레르 양조장Brasserie Dubisson Frères의 스칼디스Scaldis 맥주와 브라우리 데 돌레 브라우어즈의 데 돌레 슈틸레 나흐트 De Dolle Stille Nacht 등을 추가로 언급한다.

스카치 에일/위 헤비

"숙성시키기에 적당한 ABV를 가진 스카치 에일은 흔합니다." 사이삭은 이런 에일의 미묘하고 다소 스모키한 스타일에 관해 얘기한다(자세한 내용은 240쪽 참조). "괜찮은 스카치 에일을 찾았다면 바로 구입해서 숙성시키세요. 숙성에 적합한 맥아의 복잡성을 가진 다크한 색조의 맥주입니다."

10. 파운더스 양조회사의 백우즈 배스터드Backwoods Bastard "이 맥주는 ABV가 10퍼센트 이상으로 숙성시키기에 이상적입니다." 사이삭은 버번 통에서 숙성된, 일종의 소독약 냄새와 같은 피트 향이 살짝 살아 있는 이 에일에 관해 이렇게 말한다. "계절로 봤을 때 겨울철에 마시기 아주 좋은 맥주입니다."

에드워드 8세가 영국 왕으로 즉위한 1주년을 축하하기 위해 영국의 그린 킹 양조장은 고도수의 코로네이션 에일Coronation Ale을 양조했다. 그런데 애석하게도 에드워드 왕은 1주년을 채우지 못했다. 미국인 월리스 심슨과 결혼하기 위해 취임 325일 만에 왕위에서 물러났기 때문이다. 코로네이션 에일은 결국 출시되지 못했다. 2012년에 양조장 일꾼들은 약 2천 병의 왕실 에일이 들어 있던 벽돌 저장고를 발견했다.

맥주 컬렉션이 아름다운
바와 레스토랑

빈티지 와인은 오랫동안 바와 레스토랑의 주요 메뉴이자 소장가의 개인 저장고에서
빠지지 않는 품목이었는데 이제 드디어 맥주 숙성의 시대가 도래했다.
뉴욕의 그래머시 태번Gramercy Tavern과 일레븐 매디슨 파크Eleven Madison Park 같은
고급 레스토랑은 새 단장을 하면서 빈티지 맥주를 판매하고 있고,
로스앤젤레스 블루 팜즈 브루하우스부터 켄터키,
루이빌의 세르히오스 월드 비어스Sergio's World Beers 같은 바에서는
생맥주와 다량으로 구비된 숙성 맥주를 짝을 지어 판매한다.
이런 레스토랑과 바에서는 아주 즐거운 시간을 보낼 수 있으리라 보장한다.

블루 팜즈 브루하우스
Blue Palms Brewhouse
(캘리포니아 주, 로스앤젤레스)

할리우드의 화려한 중심부, '명예의 거리'에
서 불쑥 나와 있는 블루 팜즈는 단연코 맥주가
스타인 곳이다. 24개의 맥주 탭 내용물은 골
든 로드와 에일스미스 같은 미 서해안 양조장
에서 공수해왔고, 파이어스톤 워커, 로스트 애
비, 스톤, 포트 양조장에서 출시된 훌륭한 에
일은 숙성되어 빈티지 맥주로 제공된다. 불가
피하게 취하는 것을 미리 방지하려면, 이국풍
소시지(큰사슴, 꿩, 사슴고기로 만든다)와 오리 기름
으로 구운 특이한 트뤼펠 버거를 곁들일 것.

에버니저스 펍Ebenezer's Pub
(메인 주, 로벨)

메인 주의 농촌 지역 깊숙이, 지명이 아니라
번호로 매겨진 도로를 따라가다 보면, 크리스
와 젠 라이블리가 세운, 순례의 가치가 있는
벨기에풍 레스토랑이 나온다. 35개의 맥주 탭
은 컬트 양조업체 아우테 베이르셀과 캉티용
에서 출시된 희귀한 람빅을 자주 쏟아내지만
진짜 보석은 저장고에 있다. 이곳에 크리스는
자칭 '의회 주류 도서관'을 구축해 천 개의 병
제품을 갖춰놓았으며 일부 제품은 백 년 된 것
들도 있다. 에버니저스의 자매 펍인 메인 주,
브런즈윅의 라이언즈 프라이드Lion's Pride 역
시 최고로 평가받는다.

데 퀼미나토르De Kulminator
(벨기에, 안트베르펜)

언뜻 보기엔 식물과 머그컵, 빈 맥주병, 큰 접
시 들로 장식된 어수선한 작은 펍으로, 대단치
는 않아 보인다. 하지만 속지 말 것. 1974년
부터 디르크 반 디크와 그의 아내 레인 바우데
빈은 세계 최고의 벨기에 빈티지 맥주 저장 바
를 운영해왔고, 1970년대 초반 제품도 보유
하고 있다. 두꺼운 메뉴판을 꼼꼼히 살펴보고
돈주머니를 비울 만반의 준비를 할 것.

브릭 스토어펍은 빈티지 맥주를 맛볼 수 있는 남부에서 가장 유명한 펍이다.

브릭 스토어 펍Brick Store Pub
(조지아 주, 디케이터)

벨기에의 데 퀼미나토르를 방문하고 깨달음을 얻은 데이브 블랜처드와 애틀랜타 지역의 더 좋은 맥주 수뇌부 팀은 숙성 게임에 시동을 걸기로 결심하고 인근 지하의 은행 금고를 저장고로 바꾸어 750종 이상의 진귀한 빈티지 맥주를 저장했다. 미리 바에 이메일로 문의해서 침이 가득 고이는 저장고 투어를 잡아볼 것.

더 불 앤드 부시 펍 앤드 브루어리
The Bull & Bush Pub & Brewery
(콜로라도 주, 덴버)

'마일 하이 시티Mile High City'라는 별칭을 가진 덴버를 방문할 때는 여러 가지 이유로 B&B를 꼭 방문해야 한다. 이곳 양조업체는 시트러스 향이 강하게 펀치를 날리는 맨 비어Man Beer와 과일 향이 나는 토피 느낌의 빅 벤 브라운 에일Big Ben Brown Ale 같은 수상작 에일을 제조하며, 소유주 에릭 피터슨의 빈티지 맥주가 이들을 보완한다. 빈티지 맥주는 1994년 새뮤얼 애덤스 트리펠 보크부터 람빅, 21세기 전환기의 세종까지 구비되어 있다.

메인 주 사람들의 발길이 닿지 않는 곳에 위치한 에버니저스 펍의 특별 메뉴는 희귀한 벨기에 맥주다.

몽크스 카페Monk's Café
(펜실베이니아 주, 필라델피아)

톰 피터스가 오랫동안 운영한 이 벨기에 바는 죽기 전에 방문해야 할 맥주 바 중 상위에 랭크되어 있다. 바로 맥주 요리(세종 뒤퐁에 찐 홍합 요리나 사우어 에일 또는 스타우트에 삶은 양고기)와 충분한 빈티지 람빅, 그리고 팽이 돌듯 빙빙 돌게 만드는 벨기에 병맥주 제품에 피터스가 매진하고 있기 때문이다. 특기 사항: 몽크스 카페의 플랜더스 사우어 에일을 시음해볼 것.

세르히오스 월드 비어즈
Sergio's World Beers
(켄터키 주, 루이빌)

브라질 출신의 여행 전문가 세르히오 리벤보임은 찾아가기 어려울 것 같지 않은 세계 정상급 맥주 명소를 창조해냈다. 퓨전 레스토랑Fusion Restaurant이라고 적힌 표지판 뒤에 숨겨진 이 탄산 박물관에는 전 세계에서 모은 1,400개 이상의 맥주와 생맥주로 제공되는 45가지 이상의 희귀한 맥주로 채워진 냉장고가 빽빽이 들어차 있다.

더 해피 놈The Happy Gnome
(미네소타 주, 세인트폴)

미니애폴리스와 세인트폴, 이 쌍둥이 도시의 맥주 산업은 더 해피 놈 같은 바와 레스토랑 덕분에 전성기를 맞았다. 이곳은 특이한 미국 요리(베이컨 케첩을 뿌린 감자튀김, 튀긴 옥수수 푸딩을 곁들인 멧돼지 갈빗살)를 76가지 크래프트 생맥주, 풍부하게 구비된 병맥주, 빈티지 맥주와 짝을 맞춰 제공한다. 더 해피 놈은 매년 케스크 에일에 중점을 둔 퍼킨 페스트Firkin Fest도 주최한다.

All About Beer

새로운 여행의 제안,
맥주 주간 축제

Beer Weeks

만두와 시원한 어깨 마사지를 제외하고 훌륭한 맥주 축제보다 내가 더 좋아하는 건 몇 되지 않는다. 이런 축제는 정보통 역할을 하는 뷔페로, 다양한 양조장에서 참가해 다양한 스타일의 맥주를 2온스(약 56g)씩 나눠 주므로 마실 때마다 취기가 오른다. 이런 축제가 크래프트 맥주를 만날 수 있는 좋은 자리이긴 하지만 산재해 있는 여러 지역 맥주를 접하기에는 부족한 감이 있다. 이 부족한 점을 메워주는 것이 바로 맥주 주간 축제의 역할이다.

북미를 시작으로 전 세계에 걸쳐 맥주 중심의 '주간 축제'(종종 10일 이상으로 연장되기도 한다)가 우후죽순으로 생겨나면서 지역 맥주 문화를 집중적으로 조명하고 있다. 이렇게 공동으로 운영되는 공동체 기반의 축하 행사는 도시나 지역의 바, 레스토랑, 양조장을 한데 집결시키고 크래프트 맥주 관련 행사, 예를 들어 맥주와 요리 궁합 디너(그리고 아침까지!), 양조장으로 자전거 타고 달리기, 캐스크 에일 축제, 심지어 익살스러운 연극과 스키볼Skee-Ball 토너먼트까지, 이런 행사를 조직하는 맥주 애호가들을 한데 불러 모은다.

물론 샌디에이고, 필라델피아, 오리건 주의 포틀랜드 같은 크래프트 맥주의 성지라 할 만한 도시들은 자체 축제가 있지만 그 개념과 기원은 내슈빌, 루이빌, 글래스고, 스코틀랜드같이 덜 알려진 맥주 도시에 뿌리를 두고 있다. 가방을 꾸려라. 다음의 주간 축제가 힘차게 몰려온다.

크래프트 맥주 주간

맥주 주간의 날짜는 유동적이다. 실시간 정보는 조직위원회
에 문의할 것.

미국 크래프트 맥주 주간 | 5월
craftbeer.com

양조업자협회의 전미 크래프트 맥주 주간은 이보다 장기간
진행되는 '크래프트 맥주의 달'에서 파생했다.

앨라배마

앨라배마 맥주 주간 | 6월
alabamabeerweek.com

2010년에 시작된 이 전국 규모의 축하 행사는 버밍엄의 역사
적인 슬로스 용광로Sloss Furnaces에서 열리는 매직 시티 브루
페스트Magic City Brewfest로 절정에 이른다.

알래스카

AK 맥주 주간 | 1월
akbeerweek.com

밀실공포증을 치료해주는 이 축제에서는 저녁 정찬이 진행
되는데 식사와 짝을 이루어 알래스카 양조회사의 가장 다크
한 맥주가 제공되고, 팬티 필러 스트립 쇼Panty Peeler Strip
Show(미드나이트 선 양조회사의 팬티 필러 트리펠 출시를 기념하는 아
슬아슬한 행사)도 진행된다. 앵커리지에서는 그레이트 알래스
카 비어 앤드 발리와인 페스티벌이 열린다.

애리조나

애리조나 맥주 주간 | 2월
arizonabeerweek.com

그랜드캐니언이 있는 애리조나 주는 2010년 시작된 이 맥주
주간을 기념해서 피닉스의 스트롱 비어 페스티벌, 맥주와 베
이컨 디너 같은 행사를 개최하고 양조장은 한시적으로 미술
갤러리로 탈바꿈하기도 한다.

캘리포니아

로스앤젤레스 맥주 주간 | 9월
labeerweek.com

로스앤젤레스에서 폭발적으로 확대되는 크래프트 맥주 업계
를 고려하면 이 도시의 축제가 11일 동안 열린다는 사실이
이해가 간다. 축제의 하이라이트는 역사적인 유니언 스테이
션Union Station에서 진행되는 L.A. 비어 위크 페스티벌과 이

글 록 양조장Eagle Rock Brewing에서 매년 내놓은 컬래버레이
션 맥주, 유니티Unity다.

새크라멘토 크래프트 맥주 주간 | 2월, 3월
sacramentobeerweek.com

스키볼 토너먼트, 루비콘 양조장의 캐스크 에일 중심의 그래
비티 페스티벌, 그리고 두 가지 성대한 파티인 새크라멘토 브
루어즈 쇼케이스Sacramento Brewers Showcase와 캐피털 비어
페스트Capital Beerfest를 기대하라.

샌디에이고 맥주 주간 | 11월
sdbw.org

소컬SoCal 브루잉 파워하우스는 자사의 모든 병맥주 마개를
딸 정도로 4백 개 이상의 행사를 치른다. 그중 희귀 맥주와
함께하는 아침식사, 브루마스터와의 점심식사, 지역 양조장
과 셰프가 짝을 이뤄 참여하는 '비어 가든' 행사가 있다.

샌프란시스코 맥주 주간 | 2월
sfbeerweek.org

샌프란시스코 베이 지역에서는 버클리에 위치한 주피터
Jupiter와 트리플 록Triple Rock에서 사우어 맥주 페스티벌과 그
룹 자전거 타기 행사를 열고, 2012년 거창한 이름의 스리 링
서커스Three Ring Circus 같은, 션 팩스턴 주최의 맥주와 함께
하는 대담한 디너 행사도 펼쳐진다. 션 팩스턴의 디너는 대단
한 행사였다.

콜로라도

덴버 맥주 페스티벌 | 10월
denver.org/denverbeerfest

미국 맥주대축제와 유사한 이 몇 주간의 행사에서는 맥주 칵
테일 투어, 콜로라도 비어 아이스크림 페스티벌, 오스카 블루
스의 홉스 앤드 헤이퍼스 팜Hops & Heifers Farm 버스 투어가
진행된다.

델라웨어

윌밍턴 맥주 주간 | 7월
wilmingtonbeerweek.com

윌밍턴 시장의 축배는 모든 맥주 주간 행사장에서 동시에 방
영되는데, 이로써 도시 전역에서 이루어지는 8일간의 행복한
시간이 시작된다. 델라웨어의 도그피시 헤드 등 크래프트 맥
주가 짝 맞춰 제공되는 프리픽스 메뉴 행사가 진행된다.

플로리다

잭스 맥주 주간 | 4월

beerweekjax.com

2012년 시작된 플로리다의 맥주 주간 축제에서는 '맥주와 함께하는 영화의 밤'과 인투이션 에일 워크스Intuition Ale Works와 스웜프 헤드Swamp Head 같은 지역 양조장의 맥주가 제공되는 그랜드 테이스팅Grand Tasting 파티가 진행된다.

조지아

애틀랜타 맥주 주간 | 10월

atlantabeerweek.com

마구잡이로 개발된 애틀랜타 주의 특성을 닮은 이 맥주 주간 축제(2010년 시작됐다)에서는 맥주와 요리의 색다른 궁합, 탭 테이크오버tap takeover(한 양조장의 여러 제품을 동시에 맛 볼 수 있는 행사—옮긴이), 희귀한 캐스크 에일 행사가 매일 밤 각기 다른 지역에서 진행된다.

일리노이

시카고 크래프트 맥주 주간 | 5월

chibeerweek.com

'윈디 시티Windy City'라는 별명을 가진 시카고에서 인기 있는 맥주 주간 행사로는 포 BABFaux BAB 통 숙성 축제, 헤이마켓 펍 앤드 브루어리Haymarket Pub & Brewery의 비어플라이 앨리파이트Beerfly Alleyfight(자가 양조 맥주가 요리 및 예술 작품과 짝을 이뤄 제공된다), 신록이 우거진 가필드 공원 온실에서 진행되는 비어 언더 글래스Beer Under Glass가 있다.

인디애나

인디애나 맥주 주간 | 7월

brewersofindianaguild.com/beerweek.html

이 맥주 주간의 하이라이트는 인디애나폴리스에서 펼쳐지는 인디애나 마이크로브루어스 페스티벌Indiana Microbrewers Festival. 이 축제에는 인디애나 주와 미 전역 수십 곳의 최고 양조업체가 모여들며, 블루밍턴의 업랜드 양조회사에서 만든 최고의 사우어 맥주를 맛볼 수 있다.

켄터키

루이빌 크래프트 맥주 주간 | 9월, 10월

louisvillecraftbeerweek.com

버번은 잊어라. 이 축제 주간에는 맥주가 최고의 자리에 군림한다. 어파컬립스 브루 워크스Apocalypse Brew Works에서 진행되는 인디애나와 켄터키 지역 양조장의 경합 무대, 예피 아워Yappy Hour(애완견 참여 가능)와 폴 비어즈Fall Beers 축제 등의 행사가 진행된다.

메인

메인 맥주 주간 | 11월

mainebeerweek.com

바닷가재의 땅은 2011년 킥오프 맥주 주간에 드러난 것처럼 이곳 맥주 역시 사랑한다. 이곳의 축제 행사로는 포틀랜드의 그레이트 로스트 베어Great Lost Bear(내가 가장 좋아하는 바 중 한 곳)에서 진행되는 메인 주 양조장 탭 테이크오버, 그리고 라이징 타이드Rising Tide, 백스터Baxter, 마셜 워프Marshall Wharf 양조장들의 맥주가 제공되는 소규모 양조장 디너 행사가 있다.

메릴랜드

볼티모어 맥주 주간 | 10월

bbweek.com

이 주간에는 메릴랜드 동물원에서 진행되는 옥토베어Okto-BEAR 축제, 게와 맥주의 향연, 체서피크 리얼 에일 페스티벌Chesapeake Real Ale Festival이 열린다.

매사추세츠

보스턴 맥주 주간 | 5월, 6월

beeradvocate.com/bbw

비어 애드버킷Beer Advocate 웹사이트에서 만든 보스턴 맥주 주간은 대서양 연안의 최대 맥주 축제인 아메리칸 크래프트 비어 페스트에 기반을 둔다.

미시건

디트로이트 맥주 주간 | 10월

detbeerweek.com

이 자동차 도시의 현대적이면서 유서 깊은 양조장들을 자전거로 투어해본 다음, 펍 순례를 해보거나 디트로이트 가을 맥주 축제에 참가해볼 것.

그랜드 래피드 맥주 주간 | 2월

facebook.com/grbeerweek

파운더스, 브루어리 비방Brewery Vivant, 하이드아웃Hideout 같은 이 지역 양조장은 축제 기간 동안 집중 조명을 받는데, 이 기간에는 맥주 디너와 세계 정상급 홉캣Hopcat같이 바에서 생맥주로 제공되는 희귀 맥주 행사가 쉴 새 없이 열린다. 윈터 비어 페스티벌로 이 맥주 주간이 마무리된다.

캘러머주 맥주 주간 | 1월
kalamazoobeerweek.com

벨 양조회사 팬이여, 주목하라. 이 칭송받는 캘러머주 양조장은 여러 가지 행사(훈제 고기와 숙성 맥주 짝짓기, 투어, 영화의 밤)를 주최한다. 이 밖에 라이트 브레인, 아카디아, 뉴홀랜드 등의 미시건 주 양조장들은 한정량으로 시음 행사를 연다.

미시시피
미시시피 크래프트 맥주 주간 | 7월
raiseyourpints.com

반드시 참가해야 할 행사는 홉 비어 페스티벌 중 잭슨즈 톱Jackson's Top. 150가지가 넘는 맥주가 제공되고 교육 세미나가 열린다.

미주리
세인트루이스 크래프트 맥주 주간 | 4월, 5월
stlbeerweek.com

퍼킨 페스티벌에서 양조에 관한 심포지엄에 참석하고 캐스크 에일을 양껏 마셔볼 것. 또 매년 개최되는 아티즌 에일즈 주최의 벨기에 중서부 맥주 페스티벌에서는 두벨과 트리펠을 천천히 마셔보라.

몬태나
미줄라 크래프트 맥주 주간 | 5월
missoulabeerweek.com

몬태나 주의 미줄라 시는 이 축제 주간을 양조장 버스 투어, 연례 가든 시티 브루페스트Garden City BrewFest(일찍 도착할 것!), 지역 양조장에서 출발해 다시 결승선을 밟는 재미 달리기(결승선에선 파인트 한 잔이 기다리고 있다) 행사로 맘껏 즐긴다.

네브래스카
오마하 맥주 주간 | 2월
omahabeerweek.com

고릿적 맥주 시음(1970년대, 1980년대, 1990년대를 생각해보라) 행사, 자가 양조 대회, 비어토피아 익스트림 비어페스트Beertopia Extreme Beerfest는 네브래스카 시의 파티 주간을 개성 있게 만들어주는 행사다.

네바다
네바다 맥주 주간 | 5월, 6월
nevadabeerweeks.com

리노, 라스베이거스, 헨더슨에서는 재즈 브런치부터 맥주 디너 등 다양한 행사가 열리고, 발리의 카지노 앤드 양조회사Casino & Brewing Company에서는 축제가 벌어진다(네바다 주에서는 도박에서 벗어날 수 없다).

뉴햄프셔
포츠머스 맥주 주간 | 2월, 3월
portsmouthbeerweek.com

항구 도시인 이곳의 겨울은 혹독할지 몰라도, 시코스트 윈터 브루 페스트Seacoast Winter Brew Fest, 신나는 펍 순례, IPA 탭 테이크오버, 희귀한 스머티노즈 맥주는 이 주간에 몸을 따뜻하게 녹여줄 것이다.

뉴저지
뉴저지 크래프트 맥주 주간 | 3월, 4월
newjerseycraftbeer.com

애틀랜타 도시 맥주 음악 페스티벌Atlantic City Beer and Music Festival의 사전 행사인 이 주간에는 수튼의 탭 테이크오버가 열리고 케인Kane과 카턴Carton 같은 저지 지역 양조장들의 특별한 맥주가 제공된다.

뉴멕시코
ABQ 맥주 주간 | 5월
abqbeerweek.com

앨버커키에서 펼쳐지는 이 축제 기간에는 희귀한 맥주 공개, 양조장 트롤리 투어, 마블과 브로큰 보틀Marble and Broken Bottle 등의 지역 양조장들이 참여하는 블루스 앤드 브루스Blues and Brews 축제가 열린다.

뉴욕
버펄로 맥주 주간 | 10월, 11월
buffalobeerweek.com

과거에는 익스트림 비어 시음, 수제 소시지와 크래프트 맥주 짝짓기, '맥주광beer geek' 브런치 같은 행사가 열렸다.

롱아일랜드 크래프트 맥주 주간 | 5월

longislandcraftbeerweek.com

2011년 롱아일랜드에서 처음으로 개최된 이 행사는 매년 열리는 전통 축제로 자리 잡아 굴의 향연, 캐스크 에일 페스티벌이 열리고, 그린포트 하버와 포트 제퍼슨 등 지역의 신생 양조장들은 특별한 맥주를 제공한다.

뉴욕 크래프트 맥주 주간 | 2월, 3월

nycbeerweek.com

빅 애플Big Apple은 양조가 선정 맥주·음식 페스티벌, 요트 위에서 펼쳐지는 IPA 시음회, 일류 레스토랑 파티 등의 프로그램으로 전력을 다한다.

새러토가 맥주 주간 | 2월

saratogabeerweek.com

경마와 온천의 도시인 새러토가는 맥주와 관련해서도 굉장한 프로그램을 마련해두고 있다. 홉 재배와 맥주 음식 궁합 맞추기 관련 세미나, 국제 맥주 페스티벌 같은 행사를 기대할 것.

시러큐스 맥주 주간 | 11월

syracusebeerweek.com

이 도시에서는 미들 에이지Middle Ages와 엠파이어Empire 같은 외곽 양조장들의 시음회가 열리고, 이와 더불어 하비스트 페스트Harvest Fest에는 뉴욕 와이너리, 음식 노점상, 수많은 양조장이 참가한다.

노스캐롤라이나

애슈빌 맥주 주간 | 5월, 6월

ashevillebeerweek.com

애슈빌에서는 '맥주, 당장 만들어봐!' 자가 양조 페스티벌Just Brew it! Homebrew Festival과 비어 시티 축제Beer City Fest 같은 행사로, 풍부한 양조 환경(약 12개의 양조장이 있고, 뉴 벨지엄과 시에라 네바다가 곧 전초기지를 열 예정이다)에 대한 축하연이 펼쳐진다.

샬럿 크래프트 맥주 주간 | 3월

charlottecraftbeerweek.com

동부 최고 맥주 대 서부 최고 맥주 시음 행사, 커먼 마켓 맥주 광 축제Common Market Freak Fest, 노스캐롤라이나의 뛰어난 맥주를 생맥주로 제공하는 바 덕분에 샬럿은 한층 빛이 난다.

롤리 맥주 주간 | 8월, 9월

raleighbeerweek.com

2010년에 막을 연 이 맥주 주간은 맥주 칵테일과 비지 비 카페Busy Bee Cafe의 양조 패널, 마더 어스 같은 양조장의 독점 맥주를 다량으로 공급하면서 점점 그 수준이 향상되고 있다.

오하이오

신시내티 맥주 주간 | 2월

cincinnatibeerweek.com

2012년에 시작된, 오하이오 주 최대 도시에서 펼쳐지는 이 최초의 맥주 주간에는 컬래버레이션 발리와인이 제공되었고 오하이오 강을 가로질러 두 개 주를 넘나드는 펍 순례, 신시 윈터 비어페스트Cincy Winter Beerfest가 열렸다.

클리블랜드 맥주 주간 | 10월

clevelandbeerweek.org

단발적으로 생산되는 컬래버레이션 맥주와 양조장에서 끝을 맺는 야간 자전거 타기, 스타우트 맥주 브런치, 80곳 이상 양조장의 맥주가 제공되는 '맥주 시음 괴물' 브루질라BREWzilla를 즐겨볼 것.

데이턴 맥주 주간 | 10월

daytonbeerweek.com

데이턴에서 살던 시절에는 좋은 맥주를 찾기가 쉽지 않았다. 이제는 아니다. 이 도시에는 위대한 맥주가 넘쳐나며, 맥주 주간에는 크래프트 맥주 축제인 에일페스트 데이턴AleFest Dayton과 사우스 파크 태번South Park Tavern 같은 지역 바에서 이들 맥주를 맛볼 수 있다.

오하이오 맥주 주간 | 7월

ohiobrewweek.com

애선스에서 열리는 이 맥주 주간에는 브루-B-Q Brew-B-Q 소스 경연 대회가 열리고, 수많은 밴드와 지역 올스타인 재키 오즈Jakie O's 등 위대한 오하이오 양조장(아써)이 대거 참여한다. p.s: 나는 오하이오 대학에 다녔다.

오리건

오리건 중부 맥주 주간 | 5월

centraloregonbeerweek.com

벤드의 풍부한 양조 시설(더슈츠, 본야드, 굿라이프, 10 배럴 등의 양조장)을 기념하기 위한 이 맥주 주간은 2012년에 시작되어 반쪽짜리 마라톤 같은 행사가 열리고, 양조장 왕복 셔틀이 운행되며, 눈 덮인 배철러 산에서 맥주와 바비큐 파티가 열린다.

코밸리스 맥주 주간 | 9월
corvallisbeerweek.org
이 맥주 주간은 사전 행진으로 시작되어 통 숙성 맥주 '경험' 행사로 이어지다가, 웨스트 코스트 맥주, 빙고, 디스크골프 토너먼트와 함께 종이접시paper-plate 아트 콘테스트 같은 별난 행사가 열린다.

유진 맥주 주간 | 5월
eugenebeerweek.org
유진 맥주 주간에는 케저레이터(케그 통의 맥주를 보관하고 서빙할 수 있도록 만든 냉장고~옮긴이)를 설치하는 방법을 배우고, 사우어 비어 페스티벌에서 인상이 절로 구겨지는 신맛을 경험하거나, 돼지고기 식품 전문점에서 맥주와 짝을 이룬 메뉴와 와인과 짝을 이룬 메뉴를 비교하면서 배 터지게 먹을 수도 있다.

오리건 크래프트 맥주의 달 | 7월
oregoncraftbeermonth.com
2005년 주간 행사로 시작된 이 축제는 이듬해에 한 달 내내 진행하는 축하 행사로 발전했다. 이때 출시되는 많은 특별판 맥주와 디너, 포틀랜드의 전설적인 오리건 브루어즈 페스티벌 등의 축제를 기대해도 좋다.

PDX 맥주 주간 | 6월
pdxbeerweek.com
포틀랜드에서는 감당할 수 없을 만큼 풍부한 홉 맥주를 기념하기 위해 프루트 비어 페스티벌Fruit Beer Festival, 라이 비어 축제Rye Beer Fest, 케그 통 던지기 게임 등 올림픽에서 영감을 받은 브루어즈 서머 게임Brewers Summer Games 등이 열린다.

펜실베이니아
필리 맥주 주간 | 7월
phillybeerweek.org
돼지 바비큐부터 맥주 짝짓기 세미나, 페스티벌, 양조가와 함께하는 펍 순례 행사까지, 필라델피아 맥주 주간에는 이 모든 것이 제공된다. 이곳은 대서양 연안 최고의 맥주 도시로 손꼽힌다.

피츠버그 크래프트 맥주 주간 | 4월
pittsburghcraftbeerweek.com
양조장 독점 맥주, 양조가와의 만남, 맥주가 함께 제공되는 디너는 2012년 첫 피츠버그 크래프트 맥주 주간(PCBW) 때 중점을 둔 행사였다. 이때 처치 브루 워크스Church Brew Works, 펜 브루어리Penn Brewery, 이스트 엔드 양조회사 같은 소규모 지역 양조업체들이 주목을 받았다.

로드아일랜드
프로비던스 크래프트 맥주 주간 | 10월
facebook.com/providence.week
맥주 디너와 양조업체 방문은 크랜스턴 시 근처, 역사적인 로즈온더포터싯 단지에서 개최되는 이 거대한 비어바나 축제 Beervana Fest의 하이라이트 프로그램이다.

사우스캐롤라이나
찰스턴 크래프트 맥주 주간 | 4월
charlestoncraftbeerweek.com
스위트워터 음악제SweetWater Music Festival, 희귀 맥주 바 순례, 맥주 크루즈, 양조장 대항 발야구를 하러 이곳으로 내려오라. 허스크 레스토랑Husk Restaurant에서 식사하는 것도 잊지 말 것.

테네시
내슈빌 크래프트 맥주 주간 | 3월
nashvillecraftbeerweek.com
이 음악 도시의 맥주 산업이 호황을 누리면서 2012년 처음 막이 오른 이 맥주 주간에는 홈브루 킥오프 익스트래버갠저 Homebrew Kickoff Extravaganza와 이스트 내슈빌 비어 페스티벌East Nashville Beer Festival이 진행된다. 아마도 야주Yazoo와 재커로프Jackalope 양조회사의 맥주를 사랑하게 될 것이다.

텍사스
오스틴 크래프트 맥주 주간 | 10월
austinbeerweek.com
'한 명도 목마르게 두지 않는다'라는 모토 아래, 이 텍사스 축제 때는 컬래버레이션 맥주와 희귀한 캐스크 에일이 제공되고, 맥주 올림픽, 세인트 아널드 양조회사의 디바인 리저브 Divine Reserve 맥주 특별 수직 시음 행사 등이 열린다.

댈러스 맥주 주간 | 11월
dallasbeerweek.com
딥 엘럼Deep Ellum과 페티콜러스Peticolas 같은 양조장 투어, 탭 테이크오버 행사, 밴드가 흥을 돋우는 맥주 축제는 댈러스에 꼭 한번 가봐야 할 충분한 이유가 된다.

휴스턴 맥주 주간 | 11월
houstonbeerweek.com
몬스터스 오브 비어Monsters of Beer 자선 페스티벌, 미켈러의 양조가 미켈 보르그 뵈르그쇠 양조 클리닉, 자전거 타고 보는 '영화의 밤'은 지난 휴스턴 맥주 축제를 특별하게 장식해주었다.

샌안토니오 크래프트 맥주 주간 | 5월
sanantoniobeerweek.com
이 도시의 맥주 주간에는 도보 및 버스를 이용한 펍 순례, 프로·아마 합동 경선(우승자는 미국 맥주대축제에 참가할 수 있다), 지역 양조장의 특별한 밤 등의 행사가 열린다. 반드시 방문해야 할 곳: 프리테일 양조회사.

버지니아

리치먼드 맥주 주간 | 11월
richmondbeerweek.com
맥주를 테마로 한 영화 상영, 훈제 맥주의 밤, 리치먼드 맥주 역사 버스 투어는 2010년부터 쭉 이 도시의 맥주 주간을 성공으로 이끌어주었다.

워싱턴

시애틀 맥주 주간 | 2월
seattlebeerweek.com
과거의 맥주 주간에는 투르 드 파인츠Tour de Pints 자전거 타기, 아이언 브루어Iron Brewer 대회, IPA 연료로 작동하는 황소 타기의 밤(즉 황소는 기계) 등의 행사가 열렸다.

스노호미시 카운티 맥주 주간 | 8월
snohomishcountybeerweek.com
다이아몬드 노트Diamond Knot, 스커틀버트Scuttlebutt, 레이지 보이Lazy Boy, 빅 EBig E 등의 양조장들은 이 맥주 주간을 위해 특별한 맥주를 양조한다.

워싱턴 DC

D.C. 맥주 주간 | 8월
dcbeerweek.net
셰프인 테디 포크먼과 맥주 유통업자 제프 웰즈가 조직한 이 맥주 주간에는 포토맥 강 크래프트 맥주 크루즈, 로그 에일과 함께하는 굴 축제 등의 행사가 열렸다. 보통 처치키 바가 이 축제의 본부다.

위스콘신

매디슨 크래프트 맥주 주간 | 5월
madbeerweek.com
컬래버레이션 맥주, 크래프트 맥주를 곁들인 생선튀김, 자전거 펍 순례(헬멧을 쓸 것!), 캐스크 에일 페스티벌은 매디슨의 맥주 주간을 돋보이게 해주었다.

밀워키 맥주 주간 | 4월
milwaukeebeerweek.com
이 유명한 양조 도시에서는 맥주 주간에 구하기 힘든 버번 통 임페리얼 스타우트가 제공되었고, 도시에서 펼쳐지는 퍼킨 프라이데이Firkin Friday 캐스크 에일 행사와 할리데이비슨 박물관에서 열리는 맥주 시음회 같은 행사가 열렸다.

오스트레일리아

멜버른 굿 비어 주간 | 5월
goodbeerweek.com
2011년에 시작된 멜버른 맥주 주간은 세계 최고의 행사로 빠르게 자리매김했다. 꼭 참가할 행사로는 그레이트 오스트랄레이전 비어 스펙태큘러Great Australasian Beer SpecTAPular, 지역 특정 행사인 파인트 오브 오리진Pint of Orgin, 뉴질랜드 맥주의 키위 탭 인베이전Kiwi Tap Invasion 등이 있다. 적립된 마일리지가 있는지 알아볼 것!

시드니 크래프트 맥주 주간 | 10월
sydneycraftbeerweek.com
이 주간의 축하 행사로는 탭 테이크오버, 양조장 투어, 소고기 대 새고기 맥주 디너, '맥주에 사족 못 쓰는 최후의 1인은?'이라는 제목의 밤 행사가 있다.

캐나다

온타리오 크래프트 맥주 주간 | 6월
ontariocraftbrewers.com/craftbeerweek/index.php

지난 맥주 주간의 하이라이트는 '퍼킨의 장(場)' 농장 투어, 온타리오 캔 크래프트 맥주 시음회, 양조장 밴드 배틀 행사였다.

토론토 맥주 주간 | 9월
torontobeerweek.com

토론토 맥주 주간은 토론토 양조 역사에 관한 가이드 투어, 자가 양조 경연, 멀티 코스의 맥주를 곁들인 디너 행사를 통해 2010년 이후부터 큰 인기를 얻었다.

밴쿠버 크래프트 맥주 주간 | 5월
vancouvercraftbeerweek.com

여러 곳에서 진행되는 맥주 디너 '순례'부터 자가 양조 경연과 호파팔루자Hoppapalooza 비터 맥주 파티를 경험하려면 밴쿠버로 가라.

유럽

글래스고 맥주 주간 | 9월
glasgowbeerweek.com

과거의 맥주 주간에는 자가 양조 시연, 맥주 양조용 식용식물 탐험, 그리고 스코틀랜드 증류주의 역사, 양조와 증류의 관계를 논의하는 전문가 토론 등이 진행되었다.

에일의 도시 노리치 | 5월, 6월
cityofale.org.uk

리얼 에일(전통 방식으로 만들고 저장하는 맥주–옮긴이) 또는 캐스크 에일은 영국 도시 노리치에서 펼쳐지는 10일간 기념 축제의 스타로, 이 축제 주간에는 큰 규모의 펍 퀴즈 대회, 정치 토론, 도시의 양조 유적을 돌아보는 역사 탐방 같은 행사가 열렸다.

쿨름바허 맥주 축제/맥주 주간 | 7월, 8월
bierfest.de

10만 명 이상의 사람들이 옥토버페스트 맥주를 제공하는 이 독일 도시로 몰려와 퍼레이드와 수많은 맥주, 바이에른 민속 음악, 소시지를 즐긴다.

이탈리아 크래프트 맥주 주간 | 3월
settimanadellabirra.it

와인이여, 미안. 이 축제 주간에는 이탈리아 전역의 바, 브루펍, 레스토랑에서 크래프트 맥주가 꽃이다. 양조장 투어, 맥주와 함께하는 디너, 많은 가이드 시음 행사를 기대할 것.

고세Gose

독일 라이프치히의 특산품으로, 이 탁한 노란빛의 밀맥주는 드라이하고 상쾌하며, 향신료로 코리앤더와 소금이 들어가 낯선 복합적인 풍미를 더해준다. 락토바실루스 박테리아를 넣으면 시큼한 맛이 생성된다.

괴즈Gueuze

이 전통적인 벨기에 맥주는 1년산, 2년산, 3년산 람빅을 섞어 숙성시키고 계속 병 속에서 발효시켜 만든다. 그 결과, 드라이하고 과일 맛이 나며 인상이 절로 찌푸려지는 시큼한 묘약이 탄생한다.

교대 소유권Alternating proprietorship

맥주와 와인 양조업체가 자기들 소유가 아닌 와이너리와 양조장에서 원하는 공정을 처리할 수 있는 방식. 미켈러나 이블 트윈 같은 유목 양조업체에서 선호하는 방법이다.

국제쓴맛단위International bitterness unit(IBU)

맥주의 쓴맛의 정도를 측정하는 과학적인 척도. IBU가 낮으면(버드와이저는 약 IBU 11) 그 맥주는 홉 성향이 강하지 않은 것이며, IBU가 세 자릿수를 넘어서면 인상이 절로 찌푸려지는 범위다.

그로지스키에Grodziskie

100퍼센트 훈제 밀 맥아와 풍부한 홉으로 만드는 전통적 방식의 소박한 유럽 맥주. 독일에서는 이 시골풍 에일을 그레처Grätzer라고 부른다.

그루잇Gruit

여러 허브를 혼합해 풍미를 낸 중세 맥주. 양조에 홉을 사용하기 전에는 그루잇이 사용되었다.

글루텐Gluten

보리 등 많은 곡물에 존재하는 단백질. 애석하게도 만성 소화 장애 환자들 대다수는 글루텐이 들어간 맥주를 마실 수 없다. 다음에 나오는 '수수' 항목을 참조할 것.

끓임Boil

맥주를 만들 때 맥아즙을 끓여 박테리아와 효모를 죽이고 단백질을 응고시키는 과정. 이 단계에서 홉이 추가된다.

노블홉Noble hops

아로마가 강하고 덜 쌉쌀한 유럽대륙 홉. 꼭 부정적인 성질을 전해주는 것은 아니다. 노블홉에는 할러타우어, 테트낭어, 슈팔트, 사츠가 있으며 스파이시한 풍미와 허브의 향, 강한 풍미를 내준다. 필스너와 유럽 라거에 흔히 사용된다.

당액 공정Priming

발효된 맥주를 병이나 케그에 넣은 후 당액Priming Sugar을 추가해 탄산을 증가시키고 풍미의 생성을 촉진하는 공정.

대형 양조장Macrobrewery

밀러쿠어스, 안호이저-부시 인베브를 비롯해 물주먹으로 전 세계 양조계를 지배하는 거대 양조장. 일반적인 통념과 달리 대형 양조장이라고 품질 나쁜 맥주를 만들지는 않는다. 이들의 양조 프로토콜은 업계에서 가장 엄격하기로 이름났다. 하지만 문제는 누구나 마시는 최저급의 일반 맥주를 생산한다는 점이다.

도펠보크Doppelbock

맥아 성향이 강하고 도수가 높은 보크. 매우 진해서 마치 저녁식사를 마시는 느낌이다.

두벨Dubbel

트라피스트 스타일의 이 벨기에 에일은 풍부한 맥아와 캐러멜 풍미의 역작으로, 어두운 색의 과일과 쌉쌀한 맛이 은근히 가미되어 풍미를 높여준다.

둥켈바이젠Dunkelweizen

헤페바이젠과 비슷한 어두운 색의 밀맥주로, 바나나와 정향의 풍부한 풍미를 자랑한다.

드라이 호핑Dry hopping

발효가 끝나거나 숙성 중인 맥주에 홉을 추가하는 공정. 이 단계를 거치면 홉 애호가들이 황홀해할 만한 강렬하고 향기로운 아로마의 맥주가 생성된다.

떫은맛Astringent

드라이해서 인상이 절로 찌푸려지는 맛. 사람의 미뢰에 따라 부정적인 맛이 될 수도, 긍정적인 맛이 될 수도 있다.

라거Larger

맥주의 두 번째 기본 스타일. 하면발효 라거 효모는 펭귄처럼 시원한 온도를 좋아한다. 이 맥주는 발효하는 데 시간이 오래 걸리기 때문에, 독일어로 '쉬다'라는 의미의 '라건Lagern'이란 이름이 붙었다. 라거는 전형적으로 청량하고 섬세하며, 8월의 호수에 잠깐 몸을 담그는 것만큼 상쾌하다.

라우흐비어Rauchbier

너도밤나무 장작불에 훈제한 맥아로 만들어 훈제 향이 스며든 독일 맥주(라우흐Rauch는 독일어로 '연기'라는 뜻). 햄이나 텍사스 바비큐 조각을 녹여서 마시는 느낌이다.

람빅Lambic

밀로 만드는 이 전통 벨기에 맥주는 야생 효모로 자연발효되어 새콤하고 시큼한, 헛간 냄새의 풍미를 낸다. 람빅은 세 가지로 나눌 수 있는데 체리(크릭), 라즈베리(프랑부아즈), 또는 블랙커런트(카시스) 등의 과일로 만드는 람빅, 갓 만든 람빅과 숙성된 람빅을 섞은 괴즈, 캔디 설탕Candi Sugar(주로 두벨과 트리펠 같은 강도 높은 맥주의 양조에 쓰이는 벨기에 설탕-옮긴이)이나 흑설탕으로 단맛을 낸 람빅, 파로Faro가 있다.

로겐비어Roggenbier

헤페바이젠과 흡사하지만(두 가지 맥주 다 정향과 바나나 비슷한 풍미를 내는 효모를 동일하게 쓴다) 로겐비어는 밀 대신 호밀을 쓴다(로겐은 '호밀'의 독일어). 청량하고 드라이하며 스파이시한 맛의 충격이 약간 전해진다.

마우스필Mouthfeel

마실 때 느껴지는 맥주의 감촉. 바디감과 질감, 탄산, 풍미의 조합. 마우스필은 옐프Yelp 블로그(미국의 대표적인 로컬 리뷰 서비스. 지역별로 음식점, 미용실, 세탁소, 병원 등 상점을 직접 이용한 사용자들의 후기를 모아 제공한다-옮긴이)에 실리는 사용자 후기만큼이나 주관적이다.

마이보크Maibock

엷은 색의 홉 성향이 다소 강한 보크 라거.

매시Mash

양조의 첫 단계. 으깬 곡물을 펄펄 끓는 물이 담긴 큰 단지에 넣어 물이 스미게 하면 전분이 당분으로 변한다.

매시 턴Mash tun

양조가가 매시를 끓이는 용기.

맥아Malt

맥아는 곡물을 물에 담가 만든다. 이렇게 하면 발아가 촉진되어 곡물이 효소를 생성할 수 있는데, 이 효소를 통해 전분과 단백질이 발효 가능한 당분으로 바뀐다. 이 공정은 곡물에 열을 가해 건조시키면 중단된다. 커피처럼 곡물을 볶으면 다른 풍미가 생성될 수 있다.

맥아즙Wort

매시에서 추출한 뜨거운 당즙. 맥주를 만드는 효모가 양껏 먹을 수 있는 뷔페다.

맥주 순수령Reinheitsgebot

이 독일 순수령은 1516년으로 거슬러 올라가는데, 바이에른 공국의 영주인 빌헬름 4세는 맥주는 오로지 홉과 물, 곡물로만 만들어야 한다고 공표했다. 이 법은 효모가 발견되기 전에 제정된 것으로 이후 효모가 맥주 원료에 추가되었다. 1993년 순수령은 효모(관대하기도 하시길!)와 다른 곡물의 사용을 허용하고, 상면발효 맥주의 경우 설탕의

추가 사용을 허용하는 독일 임시맥주법Vorläufiges Deutsches Biergesetz으로 바뀌었다.

메르첸Märzen

날씨가 더우면 발효를 망칠 수 있기 때문에 이 묵직한 풀바디감의 라거는 이른 초봄(메르츠März는 독일어로 '3월'이란 뜻)에 양조해 가을까지 저장했다가 전통적으로 옥토버페스트 기간에 제공한다. 옥토버페스트 맥주로 판매되는 맥주는 모두 메르첸이다.

미국 맥주대축제Great American Beer Festival

1982년 이후로 이 축제는 미국 양조계의 슈퍼볼로 평가받았다. 매년 거의 6백 개 양조업체가 참가해 80개 이상의 부문에서 금, 은, 동메달을 놓고 겨룬다. 상을 수상하면 양조장의 운명이 영원히 바뀔 수 있다. 페스티벌에 참가하면 며칠 동안 알딸딸한 상태가 된다(내 얘기이기도 하다).

바이젠보크Weizenbock

강력한 도수의 밀맥주. 둥켈바이젠의 큰형님으로, 과일 향이 나는 경우가 많고, 가끔 스파이시하기도 하며 항상 복합적인 풍미를 드러낸다.

발리와인Barley Wine

묵직하고 몸을 따뜻하게 해주며 종종 달콤한 맛을 내는 맥주로, 영국에서 유래했다. 미국, 특히 웨스트 코스트 지역에서 만드는 발리와인은 영국 것보다 보통 홉의 성향이 더 강하다. 이 스타일에서 파생된 맥주로, 발리와인과 비슷하게 도수가 높은 휘트와인은 잔여 당분이 적어서 좀 더 부드러운 경향이 있다.

발효Fermentation

식충 캐릭터 팩맨처럼 맥아즙의 당분을 효모가 먹어치우는 대사 과정으로, 알코올과 이산화탄소가 생성된다.

배럴Barrel

양조의 표준 측정 용어. 1배럴은 31갤런과 같다. 대학 파티 때 들고 가는 표준 케그 통은 반 배럴 용량으로 15.5갤런이다.

베를리너 바이세Berliner weisse

유령의 낯빛처럼 창백하고 알코올 도수가 낮은 이 독일 밀맥주는 따뜻한 온도에서 발효되는 효모와

락토바실루스 박테리아 때문에 새콤하고 신 맛이 난다. 바로 마시거나 달콤한 시럽을 (소량) 첨가한 다음 빨대로 후루룩 마셔볼 것.

병 숙성Bottle-conditioned

병 속에 숨어 있는 활성 효모에 의해 자연적으로 탄산이 생기는 맥주.

보리Barley

맥주를 만드는 데 사용되는 주요 곡물. 양조에서 물 다음으로 비중이 큰 원료다.

보조 곡물Adjuncts

맥주를 만들 때 주 곡물(주로 보리) 대신 쓰이는 발효 곡물. 쌀과 옥수수 같은 보조 곡물은 여러 가지 이유로 사용되는데 첫째로 보리보다 저렴하고, 둘째로 맥주의 바디감을 가볍게 할 수 있다. 이 때문에 쿠어스 라이트가 물 탄 소변 색이 나는 것. 보조 곡물이란 말이 사악하게 들릴지 모르지만, 분별 있게 쓰면 맛있는 맥주를 만들 수 있다.

보크Bock

맥아의 성향이 강하고 색이 어두운, 도수 높은 독일 라거. 라벨에 염소 그림이 있는 맥주를 찾을 것. '아이스보크' 항목 참조.

비어 엔진Beer engine

캐스크 에일을 배출하는 데 사용되는 수동 펌프.

비에르 드 가르드Bière de garde

'저장 맥주'로 번역되는 이 높은 도수의 시골풍 농장 에일은 프랑스 북부 노르파 드 칼레 지역에서 탄생했다. 전통적으로 비에르 드 가르드는 초봄에 양조해 서늘한 저장실에 보관했다가 기온이 올라가는 여름철에 소비했다.

비에르 드 샹파뉴Bière de Champagne

외관, 코르크와 케이지 포장, 뼈를 깎는 생산 공정이 샴페인과 비슷한, 거품이 아주 많은 맥주. 비에르 브뤼Bière Brut라고도 한다. 나는 1월 1일 전야에 이 병을 따는 게 좋다.

비터Bitter

마시기 쉽고 홉이 적당히 들어간 브리티시 페일에일의 큰 범주로, 모든 펍에서 취급하는 대표 주자다. 알코올 함량에 따라 '오디너리'부터 '베스

트'와 '프리미엄'으로 나뉘는데 '프리미엄' 비터는 '엑스트라 스페셜 비터Extra Special Bitter', 즉 ESB라고도 한다.

사우어 비어Sour beer
'와일드 에일' 항목 참조.

산화Oxidation
맥주가 산소에 노출되면 화학반응이 연달아 일어나는데 이때 '셰리주'나 '마분지' 같다고 표현되는 퀴퀴한 풍미가 생성된다.

살균Pasteurization
본격적으로 열을 가해 효모를 죽이는 과정. 비살균 맥주는 효모를 그대로 가지고 있어 시간이 흐름에 따라 계속 진화한다.

세션 맥주Session beer
낮은 알코올 함량에 풍미를 갖춘 맥주. 장시간의 음주 모임에서 마시기에 가장 좋다.

세종Saison
원래 벨기에 농부들의 여름철 갈증을 풀어주기 위해 만든 흙 내음의 스파이시한 세종은 스타일의 범주가 넓다. 어떤 것은 과일 맛이 나고 어떤 것은 사막처럼 드라이하고 매콤하며 아로마가 강하다. '농가 에일'이라고도 부른다.

소규모 양조장Nanobrewery
이 책에서 소개했듯이 세 개 통 이하의 시스템으로 양조하는 파인트 규모의 양조장. 그렇지 않다는 것을 증명하고 싶다고? 내 귀는 활짝 열려 있다. josh.bernstein@gmail.com으로 연락할 것.

수도원 맥주Abbey beer
세속의 일반 양조장에서 만든 트라피스트 스타일 에일. '비에르 다베이bière d'abbaye'로도 알려져 있다.

수수Sorghum
당분 함량이 높은 아프리카 풀로, 시럽으로 만들어 글루텐 없는 맥주를 양조하는 데 사용한다. 수수는 만성 소화 장애가 있는 맥주 애호가들의 구세주다.

슈바르츠비어Schwarzbier
어두운 색에 음용성이 상당히 뛰어난 로스팅 풍미의 라거.

스카치 에일Scotch ale
예상했다시피 스코틀랜드에서 탄생한 맥주 스타일이다. 캐러멜과 토피, 아주 약한 훈제 향, 그리고 상당한 ABV를 기대하라. '위 헤비Wee Heavy'라고도 부른다. 이와 관련 있는 스코티시 에일은 좀 더 라이트하고 덜 달콤하다.

스컹크 방귀 냄새Skunked
맥주에 자외선이 닿으면 홉이 끓을 때 방출되는 화학물질인 이소휴물론이 분해되어 스컹크 방귀에서 발견되는 물질과 동일한 화합물질이 생성된다. 매장 창가에서 햇빛을 받은 병맥주는 절대로 구입하지 말 것.

스타우트Stout
이 다크 에일은 원래 아일랜드와 영국에서 만들었고 크리미하거나 쌉쌀하고, 커피와 비슷한 맛이 난다. 이 스타일에는 고도수, 풀바디감의 임페리얼, 달콤한 밀크 스타우트(락토스로 만든다), 처음 러시아 황제를 위해 만들어진 묵직한 로스팅 풍미의 러시안 임페리얼, 실키한 오트밀 스타우트, 그리고 기네스 등의 음용성 좋은 아이리시 드라이 스타우트가 있다.

스팀 비어Steam beer
'캘리포니아 커먼' 항목 참조.

스파징Sparging
매시에서 곡물을 제거해 뜨거운 맥아즙을 남겨놓는 공정.

시서로니Cicerone
시서로니 인증 프로그램(맥주 공인 시험)을 통과한 맥주 소믈리에.

쓴맛을 내는 홉Bittering hops
끓임 공정 초반에 넣어 아로마가 아닌 쓴맛을 낸다.

아로마 홉Aroma hops
끓임 공정 후반에 넣어 쓴맛보다는 부케를 내는 홉.

아이스보크Eisbock
맥주를 동결해 물을 추출한 뒤 생성되는 고도수의 농축 맥주. 아이스보크는 시럽에 가깝지만 울 코트처럼 따뜻하게 감싸준다. 흥을 깨는 데 도사인 미 정부가 선언하기를, 아이스보크의 생산 공정이 증류의 한 형태이므로 그 최종 산물도 독한 증류주로 간주한단다.

알코올Alcohol
기분을 밝게 해주는 발효의 부산물인 알코올은 효모가 맥아즙의 당분을 먹어치우면서 생성된다. 알코올은 단위 부피당 알코올 함량(ABV)과 단위 중량당 알코올 함량(ABW)의 두 가지로 측정한다. 크래프트 양조에서 표준 알코올 측정 단위는 ABV이지만 ABW를 ABV로 빨리 바꾸는 방법이 있다. 바로 ABW 수치에 1.25를 곱하는 것. 알코올은 물 중량의 약 80퍼센트로, ABV 6퍼센트라면 ABW는 4.8퍼센트 맥주다.

양조업자협회Brewers Association
콜로라도 주의 볼더에 본부를 둔 이 무역 단체는 미국 최고의 크래프트 맥주 옹호 조직이다. 덴버에서 매년 열리는 미국 맥주대축제를 관장한다.

양조 케틀Brew kettle
맥아즙을 홉과 함께 끓이는 용기.

에일Ale
맥주를 크게 두 가지로 나눈다면 하나는 에일, 다른 하나는 라거다. 에일 효모는 따뜻한 온도를 좋아하고 발효 탱크 맨 위에서 시간을 보낸다. 에일의 풍미와 아로마는 전형적으로 에스테르의 기운, 즉 과일 향이 나는데, 에일은 라거보다 더 달콤하고 바디감이 더 무겁다. 스타우트부터 IPA, 벨기에 스트롱 에일까지 다양한 스타일이 있다.

여과Filtration
부유 단백질과 효모를 모두 제거해 좀 더 맑고 안정적인, 때로는 풍미가 덜한 맥주를 생성하는 과정.

와일드 에일Wild ale
브레타노미세스 같은 야생 효모와 락토바실루스 또는 페디오코쿠스 같은 산패 박테리아를 투입한, 펑키하고 색다른 맥주를 전부 포괄하는 범주.

웨트호핑Wet-hopping
신선하고 끈적끈적한, 건조되지 않은 홉을 사용하는 공정. '프레시 홉 에일' 항목 참조.

위 헤비Wee heavy
'스카치 에일' 항목 참조.

익스트림 비어Extreme beers
풍미며 알코올 등의 모든 것이 강력한 맥주. 한 방에 보낼 만한 묵직한 남자의 맥주다. 익스트림 비어에는 더블 IPA, 트리플 IPA, 러시안 임페리얼 스타우트(실은 '임페리얼'이란 말이 붙은 모든 맥주) 등이 있다.

인디아 페일 에일India Pale Ale(IPA)
크래프트 양조의 선교사로, 전 세계 음주가들을 개종시킨 슈퍼비터 스타일의 맥주. 임페리얼, 더블 IPA 또는 트리플 IPA는 홉과 맥아의 양을 늘려 더 쌉쌀하고 알코올 도수가 높은 맥주다.

임페리얼Imperial
'익스트림 비어' 항목 참조.

자연발효Spontaneous fermentation
야생 토착 효모가 맥아즙에 자연적으로 들어가도록 유도하는 기술. 벨기에 람빅을 양조하는 대표 공정이다. '와일드 에일' 항목 참조.

질소 탭Nitrogen tap
스타우트 같은 맥주에 질소를 주입하는 생맥주 시스템으로, 크리미한 마우스필을 높인다. 이 공정을 '질소 주입Nitrogenation'이라고 하는데, 레프트 핸드 밀크 스타우트 니트로Left Hand Milk Stout Nitro 같은 병맥주에도 적용할 수 있다.

캐나디안 다크 에일Canadian dark ale
태평양 연안 북서부 지역 양조업체들이 홉 성향이 강한 어두운 색의 에일에 붙이고 싶어하는 이름. 나는 블랙 IPA를 좋아하고, 양조업자협회에서는 아메리칸 스타일 블랙 에일을 추천한다. 어느 것을 마셔도 비행기 타는 기분이 된다.

캐스크Cask
맥주를 숙성·발효시키거나 풍미를 내는 데 사용하는 목재, 금속 또는 플라스틱 통.

캐스크 숙성Cask-conditioned
추가로 투입된 효모로 캐스크 안에서 발효되는 맥주.

캐스크 에일Cask ale
리얼 에일Real Ale이라고도 부르는 캐스크 에일은 비여과, 자연 탄산 생성 맥주로, 섭씨 약 13도에서 미묘한 풍미와 아로마가 잘 살아나 맛이 가장 좋다.

캘리포니아 커먼California Common
온도가 올라갈수록 활발하게 작용하는 특수 라거 효모로 발효되는 미국 라거. 이런저런 스타일 모두를 아우른다. 호박색을 띠며 약간의 맥아, 과일, 쌉쌀한 맛으로 특징지을 수 있다. 대표적인 예는 앵커 스팀Anchor Steam으로, 이 이름은 상표등록이 되어있다.

쾰쉬Kölsch
이 엷은 색의 우아한 독일 에일은 따뜻한 온도로 발효되면서 과일과 비스킷의 풍미를 얻고, 이후 시원한 온도로 저장하면 달콤한 맥아의 기운이 상쇄된다.

쿼드루펠Quadrupel
두 자릿수의 ABV에 어두운 색 과일의 진한 풍미를 가진 변칙적인 트라피스트 스타일 에일. 네덜란드의 코닝스후번 수도원은 1991년에 최초의 쿼드루펠인 라 트라프 쿼드루펠La Trappe Quadrupel을 처음으로 출시했다. '쿼드Quad' 또는 '알트Alt'라고도 부른다.

크래프트 양조업체Craft brewer
애매모호해 논란의 여지가 있고 혼동을 일으키는 용어로, 양조업자협회에 따르면 전통 맥주를 매년 6백만 배럴 미만으로 생산하는 소규모의 독립 양조장을 말한다. 내가 정의하는 크래프트 양조업체란, 미식축구 경기인 슈퍼볼 기간 동안 매체 광고를 타지 않는 풍미 있고 독특한 맥주를 생산하는 양조장이다. 많은 마이크로(소규모) 양조장이 더이상 소규모가 아니기 때문에 크래프트 양조업체라는 명칭을 선호한다.

크림 에일Cream ale
젖소를 상상하지 말 것. 이 토착 미국 에일에는 유제품이 전혀 함유되어 있지 않다. 이 에일은 발효

는 따뜻한 온도에서, 숙성은 라거 온도에서 이뤄진다.

테루아Terroir
토양, 기후, 사람들이 농작물에 끼치는 독특한 특성을 이르는 말. 한때는 와인과 커피에만 쓰이던 용어였지만 이제 맥주에도 쓰이고 있다.

트리펠Tripel
이 트라피스트 스타일의 벨기에 에일은 맥주계의 거물로, 종종 두 자릿수의 ABV를 뽐낸다. 이 엷은 황금색 에일은 크리미한 헤드와 과일과 향신료의 복합적인 풍미, 끈적끈적하고 달콤한 끝맛이 일품이다.

퍼킨Firkin
10.8갤런이 들어가는 목재, 플라스틱, 또는 좀 더 흔한 금속 소재의 케그 통. '캐스크'라고도 부른다.

포터Porter
영국에서 유래한 스타일로 사우어 에일이나 약간 숙성된 에일, 갓 만든 에일을 섞어서 만드는 도수 높은 어두운 색의 맥주다. 사람들이 많이 마시진 않지만 지금까지 명맥을 유지하고 있다. 고도수의 다크 브라운 색조의 발틱Baltic(처음에 북해를 거쳐 전해졌다), 그리고 훈제 맥아, 바닐라 또는 다량의 홉을 넣은 혁신적인 아메리칸 포터가 있다.

프레시 홉 에일Fresh hop ale
갓 수확한 홉으로 만든 섬세하고 수명이 짧은 가을 특산품. 보통 9월과 10월에 출시된다.

플랜더스Flanders
벨기에 지역의 이름을 딴 이 맥주 스타일은 다크, 사우어 아웃 브라운, 비슷하게 시큼한 플랜더스 레드 등 여러 가지가 있다. 그중 로덴바흐는 플랜더스 레드 에일의 교과서다.

필스너Pilsner
이 맥주 스타일은 1840년대 체코의 플젠Plzen, 즉 필젠Pilsen이란 도시에서 탄생했다. 이 짚빛의 황금색 맥주는 투명하고, 노블홉의 트레이드마크인 스파이시한 꽃의 풍미와 생기 있는 쌉쌀함으로 듬뿍 채워져 있다.

헤페바이젠Hefeweizen

밀이 50퍼센트 넘게 들어간 독일 남부 맥주 스타일. 톡 쏘는 풍미와 효모 덕분에 바나나와 정향 맛이 나는 상쾌한 맥주다. 어떤 사람들은 레몬즙을 짜서 곁들이는 걸 좋아한다. 내가 보기에는 남자의 유두만큼이나 쓸데없는 짓. 보너스 정보: '헤페hefe'는 '효모를 곁들인'이라는 뜻이다.

호밀Rye

호밀은·양조에 사용하면 스파이시함과 청량한 성질을 부여할 수 있으며 맥주를 드라이하게 만드는 데 일조한다.

홉Hops

천천히 자라는 덩굴식물(포도 덩굴은 덩굴손과 흡근을 이용해 올라가는 반면 홉 덩굴은 줄기 자체가 지지대를 감고 올라간다)로, 학명은 후물루스 루풀루스Humulus lupulus. 암꽃(콘cone이라고 부른다)은 맥주에 풍미와 쓴맛을 내준다. 홉 변종은 각각 독특한 풍미를 가지고 있다('Class 1-너의 홉을 알라' 참조). 홉의 송진에는 알파와 베타라는 두 가지 기본 산이 들어 있는데, 베타산은 맥주의 부케에 관여하고, 알파산은 방부제 역할을 하며 끓임 공정 초반에 홉을 첨가할 경우 쓴맛을, 후반에 첨가할 경우에는 풍미를 내준다. 아, 어쩌면 이런 의문이 들 수도 있겠다. '왜 어떤 홉에서는 마리화나 냄새가 날까?' 그건 두 식물이 같은 과(科)에 속하기 때문이다.

홉백Hopback

맥아즙이 순환하는, 홉으로 채운 봉인된 용기. 자극적인 아로마와 풍미를 잡아둔다.

화이트비어Witbier

오렌지 껍질, 코리앤더를 비롯해 양조가가 원하는 허브는 무엇이든 풍성하게 넣은 비어과식 벨기에 화이트비어(비에르 블랑슈Bière Blanche라고도 한다). 청량하고 생동감 있으며 섭씨 26도가 넘는 오후에 마시기에 제격이다. 굳이 원한다면 레몬 조각을 곁들여 마셔도 되지만, 이는 소의 허릿살인 필레 미뇽에 케첩을 바르는 짓이나 다름없다.

효모Yeast

우리가 좋아하는 음료를 만들어주고 저녁 퇴근 시간을 그날의 최고 시간으로 만들어주는 미생물. 곡물과 홉이 있음에도 효모가 맥주 풍미의 약 90퍼센트를 주도한다. 각 변종은 다른 풍미를 제공하며, 양조장들이 자체적으로 색다른 효모 변종을 개발하는 경우도 종종 있다.

효모 투여Pitch

식힌 맥아즙에 효모를 투여하는 것.